武汉大学中国传统文化研究中心『985工程』项目成果

學鑒

【第七辑】

师领 主编

武汉大学出版社
WUHAN UNIVERSITY PRESS

图书在版编目(CIP)数据

学鉴. 第7辑/师领主编. —武汉: 武汉大学出版社,2014.12
ISBN 978-7-307-14764-5

Ⅰ.学… Ⅱ.师… Ⅲ.社会科学—文集 Ⅳ.C53

中国版本图书馆CIP数据核字(2014)第257605号

责任编辑:聂勇军　　责任校对:汪欣怡　　版式设计:詹锦玲

出版发行: **武汉大学出版社**　(430072　武昌　珞珈山)
(电子邮件: cbs22@whu.edu.cn　网址: www.wdp.com.cn)
印刷: 武汉中远印务有限公司
开本: 720×1000　1/16　印张: 24.25　字数:349千字　插页:2
版次: 2014年12月第1版　2014年12月第1次印刷
ISBN 978-7-307-14764-5　定价:48.00元

发刊缘起

当代中国，学术之繁荣，大有空前之势；然则是否绝后，吾辈不敢悬揣。学人如云而书刊如林，以概言当代学术之盛况，似乎并无矫诬之嫌。学人既夥，其研究之轨辙则不拘于一途；书刊甚众，其成果之公布亦各得于其所。然轨辙非一，其取径必有末路与康衢之别；文事既繁，其创获亦必有深弘与浅狭之殊。而鱼龙相杂，玉石共生，不惟有司惮于悉察，繄学人又恶乎尽辨！于是出版单位可定学术之高下，刊物级别能判文章之优劣，其于鉴照乏术衡程无式之际，由外以觇内，据简以控繁，未尝不可以济一时之穷耳。然舍经从权，行之既久，非惟其本末倒置之弊立显，而学术之种种颓败，又无不乘瑕蹈隙而起！长此以往，其所断送者又非徒学术之一端而已！斯有二三同仁，人称珞珈七子，亟思有以振济靡溺而救人心于万一。然狂澜既倒而清流不足以当其颓波，人心惟危而道德亦无以救其沦丧，此孔子所谓未如之何也！而七子者，于匪夷匪惠之时，何为邪？何不为邪？亦惟趋古人之风，学以为己而已矣，岂有他哉！然独学而无友，孤陋而寡闻，是以《易象》曰“丽泽，兑；君子以朋友讲习”，其言兑以两泽相丽而偶，像君子群居以切磋也。特七子聚而讲读，迄之于今者，钻燧改火，其数有五矣。而学之有所得于心，必有所应之于手者也，是以又不能无文。然海内君子，饱学之士众矣！欲与讲习之而切磋之，何由而能致之乎？庄生云遥而无闷者，其可得邪？此《学鉴》之必不可无也。且《书》有之曰“孝乎惟孝，友于兄弟，施于有政”，孔子亦有之曰“是亦为政，奚其为为政”！施于有政者，其于圣人则可，而区区七子者又何能间焉！然则《诗》不亦云之乎？“孝子不匮，永锡尔类”，又云“嘤其鸣矣，求其友声”，则“学鉴”云者，锡其“类”求其“声”而已。倘蒙海内君子有充类之思而继以伐柯之行，则浮尹旁达，又何虑滥风恶俗不能为之一改也！然则《学鉴》之发刊，尤为铭感于心而不可不志之者，武汉大学中国传统文化研究中心主任冯天瑜教授暨郭齐勇教授，既为七子之讲习辟其场所，亦予《学鉴》之创刊斥其资度；而武汉大学校长刘经南院士亦时加褒诱，武汉大学出版社社长陈庆辉博士又慨然承其梓事，其援引后进策励学术之公心，亦可鉴之于居诸也！

程水金

公历二〇〇六年一月廿五日

草于珞珈山麓颜乐斋

目　　录

经史抉微

诸子学衡

典籍辨伪

四库专论

人文新论

文化创造

禅与健康

后　记

经史抉微

学鉴

公孙龙《坚白论》名学思想论析

◎程水金

公孙龙的名学思想是以存在的具体性与存想的分割性为其哲学前提的，因而公孙龙整个思想体系就是建立在具体可感的客观实在之基础上的逻辑分析与语言分析。然而，具有因果关系的两端，从表述的立场言之，既可以是由因而推果，也可以是由果而溯因。惟其如此，也就可以反过来说，公孙龙关于“实”之于“物”的“位”的规定性，正是以存在的具体性与存想的分割性作为思维路径所获得的思辨成果。因此，离开了存在的具体性之客观基础，公孙龙不可能平白无故地提出“位”的概念；没有存想的分割性之心灵理解能力，公孙龙也不能清楚明晰地思考“位”的概念。但就其认知的心路历程而言，存想的分割性，又是以感官的偏任性与心理的离析性这两大基本官能为依据的。而公孙龙的《坚白论》所讨论的问题，正是“位”概念的客观与主观两个方面的不同来源。

与《名实论》的直接陈述不同，《坚白论》采用主客对辩的方式论述题旨。主客双方之所陈述，各有其思虑，于辨辞析理亦可悉尽其精微。而且主客所论，其大旨虽似相反，实则相因而可互足，其彼此的相联与相通，皆有脉络可寻。此乃公孙龙之所以采主客对辩论式而不取直接陈述之微意所在。其主客对辩以“坚白石三”始发其端，其文曰：

> 坚白石三，可乎？
> 曰：不可。
> 曰：二可乎？
> 曰：可。
> 曰：何哉？
> 曰：无坚得白，其举也二；无白得坚，其举也二。

事实上，如果仅从“名”的角度，亦即仅从名称或概念抑或语词的立场着眼，说“坚白石三”，当然是没有问题的。因为“坚”也、“白”也、“石”也，它们本身就是“三”个不同的名称或者不同的概念，当然也是“三”个不同的语词。据此理以言之，则公孙龙是应该而且必须承认“坚白石三”这个说法的。但他却宁“可”乎“坚白石二”，而绝“不可”乎“坚白石三”，个中原委，就孤陋所及，几乎所有注家或论者皆未予措意。这说明，注家与论者皆以为“坚白石三”乃客方之言，与主方根本对立，不可能有通融的余地。尤其是论者以为客方代表着墨家“盈”的观念，主方代表着公孙龙“离”的观念，二者针锋相对，势同水火，毫无思想关联。这类说法之所以肤浅而荒谬，经不起先秦名学思想史的事实检证，正是不能明白公孙龙采取主客对辩论式之微意所导致的必然结果。

其实，公孙龙之所以应该而必须承认“坚白石三”，但又不愿直接承认“坚白石三”，其间实在是隐藏着一个非常重要的思想前提，亦即：从“名”的角度而言，“坚”、“白”、“石”，当然是“三”个不同的“名”。但从“正名”的角度而言，有“物”之“名”，亦有“实”之“名”。由于“实”与“物”不在同一层面，或者说不是同一类型的存在，因而“实”之“名”与“物”之“名”也不是同一层面或同一类型的概念。“实”是使“物”成其为“物”的“物”之属性，是附之于“物”而显其“物”但不能独立以自显的“物”之性。而“石”者，“物”之“名”；“坚”与“白”者，其作为“名”，乃指向的是“物”之“实”。因而作为“物”的“名”与作为“物”之“实”的“名”，虽皆为“名”，但不在同一层面，正如实际存在的物体与其属性不在同一层面一样。因而不能将“物”之“名”与“实”之“名”作为同一类型不加区别地并列起来。其所以如此，是因为“实”之于“物”，具有“位”的规定性，有此“物”之“实”，有彼“物”之“实”，即使有相同或相似的“实”，仍然有不同的“位置”规定。“位其所位”，方为“正名”。

因此，单就“名”而言，说“坚白石三”未尝“不可”。但就“位其所位”的“正名”立场着眼，则说“坚白石三”就不能“可”了。因为，“坚”也、“白”也，乃“石”之属性，是显其“石”之所以为“石”者。因而此“坚”与此“白”，是“石”之“坚”，亦是“石”之“白”。因此，“实”之于“物”具有“位”的规定性，落实到实际的语言活动，则“实”之于“物”的“位”的规定性，也就规定着“实”之于“物”具有述说与被述说的关系。① 是以能“可”乎“坚白石二”，而不能“可”乎“坚白石三”。由此可见，“坚白石三”从单纯的“名”的立场而言，应该“可”也必须“可”。但从“位其所位”的“正名”的立场言之，则不能“可”，其所以不能“可”者，不可直接“可”也。《名实论》“物”、“实”、“位”、“正”诸概念之关系既业已阐明，则无须复赘于《坚白论》矣。

由于“实”之于“物”具有“位”的规定性，因而有“名”与“正名”之别。然所谓“正名”，乃是对于称名指实之指认行为的基本规定，当然也必须于称名指实的实际指认或述说过程中方能体现出来。因此，公孙龙对客方“何哉”之问，便明确地说：

> 无坚得白，其举也二；无白得坚，其举也二。

称其名以指其实谓之“举”，此乃公孙龙沿用墨子及墨子后学

---

① 亚里士多德对“实体”范畴的定义是：既不可以用来述说一个主体，又不存在于一个主体里面。例如，“人”是一种实体，“马”也是一种实体，而“人”不是“马”，也不存在于“马”之中。因此，“人”不能用来述说“马”，“马”也不能用来述说“人”。因为“人”不具有“马”的性质，“马”也不具有人的性质。公孙龙将“名”分为“物”与“实”两个不同的类型，与亚氏相同。参见亚里士多德：《范畴篇 解释篇》，方书春译，北京：商务印书馆1959年新1版，第12页。

的概念。墨子《经上》曰："举，拟实也。"《经说上》曰："说举，告以之名（"之"字原作"文"字，依孙诒让说改），举彼实也。"又《小取篇》亦曰："以名举实。"是以吴毓江曰："举，称谓也。拟，拟象也。如《易·系辞》'拟诸形容，象其物宜'之'拟'。"①是则此"举"字，乃指称或述说之意。因而"无坚得白，其举也二；无白得坚，其举也二"，意即：对于一个既"坚"且"白"的"石"，如果不考虑其"坚"的属性，就只能说"白石"；如果不考虑其"白"的属性，就只能说"坚石"（注意此处译述文字用的是"不考虑"，这"不考虑"正是公孙龙下文所要讨论与论辩的内容）。无论是"白石"还是"坚石"，这说法（"举"）总是由"二"个"名"叠加起来的复合形式。

由此可见，就单纯的概念而言，是"坚白石三"；但从称名指实的"正名"立场而言必须考虑"实"之于"物"的"位"，即"位其所位"的规定性而言之，则是"坚白石二"，亦即"石白"或"白石"、"石坚"或"坚石"，故曰"其举也二"。

然客方仍然执着于"名"或概念的层面，强调"坚白石三"的确当性。但其强调的方式却是在承认主方说法的基础上，指出主方是故意将"三"个概念遗漏了"一"个，从而再度重申"坚白石三"。客方曰：

> 得其所白，不可谓无白；得其所坚，不可谓无坚。而之石也之于然也，非三也？

"其"，代指"石"。"所白"，即"白的地方"或"白的东西"。"所坚"，亦即"坚的地方"或"坚的东西"。"得其所白，不可谓无白"，是客方承认与利用主方的"无坚得白"以反诘主方的"无白得坚"；而"得其所坚，不可谓无坚"，又是客方承认与利用主方的"无白得坚"以反诘主方的"无坚得白"，意即：既然是既"得其所白"，又"得其所坚"；而"其所白"与"其所坚"对于这个石头（"之石"）而言，就是这样的。或者说，这个"石"就是这样既有"坚"又

① 吴毓江：《墨子校注》卷10，北京：中华书局1993年版，第496页。

有“白”的，“石”之既有“坚”又有“白”，这不就正好说明“坚白石”是“三”了么？“之石也”，“之”，此也、是也，意即“这个石”。“之于然也”，“之”，犹如是也；“于”，犹为也；“然”，即如此、这样。“之石也之于然也，非三也？”意即：“这个石头本来就是如此这般既有坚又有白的，难道不是三个不同的概念吗？”客方整个语句的意思是说：既然你说了“无坚得白”，又说了“无白得坚”，那么你就是既认为这“石”有“白”，又认为这“石”有“坚”，而这个“石”本来就是这样既有“白”又有“坚”的，这不就是“坚”、“白”、“石”总共有“三”个概念吗？

对于客方的重申与反诘，主方并不以为无理。但主方认为“无坚得白”之不考虑“坚”，并不是故意遗漏了“坚”；“无白得坚”之不考虑“白”，也不是故意遗漏了“白”。不考虑它们，并非故意要遗漏它们，而是另有其他原因。因此，主方又以客方诘难为前提，从认识根源重申“无坚得白，其举也二；无白得坚，其举也二”的道理。主方曰：

> 视不得其所坚而得其所白者，无坚也；拊不得其所白而得其所坚者，无白也。

“拊不得其所白而得其所坚者，无白也”，《道藏》中原文为“附不得其所白而得其所坚，得其坚也，无白也”，兹据庞朴依《子汇》本与《绎史》本改。① 又，谭业谦依《道藏》本句式而增改上句“视不得其所坚而得其所白者，无坚也”作“视不得其所坚而得其所白，得其白也，无坚也”。删一“者”字，而增“得其白也”四字。② 按谭氏所增改者，据其文意当是也，然无版本依据而辄改，不可从。兹

① 庞朴：《公孙龙子研究》，北京：中华书局 1979 年版，第 39 页。

② 谭业谦：《公孙龙子译注》，北京：中华书局 1997 年版，第 38 页。然谭文之小注④作“增‘得其坚也’”，当系书局手民之误，而谭氏于清样失校耳。又，谭氏之说，实从俞樾之说而稍变其文。俞氏曰：“此当作‘视不得其所坚而得其所白，得其所白者，无坚也。拊不得其所白而得其所坚，得其所坚者，无白也’。文有脱误。”见《俞楼杂纂》卷二十二《读公孙龙子》。

从庞氏。

“视不得其所坚而得其所白者，无坚也”，就感觉官能的偏任性而言，视觉的官能是可以不考虑而且它也不可能去考虑触觉的官能的。因而“无坚得白，其举也二”，并非故意遗漏了“坚”而言“白”，而是因为以视觉的官能所考虑的对象只能是“白”而不能是“坚”。或者说，通过视觉的官能所“得”到的印象，以及在人心中所形成的观念只能是“白”而不能是“坚”。这是非常明显的因果关联，不容错乱。是以原文当是“视不得其所坚而得其所白者，无坚也”，“……者……也”结构，正是古代汉语常用的因果句式。而之所以用因果句式，正是为了解释“无坚得白”之“无坚”。因此，公孙龙之意认为，所谓“无坚”，就是“不考虑坚”，或者说无法形成“坚”的观念，而并不是说那石头“没有坚”。同理，“拊不得其所白而得其所坚者，无白也”，触觉的官能也是不考虑视觉的官能，也不可能考虑视觉的官能的。因而“无白得坚”，也不是故意要遗漏了“白”而言“坚”，而是因为以触觉的官能所考虑的对象或所形成的观念只能是“坚”而不能是“白”。是以依上理也可以说，通过触觉的官能所“得”到的印象，以及在人心中所形成的观念，也只能是“坚”而不能是“白”。因而“拊不得其所白而得其所坚者，无白也”这一因果句式，也是为了解释“无白得坚”之“无白”，所谓“无白”亦是“不考虑白”，或者说无法形成“白”的观念，并非说那块石头“没有白”。

显然，主方是从感觉官能的偏任性，说明“石”之“坚”、“白”两种不同的客观属性，在人心中所产生的观念，是通过两种不同的感觉渠道所获“得”的。一种感觉官能既不可能兼有也不可能取代另一种感觉官能，即下文客方之所谓“其异任也，其无以代也”之意。观念的获得渠道不同，因而所形成的概念就不是一个类，颜色与质地当然不是同一类型。正因如此，才是“无坚得白，其举也二；无白得坚，其举也二”。

客方似乎接受了感觉官能偏任性的解释，因而接受了主方“坚白石二”的说法。接受了“坚白石二”，也就是同意了“石”乃“物”

之“名”，而“坚”与“白”是“物”之“实”，以及“坚”与“白”作为“物”之“实”的“名”，与“石”作为“物”之“名”不是同一层面的概念，即实体概念与性质概念有所不同。且同意与接受了这些道理，自必明确了“石”之为“物”，必待其“实”之“坚”与“白”以成其为“石”，而“坚”与“白”也必待有“石”方可显其“坚”、显其“白”的思想。因此，接下来，客方与主方便在“得其白”与“得其坚”的感觉官能偏任性的基础上，进一步探讨“坚白石二”的客观依据及其心理原因。客方曰：

> 天下无白，不可以视石；天下无坚，不可以谓石。坚白不相外，藏三可乎？

“天下无白，不可以视石”，是说“天下如果没有白的性质，人们就不可以看见石头”。“天下无坚，不可以谓石”，是说“天下如果没有坚的性质，人们也就不可能把石头叫作石头”。显然，客方已然承认“白”与“坚”就是“石”的属性，而“石”也必须有“白”与“坚”的属性才能成其为“石”，因为没有“白”，没有“坚”，既看不见“石”，也无法称之为“石”。

然而，“石”之“坚”的属性与“石”之“白”的属性，是同时共存于“石”的，它们处在“石”之中是彼此不相排斥的(“不相外”)。既然“坚”与“白”的属性在“石”之中是同时共存而不相排斥的，那么，当人们分别以不同的感觉官能去感知它们时，是不是那个不被当下的感觉官能所感知的那个属性就隐藏(“藏”)起来了呢？“藏三”之“三”，即那个不被当下的感觉官能所感知的“第三者”。读者诸君请注意：此处不可轻易滑脱而过的是：客方所言的“藏三”，是指“第三者”被人们故意隐藏起来。因为“不考虑”既然不是因为遗漏而不顾，那就一定是故意要“藏”起来。

在继续论述之前，必须说明的是“坚白不相外，藏三可乎”，说者有不同的读法。伍非百读为：“坚白不相外藏，三可乎？”伍氏曰：“‘外藏’，谓藏而藏也；与下文‘自藏’义相反。”又曰：“自藏者，无所藏也。外藏者，有所藏也。无所藏者，‘藏者’与‘所藏’为一。有所藏者，‘藏者’与‘所藏’为二。”①然谭业谦不同意伍氏读法，认为下文并无“自藏”一语出现，“疑‘外藏’不当视为一词”，因而谭氏读此句为：“坚白不相外、藏，三可乎？”且释其义曰：“坚、白、石不相外而藏。”②今按，伍氏与谭氏之读均误，此“坚白不相外，藏三可乎”乃文从字顺，且其意亦很显豁，并不难理解。客方同意了感觉官能的偏任性，也就是承认了“无坚得白，其举也二；无白得坚，其举也二”的说法，只是需要探明因感觉官能的偏任性所导致的那个“第三者”之“藏”，究竟是在哪个环节“藏”起来了，或者说是如何“藏”起来的。

因此，客方与主方的看法有所趋同，只是关于“藏三”的原因，有待于继续探讨。如果按伍氏与谭氏的理解，则客方仍然坚持“坚白石三”的说法，显与公孙龙原意不符。因为下文“见与不见”、“二与三”、“若广修而相盈”、“其非举乎”，正是客方承认“其举也二”之后，再回过头来讨论“坚”、“白”与“坚白石”之为“三”是不是“非举”。

客方之意是说，“坚”与“白”的属性在“石”之中是不相排斥的，人们用不同的感觉官能去感知它们时，或者“得”到“石”之“白”，或者“得”到“石”之“坚”，那没有被另一个感觉官能所感知的“第三者”实际上就是被人“藏”起来了。因为“不考虑”它，并不等于它“没有”，更不等于它“不存在”。

对于客方的说法，主方基本上是赞同的。但仍然必须辨明的是，这个“第三者”究竟是在哪个环节“藏”起来的，或者说是如何“藏”起来的，亦即：究竟是不是人故意将它“藏”了起来的。主方曰：

---

① 伍非百：《中国古名家言》，北京：中国社会科学出版社 1983 年版，第 569 页。按伍氏读为“坚白不相外藏，三可乎”，又费了不少笔墨来自圆其说，且引庄子“藏山于泽，藏舟于壑”为证，实在迂曲而不得要领。

② 谭业谦：《公孙龙子译注》，北京：中华书局 1997 年版，第 39 页。

有自藏也，非藏而藏也。

“自藏”之“自”，可以作两种理解：其一是“自己”，因而“自藏”就是“自己藏”起来了。其二是“自行”，因而“自藏”就是“自动藏”起来了。显然，两种理解在此处可以并行而不悖。因而综合二义以言之，“有自藏也”，意思就是说，没有被另一个感觉官能所感知的那个“第三者”并非不存在，只是它“自己”把自己“自动”地“藏”了起来，因而也并不是人们有意要把它“藏”起来，故曰“非藏而藏也”。

这就是说，“无坚得白，其举也二；无白得坚，其举也二”，是由于人的感觉官能之偏任性所导致的“视而不见”或“触而不觉”（当然对于别的事物，也会有“听而不闻”，公孙龙此处虽然不能涉及，但推其意当有）。这种“视而不见”或“触而不觉”，并不是说人们有意要遗漏它，更不能说它本身是不存在的，只是说它不被当下的感觉官能所感知，也就不能在人心中形成任何相关观念，因而人也就势必不可能考虑到它。这就是之所以“不考虑”它的感官依据，亦即认知的客观依据。

然而，客方对于感觉官能具有偏任性的认知特性并没有完全理解，因而对“自藏”之义仍然有所不明。或者说，客主双方在感觉官能具有偏任性而导致事物属性有“视而不见”、“触而不觉”因而有所“藏”的问题上虽然达成了一致的共识，即确认了“无坚得白”或“无白得坚”之“其举也二”的事实依据或客观依据；但这个“藏”究竟发生在认知的哪个环节，却有待于进一步的深入论究，是以客方之言曰：

其白也，其坚也，而石必得以相盈，其自藏奈何？

此句“盈”字前原有“盛”字，俞樾据旧注定为“衍文”，兹据删。

“其白也，其坚也，而石必得以相盈”，旧注：“盈，满也。其白必满于坚石之中，其坚亦满于白石之中，而石亦满于坚白之中，故曰必得以相盈也。”①“相盈”，即前文所谓“不相外”，亦即互相涵摄。“其白”在“坚石”之中，“其坚”在“白石”之中，而“石”亦无“坚白”不能成其为“石”，此即“坚”与“白”之“相盈”而“不相外”。既然“其坚”、“其白”在“石”中是“相盈”而“不相外”的，又如何可能忽而“自己”把这个(“其白”)“自动”地“藏”起来，忽而“自己”又把那个(“其坚”)“自动”地“藏”起来呢？故曰“而石必得以相盈，其自藏奈何”。言下之意即是说：既然它们在“石”中是彼此涵摄而不能分离的，如果说是它们“自藏”的话，它们就应该“自己”把“自己”一一都“藏”起来。是以清人俞樾曰：“自藏者，非有人藏之而藏也。既非有人藏之而藏，则又何人能得之乎?”②俞氏之说，正合客方之意。

看来，客方这一诘难，的确把问题引向了深入。在认知活动中，人的感觉官能不仅有偏任性，而且，人的心理官能也具有反省与选择的离析能力，从而使人心对客观事物的存想具有显见的分割性。而这种既来自感觉官能的偏任性，又来自心理官能的离析性，综合而言之，亦即人心存想的分割性，正是保证人能够获得清晰可辨的认知成果的内在根据。因此，主方曰：

> 得其白，得其坚，见与不见离，不见离，一一不相盈，故离。离也者，藏也。

“见与不见离，不见离”，《道藏》本作“见与不见与不见离”，兹从守山阁本与《绎史》本。庞朴据旧注有“故曰见与不见谓之离”之说，即改从旧注。又，“一一不相盈”，庞朴依孙诒让据《墨经》

① 转引自栾星：《公孙龙子长笺》，郑州：中州书画社1982年版，第38页。
② 俞樾：《俞楼杂纂》卷22，《春在堂全书》第3册，南京：凤凰出版社2010年版，第541页。

所校，改为“一二不相盈”。今按：“见与不见离”与“见与不见谓之离”，在文句的理解上并无分歧。《道藏》本作“见与不见与不见离”，前“不见”下疑脱一重文符号，当是“见与不见＝与不见离”，读为“见与不见。见与不见离”。前“见与不见”乃述说“得其白，得其坚”之有“见”有“不见”。后“见与不见”即“离”字所表述的状态，即有“见”有“不见”就是“离”。其文意尤为明晰，但无版本依据，不宜擅改。然各本文字皆不碍于理解，但守山阁本与《绎史》本文意较显豁，亦有版本可据，故从之。又，“一一不相盈”与“一二不相盈”，似可两通。“一一不相盈”可理解为“坚”与“白”之“不相盈”。“一二不相盈”可理解为“坚”之“一”与“白石”之“二”之“不相盈”，“白”之“一”与“坚石”之“二”之“不相盈”。但既言“离”言“藏”，则以“一一不相盈”较善。因此，“一一不相盈”大可不必改为“一二不相盈”。

客方是就客观事物的各种属性“相盈”而“不相外”以讨论“自藏”。因而既然是“自藏”，那么，要“藏”也就必然一一皆“藏”，要不“藏”也就必然一一皆不“藏”，怎么可能有“藏”有不“藏”。职是之故，主方乃就“坚”“白”虽与“石”相“盈”而又有“藏”有不“藏”的问题作答。

“得其白”即“无坚得白”，亦即因“无坚”（不考虑“坚”）乃“得其白”；“得其坚”即“无白得坚”，亦即因“无白”（不考虑“白”）乃“得其坚”。“得”者，“得”之在心，即人心之所“得”到或形成的观念。人心之“得”与不“得”，或曰能不能形成观念，取决于感觉官能的“见”与“不见”。因“见”与“不见”而有“得”与不“得”，这虽是感觉官能的偏任，但也是人心的分辨能力或离析能力所致。感觉的偏任与人心的离析既是相继的，也是同时的。用“一……就……”这样的句式，是最能说明感觉官能的启动与人心裁断的发生这种虽相继而几乎同时的发生次序的。故“得其白，得其坚，见与不见离”这一紧缩复句，把它拆开来理解，就是“一旦得其白就立刻见到白；一旦得其坚就立刻见到坚。一旦得其白见到白，就必不能同时见其坚得到坚；一旦得其坚见到坚，就必不能同时见其白得到白”。这就是“得”与“见”以及“不得”与“不见”之虽相继却又同时的伴随关系在人心中发生的心理过程。因此，不难想象，如果没有感觉官能偏任性的筛选，也没有人心的分辨与离析能力的裁割，则客观事物的各种性质进入人心之后，势必是纠缠不清，模糊一片，也是混沌一团的。因此，“见与不见离”，就使得本为“相盈”而“不相外”的客观事物的多种属性在人心中“一一不相盈”了。

也许英人洛克关于“简单观念”的说法，可以帮助我们理解公孙龙这几句话的意思。洛克曰：

> 刺激各种感官的各种性质，在事物本身虽然都是联络着，混合着，以至都不能分离，没有距离；不过我们分明看到，它们经过各种感官以后在心中所产生的观念，却是单纯而非混杂的。①

事物本身的各种性质是联络与混合而不能分离的，但经过各种感官而进入人心之后所产生的观念则具有清晰性与单纯性。而观念的清晰性与单纯性，正是来自感官与心官的“得”与“不得”及其“见与不见”的离析与裁割功能。洛氏这一说法，正可为公孙龙之关于客观事物之多种属性由事实上的“不相外”到知解上的“不相盈”之心理离析过程添一旁证。

可想而知，正是感觉官能之偏任性的筛选，与人心的离析与分辨能力的裁割，导致了客观事物的多种属性在进入人心的过程中发生了各自的分离，从而形成了清晰而单纯的观念。也就是说，这种清晰单纯之观念，就是在从外在到内在的进入过程中“离”析而成的。这种体现在“得”与“不得”及“见”与“不见”的感官筛选与心理离析功能上的“离”，也正是体现在事物的客观属性可以各自“离”析而“自藏”的内在根据。故曰：“离也者，藏也。”但这种因“离”而有“藏”，并不是人为的有意的“藏”（“非藏而藏也”），而是自然而然地自动之“藏”（“有自藏也”）。也就是说，事物的多种属性只

---

① 洛克：《人类理解论》，关文运译，北京：商务印书馆1959年版，第84页。

要经过感官的感觉而进入人心，它必然就是有“见”有“不见”的。因此，客观外在的事物属性必然是各自“不相外”的，但在经过感觉通道而进入人心的过程中又是可以“一一不相盈”的，二者并不矛盾。

经过上一轮关于感觉官能具有偏任性以及心理官能具有离析性的讨论，主客双方已经形成了共识，即双方皆能认同“无坚得白，其举也二；无白得坚，其举也二”。但是，“坚白石三”的说法，究竟是不是正确的说法，还有待于进一步分析。因而客方与主方必须就这一问题继续展开讨论，因而客方曰：

> 石之白，石之坚，见与不见；二与三，若广修而相盈也，其非举乎？

客方所言，包含两层意思，但注家与论者皆作一意看，因而其说多迂曲难通。惟其如此，故各本标点或在“盈也”后施句号；或一逗到底，仅于“乎”字后施问号。其实，正确读法当是在“不见”后施分号。分号之前为前提，分号之后为推论。其前提正是上文主客双方经过讨论所达成的共识。

“石之白，石之坚，见与不见”，这是承认或陈述以上讨论所形成的共识，亦即承认“石之白”与“石之坚”是“离”的，因而也承认其有“见”有“不见”也是有“自藏”的。但是，如果以此为前提，那么，“坚”与“白”为“二”，又是在“石”中的，“坚”与“白”在“石”中而形成一个“坚白石”的“三”，就如同“广”与“修”的互相涵摄而形成了一个第“三”者(即由长与宽的相互涵摄而形成一个面积)一样。因此，在这个意义上说“坚白石三”，即由“坚”与“白”在“石”中相互涵摄而为“坚白石”，这个说法，难道有什么不妥吗？“非举乎”，意即：难道不能这样说吗？此“举”字与“其举也二”之“举”，意思完全一样，意为“说法”。牟宗三以为“此‘举’作‘起’解，即‘呈现’之意”，① 将人的言语上的“称述”解释为物的客观上

① 牟宗三：《名家与荀子》，长春：吉林出版集团2010年版，第112~113页。

的“呈现”，其谬误自不待言，遑论“举”若“起”者，上古汉语并无所谓“呈现”之意。

显然，客方是将由“坚”与“白”相涵摄而成的“坚白石”这个第“三”者，与前二者并列相加而变成“坚”、“白”与“坚白石”之“三”个概念。也就是将“坚”“白”“石”这“三”个概念转换成“坚”“白”“坚白石”这“三”个概念。

主方承认客方这一思路。但沿着客方这一思路即“若广修而相盈”的说法，进而分析由“广修而相盈”所组成的那个第“三”者，与“广”与“修”之二者的区别性。不难想象，长与宽的相涵，当然可以形成面积。但不同的长与不同的宽是可以形成不同的面积的。因此，长与宽的伸缩可以决定面积的大小。由此而析言之，则其一，长的概念与宽的概念，与以二者相涵摄而成的面积概念不在同一层次，不可混同。因此，“坚”、“白”与“坚白石”不是三个并列的概念，也不能混为一谈。其二，由于不同的长与不同的宽，可以做成不同的面积，那么长与宽是可伸可缩的。既然长与宽并非固定不变，而是可伸可缩，也就证明长与宽可以从此一面积离析下来，而有不同的长与不同的宽，用这些各不相同的长与各不相同的宽，可以做成无数的大小不同的面积。这就像“白”的性质也可以离开“石”去“白”别的东西，“坚”的性质也可以离开“石”去“坚”别的东西一样，其也是可以从“石”上离析下来去与别的东西“相盈”的。因此，主方曰：

> 物白焉，不定其所白；物坚焉，不定其所坚。不定者兼，恶乎其石也？

“物白焉”，即“物”体上的“白”。“焉”，仍为表限定的语尾词。“不定其所白”，即“不固定在它所呈现为白的东西上”。是以“物白焉，不定其所白”，谓“物体上的那个白，并不固定在它所呈现为白的那个物体上”。“物坚焉，不定其所坚”，句式相同，谓“物体上的那个坚，也不固定在它所呈现为坚的那个物体上”。“不定者兼”，“兼”，非一也；“者”，代指“不定其所白”与“不定其所坚”，意即“白其所能使之白的东西，以及坚其所能使之坚的东西，是很多的，并非只有一个”。故曰：“恶乎其石也?”既然“白”所能“白”的东西与“坚”所能“坚”的东西不止一个，哪里又有仅能“白”或仅能“坚”的那个“石头”呢?

因此，“坚”的概念、“白”的概念，与“石”的概念之所以不同，乃是实体概念与性质概念之不同，而某种性质并不是永远固定在某个实体之上的，别的实体同样可以有某种相同或相似的性质，因而不可以将实体概念与性质概念混于一谈而说“坚白石三”。又，“坚”的概念、“白”的概念，之于“坚白石”的概念亦如“广”、“修”之于“广修相盈”的面积之不同，也是不能混为一谈的。“实”之于“物”的相涵摄，正是“位”的具体规定。如果考虑到“实”之于“物”的“位置”移动，虽然“白”的概念仍然是“白”，“坚”的概念仍然是“坚”，但因其“所白”与“所坚”的对象不同，则其“白”其“坚”的具体属性也不相同。正如同样是长与宽，但不同的面积有不同的长与宽，虽然都叫“长”与“宽”。(事实上，这就是“实”之“通”与“物”之“变”，“通”而有“变”，“变”又有“通”，亦即《通变论》所要讨论的问题，略揭述于此，当以另文详论。)因此，无论从哪个角度着眼，说“坚白石三”都是不妥的，皆是“非举”。

到此为止，“坚白石三”之“非举”，已经非常明确，已无须讨论。但是，与“坚白石二”相关的理论问题，即：客观事实上的“相盈”与主观心理上的“相离”，其间亦各有其是并且似相反而实相成的关系，却有待于进一步的分析论究。不过，道理也似乎是不言而自明的：根据客观事实上之“相盈”并不能由此断言人在主观心理上不可以对它进行分辨离析以“相离”。反之，根据人在主观心理上可以对客观事物进行分辨离析以“相离”，也不能由此断言客观事实上之不“相盈”。而且，正是因为客观事实上的“相盈”，乃有“实”之于“物”的“位”的规定性。而“实”之于“物”具有“位”的规定性，正表明事物的客观存在都是具体而个别的，因而其相关的各种属性也是一一“相盈”而“不相外”的。而且，也正是因为人在主观心理上是可以对客观事物进行分辨离析以“相离”，因而才有关于“物”以及关于“实”的诸多清晰概念。而人心之于外“物”及其相关之“实”具有清晰而明确的概念，则事物的属性在人心中的存想也就必然具有“一一不相盈”的分割性。因此，客观实在的“相盈”，与心理官能的分割，二者可以并行而不悖。而且，正是因为客观事物的实际上“相盈”，人的主观心灵才必须对之进行思想分割，否则人心就不可能拥有清晰明确的各种不同的观念。

当然，存在的具体性，即客观事实上的“相盈”而“不相外”，乃经验常识，其理易明。但人心之存想的分割性，即主观心灵上的“相离”，却是比较抽象的哲学思辨，不易为一般人所理解。因此，有必要在“盈”与“离”的关系以及如何“离”的问题上集中讨论。不过，如果读者诸君肯留意细心观察公孙龙的讨论方式及其讨论步骤，则不难发现，主客双方表面上虽给人以各行其是而彼此不服的印象，但实际上主客所论却既是互为前提，又是相互补充，同时也是相互申论的。谓予不信，敬请诸君留心公孙龙原文的申论步骤。

主方通过“广修相盈”而可以有“广”与“修”相析相离的例证，导入“坚”与“白”可以离“石”而“不定其所坚”以及“不定其所白”，说明“白”与“坚”的概念，是可以离开具体之“物”而在人心中独立存想的。但客方认为，主方所言，过于抽象，希望就“石”而言“石”，故客方曰：

> 循石，非彼无石，非石无所取乎白石。不相离者，固乎然，其无已！

“循石”之“循”，伍非百曰：“读若《庄子·秋水篇》‘请循其本’之循。循，谓反本索源之论也。”①王琯曰：“《汉书·李陵传》‘数数自循其刀环’，注：‘摩顺也。’”②又，谭戒甫曰：“‘循石’之循，当与上文‘拊不得其所白’之拊同义。古书每拊循二字连文，见《史记·晋世家》。《晏子春秋·问下篇》第四云：‘坚哉石乎落

① 伍非百：《中国古名家言》，北京：中国社会科学出版社1983年版，第574~575页。

② 王琯：《公孙龙子悬解》，北京：中华书局1992年版，第83页。

落！视之则坚，循之则坚，内外皆坚。'循之则坚，犹云以手拊石而得坚也。"①按，伍、王、谭三氏之说皆有理据，但以“摩顺”或“拊循”之意解之，即与“拊不得其所白”之“拊”字意同，则无须换字。因为公孙龙讨论的就是“名”与“正名”的问题，在概念的运用上必然要求整齐划一，以避免歧义，决不会前后用字不同。而且根据文章脉络，亦当以伍氏之说为胜。“非彼无石”之“彼”，庞朴依旧注以为单指“坚”，谓“坚为石之本质因素，故非坚则无石”。②按“彼”当指“坚”与“白”二者，上文主方既言“坚”亦言“白”，则客方承主方之言不应单言“坚”而不言“白”。是故“循石，非彼无石”，意即：“把话说回到石头上来——或者就石而言石——如果没有坚与白，也就没有石头。”

又，“非石无所取乎白石”，原文可能有所脱误，故有学者于“白石”中间补一“坚”字，而将“石”字属下，读为“非石，无所取乎白(坚)，石不相离者，固乎然”。③ 按，此语与“非彼无石”相关联，与《庄子·齐物论》“非彼无我，非我无所取”之意相似，意即“没有坚与白，就没有石头；没有石头也就没有坚与白”。“坚与白，本来就是永远与石在一起而不相分离的”，故曰：“不相离者，固乎然，其无已。”“已”，止也。今人栾星据《说郛》本改为“也”字，读此句为反诘语气，意即：“难道能说石也脱离开白坚而不存在了吗？”④按，果如栾氏之读，则与下文主方之辩不能相贯。客方所言，是强调“坚白”与“石”之“不相离”亦即“相盈”一体，不是讨论“石”之有无，读主方回应自知。而且，无论主方还是客方，所讨论的都是“石”中的“盈”与“离”问题，也就是都承认“石”的存在性，绝不讨论有没有“石”的问题。因此，谭戒甫解为“无止时”及庞朴译“永远如此”，皆无误。而王琯以为“三字无解”，则为阙疑

---

① 谭戒甫：《公孙龙子形名发微》，北京：中华书局1963年版，第50页。
② 庞朴：《公孙龙子研究》，北京：中华书局1979年版，第41页。
③ 栾星：《公孙龙子长笺》，郑州：中州书画社1982年版，第41页。
④ 栾星：《公孙龙子长笺》，郑州：中州书画社1982年版，第43页。

之义，无可厚非。①

客方认为主方所言过于抽象，要求回到具体的石头上来，就石头而论石头。但客方也承认：没有“坚”的属性，没有“白”的属性，也就没有“石”；但客方所强调的是另一面，即：如果没有“石”，则其“坚”也，其“白”也，也就失去了依托而不能自显。因此，“坚”与“白”就是这样与“石”永远“不相离”的。可见，客意虽承认主方有理，但仍然是强调存在的具体性。

当然，主方也同样承认客方之说，并不否认存在的具体性，但仍然在此基础上强调：存在的具体性并不能取代存想的分割性。因此，主方曰：

> 于石，一也；坚白，二也，而在于石。故有知焉，有不知焉；有见焉，（有不见焉）。故知与不知相与离，见与不见相与藏。藏故，孰谓之不离？

（有不见焉），《道藏》本原无，其他各本皆有，今人相关研究论著亦皆从各本补。兹亦从之。

“于石，一也；坚白，二也，而在于石。”此乃主方承认客方之说而复述客方之意，而表述形式微有不同；正如上文客方所言“循石，非彼无石”，乃承认主方“不定其所白”与“不定其所坚”之理而复述主方之意，然其表述形式亦有所不同。

又，“故有知焉，有不知焉；有见焉，有不见焉”，此乃经过“有自藏也，非藏而藏”一段讨论之后而为主客双方所共同承认的前提。因此，主方承认客方之言，“石”的确是个整体，而“坚”与“白”也是相涵摄于“石”的。但“坚”与“白”虽然与“石”相涵摄，却

---

① 谭戒甫曰：“其无已，犹云无止时。”见氏著：《公孙龙子形名发微》，北京：中华书局1963年版，第51页。庞朴译曰：“可见（坚白石）不相分离，是本来如此，永远如此的！”见氏著：《公孙龙子研究》，北京：中华书局1979年版，第45页。王琯曰：“‘其无已’三字无解，疑有脱讹。”见氏著：《公孙龙子悬解》，北京：中华书局1992年版，第83页。

并不妨碍它们在通过感觉的官能而进入人心的过程中出现了“知”与“不知”、“见”与“不见”的“离”与“藏”的现象，而且这也是我们（主与客）先前所讨论过的，并且已经达成了共识的结论。因此，既然“坚”与“白”在进入人心的过程中“有知焉，有不知焉；有见焉，有不见焉”，那么，在人心之中，“知”的东西与“不知”的东西可以相互“分离”，“见”的东西与“不见”的东西也就是相对而“隐藏”起来了，“故知与不知相与离，见与不见相与藏”（此“知”与“见”为互文，意即“得”，实即“得”与“不得”相与“离”，“得”与“不得”相与“藏”），这不就是很好理解的么？而且既然是“不见”而“隐藏”了，相对于“见”而言，不也就是“离”了么，谁能说它们不是相互分“离”的呢？故曰：“藏故，孰谓之不离。”

因此，主方既承认客方所谓“坚白”与“石”相涵摄，且引导客方回忆以前讨论过的问题及其所达成的共识，然后在此基础上重申“离”与“藏”的断语，说明客观事实上的“相盈”并不妨碍主观心灵中的“相离”。

这段主方言论的理解，论者多有歧说。近人杜国庠之说最具代表性，姑录之于此，以资讨论。杜氏曰：

> “有不见焉”以上，为论主引自盈派言论的文句，以下才是论主自己的话，所以，前半中的“故”字，是盈派根据“坚白在于石”的事实，因而断定石的属性如坚白者甚多，“故有知焉，有不知焉，可”。《经说》下没有“有见焉，有不见焉”文句。这两句当因论主惯用“知见”字样分说坚白，连类而及的。后半第一个“故”字以下，才是论主利用引文的盈派的结论，以成就自己离坚白的主张所下的断语。就是说：你们以为坚白在石，所以说“有知焉，有不知焉；有见焉，有不见焉”。殊不知“有知焉，有不知焉；有见焉，有不见焉”，正是坚白相离的结果，所以在感觉上免不了“知与不知相与离，见与不见相与藏”。因为藏的缘故，谁个能说它不离呢？离与藏，是互文见意的。倘不把前半作为引句解释，则第一，论主在说明了坚白相离也复离石之后，忽然又承认坚白在石；既已承认坚白在石，后半忽又作出“故知与不知相

与离……孰谓之不离”的结论，这些都是理不可通的。第二，前面已经说过“见与不见离，不见离，一一不相盈，故离。离也者，藏也”。这里又说“故知与不知相与离……孰谓之不离”作为驳论，并置于客的所谓“循石”云云的后面，固无妨反复；若作为申说，就嫌重复了。所以，我断定本段前半是引用句。①

杜氏之说，对于理解主述客意的内容划分极有参考价值，但也有夹杂与含混之处：其一，以客方之言代表墨家“盈派”之论，而主方之言乃代表公孙龙“离派”之论，因而主方回应客方，乃公孙龙之“离派”反驳墨家之“盈派”，此因章士钊“名墨訾应论”之误导而虚构的派别斗争场景，自不足深论。其二，将前一个“故有知”云云皆作为“盈派”之论，显与前文通过“藏三”以及“自藏奈何”的讨论而后达成“有自藏也，非藏而藏也”的主客共识相矛盾。因此，杜氏认为“本段前半是引用句”的“断定”过于匆忙。其真实的情况应该是：“本段前半”之前半，即“于石，一也：坚白，二也，而在于石”，乃主方承认客方“循石”之意；而“本段前半”之后半，即“故有知焉，有不知焉；有见焉，有不见焉”，为前文达成的主客共识。如此方能理解主客双方各有其是而又相因相成的思想逻辑，即客观事实上的“相盈”并不妨碍主观心灵上的“相离”。

接下来，有趣的是，紧承主方之意，客方对于“有知焉，有不知焉；有见焉，有不见焉”的共识前提并不赖账，且就其思虑所及正式提出了感觉官能的“异任”之说，以补充并明确主方“视不得其所坚而得其所白”、“拊不得其所白而得其所坚”的感觉官能偏任之说，这实际上也就是重申了前面所讨论的“有自藏”的结论。但即便如此，客方仍然强调客观事实上的“坚白域于石”。因此，客方又曰：

目不能坚，手不能白，不可谓无坚，不可谓无白。其异任也，其无以代也。坚白域于石，恶乎离？

---

① 杜国庠：《论〈公孙龙子〉》，《杜国庠文集》，北京：人民出版社 1962 年版，第 91 ~92 页。

“目不能坚，手不能白”，“坚”、“白”二字皆为动词。“目不能坚”，即“目”不能感知“坚”，亦即“视不得其所坚”。“手不能白”，即“手”不能感知“白”，亦即“拊不得其所白”。此两句分别与“不可谓无坚，不可谓无白”相对应，即“目不能坚，不可谓无坚；手不能白，不可谓无白”。此四句与上文客方“得其所白，不可谓无白；得其所坚，不可谓无坚。而之石也之于然也，非三也”之辩相同，但前后所辩的旨趣不一样。前文所辩，在辩“坚”“白”“石”的概念为“三”；此文所辩，乃辩“坚白域于石”之事实上的“相盈”。但前后都是以承认对方感觉官能之偏任性为前提的；而承认感觉官能之偏任性，也就是承认了“有知焉，有不知焉”的“自藏”之说，因此，客方以“异任也，其无以代也”加以总结。这一总结，无疑是与主方“无坚得白”、“无白得坚”之意相吻合的。

但客方认为，即使是感觉官能的偏能“异任”，它们各自不能互相取“代”对方的功能，从而导致了客观事物在进入人心的过程中发生了“分离”；但这也不过是人的主观心理上的离析与分割，因而对客观事物本身却是毫发无损的，它依然是整体相涵而相融，并没有因此而分崩离析，故曰：“坚白域于石，恶乎离?”仍然强调存在的具体性。

其实，讨论到此，该涉及的问题都已涉及了，该亮出的观点双方也悉数亮出了。存在的具体性与存想的分割性，确乎并行而不悖。不仅二者并行而不悖，而且二者亦不可偏缺。没有存在的具体性，“实”之于“物”的“位”的规定性则无所依据，而实体概念与性质概念的区别亦无从得到证明。没有存想的分割性，也就没有观念的清晰性与概念的明确性，而观念的清晰性愈高，概念的明确性亦愈切，则“实”之于“物”的“位”的规定性也就愈益清晰可辨因而愈益毋庸置疑。但存在的具体性，没有更多的理解障碍，而存想的分割性，则要求较强的思辨能力，因而公孙龙不得不在这一方面较多着力。因此，主方便从认知的各个不同环节与细节集中论述存想的分割性，其文可分为两大段五个层次。

第一大段，论“坚”、“白”皆可以在人心的存想之中独立而自存。

(一)：曰：坚未与石为坚，而物兼未与为坚，而坚必坚。其不坚石物而坚，天下未有若坚，而坚藏。

(二)：白固不能自白，恶能白石物乎？若白者必白，则不白物而白焉。黄、黑与之然。

(三)：石其无有，恶取坚白石乎？故离也。离也者，因是。力与知，果不若，因是。

层次(一)：论“坚”的概念可以离开具体之物而独立自存。“坚未与石为坚，而物兼未与为坚，而坚必坚”，意即：“坚这个东西，在它没有与石相结合的时候，它本来就是坚的；而且，它不与任何其他的物相结合而体现其坚，坚这个东西本身也必然是坚的。”言下之意，如果它不是“坚的”，它就不能叫做“坚”。这即是说：有“坚”这个概念存在。

“其不坚石物而坚，天下未有若坚，而坚藏”，意即：“那个既不体现为石之坚，也不体现为物之坚的坚，天下并不存在这样的‘坚’；那么，这个‘坚’到哪里去了？它藏起来了。”言下之意，不与任何具体之物相结合的“坚”这个概念，并不存在于客观世界，而是存在于主观世界。这就是说，作为概念的“坚”，它不是客观存在的，但是可以主观存想的。

层次(二)：论“白”的概念亦可以离开具体之物而独立自存。但论述的方式稍有变换，因而与上文论“坚”的概念可以独立而自存，在文势上可以互相衔接。也就是说，论“坚”的那段文字，其“坚”字可以改成“白”字；而此下论“白”的这段文字，其“白”字亦可改为“坚”字。因此，两段文字可以相贯通而互为补充，从而形成因果关系或者条件结果关系。

“白固不能自白，恶能白石物乎？”意即：“像坚这个东西一样，白这个东西，在它没有与其他任何具体之物相结合时，它本身就是白的。如果白这个东西本身就不能使它自己成为白的，那么，它又哪里能够使石或其他物成为白的呢？”言下之意，也就是说：“白”之所以叫做“白”，就因为它是“白”。因而也就是说：有“白”这个概念。

“若白者必白，则不白物而白焉。”意即：“如果白这个东西必定是白的，那么，即使它不去呈现于物以使其物成为白的，它自身也是白的。”此句亦与上文论“坚”的原理相似。意思是说，与“坚”一样，即使天下没有这样的“白”，但这个“白”也是依然存在的。亦即作为概念的“白”，它就在人心的存想之中。不仅“白”的概念是如此，“黄、黑与之然”。“黄”的概念与“黑”的概念，也与“白”的概念一样，作为概念，它们都是可以“离”开具体之物而在人心中加以存想的。

层次(三)：再论不仅“坚”与“白”可以“离”石及一切物以独立自存，即使是“石”，也是可以单独作为概念存在于人心之中的。而作为概念的“石”，与“坚”、“白”的概念一样，也是在客观现实中找不到的。“石”的概念既然在客观现实中尚且找不到(“其”，犹尚也)，① 那“域于石”的“坚”与“白”的概念，又哪里可以在现实中找到呢？故曰：“石其无有，恶取坚白石乎？”“石其无有”，并不是说现实之中的石头不存在，而是指“石”的概念在客观现实中是没有的。可见不仅“坚”与“白”作为概念可以在人心中加以存想，“石”也一样，仍然可以在人的主观心灵中加以存想。这些概念在人的主观世界之中各自独立而自存，这就是“离”(“故离也”)。“离也者，因是”，意即：所谓“离”者，其原因就在这里。或者说，“离”的道理就在这里。其“因”于“是”的原因或道理，就是人的存想具有分割性，因而人之心灵所存想的概念也就是彼此界限分明而清晰单纯的，从而它们也就是各自分离因而也是彼此可辨的。

最后两句“力与知，果不若，因是”，乃承上启下的过渡句。但此句之读，各家有所不同。伍非百认为“力”字与“见”字因“草书形近而误”，此句当为“见与知，果不若，因是”。伍氏曰：“三句承上，再论坚白。见与知，即坚与白之根也。若，比也。见与知果不若者，言见不与知比，今而后知其果然也。因是，犹言因此之故。见，对白而言。知，对坚而言。因见而得白，因知而得坚，根

① 王引之：《经传释词》卷5，长沙：岳麓书社1984年版，第109页。

与境对故。境既为二，根亦为二，根境缘故。”①王琯曰：“谢释‘果’谓‘果决’，非也，按即结果之意。言上述坚藏白离之旨，以智力求之，结果终不外是，不若因其自然之为愈也。‘知’，通‘智’。”②又，谭戒甫曰：“力与知，即力与智也。旧注：‘果，谓果决也。若，如也。夫不因天然之自离，而欲运力与知而离于坚白者，果决不得矣。故不如因是天然之自离也。’按下文言神不见，神不知，故此先言力与智之不若，生起下文。《淮南子·泰族篇》云：‘神明之事，不可以智巧为也，不可以功力致也。’此盖谓神尚无主，遑言力与智哉？”③又，庞朴曰：“疑‘知’读如‘智’，指上述对坚白的理智分析；‘力’则兼指抚与视，指感性知觉。意谓感觉虽可得坚得白，但不可得其本是；本是只可由理智求得。故曰‘力与知果（决也），不若因是’，且译其文曰：‘用感觉能力同理智来争论，还不如根据这种情况而相信分离。’”④胡曲园曰：“力与智果：力喻感觉，智即理智、抽象思维。果，惈也，惈之今字。《尔雅·释诂》：‘惈，胜也。’胜即争胜，这里作‘较量’解释。这句是说感觉与思维相比较。力与智果，不若，因是：因是，因此之故。感觉与思维相比较，其重要性总是不及思维的。整句是个复合句，‘因是’是倒装的子句。”⑤

上述诸家之说，各有其是，皆能启人心智；亦皆有其非，故其释义均有未达。伍氏以“力”为“见”字之讹，参照诸家“力”字之说，则知伍氏改字非是。然其释“若”为“比”，则有所悟也。王琯因旧注释“因是”为“因其自然”，以道家之意说公孙龙，已大非公孙原意；然其释“果”为“结果”，则有所得也。谭戒甫唯在找到《淮南子·泰族篇》之“力”与“知（智）”相对为用的书证，可以纠伍氏

① 伍非百：《中国古名家言》，北京：中国社会科学出版社1983年版，第578页。

② 王琯：《公孙龙子悬解》，北京：中华书局1992年版，第85页。

③ 谭戒甫：《公孙龙子形名发微》，北京：中华书局1963年版，第54～55页。

④ 庞朴：《公孙龙子研究》，北京：中华书局1979年版，第42～43、46页。

⑤ 胡曲园、陈进坤：《公孙龙子论疏》，上海：复旦大学出版社1987年版，第128页。

“力”为“见”讹之谬，然其释义则一无是处，或者于原文根本不知所云。庞氏释“力”为“感性知觉”，乃“兼指抚与视”大为有得；但以“知”为“上述对坚白的理智分析”，并以“果”为“决”，即“冲决”或“横决”之意，且译其文为“用感觉能力同理智来争论”，则与公孙原意大相径庭。因为文中无论客方与主方都没有“用感觉能力同理智来争论”的意思，倒是双方都承认感觉官能的偏任性，而“其异任也，其无以代也”乃成双方共识，因而“感觉能力”与“理智分析”在文中实在是同条相贯的。只是在客观存在之“盈”与主观存想之“离”的问题上，双方强调的侧重点有所不一致，但也远远没有达到相“横决”或相“冲决”的地步。因此庞氏之说大非公孙之本意也。而胡曲园据《尔雅·释诂》“倮，胜也”之说，以“果”为“倮”字之通假，其说虽新奇可喜，但实在是为庞氏“横决”之说寻找训诂依据。庞氏之说既与公孙原意相远，则胡氏之说亦必不中。而且，说“感觉与思维相比较，其重要性总是不及思维的”，则尤为非理。倘无感觉之进入，岂有思维之形成！由此而论，则感觉岂不比思维更显重要！此乃认知哲学的常识之论，无须置辩。

综合诸家之长，鄙意以为，最后两句当读为“力与知，果不若，因是”，与诸家标点作“力与知果，不若因是”有所不同。①“力与知”之“力”兼指“拊与视”，乃为感觉官能。“知”与“智”虽可相通，古书例证亦甚多，无所可疑；但此“知”字却不必读为“智”。此“知”字乃统括上下文中“见与不见”及“知与不知”之“知”、“见”二字，其意乃与上文“得其所白”、“得其所坚”之“得”字同。因此，“力”即感觉官能的发动，“知”即由感觉官能的发动，而在人心之中产生了“知见”的印象从而所获“得”的感觉观念。“果不若”，“果”字当依王琯释为“结果”，亦即“力与知”之“结果”；

---

① 杜国庠训“因是”之“是”为“寔”，释为“实”。且读此句为“力与知，果不若，因是(寔)”(按：此即庞氏释“是”为“寔”(“本是”)甚至释“物以物其所物而不过焉，实也”之“实”为“寔”及其译文之所从来)。杜氏句读虽有得，而其释义则非。尤其将“因”其“各各分离”之“是(寔)”解释为“依乎事实”，则大谬不然。见氏著：《论〈公孙龙子〉》，《杜国庠文集》，北京：人民出版社1962年版，第93页。

“若”字可依伍非百释为“比”，意即“相同”或“相一致”；因此，“果不若”，即“其结果不一样”。不过，“若”字后有某种无须说明的省略，亦即为客方所强调也为主方所承认的现实之客观事物“相盈”而“不相外”的存在状态。因为客方与主方所反复讨论的正是这一点，所以文章要如此照应。因此，“力与知，果不若”，意思是说，通过感觉官能的发动(“力”)而在人心之中产生的“知见”印象(“知”)，亦即最后在人心之中所形成的感觉观念(“果”)，与实际的客观事物“相盈”而“不相外”的具体存在状态是不一样的(“不若”)。“因是”与上文“离也者，因是”之“因是”，其意同。意即：之所以由感觉官能进入人心之后形成的感觉观念与客观事物的存在状态不相同，其根本原因(“因”)就在于人心的存想具有分割性(“是”)。

有此过渡，则第二大段乃论感觉之所以偏能“异任”，乃因其各自不同的认知方式与认知途径，乃至其认知的辅助条件与辅助工具皆各自不同之所致。这就是这些感觉官能所“得”到的“知见”印象进入人心之后形成的感觉观念之所以相互分离的客观依据。显然，这是通过外向延伸的辅助方式，以期放大而凸显其内在离析的心灵状态；犹如平面几何中画辅助线段或作射线延伸以助求解的几何学方法。

第二大段可分为两个层次，分别论“白”与“坚”。

层次(一)：论“白”是通过视觉官能的认知方式及其相关的辅助条件在人心中所形成的“白”的观念。此“白”的观念一经形成，就可以存放在人的主观世界之中，它既可以在再度受到客观外界事物的相关刺激之时，重新浮现于人的脑海；也可以在不受到客观外界事物的刺激之时，封存而潜藏在人的主观世界而不必浮出水面。或者在认知的过程中，对于客观事物所专注的对象有所不同，因而有所“视而不见”，那封存于脑海之中的“白”的观念也因此同样可以暂不浮出水面。但无论是哪种情形，都可以证明：作为清晰可辨而纯然不杂的“白”的观念，在人心的存想之中是可以与其他众多的单纯观念相互分离的。其文曰：

(一)：且犹白以目以火见，而火不见；则火与目不见而神见；神不见而见离。

“且犹白以目以火见”，孙诒让认为《墨子·经说下》“智以目见，而目以火见，而火不见”与此处文意正同，此句“以目”之下当脱“见目”二字。① 按孙说或是，此句当为“且犹白以目见，目以火见”。是以补“见目”二字，则文意显豁；若不补二字，则可视为句中省略。

“且”，犹“夫”，发语词，无义；但解为顺接连词之“而”，亦可。“犹”，若也，是照应上文过渡句“力与知，果不若，因是”的用字，大抵相当于今之口头语“比方说”。“白以目见，目以火见，而火不见”，意即：“白”是通过眼睛的视觉感官而形成的观念，但是，单凭眼睛的视觉官能也不一定能形成“白”的观念，还需要光线作为辅助条件。当然，仅有光线的外因条件而无视觉感官的内因发动（比如盲人）也是无从形成“白”的观念的，故曰“火不见”。所谓“火不见”，意即如果眼睛是盲的，则有“火”亦不能“见”。这几句组成一个独立的意义单元，说明“白”的观念之所以形成的客观要素。

“则火与目不见而神见”，此乃另一独立的意义单元。“神”，亦即神智。旧注所谓“精神”，今注所谓“理智”，大抵不错。但此“神”字，确切地说，应当是指今语之所谓“人的主观心灵”。因此，“火与目不见而神见”，意思是说，当人们通过视觉感官及其相关的辅助条件已然获得了“白”的观念，这个“白”的观念就在人的主观心灵之中作为一种存想的资料保存起来了；即使感觉官能没有发动而重新产生具体的认知过程（“火与目不见”），那个已经贮存于人的主观心灵之中的“白”的观念，在必要时，也仍然是可以通过心灵来思维到它的（“神见”）。

“神不见而见离”，这又是一个独立的意义单元，但与上一意义单元有所关联。意即：虽然在必要时可以通过心灵来思维到那个“白”的观念；但是，如果没有必要去思维那个贮存在脑海中的“白”的观念（此为思维活动中的“神不见”），或者在某个认知活动

---

① 孙诒让：《墨子间诂》卷10，北京：中华书局2001年版，第378～379页。

中所关注的对象不是那个“白”的性质，因而可以对那个客观事物中的“白”的性质“视而不见”（此为认知活动中的“神不见”），那么，这就说明，这个已然形成的“白”的观念，在人的主观心灵中就是与其他观念彼此分离的（“见离”），因为它可以不与其他观念相连带而出现。

以上论“白”的感觉观念之形成过程及其在人心中存想的离析状态。

层次（二）：论“坚”是通过触觉官能的认知方式及其相关的辅助工具在人心中所形成的“坚”的观念。“坚”的观念所得以形成的过程，与“白”的观念之形成过程有所不同。但“坚”的观念其所得以形成的原理，以及在人心中的贮存与浮现的条件及其原理却是与“白”的观念完全一样的。因此，在具体的行文上不仅较之上文论“白”有所省略，且似乎还是从与之相对的立场加以论述的。当然，这种行文省略以及相对的论述立场，可视为思想内容上的相互补充。其文曰：

> （二）：坚以手而手以捶，是捶与手知而不知，而神与不知。神乎！是之谓离焉。离也者天下，故独而正。

“坚以手而手以捶”，“坚”是通过“手”的触觉官能所获得的观念，故曰“坚以手”。对于事物的“坚”的感觉，本来只要用手去拍打拍打或者按压按压就可以感觉到的，亦即“以手”拍打按压便可获得“坚”的观念。但是，在实际的感知活动中，人们往往会通过某些辅助工具去感知“坚”的程度，亦即想知道它到底有多“坚”。而要想知道到底有多“坚”的辅助工具当然是“捶”。“捶”与“箠”或“棰”可以通假，即木棒或木棍。当然，也不排除是金属的“锤”的可能性，因为公孙龙的时代是有铁的，人们大可以用铁制的“锤”来感知或测试物体的坚硬程度（其实，感知物体的坚硬程度，最为简单的方法就是抡起大锤使劲砸，古今一律，没有例外），故曰“手以捶”。这一句也是一个独立的意义单元，说明“坚”的观念之所以形成的客观要素。因为凡是由感觉得来的观念都是客观的，

“白”也一样。

“是捶与手知而不知”，“是”，是以、是故也。此句以“是”字与上句相承接，又用“而”字作转折，以说明“坚”的观念之形成及其在人心灵中的贮存状态，但文有省略。“是捶与手知”，乃承上言，意即：是故“坚”是通过“捶与手”的触觉官能及其辅助工具由触觉官能的发动而进入人心的观念。“而不知”乃为转折，是说“坚”的观念形成之后在人心中的贮存情况，然此句有省略，完整句式应该与上文论“白”的句式相同，当为“是捶与手知而不知而神知”，其中“是捶与手”乃承前省，“而神知”则蒙后“而神与不知”之意以省。补充完整的句式应当是：是捶与手知，（捶与手）而不知（而神知）。

意思是说：所以当人们通过“捶与手”的触觉官能及其相关辅助工具经由触觉官能的发动已然获得了“坚”的观念（“是捶与手知”），那么，这个“坚”的观念就在人的主观心灵中作为一种观念的存想保存了下来；即使触觉官能没有发动而重新产生具体的认知活动（“捶与手而不知”），但那个已经贮存于人的主观心灵之中的“坚”的观念，在必要时，也仍然是可以通过心灵来思维到它的（“而神知”）。此为紧承上文而来的另一独立意义单元，不过文有省略。

“而神与不知”，此句亦有省略，完整句式应当为“而神与不知而知离”，“而知离”亦蒙后文“神乎！是之谓离焉”之意而省略。“神与不知”，即“神不与知”，① 其意亦与“白”的观念进入人心之后的情形相同，虽然在必要或适当之时可以通过心灵来思维到那个“坚”的观念，但是，如果没有必要或并无适当机缘去思维那个贮存在脑海中的“坚”的观念（此亦思维活动中的“神与不知”），或者在某种认知活动中不去关注客观事物中那个“坚”的性质，对那个

① 王琯认为，“神与不知”，“与”字无义，应系语助。《左传》襄公二十九年曰：“是明也，其与几何?”又《越语》曰：“如寡人者，安与知耻?”“与”字皆作语助用可证。见氏著：《公孙龙子悬解》，北京：中华书局1992年版，第86页。按，王氏之说，亦可备参。

客观事物中的“坚”的性质“触而不觉”（此亦为认知活动中的“神与不知”），那么，这也同样表明，那个已然形成的“坚”的观念，在人的主观心灵中就是与其他观念彼此分离的（“而知离”），因为它也可以在某个具体的认知活动中不与其他观念相连带而出现。此又一独立的意义单元，而文亦有省略。

“神乎！是之谓离焉”，“神”字，统摄上文两个层次之论“白”与论“坚”，其意仍然是指人的“主观心灵”，不过此处以感叹语气出之，则语气有所双关，既是指人的“主观心灵”，亦同时兼有赞叹人的“主观心灵”这一心理官能的“神奇性”之意。而人的“主观心灵”的“神奇性”，正是表现在对于各种进入人心的感觉观念具有清晰明确的分离性，使其各自分离而在人心的存想之中独立以自存。“是之谓离焉”，“是”，乃指上述论“白”论“坚”的观念之形成、贮存以及或浮现或潜藏等一系列过程与状态，这一系列的整个过程与状态，也就是各种不同观念通过感觉官能发动而进入人心存想的分离过程与状态。而所有这一切，都是在人的主观心灵之中于顷刻与须臾之间完成的，而一般人如果不作深刻而细致的内在心灵的哲学反省，是不可能觉察到的，因而也是不为一般人所洞见的。故曰：“神乎！是之谓离焉。”①

最后一句“离也者天下，故独而正”，乃是全篇的总结，意即人的主观心灵具有存想的分割性，因而拥有无数的清晰可辨而明白不杂的各种不同观念；这些清晰明白而单纯不杂的观念之所以是清晰明白而单纯不杂的，就足以证明：它们在人心的主观存想之中是各自分离的。而人心的主观存想拥有各种相互分离而清晰明白的观念，这是普天之下人人心中的经验事实，只要人稍一反省就能知道的（“离也者天下”）。且正是由于主观心灵拥有这些相互分离而不相杂的清晰观念（“独”），才能分辨实体概念与性质概念的区别，

---

① 《易·系辞》曰“阴阳不测之谓神”，又曰“神无方而易无体”，是以中国古代所谓“神”，乃有“不可测度”亦“不可言说”之意。“不可测度”乃言其深奥诡秘而难明就里；“不可言说”乃谓其变化不定，犹瞻之在前而忽焉在后。即使是现代科学对于人脑的研究，也不能完全揭示大脑意识活动功能的内在奥秘。

才能从概念上理解与分辨“实”之于“物”的“位置”规定(“正”)。因此，“天下”，即指人人所拥有的普遍存有的心理经验，“独”，与《名实论》中的“唯”相呼应；“正”与《名实论》中的“位其所位”相呼应。也就是说，人心存想的这些清晰明白而不相杂的单纯概念，正是称名指实的过程中“位其所位”的“正名”基础。故曰“离也者天下，故独而正”。

根据上述全文疏解，《坚白论》的主要论旨可归结为：

客观世界的事事物物都是具体的存在，因而客观外在的事物属性都是彼此互相涵摄而不相排斥的；但是，这些彼此“不相外”而“相盈”的客观事物属性，在通过人的感觉官能而进入人的主观心灵世界的过程中，却发生了界线明晰的观念分离。因为人的感觉官能既能偏任便有筛选作用，而人的心灵也具有分辨与离析的功能，这就是人的心灵世界之所以拥有各种清晰而单纯的不同观念的客观依据及其心理原因。因此，《坚白论》的理论价值便有如下几点：

第一，划分了实体概念与性质概念的不同概念层次。由于具体的客观事物具有各种不同的客观属性，因而实体概念与性质概念是两种不同的概念层次，实体概念乃“物”之“名”，性质概念乃“实”之“名”，二者不可混为一谈。因此，说“坚白石二，可”，说“坚白石三”则“不可”。

第二，论证了实体概念与性质概念的逻辑关系。“坚白域于石”，性质概念包含于实体概念之中，因而性质概念可以述说实体概念，实体概念则不能述说性质概念。

第三，论证了“实”之于“物”具有“位”的规定性的客观基础。由于实际存在的客观事物是具体的，其各种不同的属性是互相涵摄而不相分离的。因此，“坚白域于石”，这也就是“实”之于“物”具有“位”的规定性的客观根据。

第四，论证了人心存想的分割性。观念的清晰可辨来自感觉官能的偏任性与心理官能的离析性，这是观念的清晰性与单纯性的认识论根源。而且，存在的具体性与存想的分割性又是并行不悖的。前者是后者的客观基础，后者是前者的思维形式。不能以存在的具体性否定存想的分割性，也不能以存想的分割性取代存在的具体性。

第五，论证了清晰明白不相杂的观念分离性在人的认知活动中的思维特点。各种不同观念在人的心灵世界既然是相互分离的，因而这些不同观念在具体的认知活动中，或者在具体的思维活动中就不会是同时出现的。某种观念之所以重新浮现于脑海，既有当下再度刺激的外在因素，亦与人在认知活动中的关注对象有关，同时，还与人在思维活动中的心灵反省对象有关。

《坚白论》的文本疏解及其思想旨趣论析已讫，但《坚白论》所论之存在的具体性与存想的分割性与《墨经》的思想关联，则是论者所不能回避的学术史问题。

众所周知，自章士钊倡言“名墨訾应论”之说，近世学人颇受其影响，涉及名家与墨家之关系，莫不以为两家势同水火。以惠施为“合同异”，于是墨家乃为“别同异”；以公孙龙为“离坚白”，于是墨家乃为“盈坚白”。例如近人王琯虽以施、龙出于墨家，但并未自成一家，至于“其由方法而证得之学理，与墨或殊，则亚里士多德之与柏拉图，固尝以师弟而反驳指摘矣”。而具体到《坚白论》，则王氏认为：“坚白于石，《墨经》主盈，公孙主离。”①又，冯友兰晚年所著《中国哲学史新编》，仍然坚持其早年看法，认为“公孙龙一派的辩者，主张‘离坚白’，墨经则主张‘合坚白’”。②而杜国庠认为《坚白论》中亦有论主引用墨经中“盈派的结论”以“成就自己离坚白的主张”之说。

关于惠施之学是否专主“合同异”的问题，拙著《中国早期文化意识的嬗变》第三卷下册相关章节已有详细论述，兹可不复。但公孙龙《坚白论》与《墨经》的关系，涉及公孙龙学说的理论性质及其思想渊源，似不可人云亦云，必据实而论究。

我们认为，墨子《经》及《经说》与《坚白论》的思想关联，首先在于：两者都承认实在的具体性及其内在属性之互相涵摄。墨子曰：

① 王琯：《公孙龙子悬解》，北京：中华书局1992年版，第16～17页。
② 冯友兰：《中国哲学史新编》第2册，北京：人民出版社1984年版，第286页。

盈，莫不有也。

说盈。无盈，无厚。于尺无所往而不得得二。（《经上》、《经说上》六六）

此条《经》与《经说》，于惠施“厤物十事”之“无厚，不可积也，其大千里”的疏证中曾加以引述与论析，读者诸君可以径行参阅，兹不复赘。所可注意者，《墨经》此条所论，乃是物体之体积的长、宽、高三种属性互相涵摄，故曰：“盈，莫不有也。”且有“盈”亦必有“厚”，以“尺”去测量此充“盈”而成的三维六面之体，无所往而不可“得”其长与宽，故曰“得二”。又，

坚白，不相外也。

说坚。异处不相盈，相非，是相外也。（《经上》、《经说上》六七）

此条《经》与《经说》所论之旨与上条所论无异，但论述的角度则有所不同。上条《经》与《经说》是以三维体积长宽高的相涵摄描述“盈”的充满状态。此条《经》与《经说》则直接以“坚白”的互相涵摄说明“盈”就是“不相外”。所谓“不相外”，就是不在“异处”。在“异处”就是“相非”，亦即互相排斥，如同二体。

应该注意的是，此两条经文夹在论述“倍”、“端”、“有间”、“间”、“纑”以及“撄”、“似”、“次”等诸条《经》与《经说》之间。由《经》与《经说》原文可见，自“倍”至“次”，所论之内容，皆是指事物(主要是物体)之间的各种不同关系。“倍，为二也。说倍，二尺与尺，但去一”(《经上》、《经说上》六一)，论事物或物体之倍差关系。“端，体之无序而最前者也。说端，是无同也”(《经上》、《经说上》六二)，论事物或物体之绝对独立之关系。“有间，中也。说有间，谓夹之者也”(《经上》、《经说上》六三)及“间，不及旁也。说间，谓夹者也”(《经上》、《经说上》六四)，此两条论事物或物体之相间对立关系。而紧挨着“盈，莫不有也”的上文即“纑，间虚也”，其说为“虚也者，两木之间，谓其无木者也”(《经上》、

《经说上》六五），“朮”，匹彻切，原文作“木”，兹据吴毓江依章太炎说改。章氏曰：“纑者麻缕，朮者析麻，惟两朮之间有虚处，乃可擘析。”吴毓江曰：“左昭十九年《传》释文：‘纑，麻也。’《广韵》曰：‘朮，麻片。’《庄子·养生主篇》曰‘彼节者有间’，盖亦纑间虚之类矣。”①是以“纑”之所论者，乃物体内部之有所间隙。而与“纑”相反，所谓“盈，莫不有也”，所论乃是物体内部没有间隙。内部没有间隙，就是物体内部彼此相涵，物体体积之长与宽与高三维互相涵摄，即其显例。至于《经上》与《经说上》六七条所谓“坚白不相外”云云，乃在补充说明“盈”不仅是内部没有间隙，而且还必须是同处一体的不同因素之互相涵摄，否则就不能叫做“盈”。因此，所谓“盈”，乃如同一石之中的“坚”与“白”不在“异处”一样。

紧接着“坚白不相外”的《经》与《经说》之下文乃是论“撄”的条目。其文曰：

> 撄，相得也。
>
> 说撄。尺与尺，俱不尽。端与端，俱尽。尺与端，或尽或不尽。坚白之撄，相尽。体撄，不相尽。（《经上》、《经说上》六八）

所谓“撄”，大抵是指物体与物体之迫近接触。而物体之间的迫近接触其实就是重叠。当然，重叠有不同的情况，故有“或尽或不尽”之各种差异。“尺与尺，俱不尽”，当是指长度相同的两条直线错位重叠，因其错位重叠，两条直线势必都会在重叠部分之外余有不重叠的部分。而长短不同的两条直线重叠，除了如上述的错位重叠之外，更常见的是，将两条直线的一端对齐之后再行重叠，则对齐的一端当然是完全叠合的，而不齐的一端势必余有不重叠的部分，故曰“端与端，俱尽”，而“尺与端”则“或尽或不尽”了。这是长短不同的两条直线错位重叠、对齐重叠与不对齐重叠的三种不同的重叠方式与重叠结果。至于立体与立体的重叠，则无论如何也是不能完全重叠的。大缶不能装进小缶，小缶也不能填满大缶，而同

---

① 吴毓江：《墨子校注》卷10，北京：中华书局1993年版，第508页。

样大小的缶更不能彼此互容。这就是所谓“体撄，不相尽”的道理。至于物体内部的“坚”与“白”，则是可以完全相涵摄但已超越了重叠的意义，然墨子依然说“坚白之撄，相尽”，意即在同一石块中的“坚”与“白”则是完全“重叠”的。因此，墨子以“坚白相尽”作为“撄”的例证，与“尺”及“端”的“相撄”并列，似有举不于伦之患。

以下论“似”(《经上》、《经说上》六九)、论“次”(《经上》、《经说上》七十)。“似”之所论，乃两物之相似关系。相似之两物，既可以重叠，也可以不重叠(“有以相撄，有不相撄也”)，只要在某一点上看上去相似即可(“两目端，而后可”)。“次”之所论，则是两物不相重叠，仅为依次比密相继排列的关系，故曰“无间而不撄撄也”。但这种依次比密相继排列，却无须考虑物体的厚薄或高低，故曰“无厚而厚(后)可”。

由《墨经》原文次序可以推知，《经上》、《经说上》六六条论“盈莫不有”，六七条论“坚白不相外”，夹在讨论物与物的各种外部关系与物自身的内部关系诸条之间，我们可以理解为“盈莫不有”是对“纑间虚”的反面说明；而“坚白不相外”又是对“盈莫不有”的举例论证。然而，无论墨子的主观意图是什么，这两条经文都与客观实在的具体性相关，因其具体，故其长、宽、高或“坚”与“白”等诸多不同属性当然就是互相涵摄的。

所谓互相涵摄，以墨子所用术语言之，则叫做“因”。墨子曰：

> 坚白，说在因。
> 说。必相盈也。(《经下》、《经说下》一六)

客观事物皆是一一具体的，其诸多属性当然也是一体相“因”的。所谓“因”，也就是“相盈”，“坚”与“白”相“因”一体，也就是“坚”与“白”二者“相盈”于一体。

不过，墨子又认为，事物属性之相“因”一体而互相涵摄，但在称名指实的称述活动中，又存在着“偏弃”现象。而这一点正是公孙龙所谓“离”与“藏”的思想来源。墨子曰：

一偏弃之，谓而固是也，说在因。

说一。一與一亡，不與一在，偏去未。有文实也，而后谓之；无文实也，则无谓也。不若敷与美，谓是则是固美也，谓也则是非美。无谓则报也。(《经下》、《经说下》四)

本条《经》与《经说》多有讹脱。高亨曰："谓下当有是字，转写误脱。"又，"一与一亡"，原文作"二与一亡"，梁启超认为当是"一，一与一亡"，前"一"乃牒经标目字，吴毓江从其说。又"偏去未"，高亨曰："疑当作'偏弃'，盖棄字写离作云桊，因误为去未耳。"①又，"有文实也"、"无文实也"，皆当作"有之实也"、"无之实也"。"不若敷与美"之"不"字，孙诒让疑为衍文。"谓也则是非美"之"也"乃"他"字之省文。综合上述诸家之说，则此条《经》与《经说》当为：

一偏弃之，谓是而固是也，说在因。

说一。一與一亡，不與一在，偏弃。有之实也，而后谓之；无之实也，则无谓也。若敷与美，谓是则是固美也，谓他则是非美。无谓则报也。

《经》文之"偏弃"，即《说》之所谓"一與一亡，不與一在"。"與"与"舉"字相通，即称名举实之"举"。"一举一亡，不举一在"，意即：对于某个复杂的事物，称说其中一种属性，不称说其中另一种属性，虽然那另一种属性没有同时被称说，但没被称说的那种属性仍然是存在于事物之中的，这就是"偏弃"。而之所以一举一不举，其不举者仍在，是由于其所举者与所不举者是相互依存与相互涵摄的缘故，故曰"说在因"。对于某些单纯事物的称说，亦有某种"偏弃"现象。比如，某些单纯事物本身固有某种独一无二的属性，如果直接称举此事物之名称，也就意味着称举其固有之属性。不称举此事物之名称，也就无从指涉此事物之固有属性。当

① 高亨：《高亨著作集林》第7卷，北京：清华大学出版社2004年版，第183页。

然，如果某事物并无某种固有属性，则必须指涉某种固有属性时，亦不会称述那种无此固有属性之事物来指涉这种固有属性。此即《经说》所谓“有之实也，而后谓之；无之实也，则无谓也”之意。例如，“花”的属性就是“美”，称其为“花”，则其为“美”的属性亦在其中；如果不称其为“花”，那么也就不是“美”了，故曰“若敷与美，谓是则是固美也，谓他则是非美”。例如，今有某男士对某女士说：“你长得就像一朵玫瑰！”这无疑就是赞美她生得美丽姣好。如果此男士对此女士说：“你长得就像猪八戒！”这当然就是厌恶她面貌丑陋长相难看了。此即墨子“谓是则是固美也，谓他则是非美”之鲜活例证。因此，称“花”即是称“美”，在墨子看来，也属于称名指实活动中的“偏弃”现象。因为虽然没有直接称举“美”，但称其为“花”也就实际上是称举“美”，故曰“无谓则报也”。

“报”，诸家注释皆疑为讹误之字，纷纷改字说《经》，其立说方向已入歧途，自不待言。① 唯谭氏戒甫之说差为近之，却又失之交臂。谭氏曰：“按《说文》：‘谓，报也。’此上句既云‘无谓’，则下句似不应陡接云‘报’；‘报、疑’二字形似致误耳。”谭氏不明此条《经说》之义，虽引许君之说，反而改“报”为“疑”，未得一间，殊为憾事。今按：《说文》：“谓，报也。”则“谓”有“报”义，而“报”亦有“谓”义。故段氏注曰：“报，当罪人也。盖刑与罪相当谓之报，引申凡论人论事得其实谓之报。谓者，论人论事得其实也。”②是以“无谓则报也”，意即：即使没有直接称述，但也是间

① 诸家皆不得《经说》“报”字之解而疑“报”字有误。孙诒让曰：“‘报’与‘美’文相偶，疑即上文之‘敷’，亦当为‘假’之讹。或云报与反义同，《经下》云‘唯吾谓，非名也则不可，说在仮’是也。又疑‘报’或当作‘执’，言我无谓，则彼将坚执其说。《经说上》云‘臺执’，又云‘执服难成’。三说并通，未知孰是。”见孙诒让：《墨子间诂》上，北京：中华书局2001年版，第358页。又，谭戒甫依《经下》“疑无谓也”之意，改“报”字为“疑”字。见谭戒甫：《墨辩发微》，北京：中华书局1964年版，第211页。高亨则“疑报当作均”。见高亨：《高亨著作集林》第7卷，北京：清华大学出版社2004年版，第183页。众说纷纷，一无是处，今皆不从。

② 段玉裁：《说文解字注》，上海：上海古籍出版社1988年版，第89页。

接称述了。因为“美”涵于“花”中，称“花”亦是称“美”，虽不直接称“美”，但“美”亦在其中，“花”与“美”乃相“因”也。

由此可知，墨子此条《经》与《经说》，讨论的是具体事物的诸多属性一体相“因”，但在人的称述活动中，可以称述其中一种属性，而将其他属性搁置起来。不仅如此，某种事物固有某种属性，这也是一体相“因”。而在人们的称述活动中，称述其事物本身，也就是称述其固有属性，因而虽然没有直接称述那种固有属性，但仍然是通过称述其事物之名而称述其相应的固有属性。这两种情况，都属于“偏弃”。而无论哪种“偏弃”，事实上都是一种称名指实活动中的分“离”行为。

由此可见，墨子《经》及《经说》与公孙龙《坚白论》的思想关联非常之密切，而且，尤其是墨子论事物诸多属性虽然相“因”相涵而“不可偏去而二”，但同时又可以“见不见离”以及“无坚得白”，则与公孙龙《坚白论》的思想并无二致。墨子曰：

> 不可偏去而二，说在见与俱、一与二、广与修。
>
> 说。见不见离，一二不相盈，广修、坚白。(《经下》、《经说下》五)

表面看来，此条经文与上述《经下》《经说下》所谓“一偏弃之”立意相反，然细按文意，实则相反而相成。因为，“不可偏去而二”乃是对“一偏弃之”的补充说明。只是在这一补充说明之中，墨子添加了新的思想因素。

由于客观事物是具体的，其诸多相关属性也是相“因”相涵的，而人们在称名指实的称述活动中，可以有“一举一不举”的“偏弃”现象，但这并不能说明具体的客观事物本身的诸多属性是可以“偏去而二”的。

“偏去”即是“偏弃”，“二”即是离析为“二”。“不可偏去而二”，谓所“偏弃”(“亡”)的与所未“偏弃”(“举”)的在客观事物之中是“不可”离析为“二”的。但之所以称名指实的称述活动中有“偏弃”现象存在，原因就在于称述活动有关注点或着眼点的不同，所谓“说在见与俱、一与二，广与修”，即是其意。“见与俱”，即见其偏还是见其全；“一与二”，是见其单一还是见其杂多；“广与修”，即是见其宽还是见其长。如果仅见其偏而不见其全，则“见不见离”。倘若仅见其一而不见其二，则“一二不相盈”而必使“坚白”之“相外”。假使仅仅关注某物体之宽而不计其长，则长与宽也是可以相互分离的。由此可见，墨子同样既承认客观事物的具体性，又认为称名指实可以“见不见离”。

至于称述活动中为什么会有“见不见离”的情况，墨子认为，那是由于称述活动并不总是在同一时间或者同一空间中进行的缘故。墨子曰：

> 不坚白，说在无久与宇。
> 说。无坚得白。(《经下》、《经说下》一五)

《经》之“不坚白”，即《说》之“无坚得白”，而“无坚得白”，亦即“不关注坚而仅关注白”。“无久与宇”，意即不在同一具体的时空之中。也就是说，在某一时空可以单独称述某物之“坚”，在另一时空又可以单独称述某物之“白”。某物之“坚”与某物之“白”可以不必同时称述。当然，“无久与宇”的“无坚得白”，还有另一种理解，即“坚”与“白”并不共存于某一物体，因而对一物可称其“坚”，对另一物则称其“白”，但这似乎不是墨子的主观意图。因此，墨子“无坚得白”所要表达的思想，仍然在于共存于一物的诸多属性可有“见不见离”。故墨子又曰：

> 于一有知焉，有不知焉，说在存。
> 说于。石一也，坚白二也，而在石。故有智焉，有不智焉，可。(《经下》、《经说下》三七)

这条《经》与《经说》正是说明“无坚得白”以及“见不见离”的理解界域。“石一也，坚白二也，而在石”，即某一具体之物的诸多属性是同时共存于一体的，虽然对其诸多属性“有知焉，有不知焉”，但并不意味着这些诸多属性离开了这一具体之物。因此，“见与不见”在于当下的“有知焉，有不知焉”，并不意味着诸多属性之不存在。

由此可见，墨子强调客观事物的具体性，同时也注意到称名指实过程中的分离“偏弃”现象，从而以日常所见的事实描述为公孙龙《坚白论》的理论深化与心理分析铺平了道路。

此外，《墨经》与《坚白论》的思想关联，还有一个重要的方面，即：知识的形成过程与记忆的熟稔性。这一点也为公孙龙《坚白论》对于存想的分割性以及人心既有观念在认知与思维活动中之分离与隐现的相关论述提供了经验事实。墨子曰：

> 知而不以五路，说在久。
>
> 说智。以目见，而目以火见，而火不见，惟以五路智。久不当以目见，若以。(《经下》、《经说下》四六)

“五路”，即口、耳、鼻、舌、身五种不同的感觉器官及感觉官能。人的认知形成过程，溯始于感觉官能的发动，感官发动而后产生观念进入人心，从而形成清晰可辨的概念，但这种清晰可辨的概念是否能够长期稳固地储存于人的心灵，则未可一概而论。因为，人的心灵既有记忆的功能，也有遗忘的功能。某种观念与知识之所以能够长期稳固地储存于人心，形成熟稔的记忆，则需经多次甚至无数次的反复认知，然后才有可能在没有当下的感官刺激的情况下，仅仅是通过心灵的反省来重新唤起这些知识。因此，“知而不以五路，说在久”，以及“久不当以目见，若以(目见)”，所讨论的正是知识的熟稔性问题。

但《墨经》这条材料，与公孙龙《坚白论》末段所论观念的形成以及观念的再现颇为相近，只是二者所论各有所宗。《坚白论》是以认知的形成过程为前提讨论心灵存想的分割性，着重阐明清晰可辨的各种不同观念所得以形成的心理依据，而墨子关注的则是认知的形成过程及其记忆的熟稔性形成的原因。墨子与公孙龙所讨论的并非同一主题。

综上所述，公孙龙《坚白论》的思想或者说《坚白论》的某些论题虽然来自《墨经》，但较之《墨经》的经验事实描述，却有着更为深刻的理论性与思辨性。尤其是公孙龙有关感觉官能的发动与观念形成之认知过程的心理分析，以及对于人心存想的分割性的深刻理论反省，更是仅仅满足于经验事实之观察与描述的墨子所难以企及的思想水准。然而，这是只有超越了惠施及其辩者的思想成果之后从而提出"实"之于"物"具有"位"的规定性的公孙龙才能达到的理论高度。由此可见，章士钊所谓"名墨訾应论"以及杜国庠所谓公孙龙"引用《墨经》中盈派的结论以成就自己离坚白的主张"之说，与先秦学术史的事实并不相符。因为惠施及其辩者既已超越了墨子，却又被公孙龙抬出了神圣的学术殿堂，这就是先秦名学史的事实！

马王堆帛书《易传》的哲学思想

◎丁四新

一、引 言

帛书《易传》六篇，在 1973 年 12 月出土于长沙马王堆三号汉墓。这六篇帛书分别为《二三子》、《系辞》、《衷》、《要》、《缪和》和《昭力》，其中《二三子》篇与帛书《六十四卦》经文同幅，① 后五篇帛书同幅。这批帛书大约抄写于高祖之后至文帝前元十二年之间（前 194—前 168），② 当然部分篇目的撰作年代可能会早至战国末季。帛书《周易》经传的释文现在有多种，可参看张政烺《张政烺论易丛稿》、廖名

① 将帛书《周易》经文称名为《六十四卦》，乃马王堆汉墓帛书整理小组的意见。实际整理人为张政烺和于豪亮二位。参见马王堆汉墓帛书整理小组：《马王堆帛书〈六十四卦〉释文》，载《文物》1984 年第 3 期；张政烺：《张政烺论易丛稿》，北京：中华书局 2011 年版，第 97 页。

② 帛书《周易》经传避汉高祖刘邦讳，但不避汉惠帝刘盈讳。又据同墓出土的一件纪年木牍推断，马王堆三号汉墓下葬于汉文帝前元十二年（前 168 年）。参见湖南省博物馆、湖南省文物考古研究所编著：《长沙马王堆二三号汉墓》第 1 卷《田野考古发掘报告》，北京：文物出版社 2004 年版，第 43 页。

春《帛书〈周易〉论集》和拙著《楚竹书与汉帛书〈周易〉校注》等书。①

首先，与帛书《六十四卦》一样，帛书《易传》引起了学者们的极大兴趣，给学界带来了观念上的巨大变化，其中以孔子与《周易》的关系及孔子生前是否作《易传》这两个问题最受关注。这六篇帛书或为释经体，或为问答体，或为此二体之混合，它们大体上以孔子为陈述的中心。文中的孔子引《易》、释《易》，或作"孔子曰"、"子曰"、"夫子曰"，或作"先生曰"。在《缪和》、《昭力》两篇中，答问的一方被称为"子"或"先生"，陈鼓应先生曾认为这两种称呼不是指"孔子"，而是指汉初某位讲《易》的经师。② 在笔者看来，这个意见未必正确，其中的"子"或"先生"仍应指"孔子"。③

---

① 张政烺：《张政烺论易丛稿》，北京：中华书局2011年版，第91～292页；廖名春：《帛书〈周易〉论集》，上海：上海古籍出版社2008年版，第359～400页；丁四新：《楚竹书与汉帛书〈周易〉校注》，上海：上海古籍出版社2011年版，第505～542页。本文征引帛书《易传》研究成果一般从宽式，并综合了一些学者及笔者的释读成果。参见陈松长：《帛书〈系辞〉释文》，载陈鼓应主编：《道家文化研究》第3辑，上海：上海古籍出版社1993年版，第416～423页；陈松长、廖名春：《帛书〈二三子问〉、〈易之义〉、〈要〉释文》，载《道家文化研究》第3辑，第424～435页；陈松长：《马王堆帛书〈缪和〉、〈昭力〉释文》，载陈鼓应主编：《道家文化研究》第6辑，上海：上海古籍出版社1995年版，第367～377页；张政烺：《张政烺论易丛稿》，北京：中华书局2011年版，第91～292页；丁四新校点：《马王堆汉墓帛书〈周易〉》，载《儒藏》精华编第281册，北京：北京大学出版社2007年版，第225～322页；丁四新：《〈易传〉类帛书零札九则》，载《周易研究》2007年第2期，第3～11页；丁四新：《〈易传〉类帛书零札七则》，载《湖南省博物馆馆刊》第4辑，长沙：岳麓书社2007年版，第1～10页。

② 陈鼓应说："翻开这两篇帛书(指《缪和》、《昭力》——引者注)，首先引起我兴趣的是其中出现频率高达近三十次之多的'子曰'的词字。这里的'子曰'明确的是指易师之言。"又说："欧阳修称《系辞》中的'子曰'为'讲师之言'。这两篇古佚易说的出土为欧阳修之说提供了有力的证据。"参见陈鼓应：《帛书〈缪和〉、〈昭力〉中的老学与黄老思想之关系》，载《道家文化研究》第3辑，上海：上海古籍出版社1993年版，第216、217页。

③ 丁四新：《帛书〈缪和〉、〈昭力〉"子曰"辨》，载《中国哲学史》2001年第3期，第100～107页；丁四新：《论帛书〈缪和〉、〈昭力〉的内在分别及其成书过程》，载《周易研究》2002年第3期，第54～57页。

在帛书作者的心目中，孔子无疑是传《易》和解《易》的大师，尽管现在可以设想，一方面这六篇帛书中的“孔子”是出于作者为了增强其陈述的权威性而假托为之的，但是从另一方面来看，即便如此，我们仍可以看出它们在思想上与孔子保持了高度的一致性。《要》篇曰：“夫子老而好《易》，居则在席，行则在橐。”这与《论语·述而》“（子曰）加（假）我数年，五十以学《易》，可以无大过矣”及《史记·孔子世家》“孔子晚而喜《易》”、“（子曰）假我数年，若是，我于《易》则彬彬矣”的说法一致。①《孔子世家》并将孔子“晚而喜《易》”的时间置于鲁哀公十一年（前484年）孔子返鲁之后，其时子贡在鲁，与帛书《要》篇所设置的孔子和子贡相问答的情景相合。由此，韩仲民、李学勤等重新肯定了孔子与《周易》具有密切的关系。② 此外，笔者亦曾补充一证。在帛书《缪和》篇第51～55行，有四章文本在叙述方式上与上下文不同，它们均先以“子曰”述经，随后又以“子曰”释经（涉及《恒》初六、九三、六五和《坤》六二诸爻），这一现象很具体地说明了孔子与《周易》经传确实大有干系。③ 简言之，孔子生前不但研述《周易》，而且也是今传本《易传》的重要来源。欧阳修曾断定《系辞》以下各篇“皆非圣人之

---

① “孔子晚而喜《易》”的说法，又见《史记》卷46《田敬仲完世家》。“五十以学《易》”的“易”字，《鲁论语》作“亦”，并连下句读，作：“五十以学，亦可以无大过矣。”定州汉简《论语》属于《鲁论语》抄本，该字亦作“亦”。（参见河北省文物研究所、定州汉墓竹简整理小组编：《定州汉墓竹简〈论语〉》，北京：文物出版社1997年版，第33页。）陆德明《释文》对于“学易”，云：“如字，鲁读‘易’为‘亦’，今从古。”（参见陆德明撰、黄焯汇校：《经典释文汇校》卷24，北京：中华书局2006年版，第702页。）陆氏从郑玄《注》，且均从《古论》读。（参见王素编著：《唐写本〈论语〉郑氏注及其研究》，北京：文物出版社1991年版，第78页。）现在看来，郑玄和陆德明的读法是对的，《鲁论语》的读法是不可取的。

② 参见韩仲民：《帛书〈系辞〉前说——兼论〈易传〉的编纂》，载《孔子研究》1988年第4期，第28页；李学勤：《从帛书〈易传〉看孔子与〈易〉》，载《中原文物》1989年第2期，第41～42页；又见李学勤：《周易溯源》，成都：巴蜀书社2006年版，第372～373页。

③ 丁四新：《论帛书〈缪和〉、〈昭力〉的内在分别及其成书过程》，载《周易研究》2002年第3期，第56页。

言”，且篇中“子曰”均为“讲师之言”,① 及后世竞相否定孔子与《周易》之关系的看法，都有疑古太过之失，而未能看到《史记》、《汉书》之相关记述的合理成分。

其次，在论述帛书《易传》的哲学思想之前，这六篇帛书的制作时间需要略加说明。前面，笔者虽然肯定孔子与《周易》经传具有很大的关系，今本《易传》即源自孔子，并由商瞿至田何一系加以推衍和维系,② 但是《易十翼》是否为孔子亲著，则是另外一个问题。实际上，20 世纪的中国学界一直在讨论这一问题。自帛书《周易》经传出土以来，学者们的意见渐趋一致，认为《易十翼》的绝大部分篇章写作于战国中期或晚期；而《系辞传》和《文言传》所载“子曰”的部分则可能源自孔子本人。关于帛书《易传》的制作时代，可以从今本、帛本《易传》的文本对勘和引证关系，及其语言的时代特征来看。从前者来看，种种迹象表明，是帛书《系辞》和《衷》《要》几乎抄录了今本《系辞》的全部，而不是相反——今本《系辞》乃是对帛书《系辞》之全部和《衷》《要》两篇之相关文本的汇编。另外，《衷》篇还抄录了《说卦》前三章。而帛书《衷》篇第 44 ~45 行连续抄录了三段与今本《系辞下》相同的文字，且皆称之为“《易》曰”，对此，廖名春曾指出，今本《系辞》在当时已具备了“相当于‘经’”的地位。③ 在笔者看来，廖说是恰当的。此外，《衷》篇云“《豐(丰)》之‘虚盈’”，“虚盈”只见于《丰·彖传》。《谦·彖传》“天道亏盈而益谦”一段文字，亦见于帛书《二三子》和《缪和》二篇，且皆称为“孔子曰”或“子曰”。从后者——语言的时代性——来看，帛书《二三子》出现了“精白”、“法物”和“黄帝四辅”等词

---

① 欧阳修《易童子问》卷三曰：“童子问曰：‘《系辞》非圣人之作乎?’曰：‘何独《系辞》焉?《文言》、《说卦》而下，皆非圣人之作，而众说淆乱，亦非一人之言也。”又曰：“至于何谓‘子曰’者，讲师之言也。《说卦》、《杂卦》者，筮人之占书也。”参见《欧阳修全集》卷 78，李逸安点校，北京：中华书局 2001 年版，第 1119、1123 页。

② 参见《史记》卷 121《儒林列传》、《汉书》卷 88《儒林传》。

③ 廖名春：《帛书〈周易〉论集》，上海：上海古籍出版社 2008 年版，第 242 页。

句，明显地受到了黄老思潮的严重影响；而《缪和》出现了“黔首”的称谓，这反映了该篇帛书著作于秦代之后的可能。简言之，帛书《易传》当抄写于今本《系辞》、《象》和《说卦》三传之后，而大抵介于战国末季至汉初文帝之间(不迟于公元前169年)。不过，由于帛书《系辞》及《衷》《要》两篇大量抄录了今本《系辞》及《说卦》的文本，因此对于帛书《易传》部分篇章的写作时间应当区别对待，《系辞》在整体上应当属于战国中期的文本，而《说卦》前三章可能为战国中期或晚期偏早的文本。

最后，我们来看帛书《易传》的研究现状。帛书《易传》释文的整理工作，最初由张政烺和于豪亮两位先生担任，并规划在《马王堆汉墓帛书(贰)》中刊印出来。但是自帛书《六十四卦》释文发表之后，这六篇帛书《易传》的释文却迟迟未能发表。现在看来，张、于二位的释文早已做好，① 只是没有及时刊印出来而已。自20世纪90年代以来，帛书《易传》释文陆续发表出来。② 在最近数年，这些释文已趋于成熟。毫无疑问，这为本文的研究提供了可靠的文本基础。

与此同时，学界对于帛书《易传》哲学思想的研究还显得非常不足。这种不足，主要体现在两个方面。第一，不但在思想研究上有待深化，而且在发表论文的数量上也显得颇为不足。虽然研究帛

---

① 参见张政烺：《马王堆帛书〈周易〉经传校读》，北京：中华书局2008年版，第1～224页；于豪亮：《马王堆帛书〈周易〉释文校注》，上海：上海古籍出版社2013年版，第1～212页。

② 帛书《易传》释文集中在《道家文化研究》第3、6两辑上，之后又在《国际易学研究》第1辑上全部发表出来。参见陈松长：《帛书〈系辞〉释文》，陈松长、廖名春：《帛书〈二三子问〉、〈易之义〉、〈要〉释文》，载陈鼓应主编：《道家文化研究》第3辑，上海：上海古籍出版社1993年版，第416～423、424～435页；陈松长：《马王堆帛书〈缪和〉、〈昭力〉释文》，载陈鼓应主编：《道家文化研究》第6辑，上海：上海古籍出版社1995年版，第367～380页；廖名春：《帛书〈二三子问〉释文》、《帛书〈系辞〉释文》、《帛书〈易之义〉释文》、《帛书〈要〉释文》、《帛书〈缪和〉释文》、《帛书〈昭力〉释文》，载朱伯崑主编：《国际易学研究》第1辑，北京：华夏出版社1995年版，第7～39页。《易之义》即《衷》篇，廖名春后来在残帛片中发现了抄手自题的篇题。参见廖名春：《帛书〈周易〉论集》，上海：上海古籍出版社2008年版，第210页。

书《周易》经传的文章和著作很多，但是它们绝大多数属于释文、文字、释读和考据等方面的，而属于思想研究的论文则很少。第二，帛书《易传》的释文长期处于不断提高和改善的过程中，这无疑影响了以前人们对其思想的理解和阐述。因此站在一份成熟的释文上来重新论述帛书《易传》的哲学思想，这显然是十分必要的。在笔者看来，帛书《易传》的哲学主要体现在三个方面，即解《易》原则、阴阳哲学和乾坤说。

二、从帛书《易传》看孔子解《易》的原则

众所周知，今本《系辞》和《说卦》前三章被帛书《易传》所抄录。而为了更明晰地梳理战国末季至汉初易学思想的发展，笔者在下文将尽力征引那些不见于今本《易传》的篇章，然后在文章的最后一部分比较今本、帛本《易传》的哲学差别，从而彰显帛书《易传》在思想研究上的学术价值。

先看帛书《易传》的解释观念。帛书《易传》的解释观念主要体现在《要》篇中，而《要》篇的解释观念也即孔子的解释观念。无疑，在这六篇帛书中，《要》篇是最为引人关注的篇目之一，其原因在于它解决或矫正了自欧阳修以来的一大问题，即它证实了《史记》“孔子晚而喜《易》”的说法。在笔者看来，《要》篇的重要性还在于显示了孔子在《周易》解释学上的重大贡献。这一点，有些学者已经注意到了。[①] 在《要》篇中，孔子提出了“以德知《易》”或“以德占《易》”的解释观念。“以德知《易》”的说法，是孔子总结春秋后期以德解占的思想倾向的结果。重视德行在解占过程中的作用，这可以参看《左传·襄公九年》“穆姜薨于东宫”、《昭公十二年》“南蒯

---

① 林忠军曾梳理了孔子在帛书《要》篇中的易学解释思想。不过在理论重心和层次上，他的概括与笔者不尽一致。参见林忠军：《从帛书〈易传〉看孔子易学解释及其转向》，载《北京大学学报（哲学社会科学版）》第44卷第3期，第86～90页。

枚筮之”等筮例。① 此前，《周易》的主要用途是为了“稽疑”(即帮助君王做出决断)，是君王在做出决断之前需要谋问和商议的五大因素之一，并且在解占的过程中需要遵守“三人占，则从二人之言”的规则。②

孔子提出的“无德，则不能知《易》”(《要》第8行)的解释原则在《要》篇中包含三个要点。《要》篇第12~18行曰：

夫子老而好《易》，居则在席，行则在橐。子贡曰：“夫子它日教此弟子曰：‘德行亡者，神灵之趋；知谋远者，卜筮之繁。’赐以此为然矣。以此言取之，赐敏行之为也。夫子何以老而好之乎?”夫子曰：“君子言以歫方也。③ 前祥而至者，弗祥而巧也。察其要者，不诡其福。《尚书》多阏(阙)矣，《周易》未失也，且有古之遗言焉。予非安其用也，(而乐其辞也)□□尤于此乎?”

(子贡曰)：“如是，则君子已重过矣。赐闻诸夫子曰：‘循正而行义，则人不惑矣。’夫子今不安其用而乐其辞，则是用倚于人也，而可乎?”子曰：“狡哉，赐！吾告汝，《易》之道□□□□□□□□此百姓之道□□易也。夫《易》，刚者使知惧，柔者使知图；愚人为而不妄，谗人为而去诈；文王仁，不得其志，以成其虑。纣乃无道，文王作，讳而避咎，然后《易》始兴也。予乐其知之□□□之自□□予何□□三事纣乎?”

子贡曰：“夫子亦信其筮乎?”子曰：“吾百占而七十当。虽周梁山之占也，亦必从其多者而已矣。”子曰：“《易》，我后其祝卜矣，我观其德义耳也。幽赞而达乎数，明数而达乎德，有仁

① 参见阮元校刻：《十三经注疏(清嘉庆刻本)》第4册，北京：中华书局2009年版，第4215~4216、4480~4481页。

② 参见《尚书·洪范》“稽疑”畴。稽疑的五大因素分别为君王本人的内心、卿士、庶人和卜、筮。转引自阮元校刻：《十三经注疏(清嘉庆刻本)》第1册，北京：中华书局2009年版，第404~405页。

③ 《广雅·释诂一》：“歫，至也。”王念孙《疏证》曰：“《皋陶谟》曰：‘予决九川距四海。’距与歫通。”参见王念孙：《广雅疏证》卷1(上)，南京：南京古籍出版社2000年版，第7页。

(守)者而义行之耳。赞而不达于数，则其为之巫；数而不达于德，则其为之史。史巫之筮，乡(向)之而未也，好之而非也。后世之士疑丘者，或以《易》乎？吾求其德而已，吾与史巫同途而殊归者也。君子德行焉求福，故祭祀而寡也；仁义焉求吉，故卜筮而希也。祝巫、卜筮其后乎！”①

孔子好《易》、解《易》的特点，在这三段对话中充分表现出来了。从第一段对话来看，孔子晚年对于《周易》在态度上有一次重大的转变：从前，因其为卜筮之书而鄙弃之，至晚年却“好《易》”，乃至于“居则在席，行则在橐”，所以子贡才有“夫子何以老而好之乎”的疑问。由此，在孔子与子贡之间展开了一场对话。对于《周易》，他的第一个观点是“予非安其用也，而乐其辞也”。② 所谓“用”，指卜筮之用；所谓“辞”，指卦爻辞。孔子晚年好《易》的重点，乃在于玩味和推断卦爻辞所包含的道理，以及占者之主体性(主体性的构成以道德性为主)与吉凶的关系。所谓“夫《易》，刚者使知惧，柔者使知图；愚人为而不妄，谗人为而去诈；文王仁，不得其志，以成其虑”，即是孔子非常重视《周易》对于主体德行修养作用的表现。需要指出的是，所谓“不安其用”，并不是说舍弃其占筮的功能而不用，而是要在占筮之用的基础上将其提升到“德义”的层次，不过在解释路径上，孔子是通过“乐其辞”来进入的。这一点，似乎与宋儒程伊川有相通之处。程伊川在《伊川易传序》中说：“予所传者辞也。”不过，程颐解《易》几乎不言占——这后来招致了朱熹的反复批评，③ 而孔子则为《周易》建立了“占/巫—数/史—德/君子”三个解释的层次和系统，与程伊川舍占而传辞的做

① 所引《要》篇文本，多处采用了李学勤的释读。参见李学勤：《周易溯源》，成都：巴蜀书社2006年版，第373～375页。

② 程颐：《伊川易传序》，载《伊川易传》，《四库全书》文渊阁本第9册，台湾：“商务印书馆”1986年版，第157页。

③ 参见黎靖德编：《朱子语类》卷67，北京：中华书局1994年版，第1649～1654页。对于此点，笔者曾有论述，参见丁四新：《出土早期易学材料与〈周易〉经学的哲学解释》，载《社会科学战线》2012年第12期，第4页。

法迥然不同。

孔子看待《周易》的第二个观点是："我后其祝卜矣，我观其德义耳也。"在春秋后期，卜筮文化十分浓厚和流行，在当时的历史条件下，孔子是不可能直接否定占筮的功能的。他说"吾百占而七十当"，这是肯定了占筮具有前知吉凶的作用。不过，孔子并不迷信，而是更加重视对吉凶之占象的主观性解释，正如《要》篇所说"亦必从其多者而已矣"，将卦爻象之吉凶的判断放在多重解占主体的解释中来作综合处理和裁断，这与《尚书·洪范》所云"三人占，则从二人之言"一致。毫无疑问，孔子虽然没有舍弃祝卜的具体方法，但是更为重视对于《周易》"德义"的领会。他将时人对于《周易》的运用分为三个高低的层次，即"巫—史—君子"或者说"占—数—德"的层次，将目标指向对《周易》作"德义"的阅读，并进而培养君子的人格。

巫能幽赞神明而断之以吉凶，史能通达兴衰之道("数"者，术也，道也)，而君子则"观其德义"、"达乎德"和"求其德"。所谓"德义"，即"德行"、"仁义"之省语。所谓"求其德义"，即探求《周易》所包含的德行和仁义的内涵。① 在《要》篇中，孔子将传统的吉凶判断之术(筮占)转变为与个人的道德修养密切相关，然而孔子与史、巫使用《周易》的目的不同，"吾与史巫同途而殊归"。这也即是说，孔子主张吉福源于个人的德行或道德性的修养，所谓"君子德行焉求福……仁义焉求吉"。这样一来，主体的德行或道德性也就成为理解《周易》的基础；反之，《周易》文本不但应当从德行或道德性的角度来作解释，而且玩研《周易》也有助于个人的道德性反省和德行的修养。总之，孔子晚年虽然在一定程度上回归和肯定了《周易》的卜筮之用，但是他无疑是以"德义"为先、以"祝

① 对于帛书《要》篇的"德义"概念，陈来曾说包括卦德卦义和德性两种含义，后来认为它专指"道德、德性"，或者说"仁义德性"。他的后一说法比较符合帛书原文及《左传》文义。参见陈来：《马王堆帛书易传与孔门易学》，载《国学研究》第2卷，北京：北京大学出版社1994年版，第66页；《帛书易传与先秦儒家易学之分派》，载《周易研究》1999年第4期，第8页。

卜”为后的。“我观其德义耳也”，这个观点是孔子对《周易》解释学做出的重大贡献。①

最后，孔子主张以德占《易》。帛书《衷》篇也有相近的说法，一曰“无德而占，则《易》亦不当”（第42行），这与《要》篇“无德，则不能知《易》”，及孔子在《论语·子路》中说“不占而已矣”，将“恒德”看作占筮的基础，是完全一致的；② 二曰“拟德占之，则《易》可用矣”（第44行）。“拟”，准拟。后者主要是从考虑占者德行的角度而言的，正如《左传·襄公九年》所载，虽然史官为其筮得《随》卦，并说只要随从而出，可应“无咎”的断辞，然而在穆姜看来，元、亨、利、贞四德乃是随而“无咎”的前提：有此四德，则随而无咎；无此四德，则虽随而无益。③ 孔子及其后学不因人而

---

① 对《周易》作道德性的理解和应用，不始于孔子，但是孔子就此方向作了特别的提升和发展，贡献甚大，在当时确实无人能与之相匹。

② 《论语·子路》曰：“子曰：‘南人有言曰：人而无恒，不可以作巫医。善夫！’‘不恒其德，或承之羞。’子曰：‘不占而已矣。’”“子曰”至“善夫”一节，亦见于今本《礼记·缁衣》，但词句小异。“南人”，当作“宋人”，“南”为“宋”字之讹，郭店楚简本及上博楚简本《缁衣》均作“宋人”。“不占而已矣”，何晏《集解》引郑玄曰：“《易》所以占吉凶，无恒之人，《易》所不占。”“不占而已矣”一句，是孔子接着“不恒其德，或承之羞”而下的判断。其意是说，若有人三二其德，那么其吉凶的结果可想而知（“或承之羞”），而不必求助于《易》筮以占问吉凶。参见马承源主编：《上海博物馆藏战国楚竹书（一）》，上海：上海古籍出版社2001年版，第198页；荆门市博物馆编：《郭店楚墓竹简》，北京：文物出版社1998年版，第131页；阮元校刻：《十三经注疏（清嘉庆刊本）》第5册，北京：中华书局2009年版，第5449页。

③ 《左传·襄公九年》：“穆姜薨于东宫。始往而筮之，遇艮䷳之八。史曰：‘是谓艮之随䷐。随，其出也。君必速出！’姜曰：‘亡！是于《周易》曰：“随，元、亨、利、贞，无咎。”元，体之长也；亨，嘉之会也；利，义之和也；贞，事之干也。体仁足以长人，嘉德足以合礼，利物足以和义，贞固足以干事。然故不可诬也，是以随而无咎。今我妇人，而与于乱。固在下位，而有不仁，不可谓元。不靖国家，不可谓亨。作而害身，不可谓利。弃位而姣，不可谓贞。有四德者，随而无咎。我皆无之，岂随也哉？我则取恶，能无咎乎？必死于此，弗得出矣。’”参见阮元校刻：《十三经注疏（清嘉庆刊本）》第4册，北京：中华书局2009年版，第4215～4216页。

废言，将穆姜的精彩解说编入了《乾·文言传》中。但是我们也应当注意到，孔子提出拟德而占、以德解占、以德知《易》和“求其德义”的一系列观点，乃是在思想上的总结和提高，十分鲜明地突出了占问者和解占者的主体性（在孔子当时以“德行”为重）与断占、解占之间的密切关系。应当说，孔子所提出的这一主体性原则对于易学的发展来说是至关重要的，从此《易十翼》及其他易说才可以接连不断地产生出来。

三、《易》之义萃阴与阳

（一）“《易》之义萃阴与阳”

阴阳观念起源很早。据《国语·周语上》“虢文公论阴阳分布”一段文本，至周宣王（前827—前782年）时已经产生了“阳气”的概念，它作为谷物之所以生长的力量而得到肯定。在《国语·周语上》“伯阳父论地震”（前780年）一段文本中，阴阳之气被说成为“天地之气”，从而成为天地间的两种基本力量，并且二气具有确定的运动规则：阳气自上而向下运动，阴气自下而向上运动。在《国语·周语下》“伶州鸠谏铸大钟”（前522年）一段文本中，上述各个要点得到了进一步的反映。今本《老子》第四十二章曰：“万物负阴而抱阳，冲气以为和。”十分正式地将阴阳二气看作普遍性的存在，并且以二气的和谐、平衡状态作为万物存在的基础，这种阴阳观念显然超越了伯阳父和伶州鸠之说。由此可以断定，具有广泛的宇宙论意义的阴阳概念应当在春秋末期已经产生出来了。但是由于楚简本并无《老子》此章，① 因此它是在何时写作出来的也就存在

① 郭店楚简本《老子》分为三组，三组合计，约相当于今本三分之一的文字。参见荆门市博物馆编：《郭店楚墓竹简》，北京：文物出版社1998年版，第111～122页。

一定的疑问。不管怎样，在战国中期，具有宇宙生化论意义的阴阳观念得到了广泛的应用，《庄子》、《管子》、今本《易传》及出土楚竹书等即有许多相关论述。

帛书《易传》六篇亦不例外，它们受到阴阳观念的严重影响，这是毫无疑问的。帛书《衷》篇第1～2行即曰：

> 子曰："《易》之义萃阴与阳，六画而成章。曲句焉柔，正直焉刚。"六刚无柔，是谓大阳，此天(之义也)。□□□□□□□见台而□□□方。六柔无刚，(是谓大阴)，此地之义也。天地相率，气味相取，阴阳流形，刚柔成(体)，万物莫不欲长生而恶死。会三者而始作《易》，和之至也。

首先，萃者，聚也。"《易》之义萃阴与阳"，在《衷》篇的作者看来，《周易》的大义集中在阴阳观念上面。据此，可以说阴阳观念正是理解《周易》文本的基本原理。这一命题的重要性，首先体现在对《周易》卦爻画的理解上。众所周知，卦爻画在《周易》文本的构成中是最为突出和最为关键的部分，每一卦均由六画构成。帛书《衷》篇曰："曲句焉柔，正直焉刚。"所谓"曲句"、"正直"，正是就爻形来说的，爻画之状曲句即为柔爻，正直即为刚爻。"六刚无柔"，这是《乾》卦之象，《衷》篇并曰"是谓大阳"；"六柔无刚"，这是《坤》卦之象，《衷》篇并曰"是谓大阴"。这说明《衷》篇作者将《乾》、《坤》二卦看作纯阳极阳、纯阴极阴之卦，由此可以推知，所谓刚柔二爻也可以称为阳爻和阴爻。《衷》篇下文又曰："观变于阴阳而立卦也，发挥于(刚)柔而(生爻也)。"再曰："是故立天之道曰阴与阳，立地之道曰柔与刚，立人之道曰仁与义。兼三才(而)两之，六画而成卦。分阴分阳，(迭用柔刚，故)《易》六画而为章也。"这两段文字又见于今本《说卦》。它们十分清楚地阐明了易卦六画具有宇宙论的来源，而这种宇宙论的来源又表现为天、地、人三才的结构。简言之，在《衷》篇(乃至帛书《易传》六篇)的作者看来，《周易》六十四卦的两种基本爻画既来源于刚柔、阴阳观念，也是对这两种观念的直接表达。毫无疑问，易卦的刚柔化和阴阳化极大地深化了《周易》文本的哲学内涵，实现了文本性质的根本转化，为此后学者们对《周易》文本作哲学的阐释提供了基本前提。由此也可知，帛本六十四卦的意涵已经完全超越了所谓数字卦的范畴。①

其次，"《易》之义萃阴与阳"这一命题的深刻内涵，还表现在天地生化之道上。所谓天地生化之道，是以易卦所含具的刚柔和阴阳原理为基础的。《衷》篇云："天地相率，气味相取，阴阳流形，刚柔成(体)，万物莫不欲长生而恶死。""率"，循也。万物的生成及其存在，无非是天地相率、阴阳流形和刚柔成体的结果，属于典型的宇宙生化论，与楚简《凡物流形》"流形成体"的观念相贯通。②反过来看，《键(乾)》"六刚无柔"之"太阳"和《川(坤)》"六柔无刚"之"太阴"，即分别体现了"天之义"和"地之义"，这两个方面均为"《易》之义萃阴与阳"的内涵。

---

① "数字卦"的概念是由张政烺提出来的。这个概念的提出，对于早期易卦的来源及其表现形式都具有积极的意义。(参见张政烺：《试释周初青铜器铭文中的易卦》，载《张政烺论易丛稿》，北京：中华书局2011年版，第6~29页。原载《考古学报》1980年第4期，第403~415页。)笔者认为，数字卦的表现形式一直到战国晚期，甚至在秦汉的易卜习俗中还存在着，但是不能由此否定刚柔化或阴阳化的卦爻概念在战国中期甚至在更早的时候就已经产生出来的看法。不过，两种性质的易卦并存一段较长的时期，也是完全可能的。在儒门传《易》或知识精英传《易》的层面，《周易》文本(包括卦爻画)很早就被阴阳化了。李零、韩自强等认为帛书和汉简《周易》的卦画仍然处于所谓数字卦阶段，这与张政烺的意见不同，后者认为帛书和汉简《周易》的卦画已经阴阳化了。现在，根据楚简《周易》已有"初九"、"初六"等爻题，我们完全可以断定在战国中期已经实现了卦爻画的阴阳化。参见李零：《中国方术考(修订本)》，北京：东方出版社2000年版，第260~271页；韩自强：《阜阳汉简〈周易〉研究》，上海：上海古籍出版社2004年版，第87~95页；张政烺：《帛书〈六十四卦〉跋》，载《文物》1984年第3期，第12页。

② 曹锦炎：《凡物流形》，载马承源主编：《上海博物馆藏战国楚竹书(七)》，上海：上海古籍出版社2007年版，第223、226、228页。

最后，“《易》之义萃阴与阳”这一命题的涵义还表现在一卦之中，而一卦所含之阴阳和刚柔的多少则是有差别的。《键(乾)》、《川(坤)》二卦的爻画纯一无杂，故《衷》篇只说“得之阳也”、“得之阴也”(第3行)。至于《衷》篇云“《柰(泰)》者，上下交矣”，“《妇(否)》者，阴阳奸矣，下多阴而否闭也”，“《大牀(壮)》以卑阴也”等(第4~9行)，则直接反映了易卦在阴阳分量上的差别。而《衷》篇云《键(乾)》“亢龙”等五爻辞为“刚之失”及《川(坤)》“牝马”等五爻辞为“柔之失”(第16~17行)，这体现了易爻在刚柔力量上的差失。

(二)刚柔、动静、文武之义

“《易》之义萃阴与阳”这一命题，又包含了刚柔和文武相配、相救之义，这一点有些学者已经注意到了，① 但论述还不够深入。帛书《衷》篇第16~19行云：

> 子曰：“万物之义，不刚则不能动，不动则无功，恒动而弗终则(亡，此刚)之失也。不柔则不静，不静则不安，久静不动则沈，此柔之失也。是故《键(乾)》之‘亢龙’，《壮》之‘触藩’，《句(姤)》之‘离角’，《鼎》之‘折足’，《酆(丰)》之‘虚盈’，五爻者，刚之失也，动而不能静者也。《川(坤)》之‘牝马’，《小蓄(畜)》之‘密云’，《句(姤)》之‘蹢(躅)，《渐》之‘孕妇’，《肫(屯)》之‘泣血’，五爻者，阴之失也，静而不能动者也。是故天之义，刚健动发而不息，其吉保功也；无柔救之，不死必亡。动阳者亡，故火不吉也。地之义，柔弱、沈静、不动，其吉(保安也；无)刚文之，则穷贱遗亡。重阴者沈，故水不吉也。故武之

① 就帛书《衷》篇的刚柔、文武之义，王莹较早作了论述。参见王莹：《帛书〈易之义〉键川、阴阳、刚柔、文武思想合论》，载《周易研究》2007年第3期，第17~21页。

义，保功而恒死；文之义，保安而恒穷。是故柔而不叏，然后文而能胜也；刚而不折，然后武而能安也。《易》曰：'直方大，不（习，吉）。'□□□□□于文武也。"

"刚柔"既是万事万物的两种对立的质性，也是存在于事物之中的两种宇宙力量。阴阳就生化流形而言，刚柔就已生成之事物的质性而言。①《周易》的爻画被称之为刚爻和柔爻，这是与处于动静、变化之中的事物相对应的。而刚柔与动静，则呈现为体用关系。从宇宙论来看，《衷》篇认为它们来源于天地。通过天地之象，它们都可以包含在乾坤的内涵之中。就其本然来看，刚柔在事物中是自然地和谐的；但是在人化的世界中，则存在刚失和柔失两种情况。《衷》云："万物之义，不刚则不能动，不动则无功，恒动而弗终则（亡，此刚）之失也。不柔则不静，不静则不安，久静不动则沈，此柔之失也。"这即是说，事物只有保持刚柔和动静的相对平衡，才能够起到相应的功效和维护自身的存在，所谓"不动则无功"、"不静则不安"是也；但是恒动、恒静就会导致自我的沉沦和灭亡。正因为如此，所以刚柔必须互助互救。《衷》篇云："是故天之义，刚健动发而不息，其吉保功也；无柔救之，不死必亡。动阳者亡，故火不吉也。地之义，柔弱、沈静、不动，其吉（保安也；无）刚文之，则穷贱遗亡。重阴者沈，故水不吉也。"天地、刚柔各有其功，但是它们必须互相配合和救助，才能保持双方的相对平衡和共存。这种刚柔相救之义，符合《系辞》"一阴一阳之谓道"的原理，而孤阴、孤阳，或极阴、极阳，则违反了这一原理。

在刚柔相救之义的基础上，《衷》篇还论述了人道的文武之义。"文"、"武"是为政和任事的两种品质，与刚柔分别对应。文者性柔，法地之义；武者性刚，法天之义。文能保安，而武能保功，但

① 徐强曾对"刚柔"观念作了仔细的梳理，但是他没有区别"阴阳"与"刚柔"这两对概念的关系。参见徐强：《今、帛本〈易传〉"刚柔"解〈易〉的诠释学考察》，载《周易研究》2009年第1期，第27～32、38页。

是它们都有偏失。只有刚柔相救，“柔而不耎，然后文而能胜也；刚而不折，然后武而能安也”。需要注意，这种文武之义，与帛书《经法·君正》等篇所说的文武之义不同。①

此外，在帛书《衷》、《昭力》两篇中还可见一些有关文武之义的文本。如《衷》篇曰“武夫昌虑，文人缘序”（第31行）、“（武夫）有拂，文人有辅”（第32行），《昭力》篇曰“文人为令，武夫用图”（第6行）。所谓“文人”和“武夫”，分别指在政治活动中其气性程度不同（即柔刚程度不同）的两种人。

（三）卦气说与《损》、《益》之道

卦气说是西汉易学阴阳说的重要内容之一。所谓卦气说，即以易卦来表示一年四时阴阳消息（具体表现为节气）的变化。成熟型的卦气说即将二十四节气纳入其中：一方面它特别注重天道在时空中的运行，阐明四时、八节、十二月或七十二候在一年中的递变循环；另一方面它在结构上变得非常复杂，即将卦爻与律吕、干支、四时十二月七十二候三百六十五日、四象二十八宿等有组织地搭配起来，形成一个多元而开放的系统。在笔者看来，今本《说卦传》“帝出乎震”章即包含着八卦的卦气说，属于卦气说的早期形态。清华楚简《筮法》释文公布后，人们发现其中的《卦位图》所载的八

① 帛书《经法·君正》曰：“因天之生也以养生，谓之文；因天之杀也以伐死，谓之武；（文）武并行，则天下从矣。”《经法·六分》曰：“文德厩（究）于轻细，（武）刃于（当罪），王之本也。”《经法·四度》曰：“动静参于天地谓之文，诛（禁）时当谓之武。静则安，正（则）治，文（则）明，武则强。”《经法·四度》又曰：“因天时，伐天毁，谓之武。武刃而以文随其后，则有成功矣，用二文一武者王。”《经法·论约》曰：“始于文而卒于武，天地之道也。四时有度，天地之李（理）也。日月星辰有数，天地之纪也。三时成功，一时刑杀，天地之道也。”帛书《经法》诸篇的“文”、“武”概念都是从统治手段的角度来说的，分别为德惠和刑杀之义，属于阴阳刑德理论的范畴，与帛书《衷》、《昭力》两篇的文武概念不同。

卦方位及其与时节的搭配，与《说卦传》“帝出乎震”章大体一致。①因此将八卦卦气说溯源至战国中期，便毫无疑义了。

帛书《衷》、《二三子》和《要》篇的卦气说亦属于其早期形态，且包含了两种形式。先看《衷》和《二三子》的卦气说。《衷》篇第31～32行曰：

> 《易》曰：“履霜，坚冰至。”子曰：“逊从之谓也。岁之义，始于东北，成于西南。君子见始弗逆，顺而保谷。”

针对《坤》六二爻，帛书《二三子》第18行亦曰：

> 孔子曰：“此言天时渐，戒保常也。岁(始于东北，成于)西南；温始(于东北)，寒始于(西南)。”

“逊”者，顺也。从《坤》六二“履霜，坚冰至”，《衷》篇阐释出“逊从”而《二三子》篇得出“渐”之义。所谓“逊从”或“渐”，即指从“履霜”到“坚冰至”的时节顺序及寒凉程度而言。而此一顺序所显示的“岁之义”，被《衷》、《二三子》两篇说为“始于东北，成于西南”，并且《二三子》篇进一步指明了一年之寒温在空间方位上的变

① 李学勤：《筮法》，载《清华大学藏战国楚简(肆)》，上海：中西书局2013年版，第111～113页。《卦位图》与《说卦传》不同的地方，在于前者劳卦(即坎卦)居南而罗(离)卦居北，后者坎卦居北而离卦居南。这即是说，在《卦位图》中，南北的方位未变，但是劳、罗二卦所居之位对换了。为什么会出现此种不同？笔者认为，这可能与楚简《筮法》为楚国抄本有关。上博楚竹书《容成氏》第20～21号简曰：“东方之旗以日，西方之旗以月，南方之旗以蛇，中正之旗以熊，北方之旗以鸟。”这是以蛇、鸟分别为南方和北方之象。《礼记·曲礼上》云：“前朱鸟而后玄武，左青龙而右白虎。”据传统注疏，《曲礼》所谓前后，分别指南方和北方。所谓“前朱鸟而后玄武”，是说南方之象为朱鸟，而北方之象为玄武。楚简《容成氏》为楚人的抄本，它在方位取向上很可能发生了改变，即以背南面北为朝向。这与中原地区的方位取向恰好相反。楚简《筮法·卦位图》将劳、罗二卦所居处的北南位置对换，与楚简《容成氏》篇的相关文字是一致的。

迁。在此，虽然这一解释是针对《坤》六二爻来说的，但是从上述引文来看，两篇帛书的作者似乎熟知一岁之寒温变化与八时、八方相搭配的理论。廖名春认为这是以八卦的卦气说来解释《坤》六二爻辞，① 这个看法是值得肯定的。帛书《要》篇说“有四时之变焉，不可以万物尽称也，故为之以八卦”，这也证明了帛书很可能具备了八卦卦气说的思想。而梁韦弦不同意廖说，并作了批评。② 不过在笔者看来，梁氏的批评未必正确。

再看帛书《要》篇的卦气说。该篇的卦气说以《损》《益》二卦为说。《要》篇第19～24行曰：

> 孔子籀《易》，至于《损》、《益》二卦，未尚不废书而叹，戒门弟子曰：“二三子！夫《损》、《益》之道，不可不审察也，吉凶之(门)也。《益》之为卦也，春以授夏之时也，万物之所出也，长日之所至也，产之室也，故曰《益》。《损》者，秋以授冬之时也，万物之所老衰也，长(夕)之所至也。故曰产道穷焉，而产道(产)焉。《益》之始也吉，其终也凶。《损》之始凶，其终也吉。《损》、《益》之道，足以观天地之变，而君者之事已。是以察于《损》、《益》之变者，不可动以忧喜。故明君不时不宿，不日不月，不卜不筮，而知吉与凶，顺于天地之心，此谓《易》道。故《易》有天道焉，而不可以日、月、星、辰尽称也，故为之以阴阳；有地道焉，不可以水、火、金、土、木尽称也，故律之以柔刚；有人道焉，不可以父子、君臣、夫妇、先后尽称也，故要之以上下；有四时之变焉，不可以万物尽称也，故为之以八卦。故《易》之为书也，一类不足以亟(极)之，变以备其情者也。故谓之《易》有君道焉，五官六腑不足尽称之，五正(政)之事不足以产之，而《诗》、《书》、《礼》、

① 参见廖名春：《周易经传与易学史新论》，济南：齐鲁书社2001年版，第12～42页。

② 梁韦弦：《关于帛书〈易之义〉解说坤卦卦爻辞之文义的辨析》，载《周易研究》2005年第3期，第40～43页。

《乐》，不(读)百篇，难以致之。不问于古法，不可顺以辞令，不可求以志善。能者由一求之，所谓得一而君毕者，此之谓也。《损》、《益》之道，足以观得失矣。”

这段引文中的卦气说包括两种形式，其一为八卦的卦气说，其二为《损》《益》二卦的卦气说。《要》篇曰：“有四时之变焉，不可以万物尽称也，故为之以八卦。”其中，八卦与四时(春夏秋冬)八节的搭配，很可能采用了《说卦传》“帝出乎震”章的方式。由此可知帛书《要》篇也包含了八卦的卦气说。

关于《损》《益》二卦的卦气说，帛书《要》篇借助孔子之口而认为《损》《益》二卦之道乃“吉凶之门”。而所谓“吉凶之门”，帛书是从“观天地之变”和“观得失”的两个角度来说的，前者即明确地展现为卦气说的内容。在《要》篇中，《益》卦代表从春到夏的一节，《损》卦代表从秋到冬的一节，这两卦可以表示一年之天时和物象的变化。毫无疑问，这即是汉人通常所指的卦气说，只不过它将一岁分为二节四时而已。进一步说，作者认为“《损》、《益》之道，足以观天地之变”，这就将《损》《益》二卦放在宇宙论下来作解释了，而所谓吉凶也就是指阴阳罢了。既然如此，那么祭祀和卜筮在此都可以不用，所谓“故明君不时不宿，不日不月，不卜不筮，而知吉与凶，顺于天地之心，此谓《易》道”是也。顺便指出，《淮南子·人间》和《说苑·敬慎》都有关于孔子读《易》，至于《损》《益》二卦喟然而叹的记载，但是义理各不相同。

总之，帛书《易传》的卦气说包括八卦的卦气说和《损》《益》二卦的卦气说，这两种卦气说均是其阴阳说的组成部分。另外，需要指出的是，对于帛书《易传》的卦气说，我们需要以发展的观念来看待之。与西汉中后期成熟的卦气说相较，它们尚处于初级阶段，胡治洪等曾指出此点，① 这是正确的。梁韦弦则说《要》篇论《损》

① 参见胡治洪：《帛书〈易传〉四篇天人道德观析论》，载《周易研究》2001年第2期，第26页。

《益》二卦“与汉易的六日七分图相合”。① 不过，这个看法未必恰当，因为晚出的六日七分卦气说也很可能将此前的诸种卦气说作为因素而安排于其中了。另外，梁氏认为只有二十四气完整地与易卦相配合，才能称作卦气说，② 而看不到卦气说本身存在一个发展和演变的过程，这恐怕是不正确的。

四、乾坤说与龙德

（一）乾坤“三说”与“详说”

在今本《周易》中，《乾》为纯阳纯刚、《坤》为纯阴纯柔之卦，其象分别为天地，其德为健顺，因此它们在易学上的重要性是不言而喻的，即使在六十四卦系统中也占据着十分重要的地位。在帛书《易传》中亦复如是，《二三子》、《系辞》、《衷》三篇都有一些关于此二卦的重要论述，特别是后两篇提出了一些重要的命题。今且不论帛书《系辞》，单就《衷》篇来说，其一，曰：“《键（乾）》者，得（之阳也；《川（坤）》者），得之阴也。”其二，曰：“（子曰）《易》之要，可得而知矣。《键（乾）》、《川（坤）》也者，《易》之门户也。《键（乾）》，阳物也；《川（坤）》，阴物也。阴阳合德而刚柔有体，以体天地之化。”（亦见今本《系辞》）其三，《乾》、《坤》在《衷》篇既有所谓“三说”，亦有所谓“详说”。前两点说明了《乾》《坤》二卦因其为纯阳和纯阴之卦，所以可以作为把握《周易》的关键和门户，它们是理解万事万物生化及其存在的根本原则。

至于所谓“三说”，见于《衷》篇第19～23行：

---

① 参见梁韦弦：《帛书易传〈要〉篇透露出的卦气知识及其成书年代》，载《齐鲁学刊》2005年第3期，第36页。

② 参见梁韦弦：《帛书易传〈要〉篇透露出的卦气知识及其成书年代》，载《齐鲁学刊》2005年第3期，第36～37页。

> (子曰)《键(乾)》六刚能方，汤武之德也。“潜龙勿用”者，匿也。“见龙在田”也者，德也。“君子终日乾乾”，用也。“夕惕若，厉，无咎”，息也。“或跃在渊”，隐(而)能静也。“飞龙(在天)”，□而上也。“亢龙有悔”，高而争也。“群龙无首”，文而圣也。《川(坤)》六柔相从顺，文之至也。“君子先迷，后得主”，学人之谓也。“东北丧朋，西南得朋”，求贤也。“履霜，坚冰至”，豫□□也。“直方大，(不习)”，□□□□(也)。“含章可贞”，言美情也。“括囊，无咎”，语无声也。“黄常，元吉”，有而弗发也。“龙战于野”，文而能达也。“或从王事，无成有终”，学而能发也。《易》曰“何校”，刚而折也。“鸣谦”也者，柔而□(也。《遯》之)“黄牛”，文而知胜矣。《涣》之彖辞，武而知安矣。《川(坤)》之至德，柔而反于方。《键(乾)》之至德，刚而能让。此《键(乾)》、《川(坤)》之三说也。

所谓“《乾》、《坤》之三说”，从“《乾》六刚能方”至“‘群龙无首’，文而圣也”，为第一说；从“《坤》六柔相从顺”至“‘或从王事，无成有终’，学而能发也”，为第二说；从“《易》曰‘何校’”至“《乾》之至德，刚而能让”，为第三说。第一说先总说《乾》卦之义，然后再分说卦辞及六爻、用爻之义。第二说亦先总说《坤》卦之义，然后再分说卦辞和六爻之义。第三说在前二说的基础上又作了合说，指明《坤》之至德“柔而反于方”，《乾》之至德“刚而能让”。这即是说，《乾》、《坤》之至德不仅具有刚柔对待的特性，即所谓“六刚能方”和“六柔相从顺”，而且也是在其相互转化中获得肯定的。此外，这段文本还指出《乾》刚为武，《坤》柔为文，而所谓“文而知胜”、“武而知安”即是说在文柔中已包含了一定程度的武刚力量，在武刚中又包含了一定程度的文柔力量。这既是在讲文柔与武刚具有互摄的关系，也是在辩证地思考相关问题。

所谓“详说”，在第23～34行，《衷》篇分别就《乾》、《坤》的卦爻辞作了非常深入和细致的解说，特别是作了道德性的解说，这是值得注意的。

（二）龙　德

帛书《易传》的乾坤说还包括一个重要的内容，这就是龙德说。所谓“龙德”，指龙本身在华夏文化中的特点及其寓意。《二三子》第1～4行曰：

> 二三子问曰：“《易》屡称于龙，龙之德何如?”孔子曰：“龙大矣！龙形迁遐，宾于帝，见神圣之德也。高尚，齐乎星辰日月而不眺，能阳也；下沦，穷深渊之渊而不昧，能阴也。上则风雨奉之，下沦则有天□□□。穷乎深渊，则鱼蛟先后之，水流之物莫不随从；陵处，则雷神养之，风雨避乡，鸟兽弗干。”曰：“龙大矣！龙既能云变，又能蛇变，又能鱼变。飞鸟正（征）虫（蟲），① 唯所欲化，而不失本形，神能之至也。唯□□□□□□□□□□□焉，又弗能察也。智者不能察其变，辩者不能察其美，至巧不能像其文，明目弗能察视也。□□焉，化官（蚑）虫（蛲），神贵之容也，天下之贵物也。”曰：“龙大矣！龙之驯（顺）德也曰利见（大人），□易□□□，爵之曰君子。戒事敬命，精白柔和而不讳贤，爵之曰夫（天）子。或大或小，其方一也，至周□也，而名之曰君子。谦，‘黄常’近之矣。尊威、精白、坚强，行之不可挠也，‘不习’近之矣。’”

“龙”是中华文化的图腾或象征符号，在古人的想象中，龙既十分神奇而又非常神圣，其文化内涵非常丰富，影响深远。结合帛书《易传》，张克宾曾广征古典文献，对“龙”的文化内涵作了比较详细的分析。②《周易》六十四卦的“龙”字，仅出现在《乾》、《坤》

---

① “正虫”读作“征蟲”，及下“官虫”读作“蚑蛲”。参见丁四新：《马王堆帛书〈二三子〉疑难字句释读》，载《周易研究》2013年第4期，第9页。

② 参见张克宾：《龙德与易道》，载《社会科学战线》2012年第8期，第13～16页。

二卦中，前者五次，后者一次。仅就这二卦来说，“龙”字的出现频率当然是很高的，因此，乾坤说也就天然地包含了龙德说。《二三子》非常推崇“龙德”，连用三个“龙大矣”来表示感叹！在第一个“龙大矣”的感叹中，龙象展现出“神圣之德”，这包括“龙形迁遐，宾于帝”、能阴能阳及具有较大的主宰性三个方面。在第二个“龙大矣”的感叹中，龙象展现出能变化的特性，包括“飞鸟征虫，唯所欲化，而不失本形”的“神能之至”及其超越于智、辩、视、听之外的“神贵之容”两个方面。在第三个“龙大矣”的感叹中，龙象展现出谦顺与尊威相统一的特性。前者为君子人格的内涵，后者乃天子人格的规定。

除此通说之外，帛书《二三子》和《衷》还就《乾》《坤》二卦的具体爻辞来阐明所谓龙德。而此所谓龙德，一般从人道而言。《二三子》第4～7行对《乾》卦初九、上九和《坤》卦上六三爻，第15～18行对九二、九三、九五、用九四爻作了解释。例如，对《坤》上六爻辞，《二三子》云：“(孔子曰)此言大人之广德而施教于民也。夫文之理，采物毕存者，其唯龙乎！德义广大，瀵物备具者，(其唯)圣人乎！‘龙战于野’者，言大人之广德而下接民也。‘其血玄黄’者，见文也。圣人出瀵教以导民，亦犹龙之文也，可谓‘玄黄’矣，故曰‘龙’。见龙而称莫大焉。”在《坤》上六爻中，龙具有文象、文德，《二三子》篇由此阐发出“此言大人之广德而施教于民”的大义。《衷》篇第19～20行对《乾》卦七爻作了解释，第24～29行对《乾》初九、上九、九二、九三、九四、九五及用九诸爻作了解释，第36～37行对《坤》卦上六爻作了解释。例如，对《乾》卦用九“见群龙无首”的爻辞，《衷》篇阐发出“让善”之德，云：“(子曰)让善之谓也。君子群居，莫敢首，善而治，何疾其和也？龙不待光而动，无阶而登，(圣)人与龙相似，何(不)吉之有？”又如，对《坤》上六爻辞“龙战于野，其血玄黄”，《衷》篇阐释出“文信”之德，云：“(子曰)圣人信哉！隐文且静，必见之谓也。龙七十变而不能去其文，则文其信与！”相对于《二三子》而言，《衷》篇对本爻的阐释强调了“文之信”的一面。总之，帛书《二三子》和《衷》对于《乾》、《坤》二卦含“龙”各爻的解释属于分别为说，与《二三子》首章(第1~4行)之作通说，差别较大。

在今本《乾·文言传》中，“龙德”的提法出现了两次，即首章对初九、九二爻的解释。连同对九三至上九爻的解释，《文言传》都是从德位相兼的角度来阐释的，① 具有浓厚的道德主义色彩，与《二三子》首章所阐释的“龙德”概念差别较大。《二三子》的“龙德”概念非常强调神能的一面，并以此作为圣人是否能够莅政的主体性依据。

五、余 论

从内容来看，今本、帛本《易传》具有很强的继承性，这是毫无疑问的。帛书《系辞》、《衷》、《要》三篇几乎将今本《系辞》全部抄录完毕，另外《衷》篇还抄录了《说卦传》前三章的文本。这种非常突出的文本抄录现象，无疑直接反映了今本、帛本《易传》在思想上存在着巨大的共同性。且由于《系辞》及《说卦》前三章的文本十分重要，因此如果有人断定它们构成了帛书《易传》的思想主干，那么这一判断也不算特别过分。不过，回过头来看，今本、帛本《易传》无论在文本还是在思想上仍然存在着一些重要的差别。在文本上，今本《易传》的大部分篇章不见于帛书，而帛书《二三子》、

① 《乾·文言传》：“初九曰‘潜龙勿用’，何谓也？子曰：‘龙德而隐者也。不易乎世，不成乎名，遯世无闷，不见是而无闷，乐则行之，忧则违之，确乎其不可拔，潜龙也。’九二曰‘见龙在田，利见大人’，何谓也？子曰：‘龙德而正中者也。庸言之信，庸行之谨，闲邪存其诚，善世而不伐，德博而化。《易》曰“见龙在田，利见大人”，君德也。’九三曰‘君子终日乾乾，夕惕若厉，无咎’，何谓也？子曰：‘君子进德修业，忠信，所以进德也；修辞立其诚，所以居业也。知至至之，可与几也。知终终之，可与存义也。是故居上而不骄，在下位而不忧。故乾乾因其时而惕，虽危无咎矣。’九四曰‘或跃在渊，无咎’，何谓也？子曰：‘上下无常，非为邪也。进退无恒，非离群也。君子进德修业，欲及时也，故无咎。’九五曰‘飞龙在天，利见大人’，何谓也？子曰：‘同声相应，同气相求，水流湿，火就燥，云从龙，风从虎，圣人作而万物覩。本乎天者亲上，本乎地者亲下，则各从其类也。’上九曰‘亢龙有悔’，何谓也？子曰：‘贵而无位，高而无民，贤人在下位而无辅，是以动而有悔也。’”

《缪和》和《昭力》三篇也几乎不见于今本《易传》。至于今本与帛书《易传》在思想上的差异，在笔者看来，大致体现在以下三个方面。

首先，帛书《易传》除抄录了今本《系辞》“一阴一阳之谓道”等重要命题外，《衷》篇又提出了“《易》之义萃阴与阳”的命题。这两个命题虽然都是阴阳观念在战国中晚期深入影响易学之思想内涵的结果，① 但是前一命题强调阴阳对待之义，而后一命题则从宇宙论的层面将《易》义概括为阴阳对立的双方，其间存在一定的差别。现在看来，后一命题更加符合战国末至汉初人们对于《易》义的概括。《庄子·天下》云“《易》以道阴阳”，《礼记·祭义》曰“昔者，圣人建阴阳天地之情，立以为《易》”，皆与其相应。此外，《说卦》曰：“立天之道曰阴与阳，立地之道曰柔与刚，立人之道曰仁与义。”这三句话亦见于帛书《衷》篇，不过《要》篇对它们有非常具体的解释，云：“故《易》有天道焉，而不可以日、月、星、辰尽称也，故为之以阴阳；有地道焉，不可以水、火、金、土、木尽称也，故律之以柔刚；有人道焉，不可以父子、君臣、夫妇、先后尽称也，故要之以上下；有四时之变焉，不可以万物尽称也，故为之以八卦。”可见相对于今本，帛书《易传》在思想上确有更进一步的发展。更为重要的是，帛书《二三子》、《衷》和《要》三篇又都提出了“五行”的概念，正式将水、火、金、土、木五者纳入了“天道”的内涵之中，从而深化了阴阳观念，而今本《易传》则根本不存在

---

① 阴阳观念对《周易》产生最为深刻的思想影响，乃是在文本理解上其卦爻画的阴阳化。而这一情况大概发生在战国中期。《晋书·束皙传》云：“《易繇阴阳卦》二篇，与《周易》略同，繇辞则异。”（房玄龄等：《晋书》卷51，北京：中华书局1974年版，第1432页。）杜预《春秋经传集解后序》：“《周易》上下篇与今正同，别有《阴阳说》而无《彖》、《象》、《文言》、《系辞》，疑于时仲尼造之于鲁，尚未播之于远国也。”（阮元校刻：《十三经注疏（清嘉庆刊本）》第4册，北京：中华书局2009年版，第4751页。）另外清华藏楚简《筮法·得》第13～14号简曰：“作于阳，入于阴。”（李学勤主编：《清华大学藏战国竹简（肆）》，上海：中西书局2013年版，第83页。）所谓阳阴，从竹简卦画来看，分别指纯阳卦《乾》和纯阴卦《坤》。这说明在战国中期，《周易》文本已完成了卦画和爻画的阴阳化，与汲冢竹书是非常一致的。

此一概念。司马迁将“五行”加入《易》义之中，《史记·太史公自序》云“《易》著天地阴阳四时五行，故长于变”，这是对汉初易学思想架构的很好概括。

不仅如此，而且帛书《易传》又以刚柔、文武深化了当时的阴阳观念，进一步强化了天地、阴阳、刚柔、文武的相匹和相救之义。在帛书《衷》、《要》和《昭力》三篇中，刚柔被当作两种基本的宇宙力量，同时也体现在事物的质性之中，不但万事万物而且卦爻本身也有刚柔之分。而文武概念又是在刚柔的基础上衍生出来的，用以描述两种质性的政治人格。由此，《衷》篇提出了所谓“文人”、“武夫”的划分。

此外，帛书不但暗含了八卦的卦气说，而且在《要》篇中还有《损》《益》二卦的卦气说。需要指出的是，《说卦传》的八卦卦气说与帛书《易传》有所不同，前者对八卦与八方、八节相配之原理作了一般性的陈述，而后者则是对前者的具体应用，是为了具体解释《坤》六二爻而在暗中加以使用的。

其次，今本、帛书《易传》都非常重视乾坤之义，不过后者除了抄录前者之《系辞》和《说卦》二传——包括“乾坤其《易》之蕴”、“乾坤其《易》之门”等重要命题外，我们还看到帛书《衷》和《二三子》对这二卦还有更为详细的论述。一者，《衷》开篇一大段文字十分明确地将天地、阴阳、刚柔、动静、文武与乾坤二卦直接关联起来，从而构成了一个有序的观念系统。二者，《衷》还作了反复、细致的说解，形成了所谓“《乾》《坤》之三说”和“详说”。在形式上，帛书《衷》的相关论说与《文言传》比较相似，但在具体内容上并不相同。三者，《二三子》和《衷》对《乾》《坤》二卦所包含的“龙象”和“龙德”作了反复的阐释，且与此两概念的关涉甚密，而《文言传》对此二卦的阐释，第一在文字表述上呈现出直白、简洁的特征，第二在阐释的内容上相差较大，第三对“龙象”和“龙德”概念本身远远不及帛书关切程度之深，而大抵属于引申性的阐述。

最后，在阴阳宇宙论的哲学背景下，相对而言，帛书《易传》更为注重政治思想的阐发，这体现在《二三子》、《缪和》和《昭力》三篇中，而今本《易传》则更为关注道德性思想的阐发，这体现在

《象传》和《文言传》中。略有例外的是，《系辞》是两篇通说性的易学著作，它们也包含了一些重要的道德哲学命题，不过从总体上来看其论述的重心并不在此点上。

总之，今本与帛书《易传》在思想上具有非常重要的共通之处，甚至后者直接抄录了《系辞》全文及《说卦》前三章，但是我们更应该看到帛书《易传》与今本的不同，而且也只有如此，我们才能更好地把握汉初易学的思想特质。

诸子学衡

学鉴

卞仁海《杨树达训诂研究》①序

◎杨逢彬

先祖杨树达先生是20世纪我国最杰出的语言文字学家之一。30年前，余编纂《积微居友朋书札》，其中有陈寅恪先生函“六通”，其第一通即谓：“当今文字训诂之学，公为第一人，此为学术界之公论，非弟阿私之言。幸为神州文化自爱，不胜仰企之至。”其第六通又谓：“先生平生著述，科学院若能悉数刊布，诚为国家一盛事，不识当局有此意否？”②顾颉刚先生在《近世治古典之数巨子》③一文中认为，近三百年来“治古典”成就最大者当属王念孙、王国维与杨树达先生。环顾宇内，硕学鸿儒，均有传记行世，独杨树达先生无之，学者引以为憾。20年前，江西百花洲文艺出版社刊行《国学大师丛书》，主其事者瞩目于余。而其时正从郭锡良先生游，未暇旁骛。其后著述之不暇，何有于此乎？故逡巡至今。去岁启真馆曾与余接洽，欲撰写一与先祖生平有关之小册，将

---

① 此书将由中山大学出版社于2014年底或2015年出版。

② 杨逢彬整理：《积微居友朋书札》，长沙：湖南教育出版社1986年版，第93、98页。

③ 顾颉刚：《顾颉刚学术文化随笔》，北京：中国青年出版社1998年版，第311～312页。

于2015年发行，乃《东方早报》书评版《文汇报》笔会《新民晚报》夜光杯等所刊余文之汇集，非正式之传记也，更遑论先祖之训诂研究（台湾有研究先祖训诂之硕士论文）。今者卞仁海君著《杨树达训诂研究》一书，远道索序于余，余愧于学识荒疏，恐无以副其望；虽然，一倾积愫可耳。

近年来文史哲领域似乎有一种带有倾向性的意见，大约谓今世学人不足以望昔日大师项背，有一三卷本畅销书封面上的一行字可以总结这一意见："大师远去再无大师。"如果所谓大师的标准，包括学术风范人格魅力等，在下完全同意。如果仅就学术而言，我则有所保留。不错，20世纪是中国传统学问与西学接轨的发轫期，大师们筚路蓝缕，开创山林，浇灌出一片新天地。从某种意义上说，处女地的开拓者是幸运的，今人及后人要想在学术史上复制他们的辉煌只能瞠乎其后；也即，他们站在前人的肩膀上向上攀登了一大截，我们站在他们的肩膀上也许只能向上推进寻尺。但这毕竟是站在他们的肩上，看得比他们远，而不是依然在地上仰望他们，这两者是有本质区别的。仰望者之所以仍踌躇不前，恐怕还是治学门径的问题。

拿以上认识为前提，既然要对杨树达先生训诂研究做出总结，那么必须先回答两个问题：第一，杨树达先生的训诂研究为何是同时代做得最好的？第二，我们今天要怎样做，才能比杨树达先生做得更好？回答好了第一个问题，第二个问题也就迎刃而解了。可以肯定地说，卞仁海君的《杨树达训诂研究》，较好地回答了第一个问题。

杨树达先生的训诂研究为何是同时代做得最好的？我们知道，任何学问要取得新进展，端赖新方法的运用。如前所述，顾颉刚先生认为，近三百年来治古典者以王念孙、王国维、杨树达最为精湛。我们知道，王国维先生的卓越，"二重证据法"的提出与成功运用是至为关键的。我们先撇开这些不谈。清代小学如日中天，其成就的取得，论者以为得益于古音学的巨大进展，学者可以突破字形的束缚，因声求义。那么，同样得益于古音学的进展，高邮王氏父子为何高出侪辈呢？王氏父子的独步千古，除了纯熟运用古音学，还采用了哪种方法呢？对此，杨树达先生回答说："凡读书者有二事焉，一曰明训诂，二曰通文法。训诂治其实，文法求其虚。清儒善说经者，首推高邮王氏。其所著书，如《广雅疏证》，征实之事也；《经传释词》，捣虚之事也。其《读书杂志》《经义述闻》，则交会虚实而成者也。呜呼！虚实交会，此王氏之所以卓绝一时，而独开百年来治学之风气也。”①先生又说：“其书虽未能成为系统整然之文法学，而文法学材料之丰富与精当，固未有过之者也。盖王氏父子文法观念之深，确为古人所未有，故其说多犁然有当于人心也。”②至于杨树达先生成功的关键，则是自觉走文法训诂相结合的道路。只要看一看先生平生最为得意的两例考释，大约就不会怀疑上述结论。第一例为《积微居小学金石论丛》之《〈诗〉“于以采蘩”解》，第二例为既见于《汉书窥管》正文卷七，又见于《自序》之释“赏为奉车，建驸马都尉”条。

第一例是20世纪中国语言学史上最有趣的佳话之一，是杨树达先生与胡适、钱玄同讨论《诗经·召风·于以采蘩》的结晶；同时见于上述三位学者的著作，这是绝无仅有的。杨树达先生认为“于以采蘩”之“以”当训为“何”，因为“以”假借为“台”，金文台、以二字常通作，而《尚书》“如台”，《史记·殷本纪》都译作“奈何”。但胡适提出，疑问代词作宾语，依先秦文献惯例当在动词、介词之前，而读“于以”为“于何”，与此一惯例不符。杨树达先生进而指出，此一惯例有许多例外，并举《小雅·小宛》“握粟出卜，自何能穀”、《小雅·白驹》“所谓伊人，于焉逍遥”及“所谓伊人，于焉嘉客”、《正月》“哀我人斯，于何从禄”、《十月之交》“此日而食，于何不臧”、《菀柳》“彼人之心，于何其臻”、《小旻》“我视谋犹，伊于胡厎”为例，③ 可谓信而有征。在《积微翁回忆录》之1922年9月15日、9月23日、1936年5月14日、1944年5月18日所记中，都有或详或略的记载。1922年9月15日所记云：“不惟可以答胡君之难，竟于无意中发现一文法通则之例外，喜出望外，不

① 杨树达：《词诠》，上海：上海古籍出版社2007年版，第1页。

② 杨树达：《中国文法学小史》，载《积微居小学述林全编》，上海：上海古籍出版社2007年版，第631页。

③ 杨树达：《〈诗〉“于以采蘩”解》，载《积微居小学金石论丛》，北京：科学出版社1955年版，第209～210页。

觉手舞足蹈。"9月23日所记又云："适之得余书，遂弃其前说而从余议……胡君闻义则服之美，世所罕见。"1944年5月18日所记则是记录老友曹孟其贺先生60诞辰的四首绝句，其中一句为"'于以''终风'同一妙"，先生评论道："以余之'于以'说与高邮之'终风'并论，为余抬高身份不少矣。"①从此不难看出，语法学家之治训诂，自然不同凡响。

陈寅恪先生又称誉杨树达先生为"汉圣"，第二例则是《汉书窥管》中的最为得意之作：

> 《金日磾传》："赏为奉车，建驸马都尉。"王念孙曰："'车'下有'都尉'二字，而今本脱之。《百官表》云：'奉车都尉掌御乘舆车，驸马都尉掌驸马。'《艺文类聚·人部》十七《御览·仪式部》三引此并作'赏为奉车都尉，建驸马都尉'。"
>
> 树达按，此因下"都尉"二字省。《艺文》《御览》引有"都尉"二字，乃二书补足之耳。举《儒林传》《王莽传》及《三国志·魏志·董卓传》之类似文字为证。《儒林传》云："上于是出龚等补吏，龚为弘农，歆河内，凤九江太守。""弘农""河内"下各省"太守"二字。《王莽传》云："又置师友祭酒及侍中谏议六经祭酒各一人，凡九祭酒。琅琊左咸为讲《春秋》，颍川满昌为讲《诗》，长安国由为讲《易》，平阳唐昌为讲《书》，沛郡陈咸为讲《礼》，崔发为讲《乐》祭酒。"讲《春秋》、讲《诗》、讲《易》、讲《书》、讲《礼》下各当有"祭酒"二字，因下"讲《乐》祭酒"字而省，与此句例正同。又《翟方进传》云："其左氏则国师刘歆，星律则长安令田终术师也。""刘歆"下省"师"字，与此亦略同。《魏志·董卓传》云："以暹为征东，才为征西，乐为征北将军。""征东""征西"下各省"将军"二字，亦袭此句法。王说知其常而不知其变也。②

---

① 杨树达：《积微翁回忆录·积微居诗文钞》，上海：上海古籍出版社2007年版，第17~18、115、213页。

② 杨树达：《汉书窥管》，上海：上海古籍出版社1984年版，《自序》第1~2、535页。

这一例似乎纯粹以训诂的面貌示人，我们有必要比较一下高邮王氏最为人称许的、历来公认为词句训释巅峰之作的两个成功范例。前一篇考证的是《诗经·邶风·终风》，后一篇考证的是《老子》第三十一章。

家大人曰："《终风篇》：'终风且暴。'《毛诗》曰'终日风为终风。'《韩诗》曰：'终风，西风也。'此皆缘词生训，非经文本义。'终'犹'既'也，言既风且暴也。……《燕燕》曰：'终温且惠，淑慎其身。'《北门》曰：'终窭且贫，莫知我艰。'《小雅·伐木》曰：'神之听之，终和且平。'(《商颂·那》曰：'既和且平')《甫田》曰：'禾易长亩，终善且有。'《正月》曰：'终其永怀，又窘阴雨。''终'字皆当训为'既'。"①

——王引之：《经义述闻》卷五，又见《经传释词》，文字稍有不同

《三十一章》："夫佳兵者不祥之器，物或恶之，故有道者不处。"《释文》："佳，善也。"河上云："饰也。"念孙案，"善""饰"二训皆于义未安。……今按"佳"当训"隹"，字之误也。隹，古"唯"字也(唯，或作"惟"，又作"维")。唯兵为不祥之器，故有道者不处。上言"夫唯"，下言"故"，文义正相承也。八章云："夫唯不争，故无尤。"十五章云："夫唯不可识，故强为之容。"又云："夫唯不盈，故能蔽不新成。"二十二章云："夫唯不争，故天下莫能与之争。"皆其证也。古钟鼎文'唯'字作'隹'，石鼓文亦然。②

——王念孙：《读书杂志·志余上》

让我们看看高邮王氏和杨树达先生具体是如何做的。他们固然十分注意采纳故训，采纳因声求义的办法，以及采纳辨析字形，特别是通过出土文献辨析字形的办法。但是，综观以上三篇，其中起

① (清)王引之：《经义述闻》，南京：江苏古籍出版社 2000 年版，第 122～123 页。

② (清)王念孙：《读书杂志》，南京：江苏古籍出版社 2000 年版，第 1010 页。

关键作用而不可或缺的是，征引大量的书证，特别是与被证词句同一结构同一句式的书证。其原理，无非是通过综合归纳抽绎这些书证，考察疑难词句所出现的上下文条件。这用语法术语说，就是考察“分布”。其原理也可以简单归纳为：意义不同，分布也不同。也即，不同的两个词，分布一般不相同；一个词的各个义位，其分布不相同。一个词内部某意义引申出另一意义，分布一般要改变，即后一意义的分布一般与前一意义分布有所不同。一个词分化为两个或多个词，分布一般要改变，即这两个或几个词分布一般不同。何谓“分布”？它一是指词在句中所占据的语法位置，也即词所充当的句法成分，如主语、谓语、宾语、定语、状语，等等；二是指词的结合能力，即该词修饰何词，该词被何词修饰，等等。因此，要想知道句中某字到底是哪个词(一字可以是多个词)，考察其分布就可以了；要想知道句中某词是其本义和若干引申义中的哪一意义，考察其分布就可以了。既然任一词义、任一词、任一句法结构都有一定的上下文条件(也即分布)限制着，考察这些条件就是求得确证的不二法门。以上三篇就是考察上下文条件(分布)的成功范例。反之，不考察上下文条件，而仅仅用形训、声训、义训的办法，说某与某通，某读为某，这只是提供了可能性，而可能性是无穷多的。只有考察词义、词、句法结构出现的条件，才是求得近于必然的正确途径。

科学理论的特点之一，是原理上的简洁性，这是指科学理论的简单形式与其深广内涵的统一。看似纷繁复杂的训诂之学，用现代语言学加以观照，就变得豁然开朗、简单明了。可见普通语言学的掌握，是当今训诂学者的基本功。

在这里，我想重点强调的，一是，语法，是语言的组织结构；语法学，是探索语言组织结构规律的科学。不能了解语言组织结构规律，想精读古书，正确地解释古今见仁见智的疑难词句是不可能的。二是，将重点放在考察分布上，是提高训诂实践中最重要的一环——训释古今仁智互见的疑难词语的不二法门。其具体步骤就是广泛收集同一时期同一结构或同一句式的例句，加以综合归纳，抽绎出其中规律。

至此，我们的第二个问题，即我们今天要怎样做，才能比杨树达先生做得更好，似乎有了较为清晰的答案。

今天汉语语言学界对古代汉语规律的认识与掌握，较之以往已经有了大大提高。将这些规律，用于古代典籍，持之以恒，必将取得比杨树达先生等老一代学者更大的成绩。以笔者比较熟知的而言，与训诂相关的，至少在古书中古今见仁见智的疑难词句，以及虚词领域，今人可以取得较之前辈学者更大的成绩。关于后者，可以参见笔者的导师郭锡良先生的《汉语史论集》中关于古汉语虚词的几篇文章。① 前者则可见下文。但取得更大成绩的前提是，做这些研究工作的学者，必须从申报、报销、结项等的桎梏中解放出来，既放眼世界，汲取新方法新成果，又沉潜斗室，板凳坐得十年冷。

下面举一个考证实例来说明。

> 子张问曰："令尹子文三仕为令尹，无喜色；三已之，无愠色。旧令尹之政，必以告新令尹。何如？"子曰："忠矣。"曰："仁矣乎？"曰："未知，焉得仁？""崔子弑齐君，陈文子有马十乘，弃而违之。至于他邦，则曰：'犹吾大夫崔子也。'违之。之一邦，则又曰：'犹吾大夫崔子也。'违之。何如？"子曰："清矣。"曰："仁矣乎？"曰："未知，焉得仁？"
>
> ——《论语·公冶长》

"未知，焉得仁"的通常解读，不拟赘言。但《经典释文·论语音义》此章"未知"下注以"如字，郑音'智'"，即郑玄读作"智"。唐写本《论语郑氏注》此章也作"未智焉得仁"。另外，《论衡·问孔》中王充在引用此章后评论道："智与仁，不相干也。……智者未必仁……子文智蔽于子玉，其仁何毁？谓仁，焉得不可？"可见王充和郑玄一样，将"知"读为"智"。这里的事实依据是，子文举子玉自代，结果"败而丧其众"，是为不智。又《里仁》："择不处仁，焉得知？"但郑玄、王充有这样的解读，未必就一定正确。确定解读是否正确主要依赖于前文所说的对上下文条件的考察。

---

① 郭锡良：《汉语史论集》，北京：商务印书馆2005年版。

(1)我们全面调查了《论语》(1 例)、《左传》(14 例)、《国语》(2 例)、《孟子》(2 例)、《老子》(1 例)、《庄子》(12 例)、《墨子》(10 例)、《管子》(5 例)、《荀子》(3 例)、《吕氏春秋》(8 例)、《韩非子》(8 例)共 11 部古籍中的全部 66 例“未知”，这 66 例中，除了《荀子》中的 2 例较为特殊外，其余 64 例“未知”全都带有宾语。由此可知，本章的“未知”应该读为“未智”。

(2)“焉得”经常处于因果、条件复句的后一从句。我们在《论语》(2 例)、《左传》(13 例)、《国语》(3 例)、《孟子》(2 例)、《管子》(2 例)、《吕氏春秋》(1 例)、《韩非子》(10 例)共 7 部古籍中找到 33 例“焉得”，除《孟子·滕文公下》1 例外，其余 32 例“焉得”全部处于因果、条件复句的后一从句。由于“知”是及物感知动词，“未知”通常要带宾语；“智”是性质形容词+抽象名词的兼类词，不带宾语；而两者字形可通，所以此章的“知”应读作“智”。又由于“焉得”往往处于因果、条件复句的后一从句，所以，我们认为“未知，焉得仁”应读为“未智，焉得仁”，是个因果复句(据子文举子玉自代，“败而丧其众”可知)。而且，当回答他人“我不知道”时，从《论语》时代直到战国末年，一般都作“不知也”或“不知”，从未见答以“未知”的。可见，这 5 个字只能译作“他未能做到‘智’，怎么能够算‘仁’呢”。①

我在即将出版的《论语译注与考证》中，作了 150 余例这样的考证，其中与上文所引处于同一水平的，大约有二三十例。当然，这绝不是想要妄言，就凭这一部小册子，就将“赶上”或“超越”高邮二王和杨树达先生；只是想表明这样的意思，只有像这样一步一个脚印地攀登，假以时日，我们的后人在不久的将来，必将取得比以高邮二王和杨树达先生为代表的清代和民国大师更为辉煌的成就。

今即随机撷取卞君书中的一例，再来说明我们是如何考察分布的：

> 一〇页第四行　祭蚩尤于沛廷，而衅鼓旗。(一四)帜皆赤，注(一四)原在“鼓”字下，明颜读“衅鼓”句绝。吴仁杰据封禅书

① 杨逢彬：《论语译注与考证》，北京：北京大学出版社 2015 年版。

“祠蚩尤，衅鼓旗”之文，以为“旗”字当属上句。王先谦、杨树达都说吴读是。

上文引自第八章《杨树达之训诂在诸多方面的应用》之第一节《古籍整理及阅读》下之第四点《标点》。“祭蚩尤于沛廷而衅鼓旗帜皆赤”之文见于《高帝纪》，又见于《史记·高祖本纪》。

到底应该断作“祭蚩尤于沛廷，而衅鼓旗。帜皆赤”还是“祭蚩尤于沛廷，而衅鼓。旗帜皆赤”？我们以为后者较为可信。因为：

其一，《汉书》中，除上例待考察外，“鼓旗”连文者共5见：“祀蚩尤，衅鼓旗。”（《郊祀志》）“于是信、耳弃鼓旗，走水上军，复疾战。赵空壁争汉鼓旗，逐信、耳。”（《韩彭英卢吴传》）“渔阳太守解、校尉敢皆获鼓旗，赐爵关内侯。”（《卫青霍去病传》）“建天子鼓旗，收斩之。”（《王莽传》）“旗帜”连文者亦5见：“于是沛公乃夜引军从他道还，偃旗帜，迟明，围宛城三匝。”（《高帝纪上》）“愿先遣人益张旗帜于山上为疑兵”（同上）“汉承尧运，德祚已盛，断蛇著符，旗帜上赤，协于火德。”（《高帝纪下》）“即驰入赵壁，皆拔赵旗帜，立汉赤帜二千。”（《韩彭英卢吴传》）“愿沛公且留壁，使人先行，为五万人具食，益张旗帜诸山上为疑兵。”（《张陈王周传》）此外，除先秦典籍外，《后汉书·窦融列传》亦有“斩温禺以衅鼓，血尸逐以染锷”，说明在从先秦以迄刘宋的语言中，可以有“衅鼓”这一组合，并非一定必须“衅鼓旗”。这样看来，似乎两种断法都有理。但是，且慢，如断作“衅鼓旗。帜皆赤”，则“帜”作为一词单用；如断作“衅鼓。旗帜皆赤”，则是“帜”与“旗”组成联合词组。如前所言，“衅鼓”可以成为词组，而不必非得“衅鼓旗”，然则，考察“帜”在当时语言中是否可以作为一词单用，将成为至为关键的证据。

《汉书》中，除“旗帜”连文者亦5见外，“帜”还出现了8次：

“人持一赤帜，从间道萆山而望超军。……若疾入，拔赵帜，立汉帜。……即驰入赵壁，皆拔赵旗帜，立汉赤帜二千。赵军已不能得信、耳等，欲还归壁，壁皆汉赤帜。”（《韩彭英卢吴传》）“独将军麾下及成安侯校各八百人为前行，以黄与白为帜，当使精骑射之即破矣。”(《李广苏建传》)“望见单于城上立五采幡帜。”(《傅常郑甘陈段传》)“其改正朔，易服色，变牺牲，殊徽帜，异器制。”(《王莽传》)

以上8例“帜”，除《李广苏建传》1例外，其余7例都是“帜”与其他词组成双音词组，其中5偏正词组(赤帜3，赵帜1，汉帜1)，2例联合词组(幡帜、徽帜各1)，加上5例联合词组“旗帜”，共12例。仅仅1例是“帜”单用的，从韵律上看，似乎也可将“为帜”视为一双音动宾词组。考虑到考察样本太少，不妨加入《史记》《三国志》《后汉书》一并考察。

《史记》中“帜”共9见，全部处于双音词组中，其中联合结构的“旗帜”4见，偏正结构的“赤帜”4见，偏正结构的“赵帜”1见。当然，有些文例与《汉书》是重复的。

《三国志》“帜”仅2见，“旗帜”1见，“表帜”1见，都是双音词组。

《后汉书》中“帜”共11见，除《虞傅盖臧列传》1例外，其余10例都是“帜”与其他词组成双音联合词组(旗帜5、幡帜3、旌帜及标帜各1)。而见于《虞傅盖臧列传》的“佣作贼衣，以采綖缝其裾为帜”，也是“为帜”连文。上文说“似乎也可将‘为帜’视为一双音动宾词组”，也是虑及此例的。

总之，以上4部典籍中，除2例“为帜”(可以从韵律上解释)外，其余33例都是“帜”与其他词组成的双音词组，而且“帜”都是该双音词组的后一音节，无一例外(如将“为帜”视为动宾词组，也不例外)。“旗帜”正是这样的双音词组。可见，标点为“旗帜皆赤”较为可据。另外，将我们考察的对象标点为“祠黄帝，祭蚩尤于沛廷而衅鼓。旗帜皆赤”，即使从韵律上看，也比标点为“祠黄帝，祭蚩尤于沛廷，而衅鼓旗。帜皆赤”为和谐，这也正是下面一点要论及的。

其二，从“皆”前后音节的搭配看，“帜皆赤”出现概率极低。《汉书》中表示“都”的“皆”字多达2000例，其前后都为单音节即“～皆～”的极为罕见，我们只见到《张耳陈馀传》中一例：“乃使五千人令张黡、陈释先尝秦军，至皆没。”一般而言，如果“皆”的一边一定有一单音节的话，则其另一边必须是双音节或双音节以上，即，要么为“~皆~~”，要么为“~~皆~”。其原因大约还是与韵律有关。兹各略举数例：“民皆自宁”(《高帝纪》)、“齐皆降楚”(同上)、“兵皆缟素”(同上)、“军皆左袒”(《高后纪》)、“佗皆勿坐”(《宣帝纪》)、“秩皆千石”(《百官公卿表》)、“课皆疏阔”(《律历志上》)、“宜皆勿修”(《郊祀志下》)，以上为“~皆~~”者。

以下为“~~皆~”者：“诸侯皆附”(《高帝纪》)、“群臣皆伏”(《文帝纪》)、“众功皆美”(《律历志上》)、“其事皆禁”(《郊祀志上》)、“野鸡皆雊”(《郊祀志下》)、“天神皆降……地祇皆出”(同上)。

可见，“帜皆赤”这样的“~皆~”句式出现概率是极低的，而“旗帜皆赤”这样的“~~皆~”句式出现概率是较高的。

鉴于从汉初到刘宋时期，“帜”一般不单用而须与其他词组成“~帜”词组，又鉴于“~皆~”句式出现概率极低而“~~皆~”句式出现概率较高，我们以为《汉书》中的这一例宜标点为“祭蚩尤于沛廷而衅鼓。旗帜皆赤”。“旗帜皆赤”与《高帝纪下》之“旗帜上赤”(旗帜以赤色为上)结构是一样的。由此可知，中华书局版《史记·高祖本纪》《汉书·高帝纪》之标点为“祭蚩尤于沛廷而衅鼓旗。帜皆赤”是不大妥当的。

另外，标点为“祭蚩尤于沛廷而衅鼓。旗帜皆赤”，则与颜师古注相合，也符合我们提出的“从古原则”(详见拙著《论语译注与考证·导言》的《我们的具体做法》部分)。

或谓此例之标点，乃据《封禅书》“祠蚩尤，衅鼓旗”之文，而《郊祀志》(《史记》则为《封禅书》)与《高帝纪》所载乃是一件事情，不至于一为“衅鼓”，一为“衅鼓旗”。我们以为，历史事实之考量虽较为重要，却毕竟是语言系统之外的证据，不比语言系统之内的证据来得可靠，后者才是必须优先考量的；当两者发生矛盾时，尤其应当如此。且一事两处记载，文字互有参差，实属正常。即以《高帝纪》与《郊祀志》的这两段文字为例说明之。《高帝纪》：“祠黄帝，祭蚩尤于沛廷而衅鼓。旗帜皆赤。”《郊祀志》(《封禅书》)：“祀蚩尤，衅鼓旗。”前者提到“黄帝”，提到“(旗)帜皆赤”，而后者无之，甚至连“黄帝”也略去了。由此可知前者为“衅鼓”，后者为“衅鼓旗”，也属正常，且“祠蚩尤，衅鼓旗”，三字成文，无“旗”字则不响；“祭蚩尤于沛廷而衅鼓”，因有一“而”字，已满足三字的条件，若单从音律上考虑，不必有那一“旗”字。

从这随机的一例考释，我们有以下3点认识：

(1)我们不能苛责前辈大师。即使誉为“汉圣”，《汉书》能倒背如流的杨树达先生，也没有我们今天的便利，十指一敲，海量语料转瞬即到眼前。(2)我们今天能够做得比较精确，诚如杨树达先生在《积微居小学述林全编·自序》所总结的“六纲五条例”之第一纲所揭示的，乃是拜时代——E时代，语言学取得巨大进展的时代——之所赐。(3)在E时代，语言学取得巨大进展的时代，不尽量利用时代所带来的便利，不站在前辈大师的肩膀上继续奋力登攀，而是匍匐在前辈大师的脚下，笼罩在前辈大师的光环中裹足不前，而以恪守师说自饰，这样做，不是当今学人应有的态度。

粗略地说，今人如能扬长避短，虽然文献训诂水准难以企及当年的大师，但失之东隅收之桑榆，有语言学理论的指导，有电脑技术的运用，也能做出与大师同样精湛的考据成果，而又避免他们的失误。今人聪明才智不在古人之下，而科学昌明，远过昔年，所以，做出超越大师的成果，实在是必然趋势。只是千里之行始于足下，现在必须踏踏实实地起步。

如何起步呢？千里之行的第一步，就是总结大师何以成功的经验，总结他们失误的教训。卞仁海君的《杨树达训诂研究》，做的就是这项工作。展卷读之，卞君在这两方面都是做得很好的：

首先，一方面，卞君在用一章篇幅分析杨树达先生训诂的学术背景之后，用四章篇幅分别分析了杨树达先生的文字观、音义观、语义观以及语法修辞观在训诂上的应用，每一章下，又划分了好几节，每一节下又划分细类，条分缕析。卞君运用现代语言知识，深思密察，去粗取精，对杨树达先生的训诂研究加以归纳总结和抽绎，使之条理化和系统化。这样，就把博大而似乎漫无涯际的杨氏学串联成一个有机的系统了，从而有利于学者了解杨树达先生学说的精髓。同时，卞君横向地比较了杨树达先生和章太炎、沈兼士以及黄侃的训诂研究，列出他们在各个方面的异同，又不啻为一部20世纪前期的简明训诂学史。另一方面，在第九章《杨树达的训诂成就和局限》第一节，卞君说：

> 杨氏训诂，根于传统，贵在纳新，“温故知新”一语，可以概括其训诂特色。训诂之学，绵延千年，治之者大都徘徊于乾嘉高峰之前，仅因两端：或无新材料，或缺新方法。段王以声为义，得益于归纳之法；虚实交会，则因其善考文例(比较之法)。学问之事，无以承传，不得创新：段王之学，杨氏承之。正当传统训诂囿于材料似乎山穷水尽之时，卜辞大出，甲金之学勃兴；西学东渐，西方语言学理论、方法介入。缘乎此，千年训诂再现生机。杨氏因应时势，广稽甲骨金石于训诂，以探求文字语源为依归，从而取得了超乎段王的训诂成就。“赤县神州训诂学第一人”，杨氏之谓也。

这两百多字的总结，可谓恰到好处。好就好在指出了杨树达先生之“因应时势”，吸纳新知，这与我在这篇序言中的前文所言，是一致的。

如此，既有全面深入的剖析、归纳，又有贯彻始终的一条红线，领挈以全裘振，纲举而万目张。

其次，在第七章第一节第三部分《共有的局限》和第九章第二节《局限与商榷》中，卞君又颇能指出杨树达先生的不足。卞君所引唐钰明先生的话：“判断一个学者在学术史上的地位，最主要的是看他作出了多少建树，而不在于他有多少疏失。”于我心有戚戚焉。记得在十三四岁时读先祖父的《释尾》(手头无书，大约见于《文字形义学》)，引述达尔文人猿进化学说后猜测大约造字时人尾尚未退化云。当时我想，人尾退化，大约在若干万年以前，造字则在数千年前。可见大师之误，在所难免，而往往与其建树成正比。杨树达先生在论述郭沫若治甲金文时所说“如此剽悍之将，性喜陷阵，搴旗斩将，每建奇功；而覆车溃众，时时不免。盖建立系统，为业至艰，而语语求通，不为丘盖，瑕瑜杂见，固其所也”云云，有时也适合杨树达先生本人。①

---

① 杨树达：《积微翁回忆录·弁言》，上海：上海古籍出版社2007年版。

卞君的论说，既有宏观的，又有微观的。宏观的如："语源同"含义辨正，先入为主难免臆说，用文字的方法研究语源，仍拘于"古文"，等等，都切中肯綮，极有见地，显示出作者有着较深的现代和传统语言学根底。微观的多体现在24例"个案商榷"中，虽不无微瑕，总体上说却是分析得十分到位的，体现了作者有很强的考据能力。如指出"家"当为会意字，"若"不为会意字，"放"不必言声旁假借，"祷"释义举例不当，"铁血"及"镶"释义有误，"狱"不当训两犬相守，"属"释义有误，"伪"不当袭许误，"谖"释义附会，等等，不必一一列举，大率皆信而有征，令人折服。

稍感不足的是，有些地方，分析时多引证其他学者之说，浅尝辄止，自己的挖掘不够深入。这一不足有时还带来另一弊端，即用他人的误说来纠正杨树达先生之误。例如，《个案商榷》之十四《"若"当训"其"》。《孟子·梁惠王上》"即不忍其觳觫若无罪而就死地"，杨先生读为"即不忍其觳觫若，无罪而就死地"，当然是不对的。因为，表示"……的样子"，《孟子》用"然"而不用"若"。例多不举。先秦文献中只有《诗经》偶用"若"表示"……的样子"。但吴昌莹、王引之、郑子瑜所谓"若有'其'训"、"杨氏不知'若'可作'其'解"云云，则有待分析。不错，"若"可作指示代词，与"其"(他的)义近，此"若"训"其"，得之；但与语气副词"其"则风马牛不相及。吴昌莹于此为偷换概念而不自知。他的两个例句"子若免之，以劝左右可也"(《左传》昭公元年)、"君若待于曲棘，使群臣从鲁君以卜焉"(昭公二十六年)之"若"都是假设连词，沈玉成先生《左传译文》的翻译是对的，而吴理解为语气副词，可谓无中生有。王引之《经传释词》在这两个例句基础上增加了一个："我亦惟兹二国命，嗣若功"(《尚书·召诰》)，这一句中的"若"是指示代词，可训"其"；但却有将"其"的指示代词义和语气副词义混为一谈来解释"若"之嫌。郑子瑜则盲从吴、王之说，以纠杨树达先生，当然不足取。如果说吴、王受时代局限，只知有字，不知有词，因而将两类"其"视为一个，不足深责，那么郑子瑜于此则有些失察了。如果将"若"理解为指代"牛"，也讲不通。因为与代词"其"类似的"若"，是指代第三人称的指示代词，与"其"一样，也处于领位（定语位置），绝不处于主位（主语位置）。“若”在此句中，当然是“好比”“好像”的意思。至于“增字解经”，如果在原文基础上增字而释之，在大多数情况下当然不可；不论是古今两种语言或中外两种语言的对译，由于该两种语言结构不同，所谓增字有时是完全必须的——就如同杨伯峻先生在《论语译注》中所做的。有人因此非难杨伯峻先生“增字解经”，未免知其常而不知其变。古文简略，有些表转折表衔接的虚词经常阙如，而译为现代汉语，这些虚词必须出现，这时增字就不但可以，而且是必须的了。“若无罪而就死地”也应作如是观。因为在当时，“有罪”“无罪”一定是指人或指人的社会单位如“国”（作谓语用偶尔例外，如《孟子·梁惠王上》之“王无罪岁”），如加上“之人”，反而蛇足。这就如同“洗”一定是洗脚一样。由于“洗”词义的扩大，今译必须增加“足”或“脚”。“无罪”用现代汉语解释或译为现代汉语，也须补出“之人”，类似的如《孟子·尽心上》“杀一无罪，非仁也”。

当然，上例只是我个人的看法，可以争鸣。即便我是而卞君非，也仅为白璧微瑕。就全书而言，这样有待商榷的地方是极少的。总之，卞君此书无论从大处着眼，还是从小处细察，都把握得较好，既提纲挈领，又细致入微；而且，大致而言，对杨树达先生成就与不足的描述，论述得是恰到好处的。因此，我认为这是一部值得推荐当然也值得一读的好书。

吕坤女性思想简论

◎吴根友

吕坤（1536—1618）是明中后期著名的思想家、政治家，其整体思想倾向是综合朱子学与阳明学，但在宇宙论或曰本体论上，是气理一元论的思想家。他对女性问题有较系统的研究，并作《闺范》一书。该书的核心思想是提倡“阴教”。《闺范》一书主要从维护传统社会安定、既有秩序与父母的荣誉等角度来思考并讨论与女性自身及与女性相关的一系列问题，而其中最为核心的内容是女性的教育问题。但吕坤对于女性问题的思考，其出发点并不是从女性的性别出发，发掘女性自身的特性，尊重女性的自身特有价值来思考女性问题以及与女性相关的问题，而主要是从维护男权社会秩序的立场出发来思考女性问题，如他说：“先王重阴教，在妇人有女师，讲明古语，称引昔贤，人之谨守三从，克遵四德，以为夫子之光，不贻父母之辱。”①因此，吕坤的“阴教”思想基本上不属于现代女性主义思想的范围，而只能看作是传统社会中部分男性在思考社会问题时，涉及对女性问题的思考。但这些有关女性问题的思考并不是无意义，从研究女性问题的思想发展史的角度看，这也是一

① 《闺范·序》，《吕坤全集》下，北京：中华书局2008年版，第1409页。

个必经的历史阶段。这种思考可以导向对女性的独特价值的关怀。比如，吕坤认为，女性中也可以有贤圣之辈，而且认为，一个人家的后代昌盛，必须有贤圣的女性成为妻子、母亲："愚谓天欲昌人之后，必配以贤圣之妻。子有象德之光，必钟于贤圣之母。"①这就将"贤圣"这一价值规范从以往多表彰男性，转向了对女性人格成长的期望。而在讨论"出妻"的问题时，他有选择地发掘传统中尊重女性的思想资源，要求让所出之妻有活路，表达了对女性感性生活的关怀，他说："妻而可出，必有罪者。古人温厚和平犹如此，况平居夫妇相得之时，有不以礼相将者乎？后世夫妇，相亲爱，则极褋嫚之情；相怨尤，则极丑诋之语。古人云：出妻令其可嫁。其忠厚如此。"②

在《闺范》一书中，吕坤对女子之道、妇人之道、母道、姊妹之道、姒娣之道、姑嫂之道、嫡妾之道等，皆有所论及，其中的诸多思想观念虽然不一定合乎当代女性主义的要求，但在晚明的社会里，吕坤对于女性问题的思考相对而言是比较全面的，这从一个侧面也表明，作为思想家、政治家的吕坤，其思想与其他基本上不关心、不讨论女性问题的传统思想家而言，有其独特之处，即他真正将"一阴一阳之谓道"的易哲学精神贯穿到自己的思想体系之中。下面从三个方面简要地勾勒他的女性思想的基本轮廓。

一、由"夫妇之道"贞定女性在家庭、社会生活中的地位

在《易传》与《中庸》等儒家经典之中，夫妇之道都被提高到本源性的高度。这一思想精神在吕坤的女性思想中也得到体现。他对《中庸》"君子之道，造端乎夫妇，及其至也，察乎天地"一句作注释道："一阴一阳之谓道，夫妇，一小天地；天地，一大夫妇耳。故万事万化之原始于闺门，五典五礼之端肇于男女。有男女，然后

---

① 《闺范》卷一，《吕坤全集》下，北京：中华书局2008年版，第1437页。

② 《闺范》卷一，《吕坤全集》下，北京：中华书局2008年版，第1455页。

有夫妇；有夫妇，然后有父子；有父子，然后有君臣；有君臣，然后有上下；有上下，然后礼义有所错。夫妇之道，其重如此。少男少妇，稚气童心，恣纵渎经，褻狎败礼，故生人之慢易放肆，莫甚于闺门。”①

上述引文中，吕坤综合《易传》与《中庸》中有关女性的抽象论述，从宇宙生成的源头处高度肯定了女性在人类社会中奠基性的地位与意义，进而也肯定了女性作为一个类别存在的不可或缺的崇高地位。在此根源性上肯定了女性在人类社会生活中的地位之后，他又从具体的社会生活——家庭生活的角度肯定了女性的地位与作用。他说：“居室之道，未有妻不贤，而能夫妇父子好合者也；未有夫妇父子不好合，而能使兄弟翕然和乐者也。如此，则父母之心安得喜悦？故必宜尔家室，闺门皆太和之气；乐尔妻帑，夫妇有雍熙之风，然后父母之心有无穷之快乐矣。”②

一个家庭之内，如果妻子不贤德，则整个家庭就不会团结、幸福。由此可见女性在家庭生活中的重要性。上述所论虽然是从责任伦理的角度出发来讨论作为妻子角色的女性在家庭生活中的重要性，但毕竟明确地贞定了女性对于家庭生活的贡献。这种价值的贞定是解放女性的必经的一环。女性在人类社会中长期不被重视，这与男权社会对女性给于人类的诸多贡献熟视无睹有关。女性在家族生活中的价值被明确地予以承认，就是女性在人类生活中的价值发现。类似的论述还有，如他说：“家人之道，利于女正；正家之道，先于正女。女正而家无不正矣。”③“正女”表面上看是对女性的束缚，其实是对女性在家庭生活中的作用的肯定。他又说：“为人妇者，望其夫以砥节励行，可饥可寒，可辱可杀，而不可使无耻，亦庶几其贤妇矣。不然，是不如乞墦之人之妻妾也。”④

可见，一个好的妻子对于家中丈夫成长的重要意义。没有一个

① 《闺范》卷一，《吕坤全集》下，北京：中华书局2008年版，第1411页。
② 《闺范》卷一，《吕坤全集》下，北京：中华书局2008年版，第1412页。
③ 《闺范》卷一，《吕坤全集》下，北京：中华书局2008年版，第1417页。
④ 《闺范》卷一，《吕坤全集》下，北京：中华书局2008年版，第1414页。

好的妻子，就不可能有一个好的丈夫，也就没有一个好的家庭。由此可见女性在家庭生活中的重要性。

不过，在有关“正家道”的问题上，吕坤并没有将责任完全推卸给女性的一方，而是要求夫妇共同承担起“正家道”的重任，如他说：“夫夫妇妇而家道正，则家人莫不化于正。不夫不妇而家道邪，则家人莫不化于邪。”①

有关“家道”的问题，吕坤还有一些论述，下列三条是比较典型的：

“不知居室之道，男当严毅而刚方，女当温柔而静正。”②

“女正位乎内，不侵男也；男正位乎外，不昵女也。男女各正，天地之道，如斯而已。”③

“正家之道，非严不行，故男严于外，女严于内。家法井井有条，家人翼翼遵守，欲家不正，得乎？”④

从上述三则材料可以看出，在家庭生活的责任伦理方面，吕坤没有过分地要求女性单独承担“正家道”的伦理责任，这一点应该是一种比较公平、合理的责任伦理思想。在家庭生活中，吕坤虽然也坚持儒家传统的妇道观，认为“女子之道，以顺为正”，⑤“妇人顺位，而一家无事矣”。⑥但他讲的妇人之顺，是以“丈夫有义”为前提的，那就是：“一家之人，各有其位……今也父慈子孝，夫义妇顺，兄友弟恭，是谓顺在位。”⑦因此，他对于“妇顺”问题的阐述不是单方面地提要求，而且，吕坤一再说：“男正外，女正内，反身之外，无良术矣。”⑧这应该是着眼于传统农业社会家庭生活分工基础上的角色要求，对于女性提出的德性要求，不能看作是对女

① 《闺范》卷一，《吕坤全集》下，北京：中华书局2008年版，第1426页。
② 《闺范》卷一，《吕坤全集》下，北京：中华书局2008年版，第1441页。
③ 《闺范》卷一，《吕坤全集》下，北京：中华书局2008年版，第1417页。
④ 《闺范》卷一，《吕坤全集》下，北京：中华书局2008年版，第1417页。
⑤ 《闺范》卷一，《吕坤全集》下，北京：中华书局2008年版，第1418页。
⑥ 《闺范》卷一，《吕坤全集》下，北京：中华书局2008年版，第1419页。
⑦ 《闺范》卷一，《吕坤全集》下，北京：中华书局2008年版，第1419页。
⑧ 《闺范》卷一，《吕坤全集》下，北京：中华书局2008年版，第1419页。

性的单方面要求。因此，他对女性提出的“顺”的伦理要求，也不是单方面的，而是相互性的。

吕坤还从养老的具体社会问题入手，进一步揭示女性在家庭生活中的地位与意义，他说：“古者养老之事，专恃妇人。宅墙之下，为桑几何？匹妇一人，为蚕几何？尚可以足老者之帛。至于鸡彘，孳生有时，畜养有道，亦可以供老者之膳。夫以百亩之馌，八口之养，门内之事，妇人居其十九，古妇人之勤苦如此，何暇刺绣以工悦目之巧，冶容以艳袖手之妆哉？”①

这是从家庭经济生活的角度肯定了妻子对于家庭的贡献，也是对传统农业社会生活中“男主外，妇主内”的一般原则的经济学解释，这种解释进一步将妻子在家庭生活中重要性凸显出来了。

对于“牝鸡司晨”、“女人祸国”的老问题，吕坤也有新的论述。他认为，这并不是女人的过错，而是男人溺爱妇人的过错，因而罪在男人。他说：

“当家者，男子之事。母鸡夜啼而报晓，必主家道萧索，骨肉离散，凶之兆也。……乃古今以来，不但妲己，桀以妹喜亡夏，幽以褒姒亡周，唐高以武照，明皇以玉环亡唐，浩浩六合之大，林林千百万之众，致令国破身亡，江河涨万姓之血，原野丘三军之骨，何物妖孽，祸烈至此！无他，溺爱者之罪也。此数女子，在文王宫中，不过一婢妾耳。化于德，尚可以为贤妃；恣其恶，不过自殃乃身，何祸之能为？……《周书》不罪妇言，而曰惟妇人之言是用，始知操刃、纵火、决防，祸有所从来矣。”②

应当说，吕坤此处所论，比较平正，对历史上“红颜祸水”论给予了有力的反驳，在一定程度上为历史上的诸女性所受的恶名进行了辩污与洗涮。对于褒姒巧言祸国的说法，吕坤不以为然，说：“言者之祸，成于听；听者之罪，大于言者。”③这一论断，即使不能看做是为女性辩护，但至少包含了对女性对于重大政治失败责任

① 《闺范》卷一，《吕坤全集》下，北京：中华书局2008年版，第1414页。

② 《闺范》卷一，《吕坤全集》下，北京：中华书局2008年版，第1422页。

③ 《闺范》卷一，《吕坤全集》下，北京：中华书局2008年版，第1438页。

的一种澄清，富有进步意义。

二、妇女立身以德不以色

吕坤认为，妇女也有“立身”问题，而且要以“美德”立身而不应以“美色”立身。他说：“古称妇女之美者，辄曰西施氏，则西子天下之至美也。不洁在身，人皆掩鼻，可见人好色者之心，不若爱洁者之切。妇女嫮妒，谓之秽德，不洁孰甚焉？岂无秽夫荡子，与之亲狎？由父母国人观之，不啻圊厕矣。妇女立身，可不慎哉！”①

女性有形色之美，本无不可，然要以美德来规范这种外在的形色之美，他对《诗・江汉》一首中游女的形象评价道：“此游女也，身不在深闺重门，俗从来轻交苟合，而德容一正，望者邪消。乃知女子失身，必有可求之道。彼求我者，亲爱则有之矣，而不昧之良心，以我为丧德而鄙之耶，以我为有德而敬之耶，爱身者可以思矣。”②

上述对《诗・江汉》一诗的评价，虽然带有较强的道德主义色彩，但其中包含的合理思想成分——女子立身以德不以色的思想倾向，在今天仍然具有积极意义。

在吕坤看来，女子的首要美德在于端庄，他说：“妇人之德，每病于轻浮，而莫难于端庄。”③

为什么“端庄”之德是女性最为难以培养起来的一种美德，其主要原因在于女性比较重视外在的形式之美，而历史上的男性也往往以此来要求女性。他说：“妇人喜视听而骇新奇，故挑诱妇女者，多以新奇之视听惑之。”④

出于对现实生活中部分女性不良的生活习气与态度的观察，吕坤尖锐地批评那些轻浮的女性。他说：“自世教衰，而闺门中人竟

① 《闺范》卷一，《吕坤全集》下，北京：中华书局2008年版，第1413页。
② 《闺范》卷一，《吕坤全集》下，北京：中华书局2008年版，第1426页。
③ 《闺范》卷一，《吕坤全集》下，北京：中华书局2008年版，第1438页。
④ 《闺范》卷一，《吕坤全集》下，北京：中华书局2008年版，第1440页。

弃礼法之外矣。生闾阎内，惯听鄙俚之言；在富贵家，恣长骄奢之性。首满金珠，体遍縠罗，态学轻浮，语习儇巧，而口无良言，身无善行。舅姑妯娌，不传贤孝之名；乡党亲戚，但闻顽悍之恶，则不教之故。”①

上述引文表明，吕坤对女性不接受更好的文化教养，而只重视外在的美丽，不重视内在文化素质现象的批评，是有一定积极意义的。但吕坤由此而进一步批评女性学习艺术的观点，则并不足取。他对高才有聪慧的女性评价道：“乃高之者，弄柔翰，逞骚才，以夸浮士。卑之者，拨俗弦，歌艳语，近于娼家，则邪教之流也。”②

从现代流行艺术的角度看，很多女性在这些方面都是天才，如果按照吕坤的观点，这些女性都应受到批评，这显然是不公正的。

在“女子立身以德不以色”的问题上，吕坤也不是对女性单方面地提出要求，对于男性他也提出了同样的要求。他批评世人或以色或以财聘女的行为道：“聘女问容，娶妇亟欲，此世儿之通态也。又其甚者，入门之夕，或见颜色不丽，或见奁筐不丰，则怏怏不乐，谁复问德哉？”③而《诗·间关》中的诗人好德，故吕坤称之为“娶妻之法”：“读此诗，而女子之德信美，诗人之好德亦诚矣，可为娶妇之法。”④

这就表明，吕坤对于女性立身以德的要求也不是单方面的伦理义务，而是要求男性也应该从这样的伦理要求来理解、塑造女性。

吕坤作《闺范》一书，目的在于“示阴教”，他要让古代“女仁人孝子正士忠臣”⑤的言行传之于世，以教化后来的女性。因此，他提出的“女子立身以德不以色”的要求，就不只是一种有关个人立身处世的要求，而是关乎社会政治与社会秩序的建设。如对吕坤“后妃之德”的称赞，需要辩证地看，这其中既包含着一些合理性

---

① 《闺范·序》，《吕坤全集》下，北京：中华书局2008年版，第1409页。
② 《闺范·序》，《吕坤全集》下，北京：中华书局2008年版，第1409页。
③ 《闺范》卷一，《吕坤全集》下，北京：中华书局2008年版，第1436页。
④ 《闺范》卷一，《吕坤全集》下，北京：中华书局2008年版，第1436页。
⑤ 《闺范·序》，《吕坤全集》下，北京：中华书局2008年版，第1410页。

的要素，但从现今的角度看，特别是从平民夫妻生活的角度看，又有不合时宜的内容。他将文王与太姒的结合看作是人间理想夫妇的榜样，进而批评世俗女性与夫妇的相处态度："近世妇女，以酒乐为多情，以轻佻为风韵。夫妇相与，非欲之事情，则狎昵之私。和乐非正，恭敬为羞，与淑女窈窕全不相似。"①对于太姒的美德，吕坤借阐发《葛之覃》一诗而加以歌颂道：

> 太姒既配文王，尊为后妃，犹自绩织葛布，不以贵而骄逸。服旧则洗，服坏则补，不以富而奢侈。归宁莫敢亲告，犹托女师代言，不以尊而恃爱。今之妇女，谁是后妃？而安逸耻作勤劳，华美羞衣布帛，诗此诗，可以愧矣。②

吕坤通过对太姒的歌颂，来批评当时社会妇女的奢侈生活方式及对外在形式美感的追求，这有其合理之处。但他对太姒某些美德的肯定，在今天看来就不值得称道了。尤其是在家庭生活中，对于夫妻之间相处提出过多的伦理性的要求，其实有点刻板生硬。当然，其中也有些合理的因素值得重视，即夫妻相处之道还是要有一些基本的相互恭敬之礼。

三、婚姻之道与女性问题

在传统包办婚姻的时代，吕坤提出"择人以德不以财"的观点，有合理之处。他认为，孔子嫁女之法，可以为万世之表率，他说："圣人之爱其女，与人同也。乃其择婿，不问田宅，不问贵显，其取公冶长，不过曰无罪；其取南容，不过曰谨言，皆论其德，而他无认焉。近纪婚姻，非富贵，则容色，而男女性行美恶，皆非所问，若孔子者，可为万世择婿之法矣。"③

---

① 《闺范》卷一，《吕坤全集》下，北京：中华书局2008年版，第1423页。
② 《闺范》卷一，《吕坤全集》下，北京：中华书局2008年版，第1423页。
③ 《闺范》卷一，《吕坤全集》下，北京：中华书局2008年版，第1412页。

非常有意思的是，吕坤不希望将要结合的男女双方都是贵族，其理由是不利于后代的成长。他对三国时虞翻为其子求妇“远求小姓”的做法评价道：“天道无常盈之运，男女皆贵族，美先尽矣。盛之盛者，继美为难。名花少根，珍果种稀，但非恶族辱门，何贫家贱士？惟是女欲贤善聪明，家欲忠良仁厚，或同类相求，或同心相结，人不昏愚，志不污下，皆为善矣。”①

现代婚姻中，由于男女在自然禀赋方面的差异，有钱有势的男性往往娶年轻漂亮的女性，出现了众多的老男少妇现象。此一现象，吕坤时代也有，他对此的评价很有意思，姑且列于此：“君子以理御情，虽和乐而不失恭敬，虽亲爱而不损威仪。今兑以少女适人，有喜悦心，无贞静态。震以长男娶少，有动荡之意，无庄雅之容。以此相与，所谓欲动情胜，既不可以正家，又不可以终好，无往不凶矣，何利之有？”②

在婚姻的问题上，吕坤反对女子为殉情而婚，他说：“盖人各有耦，正应乃合。《诗》云：‘人涉卬否，卬须我友。’女子不守其身，而以情殉人，未观于《屯》之六二矣。”③

这一观点，与晚明社会重视人情的新思潮似乎并不合拍，体现了吕坤思想比较保守的一面。但“殉情”的做法的确有伤害人道的一面，所以，吕坤在这一问题上所持的观点也不能说是完全错误的。不过，在传统的礼制范围内，吕坤还是大胆地肯定了夫妻之间的正当感情，他认为妻子思念久在外地的丈夫，是合乎情理的，而不应该加以嘲笑与压抑，他的辩护虽略显正统、古板，大体上还是为“情”字辩护的。他说：“妇人以夫为天，故妇心以思夫为正。世俗见思夫者，则笑之以为无耻，而妇人亦讳其所思，郁郁有怀，不敢向人一道，闻姒娣姊妹嘲讪，则掩护不肯承，岂以忘夫为贤乎？岂以思他人为正乎？道之不明也久矣。”④他强调“道义之爱”，他

① 《闺范·序》，《吕坤全集》下，北京：中华书局2008年版，第1462页。
② 《闺范》卷一，《吕坤全集》下，北京：中华书局2008年版，第1420页。
③ 《闺范》卷一，《吕坤全集》下，北京：中华书局2008年版，第1415页。
④ 《闺范》卷一，《吕坤全集》下，北京：中华书局2008年版，第1435页。

说："人情多溺于宴安，家道每贫于懒惰。至于亲贤修德，尤非妇人所知；而贪爱服饰，又其骄奢常性。鸡鸣妇人，既以勤劳相警戒，又以静好相绸缪，非情欲之私也。望夫取友成德，服饰亦所不惜，皆道义之爱也。"①

吕坤所说的"道义之爱"，其实也是他的"性其情"的道德哲学思想在婚姻家庭生活中的具体化表现，是作为调和心学与理学的新理学家的一种性情观的具体内容之一。

在婚姻的问题上，吕坤对于女性守节是十分重视的，这是他的女性思想中同于传统儒家之处，他说："重礼所以重身，重身所以重节，女子万善之长，不足以掩一节之失。"②这一观点在今天看来并不可取。

吕坤对女性"善妒嫉"的天性也有所论，说道："妇人之性，多睽异而不和谐。"③这些说法，均反映了吕坤对于女性的肯定与辩护，都是从维护传统礼教制度的立场出发。他的可贵之处在于：能从一阴一阳之道的辩证关系角度来肯定女性在家庭生活中的重要性，没有把维护家道的重任单方面地规定为女性的任务，表现出某种开明的女性观。

结　语

本文在此处仅是简要地勾勒了吕坤女性思想的基本轮廓，对于其女性思想与他的整体思想的关系，未及深论。十分有意思的是，吕坤对于妇人"五认得"的心理分析，对于现代女性心理学的研究，或许有一定的启示意义。他说："愚尝谓妇人有五认得：认得丈夫是自家丈夫，子女是自家子女，财帛是自家财帛，父母兄弟是自家父母兄弟，奴仆是自家奴仆。其夫家尊卑长幼，俱是路人，妯娌皆

---

① 《闺范》卷一，《吕坤全集》下，北京：中华书局2008年版，第1435页。
② 《闺范》卷一，《吕坤全集》下，北京：中华书局2008年版，第1428页。
③ 《闺范》卷一，《吕坤全集》下，北京：中华书局2008年版，第1429页。

怀此心，家产安得不分？”[①]

通过此心理的分析，吕坤希望妇人能够轻利寡言，就可以避免成为别人家的灾星。他说：“大抵妇人轻利而寡言，恩多而怨少，庶几不作人家灾星祸鬼云。”[②]这一对于女性的要求，当然并不是很合理，但就社会生活的普遍现象而言，青年男女结婚后，由于妻子的原因而极想分家而居，则是一种普遍的社会现象。至于对这一社会现象我们应该作什么样的价值评价，那是需要从适当的理论视角出发，给出恰当的评价的。

① 《闺范·序》，《吕坤全集》下，北京：中华书局2008年版，第1463页。

② 《闺范·序》，《吕坤全集》下，北京：中华书局2008年版，第1463页。

“人之为人”与“为人之本”
——《论语》中孔子与其弟子对人的理解

◎吴根友

《论语》中有关人的规定，孔子与其弟子之间其实存在着某种差异。孔子可能偏向于一种本质主义的规定，而其弟子可能偏向于一种行为主义的规定。这其中的差异也构成了儒学发展历史过程中对于人的认识张力，从而在儒学的内部形成了不同的传统。如果说，周代制度里的君子与小人的区分主要是政治等级上的划分，那么经过孔子改造后的君子与小人之分，主要是道德境界上的区分。简洁地讲，孔子对人的思考基本上是一个普遍化的哲学思考，即基于人与禽兽的区别，而规定了“人之为人”的本质属性。这一关于人的本质属性的具体规定也许不一定能得到后世的普遍认可，比如在现代哲学中，将抽象的自由意志、天赋人权规定为人的本质属性，但孔子及其弟子们对于“人之为人”、“为人之本”的哲学思考，仍然是我们今天思考“人之为人”问题时绕不过的思想前史。通过对此两个相关问题的再思考，或许有助于重新思考当代社会中“人之为人”的现实问题，以及人应当如何培养出对同类关爱的道德感，即为人的开端问题？本文在此仅是抛砖，希望能引起更多的学人来关注这两个密切相关的问题。

一、孔子论“人之为人”

在《论语》中，孔子关于人的规定性论述有两段经典性的文献，一是：“人而不仁如礼乐何，人而不仁如乐何?”二是：“仁者，爱人。”

从第一则文献看，孔子是用“仁”来规定“人之为人”的本质属性的，因为，礼、乐等规范与文化教育特征都不足以让人成为人。而第二则材料则用“爱人”的道德行为规定了“仁”之内涵。因此，孔子是从“仁”的角度来规定“人之为人”的本质，又从“爱人”的道德行为角度来决定仁的内涵，人与仁两者之间的关系是互相诠释的。就人的抽象本质而言，如果任何一个人不具备仁的本质属性，则礼和乐的文化秩序对于他而言就没有什么意义，无非是一个空壳而已。如果礼、乐具体化为一种伦理秩序，则礼与乐对于一个不具备仁性的个人或群体来说，无非是虚伪的教条而已。如果就整体类的存在与活动而言，某一个共同体内的人群不具备仁的品质，则对于这个类来说，礼与乐的制度也没有什么意思，无非是一种摆设而已。可见，无论是从个体的角度，还是从群体的角度看，“人之为人”的本质属性都应当是具备仁德的人(个人或群体)。

进一步来说，人要具备仁的本质属性，那么“仁”的具体内容是什么呢？孔子的观点是“爱人”。“爱人”是一动宾结构的短语，可以形式化为“做某事”(to do something)。① 这一动宾结构的短语规定了“仁”的具体内容，不同于西方哲学用 to be is to be 的存在论表述方式，而是用 to be is to do something 的句式来表达的。而在孔子的思想结构里，“做某事”(to do something)并不是做任何一件事，如对世界的探索与研究，或者像苏格拉底那样，“认识你自己”(to know yourself)，而仅仅是“爱人”(to love the human being)。作为“人之为人”的本质属性之“仁”是通过“爱人”这一及物行为来表达

---

① 本文此处的分析思路深受赵汀阳《论可能的生活——一种关于幸福和公正的理论》(修订版，中国人民大学出版社 2004 年版)一书的影响。

的。这就体现了孔子对人的理解的独特性与深刻性，即“人之为人”的本质属性是在人对人的善意行为中体现出来的，既不是对某种带有相对静止的物的结构或属性的认知，也不是在仇恨他人的恶意行为中表现出来的。就后一点而言，“爱人”的要求与萨特将他人看作是自己的地狱的恶意规定极不相同，也与列维纳斯仅仅在观念上把“他者”看作是与自己相同的人这一纯粹的意识行为不相同，而是以积极的爱他人的善意方式来展现“人之为人”的本质。因此，我们可以说，孔子既区分了“人之为人”与“物之为物”的不同之处，又没有把“人之为人”局限在一种广义的认知活动之中，而是将“人对人的善意行为”（仁者爱人）规定为“人之为人”的本质，也即是说，他将知、行合一的“爱人”行为看作是“人之为人”的本质，从而为人类的自我生存奠定了一个良性循环的道德基础。因为，这一道德法则值得每一个人进一步的模仿，人要想成为人，你就必须爱他人，其逻辑的结果与现实的结果都将会对任何一个人自身有利。相反，如果将“仁者爱人”替换成“人者恨人”、“人者自爱”、“人者自戕”，那就乱了套。“人者恨人”，结果自己也被别人所恨，任何一个人都将不能自存。“人者自爱”，其结果不一定那么坏，但那将是一个极其冷漠的社会，也许真的变成“老死不相往来”的社会，人也将不能自存。因为任何一个人不可能完全满足自己的所需，首先人从婴儿就不能长成大人，因为人在生儿育女的过程中会牺牲自己很多的利益。当然，用法家的观点看，人是出于养老的自私动机来生儿育女的。这一说法也许没有办法反驳，但是人凭借正常的理性就可以知道，我们并不能保证子女会养老的。不管如何去论证，“人者自爱”的命题如果是绝对的，人类亦将不能自存。正是因为父母对子女的爱才成就了人的成长。“人者自戕”，就不可能有人类社会，而人不会自己做对自己不利的事情，除非某人在精神上出了问题。即使是自杀的人，他这样做的时候也是为了某种解脱。他可能做了对不起自己肉体生命的事情，却是对自己心灵的解脱。似乎只有墨子的“兼相爱交相利”的行为可以成为孔子“仁者爱人”的一个可替代方案。比如说，将墨子的命题改写成孔子的替换方案：“仁者，兼相爱交相利。”当人们在实际的行为中都能做到兼相爱交相利，显然是有利于每一个人自身的。所以，孔墨之间并不是矛盾关系，而是拓展关系。墨家是孔子思想的真正继承者之一。

当然，孔子也有从行为的角度来讨论“人之为人”问题的说法：“弟子入则孝，出则弟，谨而信，泛爱众，而亲仁。行有余力，则学以文。”(《学而》)从这则文献可以看出，有子将“孝弟”作为“为仁之本”，还是有理论根据的。不过，在孔子的思想体系里，孝与悌的道德、伦理行为有一个内外之别，贵族子弟在家要尽孝道，出外则行悌道。出外行悌道即是以做弟弟的身份对待陌生的同辈人(未必是年长者)，如果是遇到父辈年龄的人，也当尽悌道，即谦己以待人。悌道即易之谦道，谦者得众。这是从年龄层面来说的，有具体的针对对象。如果就普遍的做人要求而言，应出言谨慎而有信用，泛爱众人(指心态而言，不可能是实指)，而以仁德为依归。在所有道德性的要求都满足之后，还有多余的精力，就可以广泛地学习各种文化知识以增强自己的教养。学文属于智的范围，前面五项内容属于仁、义、礼、信四个方面的要求。可见，孔子对做人的次第有一个比较清晰的要求，道德品质培养在先，智力学习在后。而在做人的内涵方面，其要求涵盖了仁、义、礼、智、信五个方面。

孔子虽然将“践仁”看作是任何人所最为急需、紧迫的事情，但他面对现实时也不能不感叹：“民之于仁也，甚于水火。水火，吾见蹈而死者，未见蹈仁而死者。”(《卫灵公》)可见，普通人对于自己美德的养成并不那么重视，而更多的还是在乎眼前的利益。非常有意思的是，孔子对于“不仁”，或“鲜矣仁”的反面问题也有所思考，如：“子曰：‘巧言令色，鲜矣仁。’”(《学而》)

对于如何成为一个道德上的“君子”，孔子也有思考，他说：“君子不重，则不威，学则不固。主忠信。无有不如己者。过则勿惮改。”(《学而》)

对于君子是否好学的问题，孔子也有评价的标准，他说：“君子食无求饱，居无求安，敏于事而慎于言，就有道而正焉，可谓好学也已。”(《学而》)

对于评价一个人是否尽孝道的问题，孔子也有自己的直观标准，他说："父在，观其志；父没，观其行；三年无改于父之道，可谓孝矣。"(《学而》)

对于孟懿子问孝，孔子的回答是"无违"。而当他的学生樊迟进一步追问的时候，他又进一步解释道："生，事之以礼；死，葬之以礼。"(《为政》)

此外还有孟武伯、子游、子夏等的问孝，其回答都不一样。在回答子游问孝的问题时，孔子提出了敬与养的区别，颇有深意。

对于一个人的生活态度问题，孔子也有自己的标准。学生子贡问他，一个人如果做到了"贫而无谄，富而无骄"，这是怎样的一种境界？孔子的回答很巧妙："未若贫而乐，富而好礼。"(《学而》)

对于一个人如何对待自己与他人的问题：孔子的态度是："不患人之不己知，患不知人也。"(《学而》)

要而言之，孔子对于"人之为人"的根本属性问题有深刻的思考，将"爱人"看作是人的本质属性的具体内涵。而在做人的行为次第上有一个家内与家外的区别，对于人如何成为道德上的君子有广泛的论述。现在通行的《论语》一书虽然不足以充分反映孔子的"人学"思想，但从通行的《论语》一书来看，孔子对于人的问题的思考还是极其深刻而又丰富的。其弟子、再传弟子、私淑弟子，以及后来的儒家诸子，在一些具体的问题上或许发展了孔子的人学思想，但在深刻性、圆满性方面似都不及孔子。

二、孝悌也者，其为仁之本欤？——为人的次第

在《语语》第二章里，有子提出了"为仁之本"的问题，他将实践孝悌之伦看作是实践仁道的始端。这是对孔子仁学思想的继承与发展，也是先秦儒家思想中第一次明确地将实践孝、悌之伦看作是实践仁道的出发点的正面主张。这一思想主张其实来源于孔子，但又发展了孔子的思想，应该说，有子更加着重从人的社会活动的角度诠释"仁者爱人"的思想命题，是对孔子思想的正面继承与具体的深化。

历史上对此段文献的争论很多，可以参考程树德《论语集释》所列举的众多解释，当然还有很多的解释在程氏的集释之外。有关此段文献的解释历史可以放到学术史里去收集、整理，此处不作深究。我们仅取宋儒程伊川与朱熹的解释，将“为仁”理解为“行仁”,① 故有子讲的“为仁之本”问题，可以转化为“为人之本”的问题。因为孔子将“仁”规定为人的本质属性，而践行仁德的开端当然就可以理解为实践人道的开端。

为什么孝悌可以作为实践人道的开端呢？有子提出的理由是：“其为人也孝悌，而好犯上者，鲜矣；不好犯上，而好作乱者，未之有也。”有子在此所作推论是非常有意思的，第一层是一个经验性的或然判断，有任何一个人 X，具备道德品质 P(孝悌)，其行为(behaviour)的结果——喜欢犯上 Q 就很少。然而由这一或然的判断却进一步得出了一个必然的推论结果：有任何一个人 X，具备道德行为(behaviour)Q(很少喜欢犯上)，其道德行为的必然结果——政治的行动(作乱)Q′，是从来都不会出现的。很显然，有子在此所作的实质性判断并不符合形式逻辑的必然得出的要求。他将一个良序社会的希望寄托在一个或然性的判断基础上，显然是高估了道德伦理对人的约束力量，进而也就高估了道德的作用。

我们可以进一步去思考这一问题，有任何一个人 X，具备孝悌的道德品质，但由于他缺乏实现孝悌的伦理目标的条件，比如家里太穷，或者自身丧失了劳动能力，这时他是否很少犯上作乱呢？如果是自身丧失了劳动能力，他本人虽然失去了行动的可能性，他仍然可以有犯上之心。而如果是一个身强力壮，且有智谋，而社会又不给他提供足够的实现孝悌的机会，那他是否可以去偷、抢、盗呢？很显然，仅凭个人的道德品质，而缺乏一个相应的实现某种道德要求的社会条件，是很难必然地保证人们不犯上，进而更不可能保证人们不作乱了。有子在此夸大了个人道德品质与社会治乱的内在联系。

能不能说个人的道德品质与社会治乱的秩序无关呢？当然不

① 程树德：《论语集释》，北京：中华书局 1990 年版，第 15 页。

能，但仅有个人道德品质的优秀还不足以保证社会秩序的治乱。为人孝悌与在社会活动中的不犯上行为之间，只是一个或然性的结果，而一个人不犯上的伦理行为，更不能直接保证他会“不作乱”，所谓官逼民反就是历史的反证。因为我们没有理由表明所有反叛的人都不是遵守孝悌伦理法则的人。《水浒传》虽然是一部文学作品，但其中所描写的梁山泊英雄好汉，很多情况下是被逼上梁山、落草为寇的。像林冲这样的人物就是典型的例子。所以有子提出的“为人之本”至多只能作为社会伦理、政治秩序的必要条件，而不能作为充分必要条件。社会中的个人具有良好的道德、伦理品质是实现良序社会的必要条件。要想让此必要条件发生效用，还需要一个合理公正的社会政治环境。用现代哲学的语言说，即需要一个公正的社会制度。如果所有具备孝悌道德品质的人都不能很好地在家尽孝悌之伦，这一“为人之本”必不能长久地得到保持。也大约因为这一点，孔子一生都致力于“克己复礼”的政治游说活动，并认为“一日克己复礼，天下归仁矣”。这表明，孔子在道德、伦理与社会政治方面有一个相当圆融的理解。

除有子外，曾子也特别强调孝道。他曾说：“慎终追远，民德归厚矣。”(《学而》)慎终是指重视对待父母死亡这件事，追远是指对遥远的先人的追念，都是尽孝的具体表现，通过此种道德、伦理行为的提倡，进而让社会上普通民众的道德品质归于淳厚。民众的道德淳厚了，当然社会也就有序化了。这是曾子的一种非常简约的重孝理由。当然，孔子也十分重视孝道与社会良序政治之间的关系，在《为政》篇，他回答某一个人“子奚不为政”的问题时说道：“《书》云：‘孝乎惟孝，友于兄弟，施于有政。’是亦为政，奚其为为政?”从孔子的反问句可知，在家里尽孝尽悌，已经是从政了，为什么还要到官府里当官才是从政呢？由此可见，孔子的弟子有子、曾子强调孝悌与良序政治之间的内在紧密关系，与孔子的思想密切相关。但孔子思想还有另外一方面的内容，即强调礼——社会秩序对于人伦的规定意义，不理解这一点，就很难理解他在孝与敬之间所作的区别。《为政》篇里，孔子对子游问孝的回答就体现了这一点。孔子批评“今之为孝，是谓能养”的肤浅性，而提出了“至于犬马，皆能有养；不敬，何以别乎”的较为强烈的主张。孔子此处提出的“敬”就不单纯是一种个人的道德心理，而是与当时社会的礼制规范相适应的伦理要求。对于“敬”的具体礼仪内容，仅根据《论语》很难知晓，参考孟子中的一段话，或许能大体知道“敬”父母的具体要求。从《孟子·离娄上》第19段论曾子养其父曾晳与其子曾元养曾子的不同态度之中，可以看出“养”与“敬”的区别。“曾子养曾晳，必有酒肉。将彻，必请所与。问：‘有余?’必曰：‘有。’曾晳死，曾元养曾子，必有酒肉。将彻，不请所与。问：‘有余?’必曰：‘亡矣。’将以复进也。此所谓养口体者也。若曾子，则可谓养志也。事亲若曾子者，可也。”①孟子这段话的意思很明确，曾参养其父曾晳时，主要尊重父亲的内在情感与精神层面的意志等，不仅在餐饮的物质形式方面满足父亲的口腹之需，而且还询问父亲吃剩的肉食分给家里的哪些成员？这就是尊重父亲在家里的地位与尊严。父亲问家里是否有多余的肉食，曾参一定说“还有”。这就让父亲安心、放心地吃肉食。而曾元则不一样，在物质形式上，他也每餐都给其父肉食，像其父对待其祖父一样。但不再尊重父亲在家中的地位及其精神性层面的一些需求了。父亲问家里是否有多余的肉食，曾元就说“没有了”，目的是把父亲剩下的肉食下一顿再端出来给父亲吃。如此一来，曾元的父亲曾参吃肉还能安心吗？至于《论语》中讲到的“色难”，也是“敬”的具体表现。

回到文章开头所论，个人在家尽孝尽悌的道德、伦理行为是否能够作为良序社会建设的充分必要条件？这是可疑的。但反过来说，如果每个社会成员都不能在家里尽孝尽悌，则一个良序社会是否可能？那就不是可疑的，而是无望的。当前社会将子女尽孝纳入法制的轨道，虽遭不少人士的吐嘈。但由此也可以看出，社会成员不能尽孝已经构成对良序社会的严重威胁。仅就此点而言，将尽孝的道德伦理行为纳入社会良序建构的法律制度之中，不是是否合理的问题，而是严重的社会道德、伦理失范迫使执政者要重建良序社会的基础。其实际社会效果暂且不论，就其立法意图来说未必不

---

① 《孟子新注》，曾振宇校注，北京：人民出版社2012年版，第114页。

善。而且，我们似乎也不能简单地说立法者无知、肤浅。

回到本文所论的问题上来，有子提出“孝弟也者，为仁之本”的命题，与孔子提出“仁者爱人”命题结合在一起，可以转化成“为人之本”的命题。“为人之本”的问题，实际是讲一个非社会性的自然人如何成为合乎社会要求的社会人，又如何从一个合乎社会道德要求的道德之人向着合乎良序社会要求的政治人的转化问题。任何一个人 X 在任何一个家庭 Y 里能尽孝悌道德、伦理 P 的要求，则他在社会生活 Z 里就很少做冒犯长辈、上级的事情 Q；任何一个人 X 在社会生活 Z 里很少做冒犯长辈、上级的事情 Q，则他在社会生活 Z 里就根本不会做叛乱的政治事情 Q′。因此，任何一个人 X 的行为第一个次第则可以表现为：X(Y)→P→Z(Q)（概率很高的或然性结果，至少 90% 上）。

第二个次第则表现为：X(Z)→Q→Z(Q′)（必然性结果）。

有子给出人的社会行为次第，很难说符合形式逻辑必然得出的要求，恐怕也不完全符合历史上人们的具体实际情况。难道历史上农民起义军的所有人在家都是不孝不悌之人？显然不能这么说。但我们也不必对有子提出的做人次第从纯粹的形式逻辑上来推理，而是要从形式逻辑的角度给出比较合乎逻辑的解释。

既然“爱人”是“人之为人”的本质，那社会实际生活中的每个人如何迈出“爱人”行为的第一步，则可以从实践“孝悌”之伦开始。我想，从这样的角度来理解有子的观点也许更加合理。从孝悌行为开始，也即是从家庭生活中良序的人际关系开始。父母爱子女是天然的感情（古代虽有男、女之别，在一家之中爱男孩子胜过爱女孩，但这只是程度问题，不涉及爱的实质性问题），而子女爱父母则需要通过教育才能实现。故人要培养出对他人爱的感情，并能在实际的生活中体现出来，那就首先从爱自己的父母兄弟姐妹开始吧。这也是儒家由近及远、推己及人的人伦情感教育的具体方法。这一方法极其质朴，有很强的经验上的可信性，但并不具有逻辑上的必然要求。孝悌是实践爱人的道德行为的开端，是必要条件而非充分条件。如何一个人在家连自己的父母兄弟姐妹都不爱，就几乎不可能再爱其他的陌生人了。反过来说，一个人在家里十分爱自己的父母兄弟姐妹，但不必然保证他能爱任何一个陌生人。通过基本的形式逻辑分析，有子将“孝弟”当作“为仁之本”——实践仁德的出发点，进而看作是做人的第一步，无疑是一个十分谨慎，且具有经验上可行性的理论命题的。汉以后的中国社会，儒者与历代的统治者都十分重视孝道，表彰孝子，这是有其合理性的。

不过，孔子关于人的思想比较丰富，“仁义礼智信”五个方面都是孔子对于“人之为人”的要求。就“做人”的次第而言，孔子的思想中至少可以有五个基本的出发点，而且是在不同的脉络中展开的。如果从价值排序的角度看，实践“仁”的道德性要求是第一性的。义、礼、智、信是其次的要求。但在“爱人”的具体活动中，义、礼、智、信又会成为第一序的要求。因为孔子的仁者所爱的人是抽象的任何人X(不涉及具体的内容，如坏人，尤其是罪大恶极的元凶)，而当抽象的爱人要求落实为具体的经验世界中的“爱人”行为时，就需要区分爱的行为的正当性了，这里就有远近亲疏之分，也有好人与坏人之分，而坏人还有一般坏人与罪大恶极的坏人的区分，这里需要礼制的差别对待，及与礼制差别对待一致的正当要求(义)，时机与对象的适当性(智)，人言的诚实性(信)等。而孔子对“信”之道德要求带有极强的普遍意义，他认为：“人而无信，不知其可也。”(《为政》)而其后学主要从孝悌之伦出发来思考“为人之本”，其实是对孔子“人之为人”思想的狭隘化。当然，孔子的弟子中，也有从学的角度来讨论“人之为人”的问题的，如子夏。子夏就曾经说：“贤贤易色，事父母，能竭其力；事君，能致其身；与朋友交，言而有信。虽曰未学，吾必谓之学矣。”(《学而》)这段文献中，子夏虽然是在讨论“学”的意思，但其中也涉及“人之为人”的问题。一个人有没有“学”的素养，不仅要看他读了多少书，还要看他是否在行动上体现了某些一致公认的道德、伦理价值。如果在实际行为中体现了某些一致公认的道德、伦理价值，则这个人就具备了“学”的素养，进而也就具备了“人之为人”的文化教养了。

曾子虽然十分重视孝道，但对于人的自我反省的心理活动也十分重视。他的“吾日三省吾身”的说法影响深远。“吾日三省吾身，为人谋而不忠乎，与朋友交而不信乎，传不习乎？”（《学而》）曾子这一做人的要求对于后世儒学的心性之学有一定的影响。而这些都是孔子人学思想中所没有的新内容。

要而言之，孔子及其弟子对于“为人之本”问题的思考，有精神上相通的一面，亦有不同之处。简洁地说，孔子对于“为人之本”问题的思考更为丰满与灵活，视野也更为广阔，而其弟子们则各有所侧重，有些人的说法有深化孔子“为人之本”思想的地方，但从整体上说皆不及孔子对“为人之本”问题思考的丰富性。

三、儒家“人之为人”与“为人之本”的挑战

上述对《论语》中孔子及其弟子有关“人之为人”与“为人之本”的问题作了简略分析，如果放开眼界，将道家对此问题的看法作一简单的对比性分析，则可以看出“人之为人”与“为人之本”的多元性与复杂性。

儒家将人践行道德伦理行为看作政治行为的开始，道家则将人“尽性”的活动看作是“人之为人”的本质，而将“治身”看作是“为人之本”，“治天下”是“为人之末”。从表面上看，道家创始人老子的核心思想是在讨论如何治理天下、国家，但他十分重视个人的修身之于社会政治秩序的重要性，《老子》第45章说：“修之于身，其德乃真；修之于家，其德乃余；修之于乡，其德乃长；修之于国，其德乃丰；修之于天下，其德乃普。”他还说：“爱以身为天下，若可寄天下；贵以身为天下，若可托天下。”可见，以老子为代表的道家，其所讲的修身并不是要用一套道德伦理的观念、规范来约束人，恰恰相反，道家是要用“道序”来规定人的行为，要求人按照道的法则来生存，进而实现“人之为人”的本质。通过治身、爱身的出发点来实现治天下的终极目标。

与老子的思想相比，庄子的思想更为极端，庄子认为治天下是细枝末节的事情，而治理个人的身体才是“道”的根本精神之所在，但他所讲的治理个人的身体其实就是顺应人的自然天性。所以他认为，无论是小人以身殉利，还是所谓的君子以身殉名、殉义、殉天

下，其实质是一样的，都是“残生损性”，如庄子说：“自三代以下者，天下莫不以物易其性矣。小人则以身殉利，士则以身殉名，大夫则以身殉家，圣人则以身殉天下。故此数子者，事业不同，名声异号，其于伤性以身为殉，一也。”(《骈拇》)庄子对“人之为人”的标准有明确的正面论述，他认为，“人之为人”的标准在于合乎“德”的要求，即“任其性命之情而已”(《骈拇》)。而能够称得上是“聪明人的”，则是“自见而已矣”——能够认识自己的真实的性命情状。这包含着对自我本性、特性的认识，他在古典哲学中较早地提出了重视人的“个性”特征与自由意志的思想。庄子这样说道：“吾所谓臧者，非仁义之衣架也，臧于其德而已矣；吾所谓臧者，非所谓仁义之谓也，任其性命之情而已矣；吾所谓聪者，非谓其闻彼也，自闻而已矣；吾所谓明者，非谓其见彼也，自见而已矣。”(《骈拇》)此段文献中的“臧”字，成玄英疏为“善”字。庄子所说的“善”，并不是儒家推崇的仁义。而庄子所认为的聪明，并不是对于对象的知识与了解，而是听命于自己的自由意志，是对自己的认知与了解。

庄子以马为喻，认为“马，蹄可以践霜雪，毛可以御风寒，啮草饮水，翘足而陆，此马之真性也。虽有义台路寝，无所用之”。与此类似，伯乐治马、陶匠治陶、工匠治木等的人为活动都是对物的自然性的伤害，治天下者用他们的一套规范来治理人，也是“治天下者之过”。老子、庄子提倡的“自然”，其实是带有极强的人文想象性的“自然”，他们所理解的自然省略了自然中的暴虐、不利于人生存的一面，而是一种和谐、自由自在的理想状态。因此，他们对人的“天性”(或曰自然性)的肯定与向往，其实是对理想状态中人的自由自在状态的肯定与向往。刘笑敢将老子的“自然”看作是“人文自然”，[1]是极富见地的一种认识。整个老、庄哲学中的“自然”观念，都是一种人文性的自然观念。如庄子讲的民之“常性”，就是一种人文性的自然性，即遵循习俗生活，没有过分苛细

---

① 参见刘笑敢《老子古今》一书“导论”第二部分的详细分析。北京：中国社会科学出版社2006年版，第46～59页。

的伦理规范与社会规范，但又绝对不是如同禽兽一样的自然状态。庄子说："吾意善治天下者不然。彼民有常性，织而衣，耕而食，是谓同德；一而不党，命曰天放。"(《马蹄》)此处所说的同德、天放，织而衣、耕而食，不结党，都不是纯粹的自然生活状态，而是处在一种遵循习俗生活的人文世界里。故以老庄为代表的道家，他们提倡自然而然的人性，其实并不是纯粹的自然性，而是一种在自发的过程中形成的人为习性。这是他们理解的"人之为人"的本质。他们在文学性的语言与论证中，易于将人导向一种错觉，以为他们只是一味地歌颂自然性。老子、庄子都主张人应当内含其德，而不外耀其德，如老子讲："含德之厚，比如赤子。"庄子讲："彼人含其明，则天下不铄矣；人含其聪，则天下不累矣；人含其知，则天下不惑矣；人含其德，则天下不僻矣。彼曾、史、杨、墨、师旷、工倕、离朱，皆外立其德而以爚乱天下者也，法之无所用也。"(《胠箧》)同在《胠箧》篇，庄子非常有意思地批评当时的统治者道："故天下每每大乱，罪在于好知。故天下皆知求其所不知而莫知求其所已知者，皆知非其所不善而莫知非其所已善者，是以大乱。"庄子重视"求其所已知"，在很大程度上即是重视自然而然形成的习俗法则。在价值观方面，他批评统治者自以为是的善的规范，认为这正是导致"人之不善"的根源。这也是老子"天下皆知善之为善，斯不善矣"的一个极好的注脚。

要而言之，道家对"人之为人"与"为人之本"问题的看法不同于孔子及其弟子的观点。道家通过"道序"来规定人性，以"尽性"来规定"人之为人"的本质。而所谓的"尽性"，即是尽每个人自然而然的本性，这一古典的人学思想包含了某种现代性的思想萌芽，即尊重人的个性与自由意志的思想。历史上深受道家思想影响的士人、文人，多多少少都是一些带有鲜明个性特征的人物。而道家将"治身"看作是政治行为的根基及出发点，故历史上的深受道家思想影响的历史人物大体上都能做到功成身退。典型的历史人物就是张良。而像魏晋时期的鲍敬言、唐末的无能子、宋末元初的邓牧等人都批评专制政治轻视人民生命而争夺政治权力，其思想的底色都带有道家的色彩，这与先秦道家将政治的基础奠定在尊重人的生命基础之上的政治哲学思想密切相关。老子、庄子都不简单地反对人的孝、慈等道德行为，只是他们认为，孝、慈等道德行为只是人在符合“道序”要求下的自然而然表现出来的一种道德情感，没有必要特别地加以表彰。人若能尽性，统治若能将尊重生命放在第一位，则人间就是符合“道序”要求的理想社会了。就现代学术而言，对“人之为人”的哲学问题有更为深入、丰富的讨论，马克思主义哲学将“人之为人”的本质属性规定为“社会关系的总和”，而且也承认人的自由自觉的劳动是人的本质属性。而早期资产阶级思想家如卢梭、洛克都将抽象的“自由”规定为人的本质属性，认为人天生是自由的。用哲学的形而上学方法讨论“人之为人”的本质属性问题，与马克思主义哲学从历史学的角度讨论“人之为人”的本质属性问题，其思路不同，其对于人性的认识都有其不同的价值。马克思主义哲学将人的本质属性的实现放在具体的历史过程之中，在宏观的社会尺度上是有效的。儒家要求人在具体的、正常的家庭生活中培养人的善性，在具体方法上是有效的，也是正确的，但不是很充分。道家提出的“尽性”理想，资产阶级思想家将自由规定为人的本质属性，虽然是抽象的，但具有一定理想性，能不断地鼓励人向更好的目标奋进。本文仅是从《论语》文本的有限材料出发，兼及道家思想与此问题相关的内容，对“人之为人”与“为人之本”的宏大问题做一点窥斑见豹的工作，更为深入的讨论还有待高明者的加入及赐教。

典籍辨伪

学鉴

《草莽私乘》真伪考①

◎司马朝军　王献松

一　缘　起

《草莽私乘》一卷，元末明初陶宗仪辑录，所收皆忠臣、孝子、义夫、节妇之传记。然《四库全书总目》怀疑其为依托之作："孙作《沧螺集》载有宗仪《小传》，纪所作书目有《说郛》一百卷，《书史会要》九卷，《四书备遗》二卷，《辍耕录》三十卷，无此书名，疑好事者依托也。"②今按：孙作《陶先生小传》称："晚益闭门著书，世所共传《说郛》一百卷，《辍耕录》三十卷，《书史会要》九卷，《四书备遗》二卷，其未脱稿者不与焉。"③由此可知，孙氏所列陶宗仪著作，皆为脱稿之书，而不及未脱稿者。而《草莽私乘》向来以抄本传世，似在孙氏所谓"未脱稿者"之列。《总目》据孙氏所列陶宗

① 本文为国家社科基金一般项目"文献辨伪的集成与创新"（09BTQ015）的前期成果。

② 《四库全书总目》卷六十一，北京：中华书局1965年版，第548页。

③ 孙作：《沧螺集》卷四，《文渊阁四库全书》第1229册，台北："商务印书馆"1986年版，第502页。

仪脱稿书目，怀疑《草莽私乘》为好事者依托，是耶？非耶？

二 条 辨

《草莽私乘》所收文章凡二十篇，其作者篇目依次为：胡长孺《陈孝子传》，王恽《烈妇胡氏传》，揭傒斯《李节妇传》，许有壬《文丞相传序》，虞集《蔡孝子诗序》，刘因《王孝女旌门铭》、《翟节妇传（有诗）》，李孝光《王贞妇传》，金䌹《杨员外郎传》，杨维祯《朵那传》，林清源《萧景茂传》、《烈妇蔡三玉传》，龚开《宋文丞相传》、《宋陆君实传》、《辑陆君实挽诗序》，周仔肩《张节妇传》，揭傒斯《张节妇传》，杨维祯《朱夫人传》，贡师泰《济南张氏传》，汪泽民《贤母传》。今据上海图书馆藏清初抄本，逐一辨证如下。

1. 胡长孺《陈孝子传》

孝子氏陈，名斗龙，字南仲，五世大父询避宋靖康乱，由许徙家杭昌化县，犹号"颍成散人"以自表。大父景纯、大母阮年高。宋故事：郊祭明堂禋祀东朝廷上寿，咸诏赐高年爵。民岁百、太学生乡贡进士父母九十，皆得九品官封告。授大父迪功郎、大母孺人。父天泽泽民治《诗》，应宝祐三年临安府举，取元朴下第六名文解。尝从叶公采学，叶学李公方子，李学徽国文公。泽民既屡试尚书礼部不中度，游清献公为相、赵忠惠公为尹、叶公为宰，以行能上之，招致勿既，筑室百丈溪上，讲所学。时太皇太后籍未下，郡县内附，徽独不奉诏。盗作婺源境上，声动旁近县。泽民挈妻与子庐涤险以避，一岁所，避山中。斗龙纔十三，已能奉饮剂，废眠忘食，祷神请减己年延□（原文阙），勿效。母盛也，寻亦病死。斗龙处丧哀毁，庐墓，哭声哀切，感动行路人。有群雁集其上，飞鸣三日夜，乡里谓雁灵有知。将葬，泽民门人士相与私谥泽民"文节"，参政文公及翁题墓上曰"文节先生"。后斗龙娶妻，有四子女。乡先生孙公朝瑞以温州路儒学提举，言斗龙侍病服丧庐墓时事，移提学，得推择为宗晦书院山长。将之瓯，斗龙之妻之父之甥盛冲告斗龙曰："若母王，产若未一岁归钱塘，闻其家在清湖中。"

斗龙大惊且哭，即日与妇诀，且装行，曰："必与母俱归。若勿能得，何归?"初为泽民以妻无子也，以币如钱塘，求宜子者，得王清湖。斗龙生未周晬，王岁期适满，遂去。吴越俗：以女事人，期岁归父母，或三、五、七岁，有子女尚不听留，惴惴恐失后。聘鬻物，女固不得自制。此礼所谓妾母，嫡子、他子以为庶母、众母、诸母。如是而去者，或欲比之弃黜，以义折子不得母。薄乎此论也，岂尝得罪于其父哉？长孺之妻之父徐公道隆伯谦甫母微，亦杭人，产已，去归。既长，求之百方弗得。议用六十岁时母已生日始，为齐衰三年。及是岁之元日，以大理卿直宝章阁提点浰西刑狱公事，死吴兴之难已。天下若是者固不少，使其季世政教修明，如乾道、淳熙时风俗美，男义女贞，又安得是？则其遂不克振可知也。斗龙至清湖访其母家，及其故时比邻，涉二三十年，又经乱离，固无在者矣。逢白发于其处，揖而问焉，告曰："我知之。媪我家与若母比屋，我与若母为儿时作伴侣，嬉游相好。若母自昌化归无几时，与我言当往江东，已而泣下。吾方盛时年，不识其语之为凄楚也，亦弗问何州。有间，两夫舁若母而去，又折以北。与若母邻者百十家，独老身在。"斗龙谨识之，即入江东，又跻江踰淮，复还饶、徽、信、广德、宁国，往来数郡间六年。一夕，舍永丰县礼贤镇之逆旅氏，逢族人怪斗龙数过，问焉，告之故，且使侦之。其人惊曰："吾主人小妇王，旬言家清湖，今王老矣，岂若母耶?"走施氏告良久，幽询斗龙父时闾巷儿名岁，甫老去，妇人哭出，斗龙哭拜前，母子未曾相见，而自知其为子为母也。施氏曰："若母无子女，我家以母还。"斗龙留三日，奉母归，竟如其言。母归之岁，夏四月，徽盗作，溢出昌化境上，杀人，掠子女，夺畜产货财，甚张。斗龙为庐百丈山，身自负母，妇拥后。未至山庐，路逢盗数百人，斗龙置母夷处，稽首曰："壮士，斗龙幼不知母去。壮长，闻母在江东，行求母去年，母归未百十日，即相遭于此。斗龙若谓夫妇尝死，若母老，谁当养母者?"盗咨嗟相约违去，且语徒勿更至此山，惊母伤孝子心。里中人家赖之以免。斗龙尝莳甘瓜圃中，秋暮，母病渴甚，思食瓜而非瓜时。斗龙视空蔓中芃芃然，披之，异根合茎，并蒂两实者二。摘以奉啖，即日渴已，疾平。明年，圃之天罗瓜如甘瓜者亦二，王至今兹尚安健也。斗龙作百丈溪书院，祠三君子，侑以泽民。将延师教里弟子学文，以百丈源山地五百亩为义山，乡邻饥岁，励葛蕨根续食，死以葬。达鲁花赤呵思兰取县学乡邻之言，及祁阳县尹章君顾所移事状，廉之而核，锐请旌表。斗龙知岁恶民饥，官赋食旁午，自请无用是防荒政。盖其意不欲人知。去年，斗龙来钱塘，将从长孺问学，与之语，诚恐可以为孝悌忠信者，心欲为之传，以风厉人子。属其县孙寿国，录始末以来，且曰县人之所愿得也，定次其言如右。胡先生曰："陈，妫姓，有虞氏苗裔。周兴，配胡公以元女大姬，而国之陈。绍重华祀，为王室三恪。及其亡也，子孙用国为氏。自秦汉来，陈氏孝弟忠信，立名当时，而著见后世，如太丘长辈类，何可一二数。孝子固其后也，汭汭遗风余响，犹有在者哉。"

今按：此《陈孝子传》见于《元文类》卷六十九。又按：《元文类》，元苏天爵(1294—1352)编，成书于顺帝元统二年(1334)。而《草莽私乘》中有记元明之际史事者，故《元文类》成书较《草莽私乘》为早，《草莽私乘》此文似据《元文类》抄辑而来。又按：胡长孺(1249—1323)，字汲仲，号石塘，婺州永康人，著有《瓦缶编》、《南昌集》、《宁海漫抄》、《颜乐斋稿》等，均佚。

2. 王恽《烈妇胡氏传》

刘平妻胡氏，滨州渤海县秦台乡田家子。至元庚午，平挈胡洎二子南戍枣阳。垂至，宿沙河岸，夜半有虎突来，咥平左颥，曳之而去。胡即抽刀前进追，可十许步及之，竟刺虎，划肠而出，毙焉。趣呼夫，犹生，曰："可忍死去此，若他虎复来，奈何?"委装车，遂扶伤携幼，涉水而西。黎明及季阳堡，诉于戍长赵侯，为救药之，军中聚观，哀平之不幸，咤胡之勇烈也。信宿，平以伤死。赵移其事上闻，得复后终身。嘻！胡，柔懦者也，非不惧兽之残酷，止以援夫之气激于衷，知有夫而不知有虎也。平虽死，其志烈言言，方之太山虢妇，何壮毅哉。

今按：此《烈妇胡氏传》见于王恽《秋涧集》卷四十九，亦见于《元文类》卷六十九。又按：今李修生主编《全元文》亦据《秋涧集》收录此文，传后有赞语曰："桓桓壮夫，鸷勇而大；事出仓猝，变色蜂虿；烈烈胡氏，愤物为害；义激柔衷，气薄于外；视虎如鼠，所天为大；平虽咥死，妇节则迈；媛折熊冲，蕴刃贼辈；彤管流徽，清芬匪代。”①《元文类》与《草莽私乘》无此赞语，《草莽私乘》此文似据《元文类》抄辑而来。又按：王恽（1227—1304），字仲谋，号秋涧，卫州汲县人，著有《秋涧集》一百卷。

3. 揭傒斯《李节妇传》

李节妇者，姓冯氏，名淑安，字静君，大名人，山东廉访使时之孙，湖州录事汝弼之女，山阴令东平李如忠之继室也。如忠初娶蒙古氏，生子任，数岁而卒。继室以冯氏，生子仕，十岁而寡，有遗腹子，父没两月而生，名之曰伏。讣至东平，李及蒙古之族相率至山阴，尽取其资及其子任以去。冯乃卖钗钏，质衣服，权厝二丧于山阴蕺山下，独携二子庐于墓，时年始二十二。唯布衣蔬食，羸形苦节，躬织纴为女师以自给，严教二子以成学，遂迁二丧，反葬汶上。邑人王毅以中书平章政事在告，为亲临丧而铭其墓。齐鲁之人闻之，莫不咨嗟叹息，有为泣下者。李及蒙古之族，皆大悔愧，羞见冯母子。冯视子任反出己子上。中书参知政事王士熙、侍郎史马祖常、礼部尚书孛术鲁翀、翰林学士吴征、集贤学士袁桷、奎章阁侍书学士虞集、国子司业李端、太常博士柳贯辈，争为文章，盛夸道之。山东、浙东群有司，交上其事于朝，请褒异焉。其子任、伏，事母极孝，皆椽大府，有廉直声，而好学不倦。史氏曰：李之初丧也，其族及其妻之族属，能扶其二丧，携其母子，返乎汶水之上而抚存之，其义孰加焉。乃不远二千里而来，直利其财也，当时亦岂欲挟其数岁之子以去，恶其无名耳。以二族之人，生长邹、鲁之邦，乃不如一寡妇人，哀哉！冯氏亦早有家教乎！

今按：此《李节妇传》见于《文渊阁四库全书》本《文安集补遗》、《四部丛刊》本《文安集》卷十四，亦见于《元文类》卷六十九。《四库全书》、《四部丛刊》所收此文后皆称：“右见《元文类》。”则此文据《元文类》而补，《草莽私乘》此文似据《元文类》

① 王恽：《秋涧集》卷四十九，《文渊阁四库全书》第1200册，台北：“商务印书馆”1986年版，第654～655页。

抄辑而来。又按：揭傒斯（1274—1344），字曼硕，龙兴富州人，著有《文安集》。

4. 许有壬《文丞相传序》

宋养士三百年，得人之盛，轶唐汉而过之远矣。盛时忠贤杂沓，人有余力；及天命已去，人心已离，有挺然独出于百万亿生民之上，而欲举其已坠，续其已绝，使一时天下之人，后乎百世之下，洞知君臣大义之不可废，人心天理之未尝泯，其有功于名教为何如哉？丞相文公，少年趦历，有经济之志，中为贾沮，回翔外僚。其以兵入援也，大事去矣；其付以钧轴也，降表且矣；其往而议和也，冀万一有济耳。平生定力，万变不渝。父母有疾，虽不可为，无不用药之理。公之语，公之心也。是以当死不死，可为即为，逸于淮，振于海，真不可为矣，则惟有死耳，可死矣，而又不死，非有他也，等一死耳，昔则在己，今则在天，一旦就义，视如归焉。光明俊伟，俯视一世，顾肤敏祼将之士不知为何物也。推此志也，虽为嵩华争高可也。宋之亡，守节不屈者有之，而未有万难若公者，事固不可以成败论也。然则收宋三百年养士之功者，公一人尔。孙富为湖广省检校官，始出辽阳儒学副提举刘岳申所为传，将刻之梓，俾有壬叙之。有壬早读《吟啸集》、《指南录》，见公自述甚明，三十年前游京师，故老能言公者尚多，而诉其传之未见于世也。伏读感慨，惜京师故老之不及见也。公之事业，在天地间炳如日星，自不容泯，而史之取信，世之取法，则有待于是焉。若富也，可谓能后者已。

今按：此《文丞相传序》见于许有壬《至正集》卷三十，亦见其《圭塘小稿》卷五，亦见于《元文类》卷三十六。又按：许有壬（1287—1364），字可用，汤阴人，著有《至正集》八十一卷，《圭塘小稿》十三卷。

5. 虞集《蔡孝子诗序》

礼之起，其初盖缘人情，而圣人节之，以天理之攸当而定之，使之质不过于鄙野，文不过于虚浮，如是而已矣。今有能缘情以尽其心，若扬州孝子梦祥者，宜在乎君子之所取也。盖昔有丁兰者，伤亲没而不得见，刻木象而事之，饮食温清，奉之若生存，梦祥慕焉，其父殁，庐墓三年，刻木象父事之。母殁，亦刻木象母事之。自闾里郡县，咸共惊异。部使者核实，有司上其事，朝廷再表其门曰“蔡孝子之门”。古者亲丧未敛，刊凿木而为之重。既葬，作主而事之，曰是神明之所依也，其制可得而言矣。盖以栗若坚木为之，员其首象天也，方其趺象地也，陷其中象其心之虚。其题之以其姓若讳，窍其两旁，当其长三分之一，若以通神明之出入也。题其面曰某亲某官封之主，儒先君子率尔而行之，盖求之至而议之精矣。故昔有画象而祭之者，既而曰一须发之不似，则为他人矣，于是不复用，然后知主道之所以尽善也。是故其将祭也，必先斋焉，思其居处笑语，所以若将见之。及祭而后奉主以出，焫膋灌鬯，求之以形气者微矣。有尸有祝，求之以神明者著矣。既祭则藏之，言不可亵也。一之以神道则已疏，一之以人道则近于不可知。故曰：生事之以礼，死葬之以礼，祭之以礼，而孝子之道备矣。先王之制礼可考也，而近世学者不讲，公卿大夫之贵，宫室拟王者，而祖考无所于食。淫神异鬼则象而祀之，而祖考之神明无所于依也。则孝子之为木象也，几主道矣。缘其情之所起，而知进于礼，则孝子诚足以为天下劝哉！蔡父济，当天兵渡江时，尝率泰兴江阴之民，迎河南武定安之军。后有战功，遂历泰兴尹、泰州监使以殁。梦祥以宣命为河南投下管民总管云。大夫君子赋诗美孝子，太常博士虞某为之序。

今按：此《蔡孝子诗序》不见于虞集诸集，仅见于《元文类》卷三十五，《草莽私乘》此文似据《元文类》抄辑而来。又按：虞集(1272—1348)，字伯生，号邵庵，又号道园，著有《道园学古录》五十卷、《道园类稿》五十卷等。

6. 刘因《王孝女旌门铭》

女家容城西，以母丧感念，遂不嫁终身。州上其行，御史按实，礼部令旌表之。内翰卢公署其门，曰“孝女王氏”。县人刘因铭曰：孰不娶终身？曰鲁山之元，道山之阳。吏名卓行，何谓非常？二子且然，女奚责望？卢公表之，可用以戒荒。

今按：此《王孝女旌门铭》见于刘因《静修先生文集》卷二十，亦见于《元文类》卷十七。又按：刘因(1249—1293)，初名骃，字梦骥，后改名因，字梦吉，号静修、雷溪真隐，保定容城人，著有《四书集义精要》、《静修先生文集》等。

7. 刘因《翟节妇传(有诗)》

昔金源氏之南迁也，河朔土崩，天理荡然，人纪为之大扰，谁复维特之者。而易之西山，乃有妇人曰翟氏，年二十余，其夫从军，死于所事，出入兵刃，往复数百里，昼伏夜行，以其尸归，负土而葬之。既葬，自以早寡无子，遭时如此，思以义自完，乃自决于墓侧，邻里救而复苏，终始一节，今八十余矣。夫人心之极，有世变之所不能夺者，于此亦可以见之。予闻之，为作是诗，俾其外孙曰盘刻之石，或百世之下有望燕山而歌。余诗者，使翟之风节凛然如在，亦庶几乎吴人《河女》之章焉。兵尘浩然际，烈士难身全。妇人无九首，志欲不二天。燕山翟氏女，既嫁夫防边。一朝闻死事，健妇增慨然。生有如此夫，早寡非所怜。求尸白刃中，负土家山前。事去哀益深，义尽身可捐。无儿欲何为，所依惟黄泉。乡邻救引决，烈日丹衷悬。谁辨节孝翁，重赋睢阳贤。我时过其乡，山太犹清妍。闻风发如竹，飘萧动疏烟。千年吟诗台，峩峩泰宁巅。为招冯太师，和我节妇篇。（泰宁山有冯道吟诗台，距翟居甫数十里。）

今按：此《翟节妇传(有诗)》见于刘因《静修先生文集》卷一，亦见于《元文类》卷三，原题为《翟节妇诗》。

8. 李孝光《王贞妇传》

王妇者，夫家临海人。至元十三年，王师南，王妇夫舅姑俱披执。师中千夫将见王美丽，乃尽杀其舅姑与夫，而欲私之。王妇愤痛，即自杀。千夫夺执，不得死，责俘囚妇人杂守之。妇欲死之，不得间，自念当被污，即佯曰："若杀我舅姑与夫，而求私我，所为妻妾我者，欲吾终善视事主君也。我舅姑与夫死，而我不为之衰，是不天也。不天，君焉用我为？愿请为服期月，苟不听我，我终死耳，不能为若妻也。"千夫畏其不难死，许之，然愈益置守。明年春，师还，挈行剡水上，守者信之，滋益懈。过上清风岭，妇仰天窃叹曰："我知所以死矣。"乃啮拇指出血，写《口占诗》石上。已，南乡望，哭，自投崖下以死。或视血渍入石间，尽已化为石，天且阴雨，复见血偾起如始日。当是时，后妃嫔媛不死之，三公九卿不死之，群国守边大吏不尽死之，而贞妇独守死，下从舅姑与夫，独何仁也？夫人秉彝之性靡不有，乃匹夫匹妇出之，遂以惊动万世。苟人人虑此，则金汤不足谕其固矣，钩戟不足谕其强矣，志士仁人不足谕其智矣，何有去国偾家之忧？彼贞妇何为者？顾奋为烈丈夫之所不必为矣。宜为而有不为，悲夫！至治间，其邑丞徐端为起石祠，树碑祠中，以旌其魂。余曰："始吾见长老言贞妇所从死不能，悲也。后身过其地，见拇血化为石。追念贞妇决死时，彷徨悲伤不能去。岂其未泯，尚犹感人邪？嗟乎！匹夫匹妇颠沛流离，诚能动天如此，天岂远人哉！天岂远人哉！"

今按：此《王贞妇传》见于李孝光《五峰集》卷一，今李修生主编《全元文》即据《五峰集》收入此文。《五峰集》所载，较《草莽私乘》少"王妇者，夫家临海人"一句，其他略同。又按：李孝光(1285—1350)，字季和，温州乐清人，著有《五峰集》十卷。

9. 金纲《杨员外郎传》

杨乘，字文载，滨州勃海人也。早为天官小吏，辟中书参议府掾，历官至谷城、介休二县尹，有能声，拜监察御史，擢浙江行省郎员外郎。至正十二年，贼寇杭城，不能守，乘与郎中共德尔、王仲温、员外月忽难、都事张镛等，俱坐黜。乘退居松江之青龙里。御史台以城守之罪责在郡将，乘等职在赞理，不当罪，宜复其官爵，上之，事遂白。乘为人清介有守，不阿挠以狥，达古今事变，闲于吏治，恂恂然儒者也。虽处废黜，常激昂以志节自许。十六年，淮人寇吴，平江陷，遂连陷松江。或有以乘之名告者，乘闻之，不自安，既而曰："吾知所以处之矣。"遂日酣饮以游，人莫测也。秋七月十有八日，淮人遣其伪使者吴县丞张经、松江府判官马信之具礼币造门，将强致焉。乘遣人告经等曰："吾废处田里久，不足以辱使者，吾当择日具礼受命，请以币置里门外某氏家，行当受之。"经等如其言，遂与相见，乃致淮人命以出。乘命其子卣、卓具牲醴告于祖祢，既竣事，复命酒饮。逮暮，起行后圃中，顾西日晴好，慨然曰："夕阳晚节，如是足矣。"命卣等治畦，处置家事如平日，抚其孙虎林，若怡怡自得也。归，坐至夜分，二子侍立，命曰："二子行且休，吾将就寝。"乘俭约，无姬妾侍媵之奉，其燕息寝处，人莫得与俱。诘旦，卣、卓晨有怪寝门未启，发户视之，则乘已经死矣。实七月十有九日也。得其遗语手书，大意言死生昼夜之理，且以得全晚节为快。乘居青龙时，与故人章元泽善，平江既陷，日与之饮，每语及，则欷歔慷慨，曰："吾知所以自处矣。"及经等至，乘往造其门，嘱以家事，元泽亦不虞其死也。嘉兴守观阁得乘之死事，上之于官。二子卣、卓皆儒者，卓为清忠书院山长云。君子曰：死者，人臣之大节；死而得其道，犹不死也。为死虽同，而临患难，人或眩瞀以陷于不义者，由其烛理不明而处义不勇也。若乘之死，可谓明且勇矣。世之昧者则溑涩汩没而不能死，悸者则□（原文阙）诟无耻而不即死，偷生冒荣者则又饰辞辨说而不肯死，视乘之从容就义，宜有愧乎？呜呼！若乘者，真可谓得其死也哉。

今按：此《杨员外郎传》被陶宗仪抄入《南村辍耕录》卷十四，①仅删去金絅《杨员外郎传》文末数语以及"君子曰"一段。又按：《南村辍耕录》，又称《辍耕录》，孙作《陶先生小传》列有此书，钱谦益称："余闻陶九成著《辍耕录》诸书，摘叶为纸，贮破瓮埋树下，十载而后出之。"②朱彝尊亦称："南村练习掌故，元朝野旧事藉《辍耕录》以存。"③又按：金絅，字子尚，嘉兴人，元举乡试，洪武中历苏州守。

10. 杨维祯《朵那传》

杭城东伟兀氏奴曰朵那，年十九，勤敏谨质，善事其主，主卒某郡官所，朵那誓弗出主户事他姓主，奉主妇日谨，主妇有机密，不以托诸侍，必朵那托。至正壬辰秋，寇至杭劫官民帑藏。伟兀氏家掠货不得，反接主妇柱下，拔刀砺颈上，诸侍婢皆踰墙壁走，独朵那以身覆主妇，请代死，且请于寇曰：将军利吾货，岂利杀人

---

① 陶宗仪：《南村辍耕录》卷十四，北京：中华书局1959年版，第169页。

② 钱谦益：《牧斋有学集》卷二十三，上海：上海古籍出版社2003年版，第931页。

③ 朱彝尊：《静志居诗话》卷四，北京：人民文学出版社1990年版，第81页。

哉？吾主钥，皆主妇弗知也。吾尽探藏与若，乞免吾主妇死。寇允，解主妇，那乃悉探所藏珠玉宝器，散堂上，寇俘货且欲秽其身，朵那持刀欲自屠，曰："我主二千石，誓死不辱他主，况非我同类乎？"寇义之，去。已而泣拜主妇曰："弃主货，全主命，权也。妾受命主钥，失货而全躯，不义也。妾请从此死。"遂自杀。杨子曰：红巾寇杭，官守者往往弃官遁，否者仕事贼，名节大闲一荡去弗顾，朵那一妇奴，乐终其身，事主至以受命自刎，不有其主，非侫之尧蹈忠节、识大闲乎？嘻！使若所为，为国男子，非尽臣道乎？故予为之传，如《五代史》录王凝氏之妻者云。嘻！

今按：此《朵那传》不见于杨维祯之文集，而被陶宗仪抄入《南村辍耕录》卷十一，① 仅删去杨维祯《朵那传》"杨子曰"一段，而缀以"时人莫不称之曰义烈云"。又按：杨维祯（1296—1370），字廉夫，号梅花道人、铁崖、铁雅、铁史、铁笛道人、铁心道人、铁龙道人、铁冠道人、抱遗道人、东维子，诸暨人，著有《东维子文集》三十一卷、《铁崖古乐府》十卷等。

11. 林清源《萧景茂传》

萧景茂，漳州龙溪隔州里人，以谨厚信于里。乃至元间，漳寇乱，景茂率乡人立栅保险，栅坚不可破，会旁里有捕寇者道之，从间道入，景茂被执，贼使拜，曰："汝贼也，何拜？"贼欲生胁之，以从民望，景茂骂曰："逆贼，国家何负汝而反？汝族汝里何负于汝，而坐累之？"贼相语曰："吾杀官军将吏多矣，至吾砦，皆懦靡求生，未有若此饿夫之倔强者，察其志，终不为吾用，留之秖自辱耳。"遂缚之于树，刲其肉，使自啖之。景茂且嚼且骂曰："我食我肉，无若汝贼，行将万段，狗彘弃不食。"贼怒，截其舌而死。事闻诸朝，给赙以葬，复其家。赞曰：余素闻萧景茂死事，及来漳南，父老为余言：景茂儒者也，平居懦熟，若不任事者，然里人以其长者，皆敬信之。寇至备御，卒先里人，临大节卓然，至死不贰，古称忠义之士，无以过之。呜呼，烈哉！

① 陶宗仪：《南村辍耕录》卷十一，北京：中华书局1959年版，第136页。

今按：此《萧景茂传》被陶宗仪抄入《南村辍耕录》卷十四，①仅删去“事闻诸朝，给赙以葬，复其家”一句及“赞曰”一段。又按：林泉生（1299—1361），字清源，号觉是，兴化莆田人，著有《春秋论断》十卷、《诗义矜式》二十卷、《觉是集》二十卷。

12. 林清源《烈妇蔡三玉传》

蔡三玉者，漳州龙溪县澳头里人陈端才妻也。贼攻其里，里媪集里中妇同舟避难，贼迢及之，三玉亟以水渍其衣，贼见三玉有令姿，欲先污之。绐滋更以求衣，间贼取衣，遂投水死。贼曰：“溺者必跃，以长竿络钩，需其跃，即举之。”尸竟不跃。贼去，其父蔡端广舟次上流，尸逆流附其舟，而捭之不去。移舟溯河而上，尸从之上者三。其父异之，视，则其女也。事闻诸朝，给赙以葬。赞曰：余来漳，漳人皆能道蔡女之节，言人人同。呜呼！此海滨一女子耳，岂知杀身为名哉？处变能决，宁死不污，殆天性欤？宜其贞彝不昧，理或有之。彼为臣辱国、为将辱师，舍诟偷生，以为得意者，则三玉不独女子所难能也。

今按：此《烈妇蔡三玉传》被陶宗仪抄入《南村辍耕录》卷十，②仅删去林清源《烈妇蔡三玉传》“事闻诸朝，给赙以葬”一句及“赞曰”一段，而缀以“夫三玉一妇人耳，宁死不辱，出于天性，宜其贞爽不昧如此”一句。

13. 龚开《宋文丞相传》

文宋瑞讳天祥，吉州富田人。初生，祖父梦宋瑞身腾紫云而上，名曰云孙，长而字曰天祥。宝祐乙卯岁大比，以字为名，应举得荐，改字履善。明年，礼部奏名廷对策，有司次在第五，奏读，擢居第一。父留旅舍感疾，及见宋瑞成名而逝。护丧归庐陵。服除，检会授承事郎，佥书海宁军节度判官厅公事。宋瑞入京行进士门生谢礼，将之任，会鄂渚交兵。吴丞相潜再相入内，都知事董宋臣主迁幸，中外汹汹。宋瑞上书，乞斩宋臣以安人心及团结、抽兵、用资、破费、资格、用人数事，不报，还里。景定庚申，除镇

① 陶宗仪：《南村辍耕录》卷十四，北京：中华书局1959年版，第166页。

② 陶宗仪：《南村辍耕录》卷十，北京：中华书局1959年版，第127页。

南军节判，主管仙都观，历秘书省正字、著作佐郎，为郎试郡知瑞州，再除礼部郎官，提点江西刑狱公事，改守宣城。麾节中外，践更不常，及往来周行，人犹以清要望之，其权直也。贾似道托疾归越，乞休致，而实有要君之心。宋瑞草不允诏，财(裁)以正义。是时，王言先呈稿于权臣而后行。宋瑞径行且无所避忌。似道怒，使台臣论夺职，除湖南运判，俄以提刑知赣州。甲戌冬十有二月，北军渡江。乙亥改德祐。寿和圣福太皇太后垂帘，与幼君同听政，诏诸道入卫。宋瑞除右文殿修撰、枢密都承旨、江南安抚副使，使知赣州，寻兼江西提刑，进集英殿修撰、江西安抚使。夏四月，领兵东下，权兵部侍郎，仍旧职。丁祖母忧，改官承重。既葬，起复总兵，起发吉州，中途进权刑部尚书，领旧职。八月至关，驻兵西湖，除浙西江东制置使，兼江西安抚大使，知平江府，进端明殿学士，领旧职。出兵援常州，败绩。续独松关危急，趣师入卫。进资政殿学士、浙西江东制置大使，守独松关。丙子正月十八日，伯颜丞相驻军皋亭山。是夕，丞相宜中遁去。十九日，除宋瑞枢密使，午除右丞相兼枢密使，都督诸路军马。已而解兵权，诣北军请解。二十日，以资政旧职，诣北军，留营中。明日宰臣吴坚、贾余庆率廷绅以国降，勤王兵尽放散。二月八日，北军遣宋瑞偕祈请使俱北。二十日，至镇江。三十日，宋瑞夜兴同其客杜浒及厮役共十一人，以舟西走仪真。三月一日，入仪真城。后三日，郡守苗再兴以阃府令，命给宋瑞出门，以轻兵护出境，听所之。经维扬，不见纳，从者四人亡去矣。趋高沙，道遇哨马，杀一人，缚一人去，宋瑞与同行伏废墙得免。历七水寨，由泰至通州。所历诸郡，以阃府命皆不见内。遵海而南，至温州，谒景炎新主，授通议大夫，拜右丞相兼枢密使，都督诸路军马。辞，改枢密使，同都督，驻军南剑州，入汀州，移漳州龙岩县，至福州，进银青光禄大夫，领旧职，乃经略江西。五月，入赣州会昌县。六月，战雩都，乘势遣兵攻赣吉，斩汀州伪天子黄从，临、洪、袁、瑞豪杰并起应之。兴国、黄州新复，号令通江淮。已而吉赣兵败，移军惠州。至崖山，朝行在所，封信国公，职仍旧。封母齐魏国太夫人。其九月，丁母忧，起复。十一月，屯潮阳，移屯海丰。二十日，北兵追及，所将兵溃，被执。己卯三月，张元帅遣都镇府石嵩管押宋瑞北去。至会同馆，赴枢密院，见博罗丞相、张平章及诸院官。博罗丞相令译者问："德祐，尔君。何为弃德祐，别立景炎？岂得为忠？"宋瑞曰："德祐既失国，二王在南，中立以存宗庙社稷，岂不为忠？从怀、愍者非忠，从元帝者为忠；从徽、钦者非忠，从高宗者为忠。"众皆笑。忽一人曰："晋元帝、宋高帝宗皆有来历，二王何所受命？立不正，岂非篡位？"宋瑞曰："景炎乃度宗长子，德祐之兄，如何不正？践位在德祐既去天位，如何是篡？陈丞相奉二王出宫，其禀太皇太后之命，如何是无所受命？"博罗丞相曰："若将三宫走，亦是忠臣。不走，出城与伯颜一战，决胜负，亦是忠臣。"宋瑞曰："此说当责之陈丞相，他人何预？"博罗又曰："既知做不得，如何又做？"宋瑞曰："譬如父病在膏肓，明知不可为，岂有不进药之理？不可，则天也。今日文天祥至此，有死而已，何用多言？"岁在壬午，乃至元十九年也。于是，祥兴亡且三年矣。宋瑞囚中，作赞并序曰："吾身居将相，不能救社稷、安天下，军败国亡，辱为俘囚，其当死久矣。被执以来，欲引决而无间，今天与之机，谨南乡再拜以死。"其赞曰："孔曰成仁，孟曰取义，惟其义尽，所以仁至。读圣贤书，所学何事？而今而后，庶几无愧。宋丞相文天祥绝笔。"龚开曰：仆见青源邓木之藏文公手书纪年，皆小草，首尾备具。因求得誊本，取其始末为传，与赵、陆二传并存。而有感千古之立国者，权臣握重兵在外，必有重臣居中以制之。若国之危殆，则权臣与重臣合而为一，正须声援相应。此又一时，不可同日而语。宋将亡，两淮重镇居西者无议焉，而东镇又在远地。文公自江右提乌合之众，入卫，遇战则北。及独松失守，一身在朝，拥将相虚位，而遄解兵印，驾单车，称使者不辞，徒曰抒君之急云耳。使事有人，未闻都督军马为之而受执者也。五代时，李嗣源告莊宗曰："王彦章败，段凝未知；纵知，救兵必渡黎阳。数万众须舟楫，岂能一日而济？此去汴不数百里，信宿可到汴，既入，段兵何施？"盖是时梁朝虚内，重兵尽在外，故唐兵肆行无忌。嗣源以千骑先锋至封丘门，扣关而入，梁君臣束手相顾而已。呜呼！似者尚可取监，况身亲之，以此知兵力与天时、人事，未始不相倚为用也。

今按：此《宋文丞相传》收入明程敏政《宋遗民录》卷十。陆心源《草莽私乘跋》称："龚开文集久佚，文信国、陆君实两传，藉此以存。程敏政《宋遗民录》不及此本之善。"①又按：龚开（1222—1304），字圣予，号翠岩、龟城叟，淮阴人，著有《龟城叟集》一卷（《楚州丛书》本，冒广生辑）。

14. 龚开《宋陆君实传》

陆君实，讳秀夫，一字实翁，楚州盐城人。生三岁，父母携抱避地南来，居京口。比免幼出从师肄业，聪明颖悟异他儿，郡有二孟先生，以宿学教授生徒大小学，多逾百人。知君实不凡，刮目待之。学举子文，下笔有奇语，不待师烦，日进不休。年十五应乡举，得贡补太学牒，非其好也。后三年，岁在丙辰，用乡书登乙科。是时，殿撰章子美琰居京口，负时望，以兄之孙子妻之，因留妇家需次。淮尉李祥甫庭芝制置淮东，君实当敛板辕和，而同年进士钱淳甫真孙于制使有连，又殿撰赘婿，于是相携入淮安幕府，淮尉书考历而已。淮南幕府号小朝廷，人物如林，淳甫与君实能自植立。其为人沈静寡言，与人交不翕热。凡僚吏因公事过阁，要以主宾情接为贵，而君实退然托处，非谢举谒告，未尝过阁。有集则持敬尊俎间终日，与众客俱退。制使以此雅器重之，不欲挠拂其志，驯以举格，合入官。三迁至主管机宜文字，分拟诸房公事，职无不举。京胡制使吕少傅蕘，任李制使改镇江陵，君实仍以机宜佐行。襄阳太守李制使投间寓朱方，君实与亲友朝暮见，不以前疏为少、后密为多，日从事诗酒，如在山林间也。未几，印制使应雷卒于维扬。闻治大敌压境，人心易摇，金字牌命李制使往维扬，用乙夜绝江，驻瓜洲，维扬出铁骑三千来迓拥元戎，两时顷入城，君实以鞍马从。自是帷幄之谋无不与，而机职领之如故。召赴都堂禀议，权臣诱进之，君实恬无自献之意。循比除提辖文思院，出为制置大使参议官，兼淮南东路提点刑狱公事。淮宪与浉右不侔，既无台治，

① 陆心源：《仪顾堂书目题跋汇编》卷四，北京：中华书局2009年版，第63页。

亦无公使供给，以故多制垣，上介兼领，因之望幕焉，君实处之晏如也。事会艰危，制臣令赴阙奉请留中，未几随王帅府，过浙东。景炎新造，君实以端明殿学士参赞都督军事。陈宜中既得政，兼将相权，知君实久在兵间，历谙戎事，引以自近，多所咨访，君实亦倾心赞助之，期于能济，议有不合以言者谪。大将张少保世杰谓宜中曰："大业未济，人才有限，动辄令台谏排论人，世杰若不可，相公意亦当如此?"宜中皇恐，即日召还。迁海上，君实遂执政事。海滨诛茅，捧土为殿陛，遇时节朝会，君实端笏盛服如立文石班，未尝少怠。阮罢，则望山海凄然，至以朝服揾泪，悲动左右。草莽中百种疏略，君实随宜裨补，尽心力而为之。及祥兴继立，两军相见于崖山。南军大舟三百柁，分前、后、中三部，以对敌者为先锋，而以中部居扆扆，中坚反居其后。前锋失利，波涛掀舞，旍旗交错，部伍为之混乱。君实出，仓卒伏剑驱妻子先入海，号哭拜幼君曰：陛下不可再辱。拜起，抱幼君，以匹练束如一体，用黄金硾腰间，君臣赴水而死。己卯岁二月六日也，年四十二。君实在海上，与青原人邓中甫光荐善，尝手书日记授中甫曰："足下若死后，以此册传故人。"仆尝托黄唐佐圭从中甫取册，不得，始以所闻辑为此传，用申桑梓之义。先是，仆尝序大略，成长句四韵，率用从赋诗。或谓仆盍疏一传，存公之本体，勿以详略为拘。仆闻之泣下，既而曰："叹吾郡以忠孝闻，死节有赵公师旦，至行有徐节孝先生。今吾君实得与赵公相望，而其子乃先驱入海，使陆氏一枝无续，越公则有三岁孤儿，不并死。较之君实，不其重可哀也。然在当时，赵公孙儿有收养者，幸而成人，可为公后，无他说。至若君实之子，年已弱冠，假令不死，托之何人？此君实宁有愧于节孝，受无后之罪？而于赵公不能作烈士断腕之事？时势有不同者，庸讵知其心不尔？则传其可以不作？朋友之言，其可以不怀？笔力短，不能使潜德幽光浮于伟节，斯为可媿焉耳。"龚开曰："昔赵简子使尹铎治晋阳。请曰：茧丝乎？保障乎？曰：保障哉。尹铎结民心，坚壁垒，以备其入也。及襄子为智伯所攻，卒以晋阳获济。自甲戌大敌渡江，东南如晋阳可走者何所再造而亡，几及五年，竟无三里之城、七里之郭，使其民效死勿去，惟有皇皇迁转而已。国之亡，固有天数，抑亦人事有不至欤？而吾君实鞠躬尽瘁，死而后已。呜呼！悲夫！天耶？人耶？”

今按：此《宋陆君实传》见明程敏政《宋遗民录》卷十，明丁元吉《陆右丞蹈海录》亦收此文。冒广生辑龚开文集，据《淮安文献志》收入此文。

15. 龚开《辑陆君实挽诗序》

处死，丈夫之能事；哀死，朋友之至情。因能事而发至情，尚幽明相须之理也。至若无间亲疏久近，而能使人一切哀之，如汉之李广将军，知与不知，皆为流涕，此其理又安在哉？故尝求其说于《太史公传赞》，有云：彼其忠实心诚信于士大夫也。曰：否，不然也。夫李将军英特伟杰人也，当其穷而自财，非命与非义相为重轻，义重则命轻，命轻则不知死之为非，故人之哀之也，不复以久近亲疏为间，盖知哭之其私，而不知为人才世道悲也。呜呼！以英伟杰特之人，穷而自财，时人哀之，尚无间于亲疏久近之别，而况舍生就义，为万世纲常立本，绝无而仅有之事乎？是固大中之道也。陆公君实，其谓是矣。往仆自泉南回浙西，闻公死事，悲悼不胜情，将以诗吊而不敢轻为，惧传闻之失实也。及其既久，有闻于乡人尹应许云：“得其详于翟招讨国秀，翟得之莘侍郎来。”莘侍郎，公安藕池人，仕海上，目击其事，可信无疑。然后成长句一首，并为之序。又自惟念公之事，在人心，在天下后世，顾欲存一己之私非是，于是乃遂誊写庸似诸作者、伏惟诸作者，与之素交，或闻名而未及识，或识而未至于稔，一切以天理民彝处之，幸惠之词，异时刊刻以传，其亦庶乎其可也。诗无先后次第，至则登载，惟公出处大略已载鄙文。或曰：厓山败时，公位右丞相枢密使，非也。虽然，揆席本兵，皆一时外物，不足以为公之重轻，既贰其传，孰为之定名，故字而不爵，如布衣云。壬辰三月二十八日，淮阴龚开序。

今按：此《辑陆君实挽诗序》见明程敏政《宋遗民录》卷十，明丁元吉《陆右丞蹈海录》亦收此文。冒广生辑龚开文集，据《淮安文献志》收入此文。

16. 周仔肩《张节妇传》

节妇谢氏，名正一，临海岩屿人，宋参政申国荣敏公廓然玄孙也。自幼贞静闲寂，无亵容慆习，年二十一，适同里张绍大，实宋进士池州司户得济孙。生子梦瑶。居四年，夫殁，执丧焦毁过礼，去死一发。自初寡辄不御藻泽，蓬首垢面，不妄踰阃阈，秉志慎别终身焉。初，绍大□(原文阙)早丧父，家日匮，又不戒于火，四壁仅蔽风日，身后无秋毫余赀。母老，二孺呱呱，无以延息，谢氏昼夜纺绩以给衣食。事姑至谨，左右抑搔，务顺适旨意。膳羞必手洁以进，退取藜食自食。姑怜之，语曰："妇年方盛，奈何罹惟寡忧！矧家贫良苦，安能以老身久稽良妇哉！或再适，不汝居也。"妇抱其姑痛哭，曰："妇也，未亡人也，尚复他冀乎？子母妇姑更相为命。夫死遂弃其姑，姑老不终其养，不孝不义而欲苟焉他适，不如死，姑曷不谅我为哉！"出矢言，痛剀悲咽，绝而复苏，闻者莫不涕下。姑年八十有八，以寿终。养丧葬祭尽礼，无遗憾。二子恪承慈训，皆卓卓然有见也。尝曰："吾自嫠居四十年，仰事俯育，幸不辱吾志，但旦夕就瞑，亦可以下见吾夫子矣。"于是乡人称之，必曰谢节妇云，且录其节，上于有司，闻于朝，用表厥宅里，树之风声，以为世劝云。赞曰：余尝观《卫·柏舟》，冠诸《国风》之首，岂不以妇节为难见哉？今夫谢氏抱信会真，不以死生艰难二其志，事姑以礼，抚诸孤式克至于成立，义冠金石，通孝神明，何其行之周俪于卫共姜不远乎！然士有戴仁而行，抱义而处，平居自许，则曰古之人、古之人，一旦临小利害，丧其初而不疑，迷于物而不返，求无愧于夫妇之节者，几何人哉？悲夫！

今按：周仔肩《张节妇传》不见他载，今李修生主编《全元文》即据《草莽私乘》收入此文。又按：周仔肩(约1278—?)，字本道，台州临海人，延祐五年(1318)进士。

17. 揭傒斯《张节妇传》

临海节妇者姓谢氏，池州司户参军张得济之孙绍大之妻也。二十一而嫁，嫁四年，生二子而寡。家贫，姑年老，誓不再嫁，蓬头垢面，日夜纺绩，然姑之养必具旨，己蔬食而已。姑久而怜之，语之曰："汝生长富贵，又方盛年，不幸早寡而贫，奈何以老身故，久罹此苦也?”谢捉衿恸哭，拜曰：“姑何不谅妾之甚也。妾生为名家女，长为名家妇，志愿足矣。不幸早寡，命也。况有姑足以为依归，有子足以承祭祀，天之赐妾大矣。而徒以贫故，敢有贰心于张氏者，是妾生不如死之愈也。”于是姑妇相向，复大哭。姑知妇愈信，妇事始愈谨。姑年八十八，丧葬俱有礼也。教二子梦珍、梦瑶，亦交称其贤。进士周仔肩曰：“士有戴仁而行，抱义而处，平居自许，则曰古之人、古之人，一旦临小利害，丧其初而不疑，迁于物而不返，求无愧于夫妇之节者。”教子则贤，岂不足显，风厉四方哉！邑大夫上其事，遂旌其门如制。史氏曰：世称愿为良臣，不愿为忠臣。忠臣，天下之美名也，而曰不愿。又有称烈女贞妇事者，人辄掩泣□(原文阙)，何故哉？皆所遇之事不幸者。然犹足以移风易俗，纲维天下，是固忠烈之封，贞节之旌，国家著为令甲，若谢氏者一无愧焉。

今按：此《张节妇传》不见于揭傒斯文集，清劳格《读书杂识》卷十二《揭文安公文集补遗目》中有《张节妇传》，即据《草莽私乘》而补，今李修生主编《全元文》亦据《草莽私乘》收入此文。

18. 杨维祯《朱夫人传》

夫人姓费氏，讳元琇，漕运昭武将军雄之女，江阴知事朱道存之妻。江阴陷，存即伪，夫人耻之，悒悒不乐。时番兵至上海县，媱虐甚，居民妇累缚登通路，若豕狗。然夫人独坐堂上，乱兵抵阶下，引刀胁曰：“若妻我，带金披绣且为内主君。”夫人闻其言，叱曰：“吾费将军之女，朱江阴之妇，父舅皆元臣，吾宁死刃下，义不辱于贼。”于是，群獠刺之，未死，骂犹不绝口，遂脔其尸。铁史曰：杀身成义，大丈夫之烈也，大丈夫失之，而得于夫人若费氏者，不亦贞且烈哉。予游海东，海东父老为予哀夫人之行如是，遂录。

今按：此《朱夫人传》不见于杨维祯文集，今李修生主编《全元文》即据《草莽私乘》收入此文。

19. 贡师泰《济南张氏传》

张氏，济南郡邹平县宓生里人。年十八，为其里卒李五妻。居无几何，五出戍数千里外，是为福建道福州路之福宁县。别七年而五一还，还无何又别去，凡十年而五遂死。张性孝谨，事舅姑祖父母，倚以终四人养生。家贫无宿储，念戍在千里外，非一苇可即到，孰与终四老人养。继是益蚕缫纺绩自拊，极勤苦憔悴不惮。若是又数年，四老人病，凡四继肌骨，四封不救。至死哀痛，尽丧葬礼，犹弗克胜，曰："悲乎！生而四老人弗得以妾养，死而四老人弗得与妾夫相见九泉下。妾倘先死，而夫骸骨遂无所归，是尚可以偷生而忍此也。"乃隆冬卧积冰上，仰天誓曰："天哀予，俾弗克遂予衷，即生；天厌予，弗克遂予衷，冻死何辞哉！"凡月余，安寝如常。乡人以为死，卒不死，率钱米布帛以赆之。闻于官，给其券，道其事，以将之强，遂以乡贯、姓氏、岁月、履历大书诸襟以行，至福宁，才四十余日，若神相之者。所至，见者辄咨嗟涕洟，健羡以不及。得见其犹子，问夫所葬地，则鞠为茂草，忘之矣。张号呼欲绝，夫降于道，重及别哀苦状，仍指示骨所在。张随即掘土寻骨，曰："信予夫内，入予口而如酥，不如冰雪而胶固予口，予始信予夫。"既一如其言。有司慕其谊，上于府及太府，乞以其犹子送之归，寻复其身云。婺人王生曰：家君为闽，曾目激张，言张颀然其长，其貌古，其气刚，有古烈士风，非特妇人也。然毁肌肤与鬼物恍惆事，固贤者所深诋而罕道，而隆冬卧积冰，月余不死，谓非天也可哉？呜呼！张其抑于神者有在！

今按：此《济南张氏传》不见于贡师泰文集，今李修生主编《全元文》即据《草莽私乘》收入此文。又按：贡师泰(1298—1362)，字泰甫，号玩斋，宣城人，天历元年(1328)进士，著有《诗补注》二十卷，《友于集》十卷，《玩斋集》三卷，《蟦窍集》二卷，《阁南集》三卷，多散佚。明沈性辑为《玩斋集》十卷，《补遗》一卷。

20. 汪泽民《贤母传》

贤母陵阳陈氏女，甫龀失所，恃资敏惠静，专克自立，颇喜书礼，间则习女事，组紃丝茧，务工巧□(原文阙)。长，声迹不接阃外。年十七，归太平孙君和甫，舅姑称妇之孝，君子乐妻之顺而正，久而族党闾里化，咸赞母贤，无间言。孙君尝为尉海陵崇阳宁国，母率从之官，内助尤多。海陵民冒禁则从客，语孙君理民宜先德化、后刑罚，不尔无完人。孙君由是获治声。长似亡母，自海陵涉江千里，归字其孤子女，如己出。先是，长似已抑业，母复以义合，洎从子女冠弁婚嫁，凡什器好者，悉让焉。母年三十七，而孙君卒。誓节不渝，奏夫之丧，葬县西三里丹阳山，立家舍曰玄真，有蒸尝，日祭扫惟谨，乡邻姻族，或不自给，周之弗靳。厥后，邑令长闻母贤，将以乡耆所上母贞节状达郡，请旌异之。母闻之，曰："守节，妇道之常，岂求闻于人哉?"力辞弗从。有子曰礼，字伯庸，孙曰玘。女五人，长曰淑清，适方氏，早丧其夫，次曰淑柔，适赵氏，亦早卒，俱克守志节。母恒言：不幸为未亡人，入惟训子孙《诗》、《书》，尚承厥祖考志。乃礼致硕师，夙夜占毕，躬胝所习故礼，能涉经传、知大义。玘进士业，皆以孝谨闻。戒子若□(原文阙)曰："富室显族，往往讼田，财多寡致毁其家。吾目见孙氏今五世矣，若曹其恩义相睦，以大其门。"孙君有庄名耕道，母复扁居之东轩曰种德，而塾曰勤有，藏书万卷。今母年七十七，士子姓群从岁时奉觞介寿，高堂鹤发，福祉日臻。惟父能生之，而不能养，母能养之，而不能教，孙母兼养与教，子孙进于学，女能蹈贞节，可谓贤母。作《贤母传》，时至正六年。

今按：汪泽民诸文稿今未见，不知此《贤母传》是否见于其中，待考。又按：汪泽民，字叔志，婺源人，延祐五年(1318)进士，所著有《春秋纂疏》及《巢深稿》、《燕山稿》、《宛陵稿》等。

三 讨　论

我们下面主要讨论两个问题。

(一)前人如何看待《草莽私乘》的真伪问题?

第一，程敏政以为真。《宋遗民录》卷十收龚开《宋文丞相传》、《辑陆君实挽诗序》、《宋陆君实传》，《宋陆君实传》末注语曰："文、陆二传，以陶南村《草莽私传》校正。"①

---

① 程敏政：《宋遗民录》，《四库全书存目丛书》(史部88)，济南：齐鲁书社1996年版，第519页。

第二，王世贞以为真。《草莽私乘》稿本最早藏于明王世贞处，此后多以抄本流传，王世贞《书陶九成书〈草莽私乘〉后》记其所藏陶宗仪稿本曰："此书乃少年笔，楷法尤精谨可存。余既爱其人，不忝乃祖靖节风，而惜其湮没也，特为拈出之。"①又称："九成字宗仪，天台人，少贫，以经术教授乡里，而博学工文章，喜纂述，贫不能市书，间从友人借贷，得则录其要语，名之曰《说郛》，凡百余卷……所志胜国之文献曰《草莽私乘》，而有手录朝典世系、土俗民讴、禨祥物怪，若《虞初》、《齐谐》之类，曰《辍耕录》，合之又且百余卷，属兵乱，则碎置之瓮甓，藏深山土中，事定而后出之。"②

第三，钱谦益以为真。钱谦益称："陶南村辑《草莽私乘》，手稿在王弇州，余访之冏伯丈（王世贞之子王士骐——引者注），则已化为乌有矣。偶与江上李如一谈及，如一云家有抄本，忻然见借，篝镫疾读，不啻获一真珠。"③

第四，朱彝尊以为真。朱彝尊称："陶宗仪：字九成，黄岩人……其余若《草莽私乘》、《游志续编》、《书史会要》，皆有裨史学。"④

第五，沈叔埏以为真。沈叔埏《书〈草莽私乘〉后》称："陶南村辑《草莽私乘》一册，世鲜流传，钱虞山得之江上李如一，而《桑海续录》以成。"⑤

第六，阮元以为真。阮元称："《草莽私乘》一卷，元陶宗仪

---

① 王世贞：《读书后》卷四，《文渊阁四库全书》第1285册，台北："商务印书馆"1986年版，第52页。

② 王世贞：《弇州续稿》卷七十七，《文渊阁四库全书》第1283册，台北："商务印书馆"1986年版，第138页。

③ 陶宗仪：《草莽私乘》，《四库全书存目丛书》（史部87），济南：齐鲁书社1996年版，第733页。

④ 朱彝尊：《静志居诗话》卷四，北京：人民文学出版社1990年版，第81页。

⑤ 沈叔埏：《颐彩堂文集》卷八，《续修四库全书》第1458册，上海：上海古籍出版社2002年版，第433页。

辑，黄岩人，抄本。是书采辑元人遗文关史事者。”①

第七，瞿镛以为真。瞿镛称：“是书出南村手稿，藏王弇州家，江上李氏录副以传，旧为邑中钱氏所藏。”②

第八，丁丙以为真。丁丙称：“《私乘》手稿藏王弇州家，蒙叟访之不得，从江上李如一抄得之，并识二跋。”③

第九，陆心源以为真。陆心源《草莽私乘跋》称：“是书手稿，嘉靖中，为王弇州所藏，江阴李贯从王氏录副以传。”④

第十，潘景郑以为真。潘景郑(1907—2003)《着砚楼读书记》亦证《草莽私乘》为陶宗仪抄辑：“陶南村《草莽私乘》一卷，辑录宋末一时忠孝节义之作，其有裨史乘实非浅尠。然南村传中纪所撰述独无此书，《提要》疑是后人依托。窃谓掇拾遗闻，自非纂述之可言，南村撦摭之业为富，此当是偶拾见闻，录为斯帙。自弇州跋称尝见手稿，复行缮写之本，于以见重当世。其为南村手订，可无疑矣。”⑤潘公所论甚确，堪称定论。

(二)《四库全书总目》为何怀疑《草莽私乘》为依托之作?

《四库全书总目》为何怀疑《草莽私乘》为依托之作？推定其原因，可谓别有用心。

第一，《草莽私乘》抄本前有钱谦益识语。今上海图书馆藏清初抄本《草莽私乘》，书前目录后有钱谦益识语二则，其一曰：

> 陶南村辑《草莽私乘》，手稿在王弇州，余访之冏伯文，则已

---

① 阮元：《文选楼藏书记》卷六，上海：上海古籍出版社2009年版，第422页。

② 瞿镛：《铁琴铜剑楼藏书目录》卷十，《续修四库全书》第926册，上海：上海古籍出版社2002年版，第193页。

③ 丁丙：《善本书室藏书志》卷九，《续修四库全书》第927册，上海：上海古籍出版社2002年版，第271页。

④ 陆心源：《仪顾堂书目题跋汇编》卷四，北京：中华书局2009年版，第63页。

⑤ 潘景郑：《着砚楼读书记》，沈阳：辽宁教育出版社2002年版，第93页。

化为乌有矣。偶与江上李如一谈及，如一云家有抄本，忻然见借，篝镫疾读，不啻获一真珠。船复手录《文丞相》、《陆君实》二传，为《桑海续录》发端，而为之叙以识之。如一好古嗜书，收买图籍，尽灭先人之产，尝从事三礼，从余假宋贤《礼记集说》，焚香肃拜而后启视，其郑重如此，每得一遗书秘册，必贻书相闻，有所求假，则朝发而夕至。尝曰：天下好书，当与天下读书人共之，古人以匹夫怀璧为罪，况书之为宝，尤重于尺璧，敢怀之以贾罪乎？又尝语其子弟：吾藏书经牧斋翻阅，觉卷帙上隐隐有光气。余甚愧其意，然未尝不叹此达言以为美谭也。庚申中夏日。

其二曰：

《草莽私乘》一册，借江上李如一抄本缮写。余往辑《桑海续录》，访问龚圣予文履善、陆君实二传而不可得。从江上李如一借得陶南村《草莽私乘》，则二传及《君实挽诗》，俨然在焉。不独二公须眉如在，亦如与龚圣予、吴立夫诸老执手接席，欷歔叹嚱于寒灯竹几之间也。万历庚申春日。

乾隆时，大兴文字狱，清高宗对钱谦益恨之入骨，清廷对与钱氏有关之著作、文章多方打压，而《草莽私乘》前竟列钱谦益识语，其中又有李如一对钱谦益的溢美之词，《四库全书总目》自然要对其进行特殊处理。城门失火，殃及池鱼。四库馆臣连类而及，将《草莽私乘》列入存目，并疑其为依托之作，可谓别有用心。

第二，《草莽私乘》主旨在表彰忠孝节义。王世贞《书陶九成书〈草莽私乘〉后》称："《草莽私乘》者，则皆忠臣、孝子、义夫、节妇之事，而元之末季诸公所撰著也。"①其中尤以龚开所记文天祥、

① 王世贞：《读书后》卷四，《文渊阁四库全书》第1285册，台北："商务印书馆"1986年版，第52页。

陆秀夫二人之文为关键。瞿镛称："《草莽私乘》一卷，旧抄本，题南村陶宗仪抄辑。凡孝子、忠臣、节妇二十篇，其主意在龚圣予所作文信国、陆君实两传也。"①

清朝以异族入主中原，与元朝相似，故对《草莽私乘》中所记誓死抗元之文天祥、陆秀夫多所忌讳，因为二人之事迹皆能激发汉人亡国之思。钱谦益《重辑〈桑海遗录〉序》称："余读吴莱立夫《桑海遗录》，序称淮阴龚开圣予所作文宋瑞、陆君实二传，类司马迁、班固所为，陈寿以下不及也。……圣予所作二传及《君实挽诗序》，皆具载焉。篝灯疾读，若闻叹噫，须髯奋张，发毛尽竖，手自缮写，不敢以属侍史，渍泪彻纸，不数行辄掩卷罢去也。"②黄丕烈读《草莽私乘》而作之诗曰："《私乘》存公道，鸿文二十篇。纲常留大节，草莽示微权。感慨宋元际，表扬臣妾贤。读之如有愧，掩卷泪凄然。"③丁丙亦谓《草莽私乘》："内有壬撰《文丞相传序》，开撰《文丞相传》、《陆君实传辑》、《辑陆君实挽诗序》，尤辉炳简册。"④

虽然清朝为使臣民效忠于朝廷，亦竭力宣扬忠义，但对这种能激起汉人亡国之思的文章还是极力打压的，故《四库全书总目》将《草莽私乘》疑为依托之作，并列入存目，即是其采用"存之正所以废之"的手段，这也正反映出清朝统治者的正统焦虑。由此可见，《四库全书总目》在其学术性的背后，有着强烈的政治性；且政治凌驾于学术之上，进而伤害到学术，这也使得《四库全书总目》的学术价值大打折扣。

---

① 瞿镛：《铁琴铜剑楼藏书目录》卷十，《续修四库全书》第926册，上海：上海古籍出版社2002年版，第193页。

② 钱谦益：《牧斋初学集》卷二十八，上海：上海古籍出版社2009年版，第847页。

③ 黄丕烈：《士礼居藏书题跋记》卷二，北京：书目文献出版社1989年版，第35页。

④ 丁丙：《善本书室藏书志》卷九，《续修四库全书》第927册，上海：上海古籍出版社2002年版，第271页。

四 结　论

综上所考，《草莽私乘》二十篇文章大致可分为以下六种情况：

（一）见于原作者文集者，有王恽《烈妇胡氏传》、揭傒斯《李节妇传》、许有壬《文丞相传序》、刘因《王孝女旌门铭》及《翟节妇传（有诗）》、李孝光《王贞妇传》，共六篇。

（二）见于《元文类》者，有胡长孺《陈孝子传》、王恽《烈妇胡氏传》、揭傒斯《李节妇传》、许有壬《文丞相传序》、虞集《蔡孝子诗序》、刘因《王孝女旌门铭》及《翟节妇传》，共七篇。其中王恽、揭傒斯、许有壬、刘因之文亦见其文集。

（三）抄入《南村辍耕录》者，有金絅《杨员外郎传》，杨维祯《朵那传》，林清源《萧景茂传》及《烈妇蔡三玉传》，共四篇。

（四）见于《宋遗民录》者，有龚开《宋文丞相传》、《宋陆君实传》、《辑陆君实挽诗序》，共三篇。

（五）其他被收入《全元文》者，有周仔肩《张节妇传》、揭傒斯《张节妇传》、杨维祯《朱夫人传》、贡师泰《济南张氏传》，共四篇。

（六）查无出处者，仅汪泽民《贤母传》一篇。

从前三种情况看，即可断定《草莽私乘》必为陶宗仪抄录当时所见元人传记文章而来。而《宋遗民录》所载龚开三文，亦可从侧面证明《草莽私乘》之真实性。

因此我们认为，《草莽私乘》为陶宗仪抄辑，绝非依托之作。且《草莽私乘》所载各文，较他书为详，而未见于他书之文章，独赖此书得以流传。

四库专论

学鉴

《续修四库全书》所收明代杂家著作解题

◎司马朝军

《虑得集》四卷《附录》二卷　(明)华悰韡撰

华悰韡，字公恺，自号贞固处士，时称贞固先生，无锡人。元季兵兴，奉亲往来苏松间，事平还锡。洪武中屡征不起。生平事迹见《江南通志》卷一六八《隐逸传》、赵友同《贞固处士传》及陈镒所作墓表。明顾清称其父幼武栖碧翁以诗鸣，至悰韡始家鹅湖，读《易》好《礼》。生兴叔，兴叔生宗珑，宗珑生守庄，世载德美，望于东南。(《东江家藏集》卷四十一《福建左布政使双梧华君墓志铭》，四库全书本。)

其曰"虑得"者，取《大学》虑而后得之义也。是编乃其贻子孙之家训，集古人嘉言懿行，大旨主于修身教家、忠厚传家。书前有成化十七年(1481)刘珝序、明洪武三十一年(1398)钱仲益序及永乐十一年(1413)赵友同所撰传。末有永乐三年(1405)刘据后序、正统元年(1436)沈粲书后、正统十三年(1448)项伾跋、成化七年(1471)彭华跋。钱仲益序称其所编冠婚丧祭之礼，一皆法于朱子《家礼》，而取其不悖于古而可行于今者为之。

卷一曰《家劝》，分为三小节，概述家居之常事。于待人接物尤为属意，如曰："凡遇事务，须要明白参问，具陈情实，精思详虑，熟议可否，择善而行。勿执己见，勿恃己能，勿遂己欲。”又曰：“凡闻闲言是非，先究何所从来，实时明白，面问不得藏疑，恐成积怨。大抵闲言不入于耳，便无彼我之私，而亲谊自厚。即是共爨，要在常加省察。苟能责己恕人，不介胸中，尤为盛德也。”卷二曰《祭礼习目》，凡祀先节式祝文，具载于此。首为时祭奠献礼节，分拂拭、设位、请主、参神、降神、进馔、初献、亚献、终献、侑食、进茶、辞神、奉主归祠堂诸目。次为钦遵祝文。卷三曰《冠婚仪略》，分议婚、成婚、礼宾、教以妇仪诸目。卷四曰《治丧纪要》，斟酌古礼，择其可行而已。

周中孚称所载本之朱子《家礼》，而斟酌古今之宜，颇为简当。(《郑堂读书记补逸》卷二十五)

明嘉靖十一年(1532)其子伯谆付之梓，嘉靖壬辰裔孙从智重刊。明万历四十二年(1614)八世孙继祥重刊之。又有《托跋廛丛刻》本。

此本据中国科学院图书馆藏明嘉靖十一年(1532)华从智刻本影印。

《闲中今古》二卷　(明)陈颀撰

陈颀，字永之，号味芝居士，长洲(今属江苏苏州)人。景泰中以《春秋》领乡荐，授开封府阳武县学训导。中岁遂致仕。博学工古文，而清修介特，人莫敢犯。虽位止校官，而誉望特重。著有《适楚录》、《游梁录》、《味芝集》等书。生平事迹见王鏊《姑苏志》、钱谦益《列朝诗集》丙集第八。

全书二卷，书前有成化三年(1467)陈颀自序，称录古今之事迹，且凡平昔之睹闻，有可以劝惩，有可以忧喜者，萃为一编。正德四年(1509)周诏序称其文典赡有法，好议论，而必据于理。书末有沈周正德四年(1509)跋，称其存心教人，言必不忘斯集也，乃其心德之一端云云。又有邢参正德四年(1509)跋，称其事精核，其辞详当。

此为陈颀平日纪事之书。其书大旨有三：一曰儒家本位。陈颀坚持名教，不信佛法，力破异端之惑。如称曹州同知张浩深恶异端之说，于境内庵院拆毁殆尽，他处僧尼俱发遣出诸境外，土人私自落发者，悉令还俗，及毁淫祀，不留一所，州有城隍庙，载于祀典，不可废也，以旧有夫人像，浩命掘一大坑埋之。二曰草根立场。陈颀为民请命，主张均田税，一以杜里胥之弊，一以制豪右之强。又谓江南之田多有濒江并海坍塌无遗，而税粮尚存，亦有洲淤涨渐成美田，而未经开科。其粮税尚存者，小民多受其害；未开科者，大户独享其利。又称当今之弊，宜先革冗员，罢工役以节财用之流，而后选廉干之臣，如汉之赵过者，分理天下田土，开辟其荒芜，搜索其隐陋，以清其财用之源。三曰廉洁精神。陈颀为人廉介，反对贪污腐败，提倡守廉养廉。如谓："古今居官守廉者，虽不可枚举，然究其自然廉介如杨震却金、羊续悬鱼之类，则岂可多得。至于表彰黄廷仪自然之廉，贬斥苗留犊矫激之廉，盖本乎中庸之道也。"又谓："宣德以来，未有增官吏俸禄，在下位者不敢有所讥讽，而为大臣者不能为之申请，而欲责其下之守廉，不亦难乎！又谓使禄不足以供衣食，鲜有以廉耻为重者。近时大臣惟以治穷赃吏为能，于其衣食用度则略不念及焉。"于此可推知高薪方可养廉，陈颀已从制度层面窥探养廉隅之本。

书中颇存警策之句，如"保初节易，保晚节难"，"大凡不顺理者，岂可得乎"，"凡百玩好，皆能害德"，"知人固不易，哲人能察之于微"，"人君尚亦谨其所好"，"天之不佑恶人"，"小人聪明才智之过人者适足以为其身之累"，皆悟道之言。曰《闲中今古》者，盖取"闲中静观古今之变，而万期须臾"之意。其书义正词严，可谓警世通言。然多祖述沈括《梦溪笔谈》、欧阳修《归田录》诸书，或注出处，或不注出处，未免美中不足。

此本据国家图书馆藏明抄本影印。

《龙江梦余录》四卷　(明)唐锦撰

唐锦(1475—1554)，字士䌹，一字士囧，号龙江居士，松江(今属上海)人。弘治九年丙辰(1496)进士，官至江西提学副使。著有《龙江集》。生平事迹见《国朝献征录》。

唐锦自序称："壬戌夏六月，避暑于龙江别业，辄引笔伸纸，裒所忆而志之，乃题其首曰《龙江梦余录》云。”书前有卢龙郭经序，称其人以文章鸣世，尤邃于理学，杰然东南人望；其书事皆凿凿有据，且敛华就实，化腐成新。书末有邑人朱曜跋，称其蕴蓄之富而趣向之高。

此书四卷，不分门类，不标条目。此书《千顷堂书目》、《晁氏宝文堂书目》入杂家类，《国史经籍志》、《百川书志》、《天一阁书目》入小说家类。然其书大旨在维持名教，以儒家之道衡量群言，故应入儒家类。此书开卷第一条即谓王充为名教之罪人。又称杨龟山大有功于名教。其排斥道教曰：“道家者流，虽以老子为祖，本非老子之教也。盖自汉之张道陵以巫术创为此教，然恐不足以动人，故采摭老庄虚无之谈以文之，取方士延年度世之术以实之，引释氏六道轮回之说以广之，而其君臣上下之仪，则窃取之于吾儒者也。”论王安石曰：“王金陵《明妃曲》云：‘汉恩自浅胡自深，人生乐在相知心。’此老心术不正，于此可见，充类至义之尽，则与贼桧之所以不忘金虏者何以异哉?”又讥其《日录》一书曲为杜撰，以图盖己愆，至于理财一节，尤其素负经济之首策云云。论宋高宗庸懦可鄙，忘仇贪安，唯秦桧是用。论赵普自谓以半部《论语》定天下，真所谓嫚词以自夸。陈桥之变，普实启之；金匮之渝，普实赞之；愿察奸变，觊复相位云云。皆以名教诛赵氏君臣之心。唐锦又反对火葬，主张用夏变夷。此论看似迂阔，确合乎礼教。

书中亦间有名言，如论因革之道曰：“天下事唯因其所可因，而革其所宜革，是之谓大中之道。”论品人之法曰：“夫论人之法，须恶而知其美，乃不伤于残刻耳。”论作文之法：“作文宁为巧迟，毋取拙速，此古今不易之论。”皆合于孔孟中庸之道。间及辨伪之事，如辨《四皓书》为唐初文人所拟作。

高儒《百川书志》称其避暑龙江别业所著，得之心而寓之梦，非真记梦幻中事云云，不免望文生义，仅据书名而估价。宁稼雨《中国文言小说总目提要》称所记略乏故事，而能驰骋想象，营造梦幻之境，故稍具传奇意味云，亦未见其大体。

此本据上海图书馆藏明弘治十七年(1504)郭经刻本影印。又有明抄本(藏国家图书馆)、《续说郛》本。

《静虚斋惜阴录》十二卷《附录》一卷　(明)顾应祥撰

顾应祥(1483—1565)，字惟贤，号箬溪，长兴(今属浙江)人。弘治十八年(1505)进士，官至南京刑部尚书。著有《南诏事略》、《测圆海镜分类释术》、《弧矢算术》等书。生平事迹见王世贞《明故资政大夫南京刑部尚书赠太子少保箬溪顾公墓志铭》(载《弇州四部稿》卷八六)。

全书十二卷，卷一论理，卷二理学，卷三论学，卷四读《易》，卷五论《尚书》、《诗》、《三礼》、《三传》及诸子，卷六论字学，卷七至卷九论古，卷十至卷十二论杂。

此书乃其致仕以后所作，时年八十有二。嘉靖甲子(1564)应祥自序谓："应祥为童子时即有求为圣贤之志，然天性质讷，不能谐俗，弱冠叨举进士，服官中外殆三十年，以至云南巡抚，奔走南北数千里，阅遍山川险阻、人情物态，所至见忤于人，而初心未尝少变。外物一无所好，公暇惟检阅经史，求明此心而已。不敢以老耄自荒，兢兢业业，点检身心，时刻不敢放过。间以平日所见，及谬论古今人物之贤否、政治之得失，笔之于册，名曰《惜阴录》。中间多有前人所不道，及与当世名儒议论不合者。"《四库全书总目》称"前数卷论理、论学诸篇，皆主良知之说"，此乃误读原文，不足为训。今考，应祥虽为王守仁弟子，然非墨守王学者。如公开批评提倡致良知者不能知行合一："今之讲良知者，非不明白，及考其行事，则有大不然者，甚至义利之间多不能辩，是何也？徒讲而未尝致也。今曰圣人之学致良知而已耳。人人皆圣人也，于是人皆谓吾心中自有圣人，率意妄为，咸自以为能致良知，而学问思辩之功俱废矣。"又曰："今之讲学者，自以为能得致良知之宗旨，而凡先儒所谓以诚敬为入门，以践履为实地者，一切以为支离而废之，放肆不检，而意亦不诚矣。"书中批评朱学、王学，不一而足。尤其批评明末王学末流，如云："古人之学专务躬行，今之学者专论古人之是非，此今日讲学之病也。"又曰："今曰：'心之良知是谓圣。'人人皆是圣人，遂使今之讲良知者皆肆为大言，而不加克治之功，此讲良知之病也。"又曰："愚以为阳明之说虽有定见，而言之太易。甘泉则因古人之说，而小变之耳。君子之学在于躬行实践，不必各立一门户可也。”能破除门户，实属难得。

此书卷首附录《礼论》一篇，系嘉靖初议大礼时所作，主张但尊以天子之号，而别立一庙，与桂萼初议相同。应祥曾受业于王守仁，其主张曾为王守仁所取，故将此篇列于卷首。

此书《明史·艺文志》列之儒家，《四库全书总目》改入杂家类存目，以其中颇及杂说，不专讲学。

此本据明刻本影印。

《祝子罪知录》十卷 （明）祝允明撰

祝允明（1460—1527），字希哲，自号枝山，又号枝指生，长洲（今江苏苏州）人。弘治五年（1492）举人，久不第，授广东兴宁知县，迁应天府通判，谢病归。与唐寅、文征明、徐禎卿并称“吴中四才子”。著有《怀星堂集》、《苏材小纂》、《浮物》等书。生平事迹见《明史·文苑传》。

是编成于祝氏晚年。正德十五年（1520）辞官归里即开始编纂此书。嘉靖初年，曾刊刻流布。隆庆六年（1572），由“后七子”领袖王世贞、李攀龙负责校阅，再刻于世。今所传《祝子罪知录》为残本，仅存原书“十之二”，凡十卷（又佚卷八“举六经”，实存九卷）。卷一至卷五皆论人，卷六、卷七论佛、老，卷八、卷九论诗文，卷十论神鬼妖怪，并述异事异物。

此书乃论古之言，多离经叛道之论。其举例有五：一曰“举”，是是也（即肯定）；二曰“刺”，非非也（即否定）；三曰“说”，原是非之故也；四曰“演”，布反复之情也；五曰“系”，述古作以证斯文也。如“刺”曰：“道学固善，其伪不可不辩。”又“刺”曰：“程颐、朱熹，经师君子，时之贤人或称过之，更以疑累。”此书大旨反对宋学，提倡汉学，成为反传统之先驱，为杨慎以降之汉学实践扫清道路。

此书开卷曰：“举曰：或请于国家，宜庙宓牺炎黄，与孔子偕祀。说曰：凡民既富方谷，故庶富而后教，何独遗初功者？系曰：先代亦郡县通祀三皇，乃专于医，亦非。”宓牺炎黄乃人文始祖，至今仍可凝聚中华民族之向心力。慎终追远，不遗初功，其说笃实不欺，仍具现实之意义。又如“举”曰：“文极乎六经，而底乎唐。学文者应自唐而求至乎经。”又曰：“诗各有所至。四言、五言乐府由陈、隋沂洄而止乎汉，歌行、近体由汉沂游而止乎唐。”立论正大。又如“刺”曰：“孟轲云性善，荀况云性恶，皆非。”又曰：“言学则指程朱为道统，语诗则奉杜甫为宗师，谈书则曰苏黄，评画就云马夏，凡厥数端，有如天定神授，毕生毕世，不可转移，宛若在胎而生知、离母而故解者，可胜笑哉！”皆有解弊之功效。至于指斥赵匡胤篡国乱贼，赵匡义弑兄篡国，又谓王安石为奸臣聚敛之臣，皆持之有故，不为苛论。

允明为人疏狂放诞，爱作新奇之论。如论人则谓汤武非圣人，伊尹不可谓之圣贤，孟轲不可谓贤人，武庚为孝子，管、蔡为忠臣，庄周为亚孔子一人，严光为奸鄙，时苗、羊续为奸贪，谢安为大雅君子，终奕折屐非矫情，邓攸为子不孝，为父不慈，人之兽也，王珪、魏征为不臣，徐敬业为忠孝，李白百俊千英，万夫之望，种放为鄙夫，韩愈、陆贽、王旦、欧阳修、赵鼎、赵汝愚为匿非；论文则谓韩、柳、欧、苏不得称四大家；论诗则谓“诗死于宋”；论佛老为不可灭。皆剿袭前人之说，而变本加厉。

书中多石破天惊之论，故褒贬不一。王宏撰《山志》称其举刺予夺，言人之所不敢言，刻而戾，僻而肆，盖学禅之弊云云。力主焚毁其书，其说未免过当。书前又有隆庆壬申（原文作万历壬申）王世贞序，亦褒之曰：“是非之变，若棼丝然。有一人之是非，有一事之是非，有片言可折之是非，有千古不决之是非。其间上下今昔，阐扬美慝，卓然是非之宗匠也。”此书虽具批判意识，然乏辨证精神，确有过激之处。自五四以降，无不肯定其思想解放之首功。

《千顷堂书目》杂家类载《祝子罪知录》十卷，《四库提要》杂家类存目著录两江总督采进本仅七卷，殆坊肆贾人无知者所为之残本。

此本据中国科学院图书馆藏明刻本影印。

《七修类稿》五十一卷　(明)郎瑛撰

郎瑛(1487—1566后)，字仁宝，号藻泉，仁和(今浙江杭州)人。著有《萃忠录》、《青史衮钺》等书，今已不传。学者称草桥先生，许应元为作《草桥先生传》。

《草桥先生传》称此书五十五卷，《明史·艺文志》小说家类著录五十一卷，焦竑《国史经籍志》作五十三卷，《千顷堂书目》有《续稿》，无卷数。

是编乃其笔记。分天地、国事、义理、辨证、诗文、事物、奇谑七门，凡一千二百五十七条。《七修类稿》成书于1547年或稍后。“七修”之义，作者本人没有交代，盖取“因类立义，刊修经时”之意。此书大体包括三个方面，其一是当朝及前朝之史事掌故，其二是社会风俗与琐闻，其三是艺文与学术考辨。“上关典常，微及浀诡，包前修之往行，具名流之佳话，下而街谈巷议与座人所不语者，往往在焉”，以前二类尤具特色焉。如“本朝内官专权”、“赵松雪不知大头脑”、“邪正天赋非至亲可移”、“《世说新语》记事多谬”、“诗文托名”、“陶诗真伪”、“词非欧阳作”、“伪仙诗”、“《家语》非孔安国所为”、“孔丛子”、“素问”等条，皆具参考价值。

书前有陈仕贤序，称其言测天地之高深，明国家之典故，研究义理，辨证古今，掇诗文而拾其遗，捃事物而章其赜，以至奇怪诙谑之事，无不采录。(《续修四库全书》第1123册第1页)然《四库提要》入杂家类存目，因其中有多处涉碍。《四库提要》称其书间有足资考证者，然采掇庞杂，又往往不详检出处，故舛谬者不一而足；又称书中极诋《说郛》、《辍耕录》，然此编实出此二书下。李慈铭亦称此书引证颇广，当时杨升庵已屡引其说，然识见殊卑，笔亦冗拙，时有村学究气，论诗文尤可笑，其浩博则不可没也。又称辨证类有论梅雨一条，持论甚通云云。(《越缦堂读书记》第700页)其书虽不免有采掇庞杂及考证失误之弊，然在明人笔记中可谓翘楚。

此本据国家图书馆藏明刻本影印。又有耕堙草堂本，较之明刊本多所纠误，然删改涉碍篇目与语句，故二本各有优劣，不可偏废。

《七修续稿》七卷 (明)郎瑛撰

书前有钱塘陈善《七修续稿序》，称《类稿》驰骋古今，贯穿子史百家之言而折衷之，嘉靖丙寅，先生春秋八十，犹日综群籍，参互考订，成《续稿》一书，古今疑义辨析曲尽，至论时事忧深言切；又称举平生之精力而从事于博闻立言之科，亦甚难矣；若以其嗜学之心研穷性命，反求身心而有得焉，则所论著又必有进于是者云云。(《续修四库全书》第1123册第345页)

书分七类，天地类、国事类、义理类、辨证类、诗文类、事物类、奇谑类，类各为卷。国事类"国家戌元"条辨《南园漫录》与《近峰闻略》之雷同，称二书皆记明朝戌元之事，无一字不同，以刊书则近峰在后，人则同时。义理类"理论"条曰："术之精者必杀身，天道不容也；利之多者害必随，人怨所致也。位极则危，功高不赏，损益之道也，惟谦约为可免耳。有利无害，求之愈得，其惟学乎？然必至于贫，为仁不富矣。""人形"条驳相家以人如某物之形为贵之说。辨证类"书名沿作"条论书名模拟现象，"半夜钟"条辨唐张继之诗"夜半钟声到客船"不误，"亡命为僧"条称皆素养貌相似者，急则诡充其名，一旦临危，得之者只欲立功，不辨真伪，不知真者早具文牒，一时毁形，去之远而未可识云云。至于诗文类"俗语本诗句"条、"唐宋用字之别"条，事物类"妇女杀贼"条，奇谑类"透光镜"条，皆有可观。

此本据扬州图书馆藏明刻本影印。

《古言》二卷 (明)郑晓撰

郑晓(1499—1566)，字窒甫，海盐人。嘉靖二年(1523)进士，官至刑部尚书，寻以右都御史协理戎政，改刑部尚书。卒，赠太子少保，谥端简。著有《禹贡说》、《四书讲意》、《征吾录》等书。生平事迹见《明史》本传。

此书前嘉靖四十四年乙丑(1565)郑晓自序，称此书为其家传之课儿录，故多述前人陈说，时有可取之处。其孙女乃朱彝尊之祖母，故《经义考》多所转载。郑晓之学，主三教合一，不骂佛道之学；重陆王而排程朱，力辨陆学非禅学。如谓公孙弘胜司马光，谓王安石远过韩、范、富、欧，谓王通胜董仲舒，谓柳宗元胜韩愈，谓张子胜程子，甚至谓尧、舜非生知安行，皆务为高论，而不近理。又谓佛言空，道家言虚，儒言太极只一个空圈，为学只要还此本体，谓吾儒格致诚正工夫与佛老无甚异，但二家不归于修身，谓佛老莫可绊系，天理完固。又欲以老子、周子、文中子别为三子，其他如前劫后劫无不毁之天地，岂有不亡之国、不败之家、不死之身云云。故《四库全书总目》诋之甚厉，谓其议论时有偏僻，引据亦不免疏舛，提倡二氏之说不一而足，尤不可为训。

何良俊称其书所论经传，于考究尽有详密处，但于义理无所发明。(《四友斋丛说》卷一，中华书局1959年版，第9页。)周中孚称其说经诸条只缘饰旧说，未能有所发明，其说子史益加偏僻，而导扬二氏之教尚少，犹有可取云云。(《郑堂读书记》卷五十三《古言类编》条，第867页。)

此本据复旦大学图书馆藏明嘉靖四十四年(1656)项笃寿刻本影印。此书又有明抄本(藏山东省博物馆)。

《芝园外集》二十四卷　(明)张时彻撰

张时彻(1500—1577)，字维静，号东沙，鄞县人。嘉靖二年(1523)进士，历官南京膳部主事、礼部郎中、南京刑部侍郎、南京兵部尚书。著有《芝园定集》、《急救良方》、《明文范》等书。附见《明史》张邦奇传。

是集凡分二编，卷一至十六为《说林》，十七卷以下为《续说林》。其文亦喜拟古，采用古人笔调，遍拟庄、列、孟、左以及唐、宋巨子之文，而所拟诸篇，貌似古色斑然，实则借古人之酒杯，浇胸中之块垒。其书切近简要，质而能该，于范世励俗之道颇有发明，其中亦不乏善言，如卷二《谏说林》曰："人臣之恶，莫大于树党，而其速祸也，亦莫大于树党。"卷三《政治林》曰："汉武帝穷奢极欲，赋役繁兴，民不堪命。"卷四《议论林》曰："贪也者，杀生之阱乎？贪色死色，贪酒死酒，贪盗死盗，贪斗死斗，贪猎死猎，贪渔死渔，此人情之所共明也。贪禄死禄，贪位死位，贪权死权，贪贿死贿，贪名死名，贪计死计，此人情之所易昵也。”卷五《人事林》曰：“善持贵者以谦，善持富者以廉。”卷六《鉴戒林》戒幻鬼，戒奢靡，戒树党，戒毁誉，戒贪欲，戒偷安，戒媚权，慎择术，慎择臣，慎择地。所戒六妖者，为物妖、食妖、服妖、学妖、政妖、俗妖。学妖者何？曰：“道德不师周、孔，文章不则六经，剿佛、老以为博，逞钩棘以为奇，以径超顿悟为绝学，以博闻广见为习迷，穿凿经传，非毁程、朱，此之为学妖。”卷八《昭谕林》曰：“为善者不必得福，得福其常也；为恶者不必得祸，得祸其常也。”卷九《假喻林》曰：“人知有用之用，而不知无用之用。”又曰：“大佞似忠，大诈似信，大贪似廉，大垢似洁。”又曰：“天下之治乱在士气，而土地人民不与焉。”卷十《操行林》曰：“君子遇君子，则引类而升，幸气相济也。小人遇小人，则张牙而噬，恶气轧己也。”卷十一《国事林》曰：“善谏者乘其君之不意，善纳谏者亦出其所不意。”卷十二《好尚林》曰：“避祸不如避名，息影不若藏形。不取当时之名，而得后世之名，乃真名也。”卷十三《明术林》曰：“有道之士，贵以近知远，以今知古，以所见知所不见。”卷十四《广训林》曰：“人君之职，莫大于用人；宰相之职，莫大于荐人。”又曰：“进言者审其利国与否，而不当以其私。听言者审其利国与否，而不当逆其私。”卷十六《记述林》曰：“一书而可以终身行之者，其《易》乎？”又曰：“欧阳子乃以《系辞》为非圣人之书，吾不知其何说也。”卷十七《谈道林》曰：“君子之学，非惟忘富贵之为贵，而以忘名之为贵。”卷十八《明志林》曰：“处治世惟恐其不智也，处浊世惟恐其不愚也。”卷十九《琐弋林》曰：“论者曰：‘不井田，不封建，不肉刑，不足以复三代之治。’此泥古之见，非通达治体之言也。”卷二十《吁俗林》曰：“大吏之设也，本以禁奸，今以长奸；本以戢贪，今以导贪。此其于国家何赖焉？”卷二十一《卜涂林》曰：“今之人大抵皆贾道也。有贾名者，有贾位者，有贾利者。”卷二十三《负暄林》曰：“凡为治之道，承小弊者补之，承大弊者革之。”

此书有明嘉靖间刻本，刻印俱佳。此本据中国科学院图书馆藏嘉靖间刻本影印。

《稽古绪论》二卷 (明)赵时春撰

赵时春(1509—1568),字景仁,号浚谷,平凉人。嘉靖五年(1526)进士,会试第一,选庶吉士,以张璁言改官得户部主事,寻转兵部,官至右副都御史,山西巡抚。著有《平凉府通志》、《赵浚谷集》等书。生平事迹见《明史》本传。

全书分上、下二卷。卷上论圣门之学曰:“君子量力而行,度德而任者也,故不敢以自大自高之词欺世而盗名。夫欺世盗名,君子之所深嫉者也。故曰圣门之学在务实。”论圣人之道曰:“始乎礼,终乎乐。礼之分严,严以止乱。乐之情和,和以兴治。”论先王至德要道曰:“常观天下之理,其弛也或张之,其散也或翕之,其败也或成之,其伏也或振之。”论圣人天地气象曰:“江汉以濯之,秋阳以暴之,皓皓乎不可尚者,此圣人之气象,含弘光大者也。”不过以孟释孔,未能深入探讨。时春有言曰:“不观诸子之学,则无以知圣人之德大而精,不究异端之失,则无以知圣人之道微而显,是以交用者也。”未免大言欺人。时春稽古未深,学问未成,《绪论》一编,庞杂无绪,卑之无甚高论,未能研精一理,亦未能自成家数。

此本据北京师范大学图书馆藏明嘉靖间刻本影印。

《畏斋薛先生绪言》四卷 (明)薛甲撰

薛甲(1498—1572),字应登,号畏斋,江阴人。嘉靖八年(1529)进士,选擢兵科给事中,疏上封事,攻排异端甚力,升宁波府通判,官至江西按察司副使,忤严嵩,解任以归,杜门静养。著有《易象大旨》、《心学渊源录》、《艺文类稿》诸集。生平事迹见《本朝分省人物考》卷二八。

此书前有隆庆二年(1568)薛甲自序,发挥朱熹“去两短合两长”之说。《绪言》曰:“朱子与象山论学云:‘今日须是去两短,合两长。’此非大贤功深力到不能为此言。盖朱子课程最密,只为源头差了些,所以费了许多工夫,晚年方悟到合一处。象山见处虽到,然终是少了朱子一段工夫,故从之游者意见虽高,而持循处少,往往失之玄虚,又不知如学朱子者有着落也。”又曰:“学者学晦翁之学，须透得象山门户，则晦庵学问方有受用处。然不从事于晦庵之学，欲径从象山门户而入，亦有未易能者。”于朱陆之学多有折中，主张去朱、陆两家之短，合朱、陆两家之长。究其实，其学更重陆象山、王阳明一系。薛甲少深恶阳明之学，诋之甚力，平日专靠书本子上做事，所以不得力，后于患难之际，因阳明“除却人情事变则无事矣”一语而开悟，遂极力宣扬其学。一曰：“阳明学问是孔门嫡传。”再曰：“阳明文字发挥得义理透。阳明是义理正脉。”又曰：“心学最难，才高固易入，却又不专事于才。”

薛甲初有志于圣学，至是以所学验诸行事，有未尽合，益取象山、阳明遗书而参伍之，合异为同，反博于约，充然有得。于训诂词章之学颇为轻视。如曰：“训诂、词章之学，佛氏所谓化城也。借以安身，终非究竟。”又曰：“记诵之学，中年而精神已衰；义理之学，至老而精神益壮。”又曰：“训诂俗学，做成片段。举世趋之，学者一时没溺其中，要透得出，亦甚难。与阳明争辩者，皆当时知名之士，如《困知录》之类……得惺悟时，训诂俗学，莫非妙理。”又曰：“人之学，是要学做人，须就己身上体认，不得胶泥训诂之说。”又曰：“词赋之学非不美，但使人专用心于此，则枝叶盛而根本衰，义理疏而精神散，不可以入道。”且曰：“小人儒，滞于知识言语之间者也。”

其论修生养性曰：“心死身存。”如曰：“虽硁硁小人，尚有些基趾，不似今之从政者，荡无着落。”又曰：“嗜欲深者天机浅，试之立见。”又曰：“《书》曰：‘小人怨汝詈汝，则皇自敬德。’怨詈之言，更无隐讳，定是己身之所不可，人情之所不堪，于此敬德，最为切身，不惟可省己非，又可以消人怒。若含怒，又不可。恐忍于此而发于彼，又涉好名。不是圣人，如何体贴到此。”其他杂论亦有可取之处，如曰：“论人者，苟先横好恶于中，而决于外，论之是非，则没世不得其真矣。”又曰：“大山大水之地出大智慧之人，小山小水之地出小智慧之人。”

此本据福建图书馆藏明隆庆间刻本影印。

《觉山先生绪言》二卷　(明)洪垣撰

洪垣(1507—1593)，字峻之，号觉山，江西婺源人。嘉靖十一年(1532)进士，官至温州府知府。湛若水讲学京师，垣受业其门。后坐落职归。复与同里方瓘往从湛若水，若水为建二妙楼居之。著有《觉山史说》。生平事迹见《明史》本传。

书前有万历戊申(1608)焦竑序，称考其论著，详于检束躬行，而略于自然之宗，岂先生之学而有未至云云，似寓微词。

此书为洪垣讲学之书，四库未著录，《千顷堂书目》著录为七卷，此本仅残存《语录》二卷。《明史·湛若水传》末称："湛氏门人，最著者永丰李怀、德安何迁、婺源洪垣、德安唐枢。怀之言变化气质，迁之言知止，枢之言求真心，大约出入王、湛两家之间，而自为一义，垣则主于调停两家，而互救其失，皆不尽守师说。"今观其书，史言不诬。卷一多精要之语，如曰："学问全在志愿，是乾道。"又曰："诸子不能变化气质，岂但不好学，不知学耳。"又曰："学以自然为宗。"又曰："仁以为己任，除却此，更无别事。故只此一路，死而后已。"又曰："学在尽性，不在尽事。"又曰："中庸之道，是日用常行之道。"又曰："君子之学，明德而已矣。"又曰："道问学是从德性脉络来，故曰道。"又曰："尊德性而道问学，是求至德以凝之，其功夫全在道问学上。尊德性而道问学，则道问学皆尊德性也。温故知新，敦厚崇礼，道问学实下手处，全在知行上。致极道尽，皆道问学事也。"又曰："学贵切近之悟。若夫口耳之学，无反己之思，则虽推一以知十，夫子弗取矣。"又曰："养志事理甚大。"又曰："变化气质不如致良知直截，是当下顿悟之说。"又曰："天下最怕雷同，雷同便不是学，故如切如磋。"又曰："问：'老子得《易》之体，孟子得《易》之用。'曰：'老子似言伏羲时事，孟子似言周文时事。老子反本，故以体为用。孟子经时，故言用而体自存。二之非也。'"又曰："性静者可以为学。"又曰："观物之变化，必至其时，言何容易。"又曰："道在庸言庸行之间。"又曰："人须大着眼处看破，便有几分功夫。"又曰："学贵日新，须于日间对境时自取证验。"又曰："太极是无知无为底心，心是有知有为底太极。"又曰："学必以亲民为大头脑。"又曰："论古圣贤，只当论其学，不当论其事；只当学其心，不当学其事。”又曰：“学问如人食蔗，渐入佳境，方有长进。”又曰：“学贵初念。”又曰：“实悟是诚。”又曰：“为学如用兵，须先立家计，定规模，然后得寸即寸，得尺即尺。家计规模，志圣志道是也。”又曰：“大凡先论心术，然后可讲学术。心术不好的人难讲学术。”又曰：“虚实同原。”又曰：“学者无至虚至公之心，只是为人守门户耳。”又曰：“圣人进身难，转身轻。”又曰：“百世之下，只论人品，不论贵贱。”卷二多援佛入儒，不一而足，难免庞杂之讥。

此本据浙江图书馆藏明万历间刻本影印。

《泾林杂纪》二卷　(明)周复俊撰

《泾林续纪》二卷　(明)周玄暐撰

周复俊(1496—1574)，字子吁，号木泾子，昆山人。嘉靖十一年(1532)进士。历工部郎中，升四川提学副使。历四川、云南左右布政使，道南京太仆卿致仕。至滇中，交杨慎，雅相矜许。著有《泾林集》、《全蜀艺文志》、《玉峰诗纂》等书。生平事迹见《谷城山馆文集》卷二〇《周公墓志铭》、钱谦益《列朝诗集》丁集第三。周玄暐，字叔懋，一字缄吾，昆山人。万历十四年(1586)进士，官至云南道御史。坐事瘐死狱中。生平事迹见《太仓州儒学志》卷二。

前二卷为《泾林杂纪》，多记滇中风土人情，如妇女服饰之异，花木鸟兽之奇，山川景物之美，风俗人情之淳，无不备载。杂记见闻琐事，颇资谈助。如李梦阳劾李东阳事，东阳拒不负匪徒横行之责。又推崇曹端之实学，许为道学正宗。又盛称杨椒山劾严嵩疏洞照奸臣之肺肝，其光焰若揭诸日月，与天壤俱存。论小学曰：“不识古训，未可与谈经；不识古字，未可与解经。”论诗曰：“诗最怕近。”又于明代诸人一一点评，持论颇允。论“阿睹”、“宁馨儿”、“打”诸条，讨论俗词俗字，殊为难得。记嘉靖乙卯岛夷寇苏城时“毛三官人割耳朵”之童谣，亦可补正史之阙。所记严世蕃贪淫不法状，较正史为详。所记科场舞弊之术，亦具史料价值。又载案宗数起，可征案例情状。至于所记方孝孺少年除妖事，似小说家言。

卷三、卷四为《泾林续纪》，卷端题天南逸史周玄暐著。玄暐为复俊之孙，故此书以《泾林续纪》为名。此书多记昆山事。李慈铭称："大抵村俗传闻琐屑之事。惟载分宜父子弄权、纳贿两条，潘伯寅尚书谓可俾史阙。然其言严世蕃资性强记，世宗观经史，有未经者，朱书片纸以问嵩与徐阶等，皆不晓；嵩以问世蕃，即曰在某书第几卷第几页，其解云何，无一差者，则不可信。世蕃未尝读书，史称其熟谙掌故及六部例案，盖有之耳。其痛诋张江陵，谓有问鼎之心，尤为谬妄。"(《越缦堂读书记》，上海书店出版社 2000 年版第 709 页。)又称："又阅明人昆山周元暐《泾林》一卷，皆记隆、万间乡曲琐事，其极诋张江陵，谓有窥伺神器之心，尤尾巷妄言。"(《越缦堂读书记》，上海书店出版社 2000 年版第 711 页。)

此本据上海图书馆藏明刻本影印。

《虚舟集》一卷　(明)陈尧撰

陈尧，字敬甫，号梧冈，通州人。嘉靖十四年(1535)进士，官至刑部左侍郎。著有《陈梧冈集》。生平事迹见《本朝分省人物考》卷二。

此书前有嘉靖四十二年(1563)陈尧自序，称好观《郁离子》、《龙门子》，因取虫鱼草木之细小者，叙而录之，曰《虚舟子》。庄子有言："人有方舟，而济于河，虚舟来触，虽有□心者，不怒于戏。""虚舟"一词本乎此，取处世应变之义。

是集皆寓言体，仅三十二条，意存发愤，皆义正词严。如"灌园得金"条称"穷不违其道"；"鹤媒"条称"大则卖国，小则卖友"；"人鼠"条指斥守仓之吏监守自盗，结党营私，上下其手，贪污腐化；"娼鱼"条称"不饮贪泉，不食淫鱼"；"禳鸮"条斥妖鸟；"独象"条称清除败群之象、害群之马；"门犬"条称自古帝王求士而不用，徒有虚名；"珠还"条称孟尝君为政清廉，而百姓还合浦之珠。序称取法刘基、宋濂，然寓意未深，词旨浅显，虽小有可观，终不及二氏远甚。

此本据国家图书馆藏明嘉靖间刻本影印。

《昼永编》二卷　(明)宋岳撰

宋岳，约明嘉靖、万历年间人，自号东越承山子，余姚(今浙江余姚)人。中嘉靖二十年(1541)进士，吕时中序称其既登第，两拜部郎，俱称清简，并游阙下十余年，后出任天雄兵宪。嘉靖间任河间府知府、大名兵备道。《(雍正)浙江通志》卷一三二称官至按察使。

该书最早著录于徐乾学《传是楼书目》小说家类，分上下二集，不分子目。数百年来，其书之伪，无人道破。今考，其书皆抄录前人嘉言懿行之可为法则者，稍加点窜，掩为己有，而一一讳其出处。全书凡三百六十条，其中三百五十三条伪迹昭彰，仅有七条阙疑待考。举以备参。

此书前有嘉靖四十三年(1564)吕时中序，称其书虽宏肆散见，旨趣不一，要多归之切身。书后有嘉靖甲子阎承光跋，称叹翁之学术正大光明，宜其发于事业，章章赫奕，足以为人师表云云。今按：吕序、阎跋亦未究其实，绝不可信。吕序又称“无一条不概于胸中，无一句不敛为己有”，似乎又以微词相讥。书前又有嘉靖四十一年(1562)宋岳自序，称有以省躬则录之，有以保生则录之，有关世教则录之，有裨见闻则录之，以效先儒随笔之义云云。自序自欺欺人，掩耳盗铃，所谓先儒“随笔”之义岂能作为抄袭之遁词乎？

此书实为一拙劣之伪书，不慎混入《续修四库全书》之中，未免鱼目混珠。今本实事求是之心，广搜证据，将其彻底证伪(详见拙作《昼永编辨伪》，载《学鉴》第四辑，武汉大学出版社 2011 年版)，望学人勿为所欺耳。此书虽伪，若视作杂抄、杂纂之类，亦小有可观，并非毫无价值。

此本据国家图书馆藏嘉靖四十三年(1564)阎承光刊本影印。

《金罍子》四十四卷　(明)陈绛撰

陈绛，字用扬，上虞人。嘉靖二十三年(1544)进士，官至太仆寺卿、应天府尹。生平事迹见车任远《金罍子传》。传称其言自天地名物之变，礼制政事之繁，上极象纬，中尽伦纪，下逌虫鱼，

皆援证精切，辨论正大，意皆古人之所未发，而无一字不根于古云云。(《续修四库全书》第1124册第10页)

此书以子名，自筮仕抵遂初，时时涉笔不置，欲勒成一家之言。原名《山堂随抄》，后经陶望龄删汰，改题此名，以所居地有金罍山之故。原无铨次，后分为上、中、下三编。上编二十卷，中编十二卷，下编十二卷。上、中二编按时代为序，下编则分古礼、称名、考古、象数祠祀、仙技杂异、杂异、忌讳、杂言、辨物九类。体例、内容皆仿王充《论衡》，博引古事，而加以考证。万历三十四年(1606)其子陈昱所作《凡例》称，上编考订讹谬，自古今治乱得失以及礼仪，撮其事之博大、义之宏深者而扬扢之；中编比事述词，拾遗纠舛，并加考订，而仪礼尤详；下编究古以原其始，考礼以证其实。

初印本有万历三十四年(1606)陶望龄、舒曰敬序，陈昱所作《凡例》及车任远之后序。后印本又增徐待聘序、陈明性后序及陈志蹬跋。陶望龄序称其书类所谓说家，其博而精，辨而正，联络曲折，而出之粹然，过《潜夫》、《论衡》远甚云云。(《续修四库全书》第1124册第303~305页)今按其书，颇有正论，如曰："尚论人物，当就其明志大节观之。"曰："教人者，先察其所短而治之；取人者，当量其所长而任之。"曰："言争名于朝，争利于市。今也不然，争利者于朝，争名者必于山林矣。"又引《学记》曰："善待问者如撞钟，大叩之则大鸣，小叩之则小鸣。"又引传玄曰："人之学者犹渴而饮河海也，大饮则大盈，小饮则小盈。"陶望龄称："金罍子，儒家者也。"其言不诬。然《四库全书总目》列入存目，称迂僻者居多。

此书有明万历三十四年(1606)陈昱刻本，此本据以影印。

《蓬窗日录》八卷　(明)陈全之撰

陈全之(1512—1580)，名朝鍌，字粹仲，号津南，晚号梦宜耘叟，以字行，福建闽县人。嘉靖二十三年(1544)进士，仕至山西布政司右参政。著有《游杂集》、《巴黔集》。生平事迹见明俞汝楫《礼部志稿》卷四四。

书前有嘉靖四十四年(1565)朱绘序，称其书为世道计也，虽述作不专，细大不择，要其指于治理为详；其通达类贾谊，知几守正类陆贽，独持存省正论，即杜牧氏不逮云云。书末有嘉靖四十四年(1565)全之《后语》，称或搜之遗编断简，或采之往行前言，自资考阅，略比稗史云云。此书始作于嘉靖十九年(1540)，编于嘉靖三十年(1551)。

是编八卷，分寰宇、世务、事纪、诗谈四门，门各二卷。比较偏重世务经济，当与全之出仕人世之志向有关，朱绘序称当时朝政"以听采择者，不过曰国势、曰士风、曰纪纲、曰宗藩、曰士马、曰食货、曰南之倭北之胡，与时低昂大都止于此"，大体近实。寰宇门为地理之作。首述九州岛、山脉、水源，次论山东、山西、陕西、河南、四川、湖广、江西、浙江、福建、广西、云南、贵州、京后、长城、宁夏及黄河形势，次叙通远，尤重日本、朝鲜、安南、西南夷之要道。世务门记食货制度。鉴于卫兵之弊、清军之弊，主张弭盗、固本。于边事尤所关心，主张"徙戎"及"募民实边"。事纪门为杂纪轶闻，解释名物，间或论及读书方法，如曰："宋景文尝自言手抄《文选》三过，方见佳处。洪景卢亦尝手抄《资治通鉴》三过，始究其得失。彼于文史间且用力如此，有志大儒为经学者可草草乎？"诗谈门多为诗作诗话。

《(雍正)福建通志》卷三六称其谈九边陋塞甚悉。清中期编修《四库全书》时，此录由浙江、福建等处呈送，列为抽毁书，据《抽毁书目》称："书内'寰宇'等篇虽泛论边事，而议论多极驳杂，应请抽毁。"《四库提要》列入存目，称世务一门多可采，寰宇一门颇参舆记陈言，诗谈、事纪则更伤猥杂云云。今考其书，多涉及宋、金关系，内有《虏情论》、《北伐论》等，举以备参。

书名《日录》者，录之于他人，多非原创。取之于人，似应一一注明出处，然本书或注，或不注。顾静标校本一一疏证之，出以案语，诚整理之佳法。据顾静考其史源，前三门除方志和史书外，有相当部分可能出自当时之邸报与传抄，"诗谈"一门往往杂有全之简短评语，今录以备参。

此本据复旦大学图书馆藏嘉靖四十四年(1565)刻本影印。

《辍耰述》四卷　(明)陈全之辑

其书为归田之作，故名“辍耰”。耰者，摩田之器，其状如槌，所以覆种。辍耰犹辍耕，《辍耰述》犹《辍耕录》。

书前有万历五年(1577)全之自序，畅述耕读之乐。又有陈瑞万历十一年(1583)序，称所载皆古今事变，足资多识，释偈诗谭，足理性情，倭虏盐政，足裨时务云云。

全书四卷，不分门类，不立条目。细核其书，亦隐寓义例。卷一录佳言懿行。如记杨万里：“宋杨诚斋月下传杯赋诗，胸次不让李翰林。每池上对月，袖手朗吟数遍，呼童取黎毷盏，倾兰溪郁金香，引满咽之，不知清风明月，与我之为三也。”又引朱晦翁诗云：“朝市令人昏，山林使人傲。谁知昏傲两俱非，但说山林是高蹈。”卷二纪诗话佳句。如记无名氏诗：“有题子陵钓台诗云：‘千仞楼台天削成，钓鱼人去暮云平。我来欲问桐江水，东溪以前无此清。’又有题鸣琴画轴云：‘膝上横琴玉一枝，此音惟有此心知。夜深断送鹤先睡，弹到空山月落时。’其悠扬苍润，千古佳句，竟不知何人也。”今按：后诗为周芝田作，见于元蒋正子《山房随笔》。卷三记地理史实。如“京都形势说”云：“本朝之都燕也，盖与古不同，稍难于周汉，而大胜于东汉、赵宋矣。夫周汉建都西北，地资建瓴之险，人藉风气之劲，天下莫之竞焉。东汉宅洛，已失全势，宋人捐燕云，则又无限胡之防，故卒不能为守。我朝都燕，虽风气之厚、士马之强不及周、汉，然据险防胡，居外驭内，其视周、汉一也。故自其常论之，则京后为最急，宣大次之，辽东次之，陕西又次之，去京有远近也。夫京师为最急，则大宁之内徙、三卫之盘据不可不讲也。宣大次之，则独石之孤悬、丰胜之沦没不可不讲也。讲大宁则宣蓟无阻隔，而辽东之右臂伸。讲丰胜则山陕有交应，而甘肃之左臂伸。此立国之宏规，保安之上画也。”卷四言边防海防。如《虏情说》曰：“国初以至于今，虏势强弱之不同，其为中国害亦屡迁变易，而不一矣。知虏之所以为害，而我之所以思患，预防者不有道乎？夫自妥欢既犇，爱猷再窜，成祖奋三驾之威，台鲁送军门之款，虏真胁肩屏息，潜伏穷荒矣。……知虏之所以为害，而我之思患预防者有道也。抑又有说焉。天下之事备于未兆者，为力易，已兆者，为力难，图于始作者其祸浅，已成者其祸深。虏之所以屡迁变易而不一者，大率中国人为之谋也。”《千顷堂书目》小说类著录。书中涉及虏情，内有《北虏考叙》，清代严加禁毁，故流传甚少。

此本据上海图书馆藏万历十一年(1583)熊少泉刻本影印。

《海沂子》五卷　(明)王文禄撰

王文禄(1503—?)，字世廉，自号海沂子，海盐人。嘉靖十年(1531)举人。著有《廉矩》、《竹下寤言》、《邱陵学山》等书。今考《海沂子》卷五云：“正德丙子，海沂子十有四龄，学琴于李鸿渐，授八操。”正德丙子为十一年(1516)，据此推知其生年。生平事迹见《本朝分省人物考》卷四四，称博学好名，屡上春官不第，刻厉愈锐，以天下文章节义自命，居身廉峻，年七十余，应制长安，步履如少壮，卒无子，学使陈大绶檄祀学宫云云。

是编分真才、作圣、稽阐、仪曜、敦原五篇，篇各为卷。全为议论之语，颇多警句。如论真才曰：“真才也者，抱真心者也。真臣也，受一职也，思尽一职也。前天下万世何利弊也，后天下万世何利弊也，革之兴之，创之垂之，救而补之。通天下一身，通万世一时，任之而已矣。”论真心曰：“真心，直心也。匪直弗真，故曰人之生也直。心直则身直，可立地参天。不直则横，心横则身横。横行者，禽兽也，可畏哉！孔子取狂狷，直而真也。恶乡愿，不直也。”论人才曰：“元气不息，人才亦不息。养元气者，养人才也。养人才者，养元气也。是以人无元气则死，国无人才则亡。或曰：亡若无人才，兴则有人才，何也？曰：帝王造兴，为革命小劫，元气复萃而完，人才亦全焉，若重开辟也。夫元气盛则世运盛，人才布于朝焉，见有才也。元气衰则世运衰，人才摈于野焉，见无才也，才岂终无乎？”论忌才曰：“真才不可忌，亦不能忌。”论成才曰：“甚矣才之难成也！今之成才也尤难也。生之长之，养之用之，慎之哉！故曰胎教澄性，蒙教正心，庠教修行。”论成人曰：“人难成久矣！夫成人先成仁。仁犹果核之仁，果食而培核复生仁，全也。《易》曰：天地之大德曰生。周末文胜，虚伪不仁，丧心也。孔子教人以仁，反文而尚仁也。孟子曰：仁，人心也。又曰：仁者，人也，合言之道也。义，仁之宜；礼，仁之序；智，仁之明；乐，仁之和；勇，仁之健；信，仁之孚；诚，仁之确；圣，仁之实，犹结果乎？神，仁之精也。惟仁生生不息，浑辟无累，故孔子专言仁。"辨朱陆之学曰："徐春子曰：'朱、陆辨后，至我明分二学：高明主尊德性，质实主道问学。白沙、阳明主陆，薛、湛、罗、崔主朱，终古莫一也。'海沂子曰：反之心，求其是而已，曷辨朱、陆？'德性曰尊，问学曰道'，子思明言之矣。尊德性，率性之道乎？道问学，修道之教乎？天命之性一也。"

《千顷堂书目》小说类著录。《四库全书总目》入杂家类存目，称其持论往往偏驳，不免于偏私，其言皆不可训云云，未免不揣其本而齐其末。今考其书，持论大体纯正。

此本据商务印书馆藏民国二十七年(1938)影印隆庆刻《百陵学山》本影印。

《掌中宇宙》十四卷　(明)卢翰撰

卢翰，字子羽，号中庵，又号中黄子，颍州人。嘉靖十三年(1534)举人，官兖州府推官。著有《易经中说》、《签易》、《月令通考》等书。生平年不详。明代另有一卢翰，字邦臣，集贤坊人，登永乐甲申(1404)进士，与修《永乐大典》。

此书前有王道增《掌中宇宙叙略》，称宇宙间名物无不可穷。又有嘉靖十八年(1539)卢翰小引，称书之在天下者汗牛充栋，虽穷年涉猎，尚苦于弗能遍，乃随所读而辄抄之，纲举目张，若指诸掌云云。

全书十四卷，分为十篇，曰仰观篇、俯察篇、原人篇、建极篇、列职篇、崇道篇、耀武篇、表格篇、旁通篇、博物篇。篇下分部，如仰观篇分仪象部、天泽部，俯察篇分流峙部、方隅部、名胜部。部下分细目，如仪象部下属之天又分九天、九霄、九野、四象诸目。细目之下又出条目，如"五五等人"条曰："中黄子曰：天有五方，地有五行，声有五音，物有五味，色有五章，人有五等，上五有神人、真人、道人、至人、圣人，次五有德人、贤人、智人、善人、辨人，中五有公人、忠人、信人、义人、礼人，次五有士人、工人、虞人、农人、商人，下五有众人、奴人、愚人、肉人、小人。”

今考，此书为浅近之类书，不知何以混入杂家类中。

此本据北京大学图书馆藏明万历三十三年(1605)欧阳东凤刻本影印。

《四友斋丛说》三十八卷　(明)何良俊撰

何良俊(1506—1573)，字符朗，号柘湖，华亭(今上海松江)人。嘉靖中以岁贡入国学，特授南京翰林院孔目。未久，移疾归。著有《何氏语林》、《世说新语补》、《何翰林集》等书。《明史·文苑传》附见文征明传中。

斋名四友者，自称与庄子、维摩诘、白居易为友。书前有隆庆三年(1569)良俊自序，称其书直写胸臆，触犯时忌，可谓忧时之言，愤世之作(《续修四库全书》第512～513页)。初刻本又有朱大韶序，述其言曰：“庄生玩世而放言，虞卿穷愁而著书。余少有四方之志，不能与世瓦合。生平意见，或可少资于用者，不欲泯泯以藏于胸中，今托之《丛说》，直似梦寐中语，固不计世之知我罪我者也。”

此书分十七类，凡经四卷，史十三卷，杂记一卷，子二卷，释道二卷，文一卷，诗三卷，书一卷，画二卷，求志一卷，崇训一卷，尊生一卷，娱老一卷，正俗二卷，考文一卷，词曲一卷，续史一卷。其书重汉学轻宋学，如曰：“汉儒尚训诂，至唐人作正义，而训诂始芜秽矣。宋人喜说经，至南宋人作传注，而说经遂支离矣。”曰：“今之学者易于叛经，难于违传，宁得罪于孔孟，毋得罪于宋儒，此亦可为深痼之病，已不可救疗矣，然莫有能非之者。”曰：“今言学者摭拾宋人之绪言，不究古昔之妙论，始则尽扫百家而归之宋人，又尽扫宋人而归之朱子，谓之因陋就简则有之，博学详说则未也。”重阳明轻朱子，如曰：“阳明先生拈出良知以示人，真可谓扩前圣所未发。阳明既已拈出，学者只须就此处着力，使不失本然之初，便是作圣之功。”曰：“朱子作传注，其嘉惠后学之功甚大，但只是分头路太多，其学便觉支离。”指斥八股取士之弊端：“朝廷求士之心其切如此，而有司取士之术其乖如彼。余恐由今之日以尽今之世，但用此辈布列有位，而欲致隆古之治，是犹以酖毒愈疾，日就羸惫，必至于不可救药而后已耳。”又如论文章曰：“唐人之文实，宋人之文虚；唐人之文厚，宋人之文薄。”曰：“曾南丰文严正质直，刊去枝叶，独存简古，故宋人之文当称欧、苏，又曰欧、曾。”论观人之术曰：“大抵观人之术无他，但作事神气足者，不富贵，即寿考。”

此书有隆庆三年（1569）三十卷本、万历七年（1579）三十八卷本、天启元年（1621）刻本。此本据明万历七年（1579）张仲颐刻本影印。

《篷底浮谈》十五卷《附录》一卷　(明)张元谕撰

张元谕，字伯启，号月泉，浙江浦江人。嘉靖二十六年（1547）成进士，官至云南副使。著有《詹詹集》。事迹见明余之祯《(万历)吉安府志》卷十七、明徐象梅《两浙名贤录》卷四二、明过庭训《本朝分省人物考》卷五三、《(光绪)浦江县志》。

书前有徐栻隆庆四年（1570）序，称其有凭虚御风之趣，着为确然不易之正论。又有隆庆二年（1568）元谕《篷底浮谈引》，称隆庆改元北上，往返舟中，读书有得，辄书于册。自以得之水上，而妄论亦如流萍飘梗，泛泛悠悠，不根着于理道，故命之曰浮谈云云。

全书分九门，曰谈道，曰谈理，曰谈治，曰谈学，曰谈文，曰谈子，曰谈史，曰谈经，曰谈书，凡十五卷。其书大旨宗濂洛关闽之学，一本庸恕立言。其中警策语曰：“诚者，纯笃一心，而足以动天地，感鬼神。”曰：“贪者常不足，非不足也，心无厌也。廉者常有余，非有余也，所愿约也。”曰：“容忍足以成万事，褊急不能胜一人。”曰：“治己贵刚，刚则奋发而不怠。接物贵柔，柔则含忍而少祸。”曰：“士大夫之大节，不过进退二字，有一毫苟且之心，即流于鄙夫，无所不至矣。”曰：“居家贵俭，俭可以久居，交友贵淡，淡可以久交，必然之势也。”谈治能识大体，不免偶失于泛；

谈学能务所要，不免时流于固。其佳者如曰：“或问：‘去圣日远，论学者高入于禅，卑入于俗，将何所适从耶？’予曰：‘圣门专事求仁，即《大学》之正心诚意、《孟子》之存心养性也。今论学者必欲先究性命之源、神化之妙，而以践履为缓，不亦过乎！’”曰：“学者大病，惟傲、惰二字最难除。傲由气盈，有一毫自高自是之心，皆傲也。傲则其本病，而无以善其始矣。惰由气歉，有一毫自画自餍之心，皆惰也。惰则其功废，而无以要其终矣。”曰：“阳明谓今人气质难变，以客气为患，后世学术不明，出胜心为患，其切中病根者乎？”谈文、谈子，亦能切中肯綮，如曰：“六朝以偶俪为文，文之所由弊也，谓文中有诗误矣。宋人以议论为诗，诗之所由鄙也，谓诗中有文误矣。”曰：“今世讲学之文，粗俚浅俗，直野人之鄙谈耳。”曰：“荀子谓庄子蔽于天而不知人，杨子谓庄子荡而不法，皆善论庄子者也。”其余谈经、谈史、谈书诸卷，瑕瑜互见。元谕具有怀疑精神，如曰：“程朱谓能求放心，方可上达，恐非孟子之本意，予不敢尽信也。”附录一卷，乃其隆庆戊辰六月为缨泉邵子所作之《适适园四景曲》。

此书《千顷堂书目》卷十二入杂家类，然其主旨纯正，应入儒家类。

此本据国家图书馆藏明隆庆四年(1570)董原道刻本影印。

《千一录》二十六卷　(明)方弘静撰

方弘静(1516—1611)，字定之，号素园，歙县人。嘉靖二十九年(1550)进士，万历十四年(1586)以右副都升任南户部右侍郎，后中蜚语归。卒赠工部尚书。著有《素园存稿》。生平事迹见《国榷》卷八一、《国朝列卿纪》卷一一二、《通议大夫南京户部右侍郎方公墓志铭》(叶向高:《苍霞续草》卷十一，明万历刻本)。

此书凡二十六卷，自卷一至卷四为经解，卷五至卷八为子评，卷九至卷十二为诗释，卷十三至卷二十二为客谈，卷二十三至卷二十六为家训。名“千一录”者，万历三十五年(1607)弘静自序曰：“千载之上有奥义焉，未有尽其旨者，余偶发之；有妙词焉，未有逆其志者，余幸得之，则庶几云尔者，未可诬也，故曰千一。”所录由少及老，随笔记成，未能易稿，多驳杂未纯。

其说经大要以经解经，惟程朱之学是宗。评子则攻驳多而阐发少。释诗偏重于杜甫，皆以己意驳斥注者之言。综合以观，曰返经而已。凡不经之人、不经之事、不经之言，皆所屏斥。如曰："圣人之言有一言尽天下之道者，万世不可易者也；言有有为而发者，教有因人而施者，则非一端而已也。《论语》论孝，言人人殊，此因人而施也。"曰："圣人之道，中而已矣。"曰："博学将以反约，温故乃可知新。"曰："程朱之学，居敬穷理，圣人复起，必不易其言矣。朱之训诂为始学也，如其曰：圣人之言，彻上彻下，一言而尽，何多言也？多言多歧。此悬空之谈，可隔壁听者也。"曰："古之学以适用，故终身如不及；今之学以干禄，犹筌蹄也。"曰："入德之门，始于格物，即《易》之穷理、《中庸》之学问思辨也。程朱之学，百世以俟，不可易也。今之鼓异说者，匪诬则惑。苟欲闲道者，其惟正人心乎?"叶向高称："《千一录》之言，以示道极。"《素园存稿》亦称："其人岿然如山，而其学排斥百氏，粹然一出于正。所著《千一录》，足为六籍鼓吹。"弘静反对援墨入儒，曰："今之儒名者，好以南华、华严之语释经，畔道侮圣，诚何心也?"曰："盖自陆子六经皆我注脚之语，大误后学，小人之不知天命，而侮圣言者遂纷如矣。鄙夫之'空'遂以为颜氏之'屡空'，颜氏之'空'，遂以为释氏之'空'，学者不知尊所闻，而求异乎所闻，不知阙所疑，而务附会其所疑，几以天下惑矣，彼簧鼓者不仁哉!"

此本据北京大学图书馆藏明万历年间刻本影印。

《近溪罗先生一贯编》十一卷　（明）罗汝芳撰　（明）熊傧辑

罗汝芳（1515—1588），字维德，号近溪，南城人。嘉靖三十二年（1553）进士，官至布政使参政。泰州学派之代表人物，著有《孝经宗旨》等书。《明史·儒林传》附见王畿传中。

书前有万历二十六年（1598）门人杨起元序，称一贯者，孔、曾授受之微言也，是即所谓一日克己复礼，而天下归仁者也，又即所谓良知良能，而达之天下者云云。万历二十六年（1598）其门人熊傧序称述其一贯之旨曰：贯天贯地，贯人贯物，贯古贯今，毫发不间，须臾不离，故富贵而藐权势，贫贱而甘蔬水，夷狄而感泣莽达，死生而从容寝箦，逢人好问好察，乐与善诱，无非一以贯之云云。(《续修四库全书》第一一二六册第498～501页)

是编为熊傧编次，钱启忠重订。此书以四书五经为纲，以罗子会语为目，类辑成书。冠以《一贯说》，又附以像赞："学本羲皇，何思何虑？老安少怀，入孝出弟。肫肫其仁，德配天地。孔孟之后，期文在是。"次为讲论五经四书之说，次为心性之说。

王守仁之学，一传而为王艮，再传而为徐樾，三传而为颜山农。汝芳出颜氏之门，习其师说，《四库全书总目》称其持论洸洋恣肆，纯涉禅宗，并失守仁之本旨。《明史·杨时乔传》曰："时乔最不喜王守仁之学，辟之甚力，尤恶罗汝芳。官通政时，具疏斥之曰：'佛氏之学初不溷于儒，乃汝芳假圣贤仁义心性之言，倡为见性成佛之教，谓吾学直捷，不假修为，于是以传注为支离，以经书为糟粕，以躬行实践为迂腐，以纲纪法度为桎梏，踰闲荡检，反道乱德，莫此为甚。请敕所司明禁，用彰风教。'诏从其言。"是当时持正之士已纠其谬，朝廷且悬为禁令。《四库全书总目》列入杂家类存目，称运当末造，风气浇漓，好异者终不绝也，所以世道人心日加佻薄，相率而趋于乱亡云云。今考，书中颇有独到见解，如曰："先儒谓《易》为五经祖，则《书》之政事，《诗》之性情，《礼》之大本，《春秋》之大义，言言皆自伏羲画中衍出，非《易》自为《易》，各经自为各经。""大抵学《易》先须乾坤二卦识得明尽，盖乾以始坤，坤以终乾，乾之始处未尝无坤，坤之终时未必非乾，二者原合体而成者也。""儒先有谓六经圣人之注脚，是为逐心词章者激而言之也。某尝依孟子诵其《诗》，读其《书》，学《礼》，玩《春秋》，尚论古人，于从姑山房觉来，一字一金，言言皆救性命之良方，非纸上之闲言也。窃敢谓《诗》、《书》、《礼记》、《春秋》皆圣贤之精蕴，悟者得之。"

此本据中国科学院图书馆藏明长松馆刻本影印。

《近溪子明道录》八卷　(明)罗汝芳撰

万历十一年(1583)耿定向序称集中发明孔孟学脉，一轨于正。

万历十年(1582)胡僖序称其襟次洒落，心体平易。万历四年(1576)昆明郭斗序，称汝芳以家居富美堂及云南五华书院，所集讲义二卷，其言有裨风教，合而刻之，一题曰《五华会语》，一题曰《双玉会语》，其门人杜应奎又附以所记汝芳论学编，分为三卷，题曰《近溪先生会语》。后有万历十二年(1584)门人杜应奎跋，称其学术接孔门正脉。又有万历十三年(1585)詹事讲跋，称其见足以悟，其气足以充，读先生会语，宛然姚江宗派。

汝芳重视《大学》，以为入门之书，如谓孔门之学在于求仁，而《大学》正是孔门求仁全书。或问："《中庸》比之《大学》似更深奥。"答曰："先贤亦云《大学》为入道之门。"明儒论学多有宗旨，然汝芳颇有去宗旨之倾向，故其论学不显标宗旨，在似有似无之间。

卷端题"门人乐安詹事讲校梓"，盖应奎编于前，事讲又编于后，故书名、卷帙各不同。王重民云："此即詹事讲所刻《明道录》，曾经耿定向手批，而季膺重刻之，因易为此名也。"《四库全书总目》列入杂家类存目。

此本据明万历十三年(1585)詹事讲刻本影印。

《筠斋漫录》一〇卷《续集》二卷《别集》一卷　(明)黄学海撰

黄学海，字宗于，号筠斋，延陵(今属江苏镇江)人。妙龄通籍，早岁挂冠。生卒年及事迹均不详。

此书《千顷堂书目》著录为：《漫录》十卷，又《续录》一卷，又《新录》一卷，又《别录》一卷，又《外录》一卷。

书前有万历二十九年(1601)学海小引，曰："一可贯万，约可该博，由是充之，而探古今之赜，体天地之撰。"书末有犹子懋孝万历三十年(1602)跋，称凡记载以来之可法可惩、可骇可愕、可被弦歌、可勒金石、可垂千万祀者皆录之。

《漫录》十卷，卷一抄录《宪章录》，卷二抄录《震泽长语》、《余冬稿》、《天顺日录》诸书，卷三节录《国语》、《战国策》，卷四节录《史记》、《唐世说新语》、《篷底浮谈》、《续通鉴》，卷五节录《西京杂记》、《述异记》、《博物志》、《世说新语》、《韵语阳秋》，卷六、卷七、卷八节录《何氏语林》，卷九节录《四友斋丛说》，附录《老子》、《庄子》、《晏子》、《孔丛子》、《尹文子》，卷十节录《王氏耳谈》、《省心录》、《自警编》、《续观感录》、《玄敬诗话》、《养生类纂》、《桯史》、《省约三书》、《白沙遗言》、《景行录》、《窒病录》、《橘壮录》、《橘如录》、《近代名臣录》、《松窗寤言》。《续集》二卷，上卷先抄《韩诗外传》、《拾遗记》、《抱朴子》，又分神仙、异僧、报应、定数、廉俭五目，下卷分知人、精察、神明、俊辨、将帅、豪侠、画、医、相、贤妇、交友、诡诈、杂录诸类。《别集》一卷抄《经钮堂杂志》，又分杂录、谈林二目，又抄《西湖游览志》四条，殿以随笔数条。

今考，此书随意抄录，漫无体例，毫无原创，乃为拙劣之杂抄。详勘此书，全系抄袭。一书或抄一条，或抄数条。书名"漫录"，跋称"自纂"，瞒天过海，掩耳盗铃，不过自欺欺人而已。录以备参。

此本据上海图书馆藏明万历三十年(1602)刻本影印。

《续羊枣集》九卷《附》二卷　(明)骆问礼撰

骆问礼(1527—1608)，字子本，号缵亭、万一楼居士，诸暨人。嘉靖四十四年(1565)进士，官至湖广副使。著有《万一楼集》。事迹见《明史》本传。书中引一士人柱联曰："闲里清光哪里知他忙里去，梦时好景几时逐我醒时来。"问礼读之，每为喟然而叹："予一生偃蹇，虽梦时亦无好景尔!"

案：曾皙独食羊枣，骆氏之父溪园名其集曰"羊枣"，昭其独也。问礼则为之续貂。此集即其《万一楼集》中之一部分，似应入集部。书前有问礼自序，称山居无事，集平日迂僻之谈，得八卷，玩之以为适，然其不合于世俗者多矣，因名之曰《续羊枣》，非敢谓能继美前人，其性所独好则然耳。(骆问礼：《万一楼集》卷四十八，清嘉庆活字本。)高承埏《续羊枣集序》称其书记核渊通，鸿细兼举，盖说部之隽，大者在论治论学。(《续修四库全书》第1127册第271～272页)

此书大旨在扬朱抑王。谓阳明良知之说与朱子大相矛盾，其为《晚年定论》，诬朱子也。论朱陆同异，谓阳明与朱子，其学则同，而其说终异。朱子心口相应者也，阳明、象山未免操异说以胜人。又指斥阳明学术，谓《大学》恐不可直以宋儒改本为是，而以汉儒旧本为非。所以指阳明学术之偏者，谓其不当言知必兼行，必行过然后能知，恐非《大学》宗旨。谓陈白沙语录多腐词，王阳明语录多遁词。谓王学末流所言者皆古人小学功夫，谓今之讲学者皆好善，惜不明理。驳阳明"知行合一"之说，谓不须别解，即阳明合一之言，已知其为两事矣。谓《泳化类编》载王文成于理学者，正以明其为理学之害耳。

集曰"羊枣"，亦喻其细，然细中亦颇见精粹，如曰："立法贵简，行法贵详；立法贵恕，行法贵严。"曰："夫顽鄙无耻之徒，誉之则自负，辱之终无惭，惟富贵是嗜。廉洁自重者，一为人所辱，则恐然引避自白之不暇。此君子小人之死生进退，所以难易迥别。而有国家者，知志士之不可辱，其亦慎所以保之者。而自好之君子，亦思广其器量，不为人所轻乱哉!"曰："如今讲道学者，凡言阳明先生，则同声和之，与之少异，共诋之矣。"曰："古道之不可复，大者如封建、肉刑、井田，小者如祭用尸、坐用席之类。"曰："科举之文，自弘正以来日盛，至嘉靖年间辞理灿然，隆庆中未改也，至今万历日趋于敝，天下士子厌薄宋儒，堂奥庄列，宗主佛老，《性理大全》一书，无穷妙理，皆以发明六经，有习之者，诋为俗儒。山林老僧，一字不知，得之者以为奇货。及作为时文，全无体认，但能与章句背者便为奇士。"曰："作史者事词浩繁，安免矛盾？在读者以意逆之耳。"曰："人之无耻，至唐极矣。"曰："秦始皇恶书，非恶书也，恶人读之而诈谋其社稷。不知读书多则忠孝之道明，忠孝乃社稷之福也。王文成公恶书，非恶书也，恶人读之而遮迷其德性。不知读书多则闻见之益广，闻见固德性之资也。"曰："作文之法：人之所详，我之所略；人之所略，我之所详。"曰："李贽大抵清奇可怪，而不近人情，终非儒者正道。"曰："讲学者诋大儒，而稽首于弥陀；仕宦者畏中官，而甘心于乡愿，可以为仁乎？"

此书有高承埏抄本（藏中国科学院图书馆）、清抄本（藏国家图书馆）。此本据中国科学院图书馆藏清抄本影印。

《明灯道古录》二卷　（明）李贽、刘东星同撰

李贽(1527—1602)，初名载贽，字宏甫，号卓吾，又号温陵、秃翁，晋江人。由甲科历仕姚安太守，弃官后依耿定向兄弟讲学，后以妖人逮下诏狱，议勒还原籍，遂夺剃发刀自刭，两日而死。生平事迹见《明史稿》。刘东星，字子明，号晋川，沁水人。隆庆二年(1568)进士，官至工部尚书，谥庄靖。生平事迹见《本朝分省人物考》卷一〇一。

曰"明灯道古"者，则篝灯谈古云尔，非燃灯传火之意。书前有李贽《道古录引》，称访东星于沁水之坪上村，喜其岑寂，留天寒夜永语，遂有此对话录。又称是录乃彼二人明灯道古之实录。(《续修四库全书》第1127册第395页)又有刘东星《书道古录首》，自称西鄙之人，拘守章句，不知性命为何物。(《续修四库全书》第1127册第396页)

全书分为二十四章，皆取《四书》之言而议论之。李贽《续焚书》卷一《与耿子健》称此书乃万世治平之书，经筵当以进读，科场当以选士云云，可谓高自位置。其学出姚江之末流，似大而实疏，似达而实放，似诚而实诡。

此书收入《李温陵集》。此本据上海图书馆藏明万历年间刻本影印。

《谭辂》三卷　（明）张凤翼撰

张凤翼(1527—1613)，字伯起，号陵虚，又署灵虚先生、冷然居士，长洲(今江苏苏州)人。嘉靖四十三年(1564)举人。著有《梦占类考》、《处实堂集》、《文选纂注》。善度曲，著有传奇《阳春六集》。与弟献翼、燕翼并有才名，时人号为"三张"。然朱彝尊《静志居诗话》卷一三称其词乃俗笔，其弟叔贻诗亦庸庸，惟幼于小有才，然亦颓惰自放，比于四皇甫，判若云渊。生平事迹附见《明史·文苑传》皇甫涍传末。

《千顷堂书目》小说类著录为三卷。《四库全书总目》未见著录，而《处实堂集提要》称："《处实堂集》末一卷曰《谈辂》，则其笔记也。"书名《谭辂》，盖取《三国志》管辂"老生常谭"之典故。其书多驳朱熹之说，如《孟子》“为长者折枝”，朱氏释作“折草木之枝”，凤翼认为可笑，释为按摩，斥之甚当。朱熹以淫奔之辞释《诗·郑风·将仲子》三章，凤翼认为殊失作者之旨。又笑其《纲目》学《春秋》，且腐儒论史学，动辄推重《纲目》，殊不知书法、叙事中纰谬有不可胜举者云云。

此书长于持论，颇多名句，如曰：“道学之祸，甚于清谈。”曰：“凡作史，当举时之所希者为贵。”曰：“宋人多色厉而内荏，已入于伪。”曰：“大都伪君子即欲为非，尚畏清议，真小人为非，则肆无忌惮矣。”曰：“仁者不近名，君子罕言利。”曰：“争名者名必损，争利者利必夺。”曰：“学古人诗亦须择其佳境。”曰：“今人营营谋利，不知止足将为身计，则身之寿考不可知。将为子孙计，则子孙之贤否不可必。”曰：“论学者自周、孔而后言必推宋儒，然则汉、唐诸儒若董、若韩岂出宋儒下哉？即今论诗者必以为唐不如汉，宋、元不如唐。似矣，独不思风会之流，时各有盛。古诗则盛于汉、魏，流而六朝，渐觉绮靡，初唐诸贤力挽之，其体渐正近体。至盛唐固臻妙境，至晚唐、宋、元亦有合调者，必曰两汉盛唐后无诗，直至何、李始复古，然则宋、元以至国初诸君岂无一言几于古哉？要之，作诗者不必有蹊径，论诗者不必有成心。”曰：“论诗当观树木：其心术，根也；人品，干也；学力，枝叶也；辞华，花萼也。若专就诗论诗，而不求其心，亦非深于诗者。”曰：“昔人作文，但言所长，则其短自见；或言一人之长，则一人之短自见，犹有忠厚之意焉。晚近世好于文字中讥评人，甚者至于骂詈。吾闻骂詈成文章，不闻文章成骂詈也。此习不戒，必有以笔舌贾祸者。”清卢世漼《尊水园集略》卷七“张伯起《谭辂》”条称其据评诸史，大有见地，比物连类，尤资引触云云，可谓公允之论。

此本据辽宁图书馆藏明万历年间刻本影印。

《闲适剧谈》五卷　(明)邓球撰

邓球，字应明，自号三吾寄漫子，祁阳人。嘉靖三十八年(1559)进士，官至铜仁府知府。著有《泳化类编》、《泳化类编杂记》等书。生平事迹见《皇明贡举考》卷七。《楚纪》卷四四《考履外纪后篇》载:“邓球字廷鸣,宁远人,天顺甲申,进士授主事。”则又为另一人。

是编前四卷题元集、亨集、利集、贞集,后一卷题“起元集”,盖取“贞下起元”之义。末载万历十一年(1583)自跋,托言遇隐君子,悟忘言之意,盖书止于是。

《千顷堂书目》小说类著录为五卷。《四库全书总目》列入杂家类存目,称其书杂论理气,兼涉三教,设为客问己答,寻其体例,似乎先隶诸书,条分件系,而后各命一意,以融贯之,故每征一事,辄连录旧文,不能运化云云。所注《太极图说》、《西铭》、《老子》诸书,皆全部收入,亦设为问答,难免臃肿之讥。然披沙简金,往往见宝。如曰:“传道本不在言语间,亦非言之所能传。”曰:“有一分造诣,才出一分说话。”曰:“前代剥民之政,只巧立名色。”曰:“士风所系,扶持正人,则善类庆而士风以振。奖进邪人,则善类阻而士风以颓。”曰:“今世秀才窗下作策语,或论古人,提笔便指斥——某也廉,某也贪,某也贤,某也不肖,何耿耿下轻放过。至他一官到手,往往以墨以酷败。”曰:“心有所爱,不可深爱;心有所憎,不可深憎。”曰:“学者将圣贤言语句句如此实践之,才是道问学功夫。”曰:“训诂是读书一桎梏也。”曰:“孔孟之博,博于文理。后人之博,博于考据。”曰:“礼义者,胜佛之本也。”曰:“天地之心,非圣人无以见之。”虽涉三教,仍归本于儒。

书中间附己诗,如《性吟》曰:“性字从心孰主张,细将此意入商量。诚明会处源头活,仁义于中耳目光。体用不分分体用,阴阳无始始阴阳。尽心知性知天处,始悟前人命字长。”《江东秋即事六首尧夫天岸韵》其一曰:“江咏潇湘眼底流,古来禹迹几千秋。闲中庙貌风烟处,能了渔翁一夜愁。”末有补遗十九章,如《归余章》第十九云:“禅氏之学余于欲,故善戒;老子之学余于积,故善退;吾儒之学余于德,故善谦。”

此本据南京图书馆藏明万历邓云台刻本影印。

《重刻来瞿唐先生日录内篇》七卷《外篇》五卷　(明)来知德撰

来知德(1526—1604),字矣鲜,号瞿塘,梁山人。嘉靖三十一年(1552)举人，万历三十年(1602)荐授翰林院待诏，以老疾辞，诏以所授官致仕。著有《周易集注》、《大学古本章句》、《谨言功夫条目》等书。生平事迹见《明史·儒林传》。

是编分内篇七卷、外篇五卷。内篇分十五种：一曰《弄圆篇》，作一大圈，虚其中以像无极，外围则用陈敷文所传蜀中太极图，来氏以此图为宇宙模式。篇首冠以通俗之《弄圆歌》，于太极中见气，不为无识。二曰《河图洛书论》，皆其《易》说之绪余。三曰《格物诸图》，大旨以《论语》三戒为三欲，务格而正之。四曰《大学古本》，不取朱子之说，亦不取王守仁之说，大旨以明德为五伦。五曰《入圣工夫字义》，其体例略如陈淳《北溪字义》，但立说不同耳。六曰《省觉录》，皆讲学之语。七曰《孔子谨言工夫》，以《论语》四十条联贯其文，分为八段。八曰《省事录》，与《省觉录》相近，但彼多讲学，此多论事耳。九曰《九喜榻记》，十曰《四箴》，十一曰《谕俗俚语》，十二曰《革丧葬夷俗》，并有录无书。十三曰《理学辨疑》，所论皆阴阳天象之事，纯以臆断。十四曰《心学晦明解》，自述所以攻驳先儒之意。十五曰《读易悟言》，亦有录无书。外篇为所作诗文，凡十三种，多为游记。知德尝手书圆刻云："欲为世丈夫，须立丈夫志。欲为一等人，须做一等事。人间大丈夫，挺然担道义。切莫学妇人，一团脂粉气。"夷考其行，不愧此言。

万历八年(1580)郭棐序称其独探理窟，不落言筌。然《四库全书总目》列入杂家类存目，称知德既无师友之切劘，又无典籍之考证，冥心孤想，时有所见，遂坚执所得，自以为然，不知天下之数可以坐推，故所注《周易》，虽穿凿而成理，至于天下之事物，非实有所见云云。

此本据中国社会科学院考古研究所图书馆藏明万历年间刻本影印。

《推篷寤语》九卷《余录》一卷　(明)李豫亨撰

李豫亨，字符荐，号中条长公，松江(今属上海)人。自幼性耽博览，归筑室西湖上，与龙溪王公讲学，多从游者，抵武夷生，徒益众。自五经子史，旁及山川、象纬、兵农、财赋、医卜，堪舆暨二氏之学，咸窥精蕴。著有《自乐编》《三事溯真》《格致明辩》等书，所辑书有《寒谷回音》《药篮春意》《广记揽玄》《珊瑚枝》。生平事迹见《皇明词林人物考》卷十一。

书前有隆庆四年(1570)豫亨自序，称因舟中之暇，摅夙昔所知解表见，古今嘉闻懿行可垂世则者，间附己意，形之楮素，累数百条，启昔之寐而为今之觉云云。

是书九卷，内分测微、原教、本术、还真、订疑、毗政诸篇，共三十类五百五十章。书中精语颇多，如曰："圣人以天地为法象，明人身之安危。"曰："善摄生者，吾之天地阴阳无愆，则荣卫周密而六淫无自入矣。"曰："夫人应世之术，非必尽废诸事而后谓之摄养也。特消息否泰而行之藏之，量其才能而负之荷之。若才不逮而强思，力不胜而强，沉忧重恚，悲哀憔悴，喜乐过度，汲汲所欲，戚戚所患，谈笑不节，兴寝失时，挽弓引弩，沉醉呕吐，饱食即卧，跳走喘乏，欢呼哭泣，皆为过伤。此古人所戒之节也。"曰："外获其身如惜干霄之茂树，勿纵一斧之刃伐伤；内获其行如惜渡海之浮囊，勿容一针之锋穿破。"曰："善理家者忘其身，善理国者忘其家。"曰："圣人以肢体为国，以精气为民，治其身而家无不齐，治其家而国无不理。"曰："圣人以身为国，以心为君，以精气为民，抱一守中，心不妄用，故精充气住，战退百邪，丹田有宝，四大轻安，修之不已，内功外行，乃证真仙。"曰："以道全者，只是修性功夫；以术延者，只是修命功夫。"曰："身中六贼，惟眼最紧，身中提防六贼，亦惟眼为最难。"曰："男子能过六十八九，女子能过五十三四，则可跻上寿无难。故知命者于此耗竭之时尤宜加谨，此真人鬼关捩也。"曰："少思以养神，少欲以养精，少劳以养力，少言以养气。"曰："若能保身养性者，常须善言莫离口，良药莫离手。"

黄虞稷《千顷堂书目》作十二卷，今原刻实只九卷。《毗政》二卷，多涉违碍，故《四库全书总目》列入杂家类存目，附以己见，多涉释、道二家言；原教、还真两篇尤为驳杂；余录一卷，则豫亨裒其友人周思兼往返书翰，附缀于后，所谈皆修真炼性之说，益不足道。

此本据北京大学图书馆藏明隆庆五年(1571)李氏思敬堂刻本影印。

《宝颜堂订正脉望》八卷 (明)赵台鼎撰

赵台鼎，字长玄，自号丹华洞主，内江人。大学士赵贞吉(1508—1576)之子。贞吉，《明儒学案》列之《泰州学案》。长玄能传家学。生平事迹待考。

脉望者，传说蠹鱼所化之物。名以脉望，自比于书内蠹鱼，三食神仙之字。此书卷首有自识，称穷搜广猎，仰拾俯取，积久盈笥，食固无味，弃亦可惜，姑存而置之。(《续修四库全书》第1128册第460页)

书首有曹代萧序，称读《脉望》而知三教之趣合，佛教深而广，道教精而显，儒者以维世，故作用稍近。(《续修四库全书》第1128册第459页)书末龚懋贤跋中亦称："世之谭学者，往往守其粗迹，至稍涉性命，则辄诋之为二氏，使人丑二氏，不啻非族。惟先生独能张胆明目，公然取二氏与吾儒并类，而称曰：'三氏一圣，三圣一人，三圣人一道也。'《脉望》一书，则公之深造性命，入彼实际，可想矣。"(《续修四库全书》第1128册第572页)

其书多论养生之术，大旨主于养气修身。如引《规中图诀》云："一阳潜动，处万物未生时。跏趺大坐，凝神内照，调息绵绵，默而守之，则一炁从虚无中来。杳杳冥冥，无色无形，兆于玄冥坤癸之地。生于肾中，以育元精，补续元气，续续不耗，日益月强，始之去疴，次以返婴，积为内丹之基本矣。"又引马丹阳曰："修行先要死阴茎，阴茎不死万缘侵。个中不识真消息，牢捉牢擒走不禁。"又曰："天机者，脐下一寸三分也，圣人下手养胎仙之处。"又曰："道人要妙，不过养炁。夫人汩没于名利，往往消耗其气。学道者别无它事，惟至清至静，颐养神气而已。心液下降，肾气上腾，至于脾元，氤氲则丹自聚矣。若肝与肺，但往来之径路习静无念绝想，神自灵，丹自结。"又曰："二氏之学，以养气为主。诚能内视返听，此气自充，精神自固，仙丹在人腹中即此气是也。故曰气不耗散，再无别诀。老子曰：君子为腹，不为目。丹书云：黄帝内视三月而道成。即此法也。”

《四库全书总目》列入杂家类存目，称其陈因相袭，未能独抽奇秘，只见其表象，未能探其底蕴。然此书末有云：“或嘲《脉望》所录枝叶扶疏，无当于世用。焉知予意欲留之以贻后人，使知世外别有一种道理，不全在食色势利间也。万一有宿根者出焉，则提醒之功岂谫鲜耶?”今考，此书以道理见长，内容博杂，既有自身体认，亦有临证经验，为修习丹道医学之要籍。举以备参。

此书有明李伯东刻本、《宝颜堂秘籍》本。此本据北京大学图书馆藏明万历间沈氏尚白斋刻《陈眉公家藏秘籍续函》本影印。

《河上楮谈》三卷　(明)朱孟震撰

朱孟震，字秉器，自号秦关散吏、郁木山人，江西新淦人。隆庆二年(1568)进士，官至右副都御史，巡抚山西。著有《游宦余谈》、《河上楮谈》、《秉器集》等书。生平事迹见《明史》本传。

书前有万历七年(1579)孟震自序，称往从诸长者游，得闻所未闻，杂取可以代客言者，都而命之曰《河上楮谈》。其言漫无诠次，惟所手录为先后。

此书《千顷堂书目》小说类著录为三卷。《四库全书总目》列入杂家类存目。开卷第一条“高皇圣度”以朱元璋比刘邦：“高皇帝廓清海宇，驱逐腥膻，而又不阶尺土以有六合，自有帝王以来，功烈之盛无与为比，惟汉高是泗上亭长灭秦诛项为几近之。”第二条“报应之巧”称：“自古盗窃之君，蛙声紫色，虽能暂奸天位，然不旋踵而祸败随之，至得失之际，造化者又独巧为报应，不爽毫发。”编次之间似隐寓讥讽之意。

此书多述轶闻。卷一记建文遗事极详。又多记练子宁、金幼孜遗事。练为其乡人，而得诸长老传闻，故于子宁之死尤表同情。卷三曰《停云小志》，记当时文士颇详，如孔克晦之独造、李袭美之高才、胡汝焕之奇气，文士风骨，一一跃然纸上，顿时栩栩如生。其中所载诗篇亦多可采录。

“纪事差误”、“著书遗误”诸条，皆考证典籍。卷一“枝山志怪”条批评祝允明《野记》、《志怪录》不可信：“枝山好集异闻，而书为吴中第一。每客来谈，吴则命之酒，或与之书。轻佻者欲得先生书，多撰为异闻，以为先生不知，其伪辄录之。今所撰《志怪录》，盖数百卷中可信者十不一。《野记》所书，大率类是矣。”此条后为《四库提要》所采信。

朱彝尊《静志居诗话》称所缉《楮谈》、《余谈》，述先哲之旧闻，综同人之丽句，可谓好事也已。《四库提要》称其论文宗王世贞，推为明代第一，则当时耳目所染，无足深怪；其辨王祎、吴云事甚有典据，而逊国一事则全沿史彬《致身录》之讹，引证愈多，舛谬愈甚，与所论元顺帝出宋后事同一误信之失。

此本据明万历间刻本影印。

《汾上续谈》一卷　（明）朱孟震撰

此书《千顷堂书目》小说类著录为一卷。《四库全书总目》列入杂家类存目。其书成于汾上任职时，实为《河上楮谈》之续编。

书前有万历十年(1582)孟震自序，称其书旨在存故实，阐幽微，补逸漏，纠讹谬，托讽谕，考文辞，又有隐僻怪异，可资抵掌者。至于阐幽微、补逸漏、纠讹谬、托讽谕者，书中实不多见，究以志怪、故实、文辞三者为较胜。志怪异者，如“虢亭虎”条，人虎相恋，极具人情意味。又如“东山狐”、“传君狐异”、“潼关异”诸条，皆可入《聊斋》。存故实者，如“云麾将军碑”条：“唐云麾将军碑，李北海邕所书也。其石在蒲城县，苦塌者之众，不知自何时裂为三段。河南刘远夫先生谪官其地，惜名迹久残，以铁叶束完，遂为全璧。涿州良乡学宫亦有石岁久不传，友人邵长孺博雅士也，过其地，见学宫柱础一面，以告黎秘书，惟敬时李袭美比部为宛平令，闻之移书县官，取而置之衙斋。”此可谓古代文物保护之先例。考文辞者，如“黄巢菊诗”条：“‘待到秋来九月八，我开花后百花杀。冲天香阵透长安，满篱尽挂黄金甲。’后举进士不第，聚众为盗，号冲天大将军。此事载《贵耳集》及《清夜录》中。然记曩有一小说中载此诗云：‘百花发，我不发，我开花后百花杀。冲天香阵透长安，满篱尽挂黄金甲。’与前小异，觉壮质类巢语。前二诗或记载者稍润色之，未可知也。”

《四库提要》称其体例与《河上楮谈》同，而所记多琐事，惟“安南国试录”一条叙述颇详，足资考证云云。所评甚允。宁稼雨《中国文言小说总目提要》亦称其故事别致，引人入胜。

此书现有万历中刊《朱秉器全集》本、万历间四种小说合刻本。此本据明万历间刻本影印。

《谷山笔麈》十八卷 （明）于慎行撰

于慎行（1545—1608），字可远，更字无垢，山东东阿人。隆庆二年（1568）进士，选翰林庶吉士，授编修。官至礼部尚书。万历十八年（1590）致仕，家居十七年，以读书著述为事。著有《读史漫录》、《谷城山馆诗集》、《谷城山馆文集》等书。生平事迹见《明史》本传。

此篇乃其退居谷城山中时所著，门人郭应宠编次，凡分三十五类，所记多明代万历以前典章、人物、兵刑、财赋、礼乐、释道、边塞诸事，亦兼及前明诸朝史实。其中所载嘉靖、隆庆、万历时期朝廷内阁排挤倾轧、官场腐败、士大夫寡廉鲜耻及社会经济文化诸状况，多出亲历亲闻，尤具史料价值。慎行诗文春容宏丽，一时推为大手笔。其论诗文曰：“学术不可不纯也，关乎心术；文体不可不正也，关乎政体。”曰：“今之文体当正者三，其一，科场经义为制举之文；其一，士人纂述为著作之文；其一，朝廷方国上下所用为经济之文。然三者亦自相因，经济之文由著作而敝，著作之文由制举而敝，同条共贯，则一物也。雅则俱雅，敝则俱敝，己亦不知，人亦不知也。”曰：“夫文者，取材于学，根极于理。不足于学，则务剽剥以为富，纂组以为奇，而谲与驳之弊生；不足以理，则以素隐为钩深，淡虚为致远，而华与巧之弊生。”

书首有冯琦题词：“世言新都博而不核，弇州核而不精。博而核，核而精，余于先生见之矣。”（《续修四库全书》第1128册第699页）周中孚称其援引旧闻，亦无不切劘时事，信经国之大业，不仅资清暇之谈柄已也。李慈铭称其中载朝章国故甚为赅备，于隆、万间事尤详，足以参核史传。自卷一《制典》至卷六《阁伶》，卷九《官制》至卷十三《称谓》，皆论明代典故，而上溯宋、唐及汉，叙述简核，议论平允，最为可观。卷十五《杂记杂闻》诸条，卷十八《夷考》亦多可备采掇。其余考证经史，殊非所长。《杂说琐言》等亦有佳者，然多杂以迂腐语，此宋明人通弊耳。(《越缦堂读书记》，上海书店出版社2000年版第708页。)

此书有明万历四十一年(1613)于纬刻本、天启五年(1625)沈域刻本。此本据中国科学院图书馆藏于纬刻本影印。

《留青日札》三十九卷 (明)田艺衡撰

田艺衡(1524—?)，字子艺，号品嵓子，钱塘(今浙江杭州)人。以岁贡生官休宁县训导。曾任应天(今南京)府学教授。著有《大明同文集》、《田子艺集》、《煮泉小品》等书。《明史·文苑传》附见其父汝成传中。其自赞曰："以尔为人，则无所事。以尔为官，又非所志。时与命违，神将名忌。直而好言，和而弗媚。戆懒本痴，醒狂若醉。心以淡存，貌因幻寄。小耳丰颐，修眉高视。挥麈尾于烟霞，扫尘根于天地。"

书前有黄汝亨序，称其书所载博物通雅，抚时悼俗，如列肆五都，飘踪海外云云。万历元年(1573)刘绍恤序称子艺以博雅闻，其着志在关说时事，引当不裨实用，即人所讳言，子艺慷慨悲愤，擢发直指，儳焉有击筑弹剑之风云。隆庆六年(1572)庞嵩书称拟古者滞于仿模，呈己者沦于肤浅。

此书欲仿《容斋随笔》、《梦溪笔谈》，而所学不足以逮之。前四卷杂谈经史掌故。卷五、卷六论诗，卷七"玉笑零音"，卷八至卷十一天文地理，卷十二至卷十四历法，卷十五至卷十七礼，卷十八姓氏，卷十九律吕，卷二十、卷二十一人物，卷二十二服饰，卷二十三金石，卷二十四、卷二十五谈酒，卷二十六谈"开门七件事"，卷二十七、卷二十八论佛道，卷二十九至卷三十一论灵异志怪，卷三十二至卷三十四论草木花果，卷三十五论奸人，卷三十六论《易》，卷三十七论政治得失，卷三十八论文字，卷三十九为《阳关三迭图谱》。其书本随笔之体，予人目迷五色之感。《四库全书总目》称芜杂特甚，故列入杂家类存目。谢国桢称其书摭拾丛残，记述芜杂，为例不纯，然高瞻远瞩，不为俗囿，颇具别裁，时有创见，世多称之。又许之为“有明一代杂家之冠”。(《江浙访书记》第181页)又称此书杂记明代社会风俗、艺林掌故，流传颇罕，目录虽列至第三十九卷，然究不知共刻有多少卷(叙目称为卷百余，但嘉业堂明善本书目亦作三十九卷)。(《明清笔记谈丛》，上海书店出版社2004年版第12页。)《善本书室藏书志》卷十九称此书一名《香宇外集》，间有考订，所谈掌故亦资史志、艺文之助。

此书杂记明朝社会风俗、艺林掌故。书中零星记及政治经济、冠服饮食、豪富中官之贪渎、乡村农民之生活，以及刘六、刘七、白莲教马祖师之起事情形，颇有数据价值。然此书亦未免辗转稗贩，如“菠薐”条引郑樵《通志》，不知溯源至唐韦绚《刘宾客嘉话录》。至于“失母之妖”、“见鬼投井”诸条，不免荒诞不经。

此本据明万历三十七年(1609)刻本影印。此书又有明万历元年(1573)刻本。

《太史杨复所先生证学编卷首》一卷《证学论》一卷《策》一卷(明)杨起元撰

杨起元(1547—1599)，字贞复，号复所，广东归善人。万历五年(1577)进士，官至吏部左侍郎，谥文懿。《明史·儒林传》附载王畿传末，史称其清修姱节，而其学不讳禅。

书前有万历二十二年(1594)郑邦福《杨先生证学编序》，称其学于近溪罗子，又称罗子之学，学之于天地万者也，而其言最能唤人以醒，如赤子坠地，哑啼一声，恍然而闻，划然而惊，自此以骇，骇之而后解，解之而后快。(《续修四库全书》第1129册第319页)又有万历二十四年(1596)自序，称年三十始知学，每有解悟，辄笔录之，其中不无一二语独诣者。

是编载尺牍语录及杂文，附论策数首，大抵讲学之语，故以“证学”为名。如曰：“学者因儒先辟佛、老，遂不敢显言之，而私窥其书焉，阴用而阳拒，是窃也，焉有窃心不除而可以入道者哉？且天下既有其书矣，横目之人孰不见之而能使之蔽其目乎？其书皆尽性至命之理也，有识者孰不悦之而能使之刳其心乎？必不能矣，而卒归于窃取。”又曰：“秦、汉以还，不复知道为何物，而佛之教能守其心性之法，及至达摩西来，单传直指，儒生学士从此悟入，然后稍接孔脉。”

黄宗羲《明儒学案》卷三十四称：“先生所至以学淑人，其大指谓明德本体人人所同，其气禀拘他不得，物欲蔽他不得，无工夫可做，只要自识之而已。先生之事近溪，出入必以其像供养，有事必告而后行。顾泾阳曰：‘罗近溪以颜山农为圣人，杨复所以罗近溪为圣人。’其感应之妙，锱铢不爽如此。”然《四库全书总目》列入杂家类存目，称其授儒入墨，诬诞实甚，又称其变乱先儒，流毒及于经义。

此书收入《杨复所全集》。此本据南京图书馆藏明万历四十五年(1617)畲永宁刻本影印。

《焦氏笔乘》六卷《续》八卷　(明)焦竑撰

焦竑(1540—1619，一作1620)，字弱侯，号澹园，祖籍山东日照，迁居南京。万历十七年(1589)状元及第，授翰林院修撰，后贬福建福宁州同知，弃官归。著有《澹园集》、《国朝献征录》、《玉堂丛语》等书。生平事迹见《明史·文苑传》。

前有万历三十四年(1606)自序，称：“余观古今稗说，不啻千数百家，其间订经子之讹，补史传之阙，网罗时事，缀辑艺文，不谓无取；而肤浅杜撰，疑误观听者，往往有之。余尚欲投一枝于邓林间哉！顾国家之典制，师友微言，间有存者，当不以余之鄙而废之也，在览者择之而已。”又有万历三十四年(1606)顾起元序，称读者于此精而求之，可以杜三教异同之辨，可以统一代得失之林，可以区六艺精桷之分，可以衷千古是非之极。

此书正集六卷，续集八卷，颇涉典章名物之讨论，亦多故实。其中涉及时事者，最见情致。所载明代史事、人物、诗文，为后世研究明代人物、明代历史或思想史之材料。如《笔乘》卷二录载李贽写《宏甫书高尚册后》，颇具史料价值。卷三“古诗无叶音”条曰：“诗有古韵今韵，古韵久不传，学者于《毛诗》、《离骚》，皆以今韵读之，其有不合，则强为之音，曰：此叶也。予意不然。”陈第称：“子言古诗无叶音，千载笃论。”此书于辨伪之事亦特别留意，如

"伪书"条曰："或摹古书而伪作，或以己意而妄增，至使好事之流曲为辩释，以炫其博，是皆未之深考耳。""尚书古文"条曰："余尝疑《尚书古文》之伪，《笔乘》已载梅学正、归太仆二人之言为据，昨偶见赵子昂真迹一卷中一篇，亦具论此，乃知人心之同然也，第恨其书不可见。"又称《文始经》决非关尹子作，《西京杂记》是后人假托为之，亢仓子即《庄子》庚桑楚也，其书本唐王士源作。"九辩"条曰："《九辩》，余定以为屈原所自作无疑，只据《骚经》'启九辩与九歌兮'一语，并玩其词意而得之。近览《直斋书录解题》载《离骚释文》一卷，其篇次与今本不同，以此观之，决无宋玉所作搀入原文之理。""外篇杂篇多假托"条曰："《内篇》断非庄生不能作，《外篇》、《杂篇》则后人窜入者多之。"

焦竑早年师从罗汝芳、耿定向，隶属泰州学派，持守阳明良知之学，学贵自得于心。又与李贽为友，称卓吾为"圣人"，"可居圣门第二席"。其思想不似李贽狂放，为文亦不及李贽之尖锐。然《四库提要》列入杂家类存目，称其书多考证旧闻，亦兼涉名理，其书多剿袭说部，没其所出，或者以为博杂有余，精深不足云云，可谓深中其失。又称其讲学解经，尤喜杂引异说，参合附会，乖迕正经，有伤圣教云云，未免排斥过甚。周中孚亦称其书订经子之讹，补史传之阙，网罗时事，缀辑艺文，不无可取，而肤浅杜撰，疑误观听者往往有之，且其精核者，皆剽窃前人说部，而没所自来，亦不足以资考证。至其冥契教乘，喜谈名理，乃万历间狂禅之习，尤有乖名教云云。(《郑堂读书记》卷五十七第944页)

此本据上海师范大学图书馆藏明万历三十四年(1606)谢与栋刻本影印。此书又有《金陵丛书》本、《粤雅堂丛书》本。

《郁冈斋笔麈》四卷 (明)王肯堂撰

王肯堂(1549—1613)，字宇泰，号损庵，金坛人。万历十七年(1589)进士，授检讨，官至福建布政司参政。肯堂有《尚书要旨》，四库已著录。精于医学，又撰《肯堂医论》、《证治准绳》、《重订灵兰要览》、《伤寒证治准绳》等书。肯堂自称："丈夫当为天下第一等人，与古人齐驱并驾，奈何以一乡自限？"生平事迹见《明三元考》卷十三。

书前有万历三十年(1602)肯堂自序，称幼而好博览，九流百家无弗探也，遇会心处，欣然至忘寝食。(《续修四库全书》第1130册第1页)肯堂在当时可谓难得之通人。

是编第一卷所载论医诸条，凡四十页，皆深切微妙，得古人法外之意，与所作《证治准绳》足相表里。其他杂论天文算术、六壬五行家言，以及赏鉴书画之类，亦颇足资参考。周中孚称此书皆其随笔杂记，举凡天文算法、术数方技以及书画之类，无不分条辨论，足资考核。而第一卷中所载论医四十条，及第二卷中益智子一条、金匮一条，皆深明医理，足以补所作《证治准绳》之未逮。(《郑堂读书记》卷五十七第945页)然《四库全书总目》列入杂家类存目，称其生于心学盛行之时，凡所议论，大抵以佛经诂儒理。周中孚亦称宇泰所述多混儒、释而一之，是则习俗移人，贤者不免耳。

此本据明万历三十年(1602)王懋锟刻本影印。

《麈余》四卷　(明)谢肇淛撰

谢肇淛(1567—1624)，字在杭，号武林，长乐人。万历二十年(1592)进士，除湖州推官，量移东昌，迁南京刑部主事，调兵部，转工部郎中，出为云南参政，升广西按察使，官至广西左布政使。著有《滇略》、《五杂组》、《小草堂集》等。(《小草斋文集》卷末附曹学佺《明通奉大夫广西左方伯武林谢公墓志铭》:“君生于隆庆元年丁卯七月廿九日，卒于天启四年甲子十月廿三日，享龄五十有八。”)《明史·文苑传》附见郑善夫传中。

此书为作者服丧间所作。书前有万历三十五年(1607)赵世显序，称事核而奇，语详而俊，洵谈苑之卮辞，稗官之奥撰。又有肇淛自序，称采自宾友闲谈，体例为虞初稗官之言，故曰“麈余”。其书以委巷传闻为主，当入小说家类，不知何故误入杂家类中。今考《千顷堂书目》、《明史·艺文志》，均著录于小说家类，录以备参。

此本据浙江图书馆藏明万历三十五年(1607)刻本影印。

《文海披沙》八卷　(明)谢肇淛撰

是编八卷，皆其笔记之文。大抵词意轻儇，不出当时小品之习。较所作《五杂组》稍为简约，而疏舛时复相似。“吾儒高于二氏”条曰：“三教精微，尽头原亦不甚相远，但释氏有轮回之说，俗僧至假忏悔以愚人。道家有符箓之传，羽流遂借祈禳以惑世。独吾儒之教无之也。故世人崇奉不及二氏，以此而吾儒所以高于二氏者亦以此。”于此可见其学术大旨。

虽未吹尽狂沙，亦时或见宝。如“焚书坑儒有本”条曰：“秦之祸天下，至焚书坑儒烈矣，而不知实本于商鞅变法之初。鞅之言曰：无以爵任与官，则民不贵学问。不贵学问则愚，愚则无外交，勉农而不偷。又曰：农战之民，千人而有诗书知慧者一人焉，千人者皆怠于农战矣。今上论材，能知慧而任之，则知慧之人希主好恶，使官制物，以适主心，民务焉得无多，而地焉得无荒。又曰：虽有诗书，乡一束，家一员，无益于治也。夫重农抑商可耳，乃并民学问而禁之，岂欲愚其耳目而后驱之战耶？故又曰：民愚则智可以王，鞅之大旨若此。是以始皇、李斯袭而用之，岂知有不读书之刘、项耶？”大胆揭露专制时代之愚民政策，可谓一语道破天机。“书不可妄改”条曰：“古人书中语有本自平易，而后人以意妄改者。”“古人服善”条曰：“古人真自服善，非直成人之美，抑亦全己之名。”“古人学专”条曰：“古人学事精专，其一生精神意气亦只用之一事，故艺必造极，名垂永久。”“论衡”条曰：“古今记载，虚实相半，要当存而不论。虚者辨之，似于痴人说梦；实者辨之，便为夏虫疑冰。”“杨用修”条曰：“国朝博物洽闻，无如杨用修。其议论考订，掊击诋诃，不遗余力，而其所著书纰漏误舛，甚于其言，故后之人亦好纠其讹而攻之。余谓古人著作，或意见之不同，或记忆之稍误，或耳目之暂遗，岂能无病？后之观者，随事纠正，不失忠臣，苛求丑诋，徒滋口业，前代订讹，尚存厚道，至用修而肆骂极矣。己好攻人，而欲人之不攻己也得乎？王元美鉴于用修，故其持论稍平。”皆为沙中金屑。

书前有万历三十七年(1609)陈五昌序，称在杭此书，度越王充、扬雄。然周中孚称其书皆掇拾载籍中杂事琐闻，以发抒其议论，亦有录古语而不著一解者，随笔所之，绝无伦次，其所征引，不拘伪书、小说、传奇、演义，皆取以为证，阅之令人欲呕。又称其于二氏之说尚未扬其颓波，较当时王学之撰语录者犹有彼此之别，宜其与所作《五杂组》并传不朽。(《郑堂读书记》卷五十七第946页)

此本据明万历三十七年(1609)沈儆炌刻本影印。

《五杂组》十六卷 (明)谢肇淛撰

书前有利瓦伊祯序，称："何以称五？其说分五部，曰天、曰地、曰人、曰物、曰事，则说之类也。何以称杂？《易》有杂卦，物相杂，故曰文……《尔雅》组似组，产东海。"盖肇淛生于东海，多文为富，故称"杂组"之名。

其书分天、地、人、物、事五部。此书以明代史事最为可采，考订论断亦见精核，如曰："江南大贾强半无田，盖利息薄而赋役重也。江右、荆楚、五岭之间，米贱田多，无人可耕，人亦不以田为贵，故其人虽无甚贫，亦无甚富。百物俱贱，无可化居，转徙故也。闽中田赋亦轻，而米价稍为适中，故仕宦富室相竞畜田，贪官势族有畛隰遍于邻境者，至于连疆之产，罗而取之，无主之业嘱而丐之。寺观香火之奉强，而寇之黄云遍野玉粒盈艘十九，皆大姓之物，故富者日富而贫者日贫矣。"又曰："倭之寇中国也，非中国之人诱之以货利未必至也。其至中国也，非中国之人为之向导，告以虚实，未必胜也。今吴之苏松，浙之宁绍温台，闽之福兴泉漳，广之惠潮琼崖，驵狯之徒冒险射利，视海如陆，视日本如邻室耳，往来贸易，彼此无间，我既明往，彼亦潜来，尚有一二不逞幸灾乐祸勾引之至内地者，败则倭受其僇，胜则彼分其利，往往然矣。嘉靖之季，倭之掠闽甚惨，而及官军破贼之日，倭何尝得一人只马生归其国耶？其所虏掠者半归此辈之囊橐耳。故近来贩海之禁甚善，但恐未能尽禁也。盖巨室之因以为利者多也。嘉靖之季，倭奴犯浙、直、闽、广，而独不及山东者，山东之人不习于水，无人以勾引之故也。由此观之，则倭之情形断可识矣。"多可补史之阙。肇淛曰："精巧愈甚，则失势之日，人之瞰之也愈急，是速其败也。价值愈高，则贫乏之日，人之市之也愈难，是益其累也。况致富之家多不以道，子孙速败自是常理。”如此冷眼旁观，又不可不谓之悟道之言。

此书又内中国而外夷狄。其论户口之凋耗，有云：“自三代以来，女真至于蒙古，是一大劫，中国之人无复孑遗。我太祖皇帝之功，劈开混沌，别立乾坤，当舆盘古等，而不当与商、周、汉、唐并论也。”于蒙古、女真颇加诋毁，故乾隆间列入禁书。“女真”一则云：“女真兵满万则不可敌，今建酋是也。其众以万计，不止矣。其所以未窥辽左者，西戎北鞑为腹背之患，彼尚有内顾之忧也。防边诸将，诚能以夷功夷，离间诸酋，使自相猜忌，保境之不暇，而何暇内向哉？不然，使彼合而为一，其志尚未可量也。”此书干禁之处，已被清廷铲除殆尽。（雷梦辰《清代各省禁书汇考》第202页）

此本据明万历四十四年（1616）潘膺祉如韦轩刻本影印。此书又有日本翻刻本、襟霞阁排印本。

《珊瑚林》二卷《金屑编》一卷　（明）袁宏道撰

袁宏道（1568—1610），字中郎，一字无学，号石公，公安人。宗道之弟，中道之兄。万历十六年（1588）中举人。万历二十年（1592）成进士，选授吴县知县，已而解官去，起授顺天府教授，官至吏部稽勋司郎中。著有《觞政》、《瓶花斋杂录》、《袁中郎集》等书。生平事迹见《明史·文苑传》。

书前有陈继儒《珊瑚林序》（《续修四库全书》第1131册第1～2页），书末有冯贲《珊瑚林跋》（《续修四库全书》第1131册第54～55页）。宏道自叙称少慕玄宗，长珍佛理，遍参知识。（《续修四库全书》第1131册第56～57页）

宏道与兄宗道、弟中道时号“三袁”，被称为“公安派”。钱谦益云：“万历中年，王、李之学盛行，黄茅白苇，弥望皆是。文长、义仍，崭然有异，沉痼滋蔓，未克芟萝。中郎以通明之资，学禅于李龙湖，读书论诗，横说竖说，心眼明而胆力放，于是乃昌言击排，大放厥词。以为唐自有诗，不必《选》体也；初、盛、中、晚皆有诗，不必初、盛也；欧、苏、陈、黄各有诗，不必唐也；唐人之诗，无论工不工，第取读之，其色鲜妍如旦晚脱笔研者；令人之诗虽工，拾人饤饾，才离笔研，已成陈言死句矣。唐人千岁而新，令人脱手而旧，岂非流自性灵与出自剩拟者所从来异乎！空同未免为工部奴仆，空同以下皆重儓也。论吴中之诗，谓先辈之诗人自为家，不害其为可传；而诋诃庆、历以后，沿袭王、李一家之诗。中郎之论出，王、李之云雾一扫，天下之文人才士始知疏瀹心灵，搜剔慧性，以荡涤摹拟涂泽之病，其功伟矣。机锋侧出，矫枉过正，于是狂瞽交扇，鄙俚公行，雅故灭裂，风华扫地。竟陵代起，以凄清幽独矫之，而海内之风气复大变。譬之有病于此，邪气结轖，不得不用大承汤下之，然输泻太利，元气受伤，则别症生焉。北地、济南，结轖之邪气也；公安，泻下之劫药也。”（《列朝诗集》丁集第12，中华书局第8册第5317页。）

宏道之泻药，不仅为王、李文学之劫，亦为正统文化之劫。其秘方安在？其“论参禅之法”曰：“聪明的人参禅，须将从前所记所解一一抛在东洋大海，看他粪帚也不值，即诸佛知见将来向宗门中也不在眼里，始得。”又曰：“出得依傍便好。如今都是依傍成事，如何得休歇？最要紧是不落有无，不落根境，如此方教做真工夫。”“论读经之法”曰：“凡看经，于没要紧处不必理会，只理会要紧处。若逐字逐句解，则耽搁了精神。且经中十分难明处，姑置之，到后来再看，当自有彻时。若目前强通其所不通，亦是没用的。”“论儒道异同”曰：“儒家之学顺人情，老庄之学逆人情。然逆人情正是顺处，故老庄常曰因，曰自然，如不尚贤，使民不争，此语似逆而实因，思之可见。儒者顺人情，然有是非，有进退，却似革，革者革其不同，以归大同也，是亦因也。但俗儒不知以因为革，故所之必务张皇。”“论学佛之法”曰：“学佛法者只可学其本宗，不可袭其行事。以其事迹只可行于西域，而不可行于震旦也。设释迦当时托生震旦，亦必依震旦行事，佛岂固执不通方之人乎？”由此可见，宏道不仅为“公安派”之领袖，亦为晚明思想界之奸雄。

此本据国家图书馆藏明清响斋刻本影印。

《沈氏弋说》六卷 （明）沈长卿撰

沈长卿(1573—1632)，字幼宰，更名遁，别号灰庵，自号钱江逸民，钱塘(今浙江杭州)人。以孝廉筮仕闵永定令。未几，当路有意齮龁之，僦居秣陵十余载而卒。今考，《沈氏日旦》卷六己巳识语云："予行年五十七，书此自箴，非敢箴世也。"己巳为崇祯二年(1629)，其生年据此推定。

书前有长卿自序，称"弋说"之义取《诗》"如彼飞虫，时亦弋获"之义。(《续修四库全书》第 1131 册第 77 ~ 79 页)利瓦伊祯序称其书抉微阐幽，尽汰俗儒陋闻，折衷于大道正义，所辨晰如王充，而皆关切伦常品类，非钩摭细微，执滞迂回，所拨正如刘知几，设身处地，曲畅旁通，且证据经史，不恣胸臆。(《续修四库全书》第 1131 册第 75 ~ 77 页)万历乙卯(1615)汤显祖序称弋取传记以来国家存亡、圣贤豪杰所由显隐之故，幼宰之作奇而正，足傲然于著作之林。(《续修四库全书》第 1131 册第 77 ~ 79 页)

此书说古衡今，系杂说之属。长卿弹射古人，确有所弋获，如"司马光"条曰："安石智辩踰人，遇刍灵木偶之君则苦无所试，而遇好大喜功之神宗，如鱼得水。光但知排击安石，而无术以动神宗。神宗谓光物望所归，舆情所属，参用之以佐治，而原非真臭味也。彼所酷喜而深信者，安石而已。且安石有所短，亦有所长。勇于立异，锐于变常，自是非人，其所短也；愤宋室之倾颓，壹意富强，冒众怨而不恤，其所长也。光但见其所短，不见其所长，则向之预卜而许可者，不知其何所指也。逮新法罢矣，并顾役法亦罢，光之有成心也。秦之长城，隋之渠河，万世利焉。汉、唐始祖未尝废之，光何所见之隘，新法罢而光恬无远虑，使奸人进绍之说罢而复兴，譬病者受祸于庸医，但闻天雄乌喙之害，而亦不见有参术之良药可起沉疴于旦夕者，他日疾作，庸医不旋踵至矣。光之代安石也亦然。毕仲游曾遗书箴之，光不悟也。新法罢而复行，岂尽安石罪哉？邵雍谓君实九分人，以予衡之其所少一分，或在此耳。"颇能持平。

书中多涉及宋金关系，又有《攘夷说》一则，曰："三代而下，一统而最久者无如汉、唐、宋。宋受夷狄之祸最惨，横于辽，侵于金，灭于元，固天运使然，亦宋之君臣御失其道也。盖夷情如犬羊，不可礼义化诲。”清代文字狱盛行之际，此书在劫难逃，被列入禁毁之黑名单，致使传本罕见。

此本据上海图书馆藏明万历四十三年(1615)刻本影印。

《沈氏日旦》十二卷　(明)沈长卿撰

此书《千顷堂书目》小说类著录为六卷。

书前有长卿自序，称缩月旦为日旦，亦犹古人缩寸阴为分阴，盖惜时之意。(《续修四库全书》第1131册第319～320页)崇祯七年(1634)张昂之跋称“日旦”祖“月旦评”之意，而识深藻微。(《续修四库全书》第1131册第618～620页)

其书大旨主于经世之学，反对科举俗学。如曰：“六经、《语》、《孟》不专为经世而设，《纲目》、《通鉴》乃经世之良方也。犹如医家汤散丸，种种毕备，用之对症，沉疴立起，且保身远害，亦不外此。近时进贤冠下以不阅《纲鉴》，毙者多矣。八股时文但可借以出身，不可经世，不可保身，专恃此则地方危，自己躯命亦危。”曰：“讲章时艺可经世乎？论略策料可用兵乎？文士当削去初场，但观其谋议；武夫当削去末场，但程其骑射。”曰：“法立弊生。经世者不轻以术告人，犹刺绣家鸳鸯可看，金针不可度也。”曰：“一时腐儒迂儒各有异议，只因胸中窍脉蔽塞，浑是八股时文填满。”

又辨朱陆是非曰：“紫阳但从事下学而遗上达，人遂以腐儒目之；象山但从事尊德性，而遗道问学，人遂以异端揣之，皆偏致也。朱有见于人，无见于天；陆有见于内，无见于外。皆与精一之旨睽，以故二家之徒交相非，亦各相矫，竟不自核其所以失，而支离寂灭，不受师益，反受师损也。”又主张以“耻”说取代“良知”说：“阳明先生标出‘良知’二字为宗。既谓之良，则不但人有，物亦有。其说博而寡要。予欲以‘耻’一字约之，不但异类绝无，而同类之存焉者寡矣。后世树讲旗者，从有耻而上极之，从无耻而下究之，各各许多阶级，有耻对无耻，善知识对恶知识。单曰良知，遗了无良，亦缺而不完也。‘良知’孟所创，‘耻’孔所标。孟不若孔，‘良知’何如‘耻’哉？”其“佞儒说”曰：“世但知有佞佛，不知有佞儒。佞儒者，口诚正胸，斗筲也。以真儒辟伪佛，即大雄之功臣。

以伪儒辟真佛，即阙里之罪人矣。儒佛两伪盗也，非道也，弭盗之策安施?”其“三尊说”曰：“爵、齿、德三尊分属儒、玄、释三教，于义亦协，爵何以专属儒？儒重五常，而首举君臣，则贵贱之等也。序爵不尤重乎？齿何以专属玄？玄门长生久视，以延年为秘诀，定不加云房于王母之上列偓佺于广成之先，序齿不尤重乎？德何以专属释？释门慈悲为尚，智慧为宗，行愿为本，皆德也。有佛而后有祖，有菩萨，有罗汉，序德不尤重乎？非谓举一而二可废，就最要处论也。”

其人名号曰“遁”，曰“灰庵”，曰“逸民”，可见长卿晚为隐士。其书亦呈现灰色，大唱反调，不与主流文化同流合污。由经世之学而隐士文化，乃其书之二重变奏曲，或与其人生际遇密切相关。得志则主前者，不得志则主后者矣。《清代禁毁书目四种》亦列其名。

此本据上海图书馆藏明崇祯七年(1634)刻本影印。此书又有天启间刻本。

《闻雁斋笔谈》六卷　(明)张大复撰

张大复(1554—1630)，字元长，号鹿城病居士，昆山人。精通经史词章之学。生平事迹见钱谦益《牧斋初学集》卷五四《张元长墓志铭》。

书末有万历三十三年(1605)大复自跋，曰：“有佣书生陆弢者，少以其业侍予，浮沉四方，且数年矣。客岁，顾予张行可先月轩中，瞿然请曰：‘公方有文章，而弢病且死，惧不复从事，岂有帐中秘弢堪为役者耶？吾愿也。’予闻之恻然，自愧吾非羊叔子，而弢几湛矣，命儿子桐取笔谈杂付之，录未五卷，而弢死，稿藏箧中，几供鱼腹。今年夏，海虞瞿元初、梁溪邹公履促予付诸梓人，予乃请之华亭陈眉公，又请之吾师湛元沈先生，皆曰可，于是求吾友顾孟兆、唐淳伯校而刻之，凡六卷。盖弢书其五，其六则茂苑童林石所补也。”(《续修四库全书》第701～702页)万历三十四年(1606)王时熙《闻雁斋笔谈引》称其文甚雅驯，语冷而趣深，事琐而情奥，含毫多致，掇皮皆真。(《续修四库全书》第621～622页)

是编为其《梅花草堂集》中之一种。据《江南通志·文苑传》，乃其丧明以后追忆而作也。此书多记明代士人谈茶说酒、吟咏风月之事，大抵欲仿苏轼《志林》，故多似古人杂帖、短跋之格，然所推重者李贽，所规摹者屠隆也。卷五“论文”条曰：“作文无他法，只要深入题髓，跳出题外；深入题髓，观题之意；跳出题外，写题之情；观题之意，下语不踈；写题之情，运笔不滞。然此非余言之也。冯开之先生教人深处更深一步，直入针孔，然后尽从笔尖上拈出。近世文士亦知深一步法，欲从笔尖上拈出，非大圆通不可几也。”

《四库全书总目》列入杂家类存目，称所记皆同社酬答之语间及乡里琐事，辞意纤佻，无关考证；第十三卷中有“论孟解”十二条，以释家语诠解圣经，殊属支离；《二谈》轻佻尤甚云云。《明史·艺文志》小说类著录《笔谈》十四卷。《传是楼书目》入小说家。今考，此书为晚明小品文，抒写性灵，无关典故，亦非说部，应入别集类，不应入杂家类与小说家类。

《千顷堂书目》题曰《闻雁斋笔谈》。《四库全书总目》题《梅花草堂笔谈》十四卷，《二谈》六卷。宁稼雨《中国文言小说总目提要》称：“同书同卷又著录张大复《闻雁斋笔谈》六卷，内容与《梅花草堂笔谈》不同。现存明崇祯刻清顺治修补印本题《梅花草堂笔谈》十四卷，后二卷系抄配而成，似缺四库所录《二谈》六卷，然《四库全书总目提要》云其《二谈》记《水浒传》无破老一事，见崇祯刻本卷一一。则《二谈》六卷与《闻雁斋笔谈》六卷是否一书，尚有待考证。”今考，《闻雁斋笔谈》大部分篇目与《梅花草堂笔谈》相同，仅多32篇，又有14篇与《梅花草堂笔谈》相同，举以备参。

此本据上海图书馆藏明万历三十三年(1605)顾孟兆刻本影印。

《道听录》五卷　(明)李春熙撰

李春熙(1563—1620)，字皞如，号泰阶，又号沅南子、桃源山人，桃源人。万历二十六年(1598)进士，除太平推官，降徐州州判，迁云南推官，改肇庆，入为刑部主事，改彰德推官，迁南京户部主事，官至南京户部郎中。著有《元居集》。生平事迹见《(嘉靖)常德府志》卷十六、《明诗纪事》庚签卷十九。

书前有万历元年(1573)王嘉言序，称其书兼识并收，佳者可束约身心，余足为谈谑资。隆庆三年(1569)自序，称是册凡名公有集者不录，旧梓本者不录，出古人者不录，有事无诗词者不录；录淫词、录戏谈者，不欲以人废言，兼以解倦者之颐。(《续修四库全书》第1132册第1页)龚天申跋称其《唐鞶》博而密，精而核，然《道听录》瑕瑜错投，雅俗参置，传讹袭舛，殊不类其夙尚。(《续修四库全书》第1132册第61页)

春熙尝集古句云：“君子大居敬而贵穷理，学者先器识而后文艺。”友人龙伯贞以为甚对。若以此衡其书，未见穷理，未见器识，仅见道听途说而已。书中大都近俗，唯见一则指陈时弊：“古者颁朔自朝廷，而下逮邦国，敬授人时，遗意也。今制：郡邑敛历日纸价解纳藩司，藩司印造解京，遍投诸尊贵者，山积壤视，陈列御道旁出售，至秋夏不尽，则以涂壁，而下邑得一见者盖鲜。吾郡朗溪陈公仲录梓春图尾纪一绝云：‘民间无历日，历纸却征钱。我道春图好，相看也一年。’可谓深中时弊也。”

《千顷堂书目》小说类著录为四卷。宁稼雨《中国文言小说总目提要》称：“原书已佚。未见佚文。”盖未见传本，即妄下断语。此书有清罗氏恬养斋抄本(南京图书馆)、清抄本(藏国家图书馆)。此本据国家图书馆藏清抄本影印。

《五先堂文市榷酤》四卷　(明)袁子让撰

袁子让(约1560—1628)，字仔肩，一字符静，郴州人。万历二十九年(1601)进士，官至眉州知州、司马大夫。著有《字学元元》。生平事迹见《(嘉庆)郴州总志》卷三十。

万历三十二年(1604)自序称嗜利败名，嗜学成德，其所嗜同，所以嗜则异，故汉武有榷酤，孔孟亦有榷酤云云。(《续修四库全书》第1132册第66页)万历三十年(1602)其兄子谦叙称说者谓是一屋散钱，只欠一条索子云。(《续修四库全书》第1132册第183页)万历三十六年(1608)其弟子训后序引其语曰：“古今载籍虽博，可约取也；善读书者以我从人，何如用人为我。涉猎浏览，我从人也；掇华取精，人为我用也。”(《续修四库全书》第1132册第184~185页)

是编四卷，共一百八篇。卷一分君道篇、重势篇、君鉴篇、信人篇、独任篇、泰交篇、窃权篇、儆戒篇、论宽篇、尚严篇、听谏篇、谨微篇、否塞篇、行赏篇、法令篇、好逸篇、天变篇、预防篇、守法篇、论治篇、德量篇、论功篇、嘉言篇、用信篇、自新篇、褊浅篇、酷吏篇、执法篇，凡二十八篇。卷二分法度篇、因民篇、顺治篇、持要篇、政体篇、乱分篇、正名篇、感应篇、化民篇、去智篇、伺察篇、失政篇、仁柔篇、用人篇、课官篇、慎任篇、器使篇、适用篇、择贤篇、信心篇、公利篇、攘夺篇、俭洁篇、节用篇、计晚篇、几先篇、避祸篇，凡二十七篇。卷三分御臣篇、壅蔽篇、国资篇、戒荒篇、人重篇、兴作篇、敬臣篇、后鉴篇、臣道篇、内则篇、礼下篇、正直篇、懿矩篇、乱本篇、实学篇、空言篇、养心篇、明蔽篇、耀德篇、黩武篇、论兵篇、用奇篇、将术篇、兵资篇、任将篇、败道篇，凡二十六篇。卷四分用知篇、适宜篇、谗蠹篇、辨诬篇、致身篇、吏治篇、立论篇、谏法篇、妇道篇、妄谈篇、巧谏篇、课计篇、戒盈篇、进谏篇、重身篇、居功篇、陈言篇、宽假篇、轻势篇、善用篇、拘挛篇、尸位篇、抗节篇、匪人篇、化应篇、塞奸篇、邪党篇，凡二十七篇。

五先堂为袁氏书斋名。其书大旨主于崇正祛邪，议论浅近，然多有可取，如《妄谈篇》曰：“今之立论者，巧情四出，憸诡百窦，虽能伸说于时，而立论之体已失是，故求其所获，则称其所惠。……以乡原而毁伯夷，以里妇而毁西施，亦无听也。如是，则卮言无所售，而议论归于正矣。”《邪党篇》曰：“所谓奸臣盗国，国破则身亡也。”

此本据中国社会科学院历史研究所藏明万历三十六年(1608)刻本影印。

《密庵卮言》六卷 (明)樊良枢撰

樊良枢，字尚植、尚默，号致虚，又号密庵，进贤人。万历三十二年(1604)进士，除仁和知县，迁刑部主事，历员外郎中，出为云南副使，官至浙江提学副使。著有《樊致虚诗集》、《三山集》、《二酉集》等书。生平事迹见《明诗纪事》庚签卷二一。

此书六卷，卷一约己，卷二达生，卷三学道，卷四经世，卷五性理，卷六座训。书前有崇祯四年(1631)良枢自序，称言达生者，寓言也；言学道者，暧暧姝姝之言也；言经世者，詹詹之言也；述先正者，耆艾之己言也；以人道先人，故重言也。(《续修四库全书》第1132册第187～188页)

是编名曰“卮言”，实为联语。如卷一曰：“家本农桑，虽宦达，当记得先人栉风沐雨；世守耕读，纵富贵，莫忘却平日淡饭黄齑。”卷二曰：“只看得眼前员满，从古来有缺陷世界；但心中放得宽平，普天下无险仄人情。”曰：“罗敬叔会心不远，清池上林水翳然，便作濠濮间想；陶简文开卷有得，北窗下凉风暂至，自谓羲皇上人。”曰：“宠辱不惊，看庭前花开花谢；去住无意，任天外云卷云舒。”曰：“鄙吝一消，白云亦可赠客；渣滓尽化，明月自来照人。”曰：“徜徉于山林泉石之间，尘心渐息；夷犹于诗书图史之内，俗气潜消。”曰：“奔走红尘，则心忙意迫，看兔走乌飞，百年不及一瞬；优游青史，则念息机闲，听鸡谈鹤语，一日可当千秋。”卷三曰：“见活泼泼心，眼底是鸢飞鱼跃；悟常惺惺法，个中有龙见雷声。”曰：“薛文清尽精微而道中庸，学以复性为本；王文成致广大而极高明，功以致知为先。”曰：“文清复正性，即工夫是本体，有白沙之致虚而大本立；阳明致良知，即本体是工夫，有吉州之密实而妙用存。”曰：“阶前草色时侵几，不管落尽春花；林下松阴自著书，且喜坐残秋月。”曰：“绳锯木断，泉滴石穿，学道者须知力索；水到渠成，瓜熟蒂落，得道者一任天机。”卷四曰：“宰相任事以胆胜，当置身利害之外；谏官论事以识先，当设身利害之中。”曰：“处事要得大体，当观古贤相传，以老吾识；任事要决大计，当观古名将传，以壮吾胆。”曰：“法无古今，用之而便民者是良法；言无贵贱，体之而切己者是药言。”曰：“着手时先图放手，子房脱履虎之危机；进步处便思退步，长源免触羊之祸阱。”曰：“热闹场着一只冷眼，便省几番愁肠；冷落处施一片热心，更饶许多生趣。”曰：“攻人之恶毋太严，藏身恕则思其堪受；教人以善毋过高，立言近故使其易从。”曰：“聚讼于纸上陈言，何如权国家之利害；驰逐于尘中竿牍，不若急黎庶之阽危。”卷五曰：“名根重者实地全虚，曷不于无名处养名，常居名实之先；生趣浓者死关难过，何不于未死时学死，永超生死之岸。”曰：“人命能几何，只在呼吸间；孰为呼吸主，真性常不迷。”

卷一至卷五多为自拟，卷六座训又曰“先正格言”，则撮录司马光、朱熹、陈仲微、顾东桥、季元衡、陈眉公、朱汝兼、汤若士、罗念庵、文恭公及舒碣石自警之语。崇祯辛未舒碣石跋称其书巧于承接，究归醒迷。(《续修四库全书》第1132册第203页)

此本据中山大学图书馆藏明崇祯间刻本影印。

《剩言》十七卷 (明)戴君恩撰

戴君恩(1570—1636)，字忠甫，号紫宸，别号兰江痴叟，澧州(今湖南澧县)人。万历四十一年(1613)进士，历工部主事，督修永陵有功，奢酋之夔监军讨平之，历官都御史，巡抚山西，计擒贼王纲等三百余人。著有《说山》、《四书剩言》、《读风臆评》等书。生平事迹见《(嘉庆)大清一统志》卷三七四、《(光绪)湖南通志》卷一七四。

是编凡内篇十一卷、外篇三卷，乃君恩家居时所著。其学出于姚江，大旨主于内儒教而外二氏。如曰：“二氏与吾儒其不同者，教也。其无不同者，道也。为其教之异也，而欲并其道而斥之，则误道；为其道之无异也，而欲并其教而一之，则误教。”又重新界定三教曰：“释者，遣释也，色空俱遣，是名释故。道者，道路也，内外经行，是名道故。然则吾道何以名儒？曰字从人从需，立人所需，是名儒故。”又论文章曰：“元无文章，固也，然读处士吴莱之论文云：‘作文如用兵，有正有奇。正者如法度，部伍分明。奇者不为法度所缚，千变万化，率作击刺，一时俱起，及其欲止部伍，各还其队，原不曾乱。’此语可谓得文家之三昧，揭之几案间，当自有悟入处。”

《四库全书总目》列入杂家类存目，称外篇谓“孔子近禅，孟子近道”，真可谓援儒入墨云云。今核原书，君恩与友人谈及圣学，有曰：“孔子近禅，孟子近玄，彼其自道曰无知，曰无能，曰何有其门人，曰无意无必无固无我，不居然禅宗语乎？论养心曰寡欲，论养气曰持志，曰勿正勿忘，勿助长，不居然道家言乎？”君恩虽谓此语良然，又曰：“释氏有托离生死之意，道家有长生不死之意，是犹有生死见也。孔孟则浑然忘之，自是超出二家。”不可谓之援儒入墨。馆臣误读原文，不足为训。

此本据国家图书馆藏明刻本影印。

《剡溪漫笔》六卷　(明)孙能传撰

孙能传(约1564—1613)，字一之，奉化人。万历十年(1582)举人，官至工部员外郎。雅好读书，纵观秘阁藏书，万历三十三年(1605)尝与张萱等同编《内阁书目》。著有《益智编》、《谥法纂》等书。生平事迹见《(雍正)浙江通志》。

此书《千顷堂书目》、《明史·艺文志》小说类著录，而《四库全书总目》未著录。书前有万历四十二年(1614)徐时进序，又有能传自序，称剡溪为其家上游，其地多古藤，土人取以作纸，所谓剡溪藤是也。(《续修四库全书》第1132册第316页)万历四十一年(1613)其弟能正跋称是编虽屑越于训诂名物之辨，搜校于耳目謦欬之余，往往出入经史，错综古今，遗文旧说，纠传习之讹，奥义微辞，补注疏之阙，进之博雅。又称竟弗能假逾艾之年，以了读书事，区区之存，非其志也云云。(《续修四库全书》第1132册第317页)

此书六卷，附骥于《益智编》。每言一事，必举古人成败得失，所以临机处变者。盖能传敦德博古，渊宏广肆，于书无所不读，而又识瞻远，知微虑深。居尝私语曰："时局日非，当事者有功成之危，遁尾之厉，将滔天燎原，噬脐莫及矣。"可知能传著书之旨，能识古人经世之用，书中颇有精粹之语。如谓孟浩然诗无一语不出自《文选》，欲取《文选》注浩然诗，谓诗文用歇后语亦是一疵，谓《晋书》、《世说新语》可互证，谓唐赋善体物，谓《管子》多后人赝入，谓讲究字学但正其点画，不必逆古人之意而曲为之说，谓韩非《说难》本荀子，谓《南史》多方言，谓岑参集中多袭用己句，谓《三国志》论赞绝无可采云云，多为读书得间之言。亦有感于时事而发者，如谓位高难退，谓文士好上人，往往非薄前辈，转相弹射，谓时人铭状表传诸作如戏场丑净说话，多虚而不实，谓士必器识而后才智，士必悫而后求智，谓以此始，亦以此终，非独人事，亦天道云云，类能启发智慧。惟"种羊"条曰："大漠迤西，俗能种羊，凡屠羊用其皮肉，惟留骨，以初冬未日埋着地中，至春阳季月上未日，为吹笳咒语，有子羊从土中出，凡埋骨一具，可得子羊数只。”未免道听途说。

此本据天一阁藏明万历四十一年(1613)孙能正刻本影印。

《读书杂录》二卷 (明)胡震亨撰

胡震亨(1569—1645),字孝辕,晚自称遁叟,海盐人。万历二十五年(1597)举人。除固城县教谕,历合肥知县,迁德州知州,不赴,改定州,擢兵部员外郎。著有《海盐县图经》、《赤城山人稿》等书,又辑有《唐音统签》。生平事迹见《(乾隆)江南通志》卷一一七。

是编乃其读书笔记,可分三类:有关考证者,如引元稹《白集序》证刊板始唐长庆中,引颜师古《匡谬正俗》证《柏梁诗》传写之谬,引刘孝标《世说注》证《蜀都赋》有改本,引杜牧诗证木兰为黄陂人,引孟元老《东京梦华录》证爆仗字,引朱子、陆游诗证豆腐缘起,引曾慥《类说》证李贺《容州槎语》,引王象之《碑目》证顾况《仙游记》,皆语有根据。他如辨孔子防墓,辨周称京师,亦俱明确,以及元乡试录条格、赞宁译经、论道藏源流诸条,亦足以资考据。有关见闻者,如“海潮”条记海潮之祸。有关人物者,如记鉴真东渡故事,又记沈德符纳南都名妓薛素素为妾遗闻,又略述道教代表人物,如王嚞号重阳子,马钰号丹阳子,谭处端号长真子,刘处玄号长生子,丘处机号长春子,郝大通号广宁子,孙仙姑号涛静散人。

《千顷堂书目》小说类著录为二卷,《明史·艺文志》作三卷。《四库全书总目》入杂家类存目,称其生于明末,渐染李贽、屠隆之习,掉弄笔舌,多伤佻薄,愤嫉世俗,每乖忠厚,如谓嫦娥、纤阿两雌与吴刚共处月中,则调笑及于明神;谓生天生地乃生盘古,应称三郎,则嘲弄及于古帝;以至明末时事,动辄狂詈,牵及唐之进士,并诋为贼,其偵亦未免已甚云云。然周中孚称其所考订虽多琐杂,而折衷平允,殊有可取云。(《郑堂读书记补逸》卷二十五,第1685页)

此本据上海图书馆藏清康熙间刻本影印。

《息斋笔记》二卷　（明）吴桂森撰

吴桂森（1565—1631），字叔美，号觐华，无锡人。万历四十三年（1615）岁贡生。从武进钱一本学《易》，著有《周易像象述》。生平事迹见华贞元《觐华吴先生进道之序》（《续修四库全书》第1132册第418～423页）及邹期桢所撰《墓志铭》（《东林书院志》卷九，中华书局2004年版，第327～337页）。

桂森尝从顾宪成、高攀龙讲学东林，自号东林素衣，学者称为素衣先生。其辨朱、陆异同曰："薛方山云：朱子之学，孔子教人之法也；陆子静之学，孟子教人之法也。二语最确。然孟子有集义工夫。陆子静曰吾工夫只在人情事变上用。是孟陆之直指本体，盖于工夫揭其纲领也。乃今之言学者欲尽扫工夫，以明本体，则不知其解矣。"辨朱、王异同曰："或曰朱重修、王重悟，朱言工夫，王言本体，非也。朱以仁义礼知言性，王以虚无明觉言性，此其本源之绝不同处也。陆学与王学又微有别。陆以行谊征心，王则专言知而已，故王曰象山只是粗，所以陆近告子，王是迦文。千古而下，断乎难揜。"辨王学曰："致良知自是千古独解，当时所诠极完全无弊，后人只认知字，丢却致字，与本旨毫厘千里。"辨禅学曰："禅学混儒，无烦深辨。一言以蔽之曰：舍修齐而谈性命。"论治曰："治世无奇法，只要邪正分明，未有人心不正而能开太平者。"辨举业工夫不妨学者曰："对简时勿作解释想，只与圣贤对面质证一番，拈题时勿作好丑想，只与圣贤吟风弄月一番，如此何所妨碍。"其他杂论亦有可取，如曰："不翻贝叶、南华，不知儒书之大；不参禅机、丹诀，不识圣学之精。"又曰："人不能于圣贤脉路上开眼，虽高才绝学，不能脱世俗之见。"其诗曰："山人久住在空山，却爱山中尽日闲。独坐岩头无一事，看云飞去看云还。"

此本据国家图书馆藏明崇祯年间刻本影印。

《露书》十四卷　（明）姚旅撰

姚旅（1572—?），初名鼎梅，号园客，莆田人。天启二年（1622）侯应琛序称："园客艾年，而足迹几天下遍。""艾年"即五十岁，于此可知姚旅生于明隆庆六年（1572）。《露书》记事至天启三年（1623）。

书前有应斗元序、利瓦伊祯序、侯应琛序及自序。应序称其书视《论衡》体例、评论亦相出入。侯序称其搜典籍之舛讹，究众流之渊源，商大雅之存亡，纪名贤之踪迹，著风土之通变，杂里巷之琐尾，悉睹记之庞杂，察几祥之微茫云云。(《续修四库全书》第1132册第498页)

取东汉王充所谓“口务明言，笔务露文”之意，名曰《露书》。其书共十四篇。“核篇”考证经史，“韵篇”谈论诗赋，“华篇”仿《法言》，间驳言通者，“杂篇”存诸杂论，“迹篇”记古迹，“风篇”记风俗人情及莆人方言，“错篇”记中外土产，“人篇”记人物事迹，“政篇”记政事，“籁篇”记佳言，“谐篇”记谑言，“规篇”记讽刺，“技篇”记杂技，“异篇”记怪异，各一杂举经传旁证俗说。姚旅自序云：“自‘迹篇’而上，多稽古尔间附以今，‘风篇’而下，皆征今而欲还于古。”书中于人情风俗、节候风气、戏剧乐舞均有记述，又载朝鲜、琉球、越南诸国及西南少数民族习惯及西洋利玛窦等人事迹。又如所载琴、胡琴、竹唢呐、羊皮鼓各条，皆为古典乐器史料；所载火把节传说，可为民俗史料；所载关中地震后所出现地下水位下降及地温现象，为古代地震科学资料；又首次记载烟草传入中国之过程：“吕宋国出一草，曰淡巴菰，一名醺，以火烧一头，以一头向口，烟气从管中入喉，能令人醉，且可避瘴气。有人携漳州种之，今反多于吕宋，载其国售之。”书中亦多独见，如曰：“老子之学本之黄帝。”曰：“《三百篇》皆出酒徒作。”曰：“作诗须在可解不可解之间，方称妙境。”曰：“今之作选诗是假古董，真赝难遽辨。”曰：“诗有别才，不贵组织。”曰：“今为诗者皆蹈袭古人唇吻，犹女子缠足，非其本来。”曰：“今人皆排诗，佳者为描诗，纵意自如者为画诗。”曰：“作诗须有警语，未经人道，方能传远。若拾人牙后，已披之华，何足夺目？”曰：“民生犹蜗牛。然蜗牛缘壁，不枯不已；世人骛利，不死不休。”曰：“圣人之言为明道，今读其书者以求利禄耳。”曰：“古之学者能行而不必能言，今之学者善言而不必善行。”曰：“古之设官以为民，今不为民而为君。”

此书《千顷堂书目》小说类著录，《四库全书总目》列入杂家类存目，称其词气猥薄，颇乖著书之体，其“核篇”所论，经义率毛举捃拾，无关大指，“韵篇”亦猥杂不伦，“谐”、“异”诸篇尤多鄙俚云。然朱彝尊《静志居诗话》卷十八称园客放浪湖海，缀拾旧闻，《露书》一编，颇存轶事；其评骘一时诗家，远比敖器之，近续王元美云云，较为持平。

此本据华东师范大学图书馆藏明天启间刻本影印。

《炳烛斋随笔》一卷 (明)顾大韶撰

顾大韶(1576—?)，字仲恭，常熟人。诸生。事迹附《明史》顾大章传后。史称通经史百家及内典，于《诗》、《礼》、《仪礼》、《周官》多所发明云云。《初学集》卷七二有《顾仲恭传》，称引其语曰："吾欲将十三经、诸子坠言滞义，标举数则，勒成一书，窃比于程大昌《演繁露》、王伯厚《困学纪闻》，庶几可以谢诸公及吾子矣。"易箦之前，缮写所笺《诗经》、《礼记》、《庄子》，俾其子属钱谦益，即所传《炳烛斋随笔》。

此书为博涉群书时，随笔考辨所记，说经者居其半。书中颇有精语，如曰："读书当如蜂之酿蜜，采百味消归一味。作文当如蚕之作茧，缫一丝便尽一茧。读书而但为记诵之学，是智不如蜂也。作文而但为饾饤之文，是智不如蚕也。"曰："读类书、文集而不读子、史，是沽酒市脯之学也。读子、史而不读五经，是拔本塞源之学也。读五经而不讲理学，不通三教，是贫儿数宝之学也。故曰博学而详说之，将以反说约也。"曰："佛教未行之先，其早为前驱者惟庄子而已。佛教既行之后，其相为表里者，惟庄子而已。"曰："道家之书莫妙于庄子，佛家之书莫妙于楞严。庄子多引而不发，楞严则和盘托出矣。有志于道者，且勿读楞严，只读庄子，深思而自得之可也。"曰："通天地人曰儒，若不究心于三界之事，何以为通儒乎？"曰："凡事观于其大，则必不争于其小矣。睹圣贤之遭谤诬，则争荣辱之念可以息矣。睹帝王之被侵凌，则争强弱之念可以息矣。"曰："智者明义理、识时势，善哉其言之也。识时势而不明义理，则市井之智耳。不明义理，并不识时势，则妇人之智耳。所以古人有举朝皆妇人之叹。"曰："《小雅》云：'莫肯念乱。'此语最为有味。凡承平之官吏多恣为贪污，豪富之子弟多恣为骄奢，皆莫肯念乱者也。"曰："洁净精微，《易》教也。又云《易》之失贼。盖太洁则滓秽无所容，太精则情伪无所遁，必陷为刻薄人矣。申、韩原于道德，亦是此意。知其白，守其黑，则深于老，亦深于《易》矣。”曰：“志欲大而心欲小，致广大而尽精微也；知欲圆而行欲方，极高明而道中庸也。”曰：“要穷学烧丹，要死学采战。”曰：“政与教不同。教之道在矫枉以就正，柔者教之以刚，刚者教之以柔，所谓沉潜刚克，高明柔克也。政之道在因物以付物，刚者治之以刚，柔者治之以柔，所谓强弗友刚克燮友柔克也。”

叶昌炽《缘督庐日记钞》卷六称其书皆考论经史，深于漆园之学，又宗墨子，而抑孟子，虽不纯，在明人说部中要为切实；又称颇诋宋儒，其偏驳处尚不至如李卓吾，而博识可比升庵云云。傅增湘《藏园群书经眼录》称篇中杂论经史百家之说，大抵论事理为多，而考证较少；中有述天主教一则，引西溪丛语妖神之说以证之，殊为疏陋；末有数十则，皆庄子补注云云。傅增湘又有此书跋，收入《藏园群书题记》三集卷三。

此本据上海图书馆藏清初刻本影印。

《樗斋漫录》十二卷　(明)许自昌撰

许自昌(1578—1623)，字玄佑，号樗斋，自称樗道人，吴县人。以赀授中书舍人。所刻有韩柳文集及《太平广记》。自昌擅作曲，有传奇《水浒记》、《橘浦记》、《灵犀佩》、《弄珠楼》及《报主记》。又辑有笑话集《捧腹编》。生平事迹见董其昌《容台集》卷八《中书舍人许玄佑墓志铭》。

书中内容庞杂，杂记见闻，时露痛心疾首之态。如记墨卷横行状：“唐应德顺之、薛仲常应旗，世所称荆川、方山两先生者也。二先生为文章宗祖，举业家无不尸祝焉。尝其未得儁时，未闻有行卷。今则大不然矣。老童低秀胸无墨眼无丁者，无不刻一文稿，以为交游酒食之资，伪评赝序，令人痳痒欲呕。善乎荆川先生之言曰：‘好刻文字，亦无耻之一节也。’”记拟卦：“淮南潘子素纯尝作《辊卦》，讥世之仕宦，人以突梯滑稽，而得显爵者，虽曰资一时之谑浪调笑，不为无补于名教。后平江蔡宗鲁卫作《吝卦》以配之，近扶风马文璧琬又作《谝卦》。”记学风之浮伪曰：“近来一种讲学者，高谈玄论，究其归宿，茫无据依，大都臆度之路熟，实地之理疏，只于知崇上寻求，而不知从礼卑处体究，徒令人凌躐高远，长浮虚之习，是所谓履平地而说相轮，处井干而谈海若者也。”斥禅学之伪曰：“东坡胜相院记云：‘治其说者，大抵务为不可知，设械以应敌，匿形以备败，窘则推堕滉漾不可捕捉，如是而已矣。’此四句颇说尽近世禅学自欺欺人之情状。”责士大夫之伪曰：“郑奕以《文选》教子，其兄曰：‘何不教他读《孝经》、《论语》，免学沈谢嘲风咏月，污人行止。’嗟乎，今之学士大夫未尝不读《孝经》、《论语》也，而乃嘲货咏赂，污自己之行止，不忠不孝，败国亡家，又岂读《文选》之罪乎？”讥讽时弊，可谓入木三分。

自昌为文章里手，论文亦有可观。如论宋大家文曰：“欧阳文纡徐曲折，偃仰可观，最耐咀嚼。荆公文亦高古，意见超卓，所乏者雍容整暇气象尔。曾子固文敦厚凝重，如秦碑汉鼎。老苏一击一刺，皆有法度。东坡胡击乱刺，自不出乎法度。”论乐府作法曰：“乔孟符吉博学多能，以乐府称，尝云作乐府亦有法，曰凤头、猪肚、豹尾六字是也。大概起要美丽，中要浩荡，结要响亮，尤贵在首尾贯穿，意思清新。苟能若是，斯可以言乐府矣。此所谓乐府乃今乐府，如《折桂令》、《水仙子》之类。”

书末有光绪十六年(1890)无名氏墨笔识语，曰：“细玩是录，樗斋人本非刻，然凡语涉讥讽尖利者，概委他人，一若非其口出，是欲避刻，而又流露于语言之外，讵名心尚炽，恐有议其后，抑赋性本刻，强学为厚，而未臻于厚道欤？果能去其锋锐，不露痛心疾首之态，实于世道人心不无□□(疑为“有补”二字——引者注)云。”(《续修四库全书》第1133册第167页)此书多撮自《归田录》、《墨庄漫录》、《辍耕录》、《草木子》等书，间有不注明出处者。

此本亦据明万历年间刻本影印。

《菜根谭前集》一卷《后集》一卷 (明)洪自诚撰

洪自诚，号还初道人，明万历间人。著有《联瑾》、《樵谈》、《笔畴》、《传家宝》等书。《八千卷楼书目》卷十四又著录《寂光镜》三卷。然其名不见经传，事迹无可稽考。

此书卷首有于孔兼题词，称谭性命，直入玄微，道人情，曲尽严险。俯仰天地，见胸次之夷犹，尘芥功名，知识趣之高远。(《续修四库全书》第1133册第169～170页)又有乾隆五十九年

(1794)遂初堂主人识语，称其于身心性命之学，实有隐隐相发明者。

此书为清言集，分为修省、应酬、评议、闲适、概论五类。此书历代书目鲜见著录，惟清丁仁《八千卷楼书目》卷十三著录一卷。全书分前、后二集，前集二百二十五则，后集一百三十五则，共计三百六十则格言。大旨取三教合一，集儒、释、道之精华而冶于一炉，诚为稀世之奇箴宝训。

书名《菜根谭》，又作《菜根谈》，或以为典出"性定菜根香"，所谓"夫菜根，弃物也，而其香非性定者莫知"；或以为化自宋儒汪信民之语："人能咬得菜根，则百事可做。"然洪氏友人于孔兼"题词"则称："谭以菜根名，固自清苦历练中来，亦自栽培灌溉里得，其颠颠风波、备尝险阻可想矣。"

清陈弘绪《寒夜录》下卷引《菜根谭》云："幽人清事总在自适，故酒以不劝为欢，棋以不争为胜，会以不约为真，卑客以不迎送为坦夷。若一牵文泥迹，便落尘世苦海矣。"清赵吉士《寄园寄所寄》卷六引《菜根谭》曰："谆谆终日，而漠然无与身心；虽正襟庄色，亦仅仅与谑浪等。谈言微中，可以铭座，可以铭心，可以资学，必首录之，以当书绅。"故以之为"座箴"之首条。

此本据上海图书馆藏明刻本影印。

《几亭外书》九卷 (明)陈龙正撰

陈龙正(?—1645)，字惕龙，号几亭，嘉善人。崇祯七年(1634)进士，授中书舍人，左迁南京国子监丞，福王召为礼部祠祭司员外郎。著有《几亭全书》。生平事迹见《明史》本传及万斯同《陈几亭先生传》。

书前有崇祯四年(1631)龙正自序。全书九卷，卷一、卷二曰《随处学问》，卷三曰《家载》，卷四曰《乡邦利弊考》，卷五曰《保生帖》，卷六曰《易占验》，卷七曰《举业素语》，卷八曰《方技偶及》，卷九曰《绪绪》，皆有小序以述其意。

黄宗羲《明儒学案》卷六十一称其留心当世之务，故以万物一体为宗，其后始湛心于性命。其书大旨内儒家而外异端，谓三教本截然殊科，为学当先明儒家之大主意。又谓"生字贯天、人、学、治"，张子"为天地立心"四语，包括极大，然一"生"字足以统之，天地以生物为心者也，人之生也直，即其道也圣，学以万物为一体者也，万世之民安其生，是太平也，故学不可不知本，观圣贤书亦不可不求其本。又谓孟子开顿悟之门，渐然后能顿。又区分真儒与醇儒，谓为真儒易，为醇儒难，康节、象山、阳明莫非真儒，醇儒非周、程、张、朱不能当。又谓李贽亦是慧资所集，诸书所著议论有过人处，但破人鄙滞，豁人胸眼，为益甚小，丧人廉耻，长人奸横，为损极大，故当深恶而严绝之。又谓王文成扫训诂，扫闻见，李贽遂欲扫道理，扫纲常，数十年来坏尽人心，杀身毁书，世教幸矣。又谓尊德性自有工夫，穷理方能见本心。又谓释教无益中国，乱世以释教持世。又谓道家失老子本意。又谓天主教大旨即上帝也，然画像而拜视上帝如一人，以崇礼为事，而全不知心性之说，浅陋远出佛氏下。其书大体醇正，极力守护儒学正统，故应列入儒家类。书中间有精妙之语，如谓人生正事乐事不过修身读书，然读书总是修身之助；又谓凡人学问最浅则易矜，稍深则渐歉，故有明暗浅深之意象；又谓载籍太多可忧，高科能文为不幸。然《清代禁毁书目四种》有《几亭全书》，又有《陈几亭集》，盖语涉违碍之故也。

此本据北京大学图书馆藏明崇祯年间刻本影印。

《客问篇》一卷　(明)吴易撰

吴易(？—1646)，字日生，号惕斋、朔清，吴江人。崇祯丁丑(1643)进士。生平事迹见《明季南略》。

书前有崇祯十五年(1642)李建泰序，称其好言王略，指掌天下事，于兵计尤长，计其综略时事，根本国谟，具贾生之治要，兼同甫之中兴。吴应箕序称其书备载救时之策、中兴之规。

此书一卷，凡十三篇，书首题《客问十三篇》，体例为客问主答，用疏议体。书末自称："裘则有领，纲则有纲，辑宁九有，式遏一方，鉴源洞委，以富以强，答大势第一；业广财生，事繁用费，具镜死生，爰酌利弊，蒿目匡时，拊髀心计，答经费第二；计商金粟，贾晁兵食，伯王之道，任上是亟，答屯垦第三；后彼鸿脂，濡此鹈味，卷起黄河，孰云其救，食寡用舒，庶消厥咎，答裁汰第四；盐□为利，自古伊然，变通厥道，日济时艰，遐哉刘晏，孰启斯贤，答中盐第五；两都相望，万国方朝，天出源水，以接全漕，启闭得理，嬉饱以遨，答通漕第六；军重摧锋，士负勇敢，简之炼之，相须以善，旌鼓方严，凯歌岂晚，答选练第七；鹳鹅鱼丽，异名同情，失利勿走，见便勿争，大将在阵，万人一身，答营阵第八；缥姚出塞，英卫专征，不资龙友，孰扫膻氛，草丰苑广，雪锦成群，答马政第九；刀开似水，枪腾若龙，火器雷动，石炮风从，练目练赡，技击称雄，答器艺第十；骄虏飙疾，坚重制之，百戢百胜，坚久相持，载法李靖，以正为奇，答车营第十一；贼号百万，四散而哗，计数分画，摧折槎枒，回军转战，净扫胡沙，答筭剿第十二；经世有本，节目依因，生聚教训，制事唯人，一権审令，肇赞中兴，答权任第十三。”

书后有嘉平下浣木雈拜手谨识，称其每一义成，辄于题下注一古人姓名，知其命笔取经，多本之古人，故能超轶时俗，以自成一家言云。又有清徐大桥跋，称文举人吴日生，于明亡之际，团练义兵，抗拒本朝南下之师，旋受擒戮。人为本朝有罪之人，书亦当今犯禁之书云云。又有陈去病跋、柳亚子跋，述得书始末。

此本据上海图书馆藏清抄本影印。

《三戍丛谭》十三卷　(明)茅元仪撰

茅元仪(1594—1640)，字止生，号石民，归安(今浙江吴兴)人。崇祯初以荐授翰林院待诏，寻参孙承宗军务，改授副总兵官，守觉华岛(今辽宁兴城菊花岛)，旋以兵哗下狱，遣戍漳浦而卒。著有《武备志》、《嘉靖大政类编》、《平巢事迹考》等六十余种。其书屡遭禁毁，散佚较多。《明史》不为立传，事迹略见钱谦益《列朝诗集小传》。

崇祯十年(1637)元仪自序，曰：“夫得志则行其道，不得志则托于言，言且不敢，而为闲为淡，为丛然，亦有所仰，裨明时者待他日忠义之士读而采之可也。”

元仪久历患难，深知用人之法，如曰：“相士者，当相于短处知其所以短，方可用其所以长。如只见其长，人孰能无短？一见破绽，便生不堪，至不遇者跌宕之至，几于尽掩本色，当面错过，往往而是，尤不可不着意也。”又曰：“凡得罪于君者，其位易复，即未复，而人情不忍冷暖，犹可自聊；得罪于相者，其人不去，无复敢推毂之人，非公不能为度外举动也。”又曰：“今之天下贫困不支，正如大家世族，不能经理，财竭于内，一朝外侮，益无所支。使纪纲之奴，得经理之法，破陈易新，将无化有，尚胜中家十倍。”又曰：“语言太快，未有不为祸者。”于读书治学亦有会心，如曰：“学问者止学一好样子，亦复何益?”又曰：“南唐周彬杜门读书，不事产业，其妻让之曰：‘君家兄弟皆力田，而独调玩故纸，以自困，宁有益耶?’‘调玩’二字大有意。”又曰：“诗、乐之分，始于汉，然未有甚于本朝者。汉人短歌原以入乐，唐乐府皆入管弦，宋词、元曲脱稿即播歌人，本朝诗词俱不可歌，唯填曲一线未绝耳。名家能之者少，此道愈分，去古愈远矣。”又曰：“今奴之射不如西虏。大率西虏射两矢，奴才得一耳，盖簇太重，不近不发，发亦迟钝。余尝以西虏步射东虏、东夷，无不披靡。史云女真弓力不过七斗，箭簇至六七寸，入不可出，非五十步不射，盖其习俗千年不变也。”

此书鲜见著录，殆世所罕觏。因书中颇涉干碍，故遭清廷禁毁。清杨凤苞《秋室集》卷一有《三戍丛谭跋》，称明之末造，御边平贼，未尝无才，奸人惎之，率不竟其用，国乃沦胥以亡云云。

此本据国家图书馆藏明崇祯年间刻本影印。

《野航史话》四卷　(明)茅元仪撰

茅元仪有《三戍丛谭》，已著录。

书前有元仪自序，称癸酉夏感奇疾，不复读书，尝以潘木公为质，知其宿痼，阴令小姬叩史事，无复条理，亦无义例，然每一论过，亦自快然，如吐喉骨云云。(《续修四库全书》第1133册第565页)书中又称：“余之著述被盗屡矣，故急急了小集，后世当亮此怀也。”

是书虽为一时兴到之论，亦偶有妙语。如论人曰：“凡用人者，务得其意。得其意之道，在不拘常格。拘常格，鲜有能用人者矣。”曰：“自古英雄未有不怜才，根于天性者。”曰：“邓肃自幼与李纲为忘年交，纲罢，肃上疏曰：‘纲学虽正而术疏，谋虽深而机浅。'二语足概纲生平，可谓知己矣。学正术疏，人所易知；谋深机浅，此前者所未发也。"论学曰："《隋志》曰：'淫蛙之音，能使骨腾肉飞。'此文笔亦有天际飞花之致。"曰："读书不详，古人通病。故建论弹驳，互争甲乙，俱在梦寐，如疑狱翻案，虽屡经谳决，生死殊轨，然皆不察初情，徒滋口舌。"曰："王安石经学，败于杨时，而成于王居正。时尝出所著《三经义辨》以示，谓曰：'吾举其端，子成吾志。'居正感励，首尾十载，为《书辨学》十三卷、《诗辨学》三十卷、《周礼辨学》五卷、《辨学外集》一卷。居正书既进，杨时《三经义辨》亦列秘阁，二书行，天下遂不复言王氏学。今王氏书与驳正王氏书俱不流传，亦千古一恨也。"曰："今当事者坚言西域历法精，愚未敢尽信也。"

此本据国家图书馆藏明末刻本影印。

《暇老斋杂记》三十二卷　（明）茅元仪撰

茅元仪有《三戍丛谭》，已著录。

此书三十二卷，四库未著录，亦不见违碍书目有其名。书前有元仪自序，称今日以后皆暇老之始，故以名斋，即以其时所记者，名曰杂记。（《续修四库全书》第1133册第595页）

元仪善于思考，长于持论，如论盛衰之理曰："易盛则易衰，极盛则极衰，地固有之，况于家国乎?"论宽猛之道曰："古之大手眼君臣，只是善因时以制宽猛而已。汉高之用宽，诸葛亮之用严，与我太祖之用严，皆法此也。"论学校分科曰："胡瑗苏湖之教甲于古今者，只以刑政实学分科而训。盖涵养渐摹，虽士人一生本业，然在学较政宜分科而治，乃得实际。此问礼问官之遗意，亦今士业一经之本指也。"主张高薪养廉："宋之公使钱即今之公费也。使客交际亦出于此。杭州七千贯，扬州五千贯，扬以为不足。今其额甚少，安得不取之民？愚以为欲责吏廉，则职田公费不可不增复也。"反对拟古："文章与时，今古虽气韵不宜下流，而声吻必难如一人言。优孟衣冠，我以为能为衣冠，并不能为面目也。老坡才极一时，驰骋百代，然其代侯公说项羽辞，拟孙权答曹操书，但觉如三家村女子权学时世雅装，愈增其陋耳。况下此者，而每言拟秦、拟汉，甚至公拟《短长》哉？亦太鄙矣。"书中精语极多，如曰："创业之时易建法，守成之中兴其复法难也。”曰：“儒者好持论，然苟非邪正之关，亦何必哓哓。理有两通，辩致层出，非不一番剥落，一番新倩，然究竟儿戏。”曰：“丈夫立名，非其本志，然以此绳人，非三代以后之道也。夫其事之成否，既有命矣，及其成也，而传与不传，又复有命焉。”曰：“字学、书学本为两家。字学当穷极谐会，搜剔偏点，书学则增减悼疏密，务合适妙。”曰：“谏官之气，汉唐不如宋盛。然盛者，衰之始也。苏子由曰：‘唯其小小得失之际，乃敢上章，讙哗而无所惮，至于国之大事，安危存亡之所系，则将卷舌而去，谁敢发而受其祸？’何其切中也。嗟乎！至于今日而更甚，盛者愈盛，而衰者亦愈衰矣。”曰：“人品自人品，事功自事功，恩怨自恩怨，是非自是非。因己之恩怨、人之人品，而概人之事功是非，俱非也。”曰：“人有言而终身能行其言者，必非常人也。”曰：“宋时西夏元昊与今努尔哈赤事极相类。”曰：“任子之法，本朝较之前朝可谓简矣，然患在其人之不可用耳。如可用，则正不患其多也。”曰：“事君之义，虽以报国为先，而报国之道，当以安身为本。若上下相忌，身自不安，危亡是忧，国何由报？此余坚守永退之本志也。”曰：“古人不妄作，作有不称，不自护短，不似今人以为无不佳也。”曰：“事之可为，必归于理之可通，然执理之可通，则凡极非盛德之事亦未尝无理可执。如前朝人君自加尊号，岂非至可笑之事？据一偏之理，不可以论事，而文人益宜致慎，无恣其才力，以使人不能夺当夺之言也。”曰：“鬻爵，非法也，然宁使之为钱谷管库冗员，何至玷辱清班，厕名图书之府乎？秘书，天地之精华，使目不识丁者冒较理之名，举世不以为怪，此足悲也。”曰：“自王、李文章创复古之论，一去靡颓之习，然以古名饰今事，识者每叹之。今日所为力追前汉者，仍踵其最唾弃之末宋也。”曰：“宋儒自推尊其学，每贬汉儒以张己帜。”曰：“儒家之说，常病穿凿。”曰：“宋儒之腐，其流弊可发一笑。”曰：“甚矣，汉儒遭宋儒而穷也。如扬雄、董仲舒辈以谈理者，既为考亭辈排挤，以攘其名。”曰：“汉儒说经尚有胶滞，何怪宋人益深高子之固乎？”曰：“自谱局废而谱学不明矣，此唐末即然。然胜国之初，诸儒尚以谙谱学为长，至于今而杳然绝矣。然其不得不绝也，亦势也。盖日愈远，言愈荒，而不足信，屡言之如嚼蜡，强人以无味，人不能垂涎也。”

此书有明崇祯刻本。此本据国家图书馆藏清光绪李文田家抄本影印。

《吹景集》十四卷 (明)董斯张撰

董斯张(1587—1628),原名嗣章,字然明,号遐周,乌程人。少负隽才,为同里吴允兆所许。长与吴门王亦房赓唱。晚病足,杜门著述,体清羸,自为《瘦居士传》行世。著有《广博物志》、《静啸斋存草》、《吴兴备志》诸书。生平事迹见钱谦益《列朝诗集》、董樵《遐周先生言行略》。

崇祯二年(1629)王德元序、凌义渠序、韩昌箕序。义渠序称其有意立言,沈敏自夙,排潘轹陆,所著《吹景集》者,特剩言耳。昌箕序称其书继《繁露》而作。卷一《朝玄阁杂语》四十则,如曰:“我辈与小人作缘,可谓崩山从壑,倒树缠草。”曰:“群蚁聚槐穴,谋瞰凤皇,亦何损千仞之翼,政费终日妄想。”曰:“深俗情者不可以入俗,执道念者不能以入道。道俗双澄,融然大觉。”曰:“有江湖之性,方可登魏阙;有黄虞之怀,方可游叔季。”曰:“临文不得作好丑心,入境不得作顺逆心,对物不得作憎爱心,抱病不得作生死心。”曰:“缀文不根六经,称诗不陶《三百篇》,所谓沿澜迷源,纵字句靡靡可听,呢喃燕语耳。”曰:“天下无不可为时但袖手,天下无一可为时方出手。圣贤作用,豪杰肝肠。”曰:“俗士万境,为名所驱,即狭邪之饮,山泽之游,强半名心,非关本性。天地一大梨园,古则昆山剧,今则弋阳扮也。”万历甲寅斯张跋称:“余秋暮入邓尉山中,丛桂未阑,鸟啼人寂,空楼高枕,偶有所怀,辄伸纸疾书之。一日夜积四十则,辞多游戏,殊鹿门之隐书,旨出牢骚,即琦玕之漫语。录置巾箱中,微知道之士,虽密亲不与示也。”于此可窥其大旨。

“博物信是难事”条曰:“余胸中有几卷书,辄敢生此狂语。年来觉百年一瞬,学古无涯,实见博物是一难事,但愿多读书,晚著书,向蠹鱼场中,与诸贤把臂共行,便是极乐国土。”非深知甘苦,不能为此言。书中颇讲考据,如“古诗多讹字”条能识其小,“《春秋》关华夷气运”条能识其大。“列子中杂萃”条称向疑《列子》杂魏晋人笔，其窜南华语者十之三。“星经剑录”条曰：“《星经传》汉甘石书，其叙须女四星有台州、婺州之目，与《尔雅》之零陵、长沙何异？《隐居刀剑录》载唐李章武名，又杨玉夫候织女苍梧憨态也，而移之升明帝。隐居尝以一事不知为深耻，乃居恒目击者反淆讹若斯哉？或谓隐居特好说剑，《真语》中所称尸解，盖剑术也。又云，但畜神剑，与之相随，十三年自能化形。好事者因附会之，成《剑录》一书云。”然“孔明能用《素书》”条竟不知《素书》为伪书。

胡朏明称其学贪奇炫博，何屺瞻亦称其引《海录碎事》、《事文类聚》，而不举本书，微染俗学。（王应麟：《困学纪闻（全校本）》卷八注，上海古籍出版社2008年版，第1047页。）然周中孚称此书惟卷一为《朝玄阁杂语》四十则，皆短章札记；《静啸斋呓》三十二则，皆禅说绪言；卷二以下皆考证古书，间为补注，且于古音古义亦颇诠释，援据精核，足资参考；间有舛误，周方叔《卮林》已为之申明云云。（《郑堂读书记》卷五十五，第898页。）

此本据山东省图书馆藏明崇祯二年（1629）韩昌箕刻本影印。此书又有清抄本两种，一藏国家图书馆，一藏浙江图书馆。

《谷帘先生遗书》八卷　（明）黄渊耀撰

黄渊耀（1624—1645），字伟恭，嘉定（今属上海市）人。南都亡，嘉定破，与兄淳耀自缢于城西僧舍。乾隆四十一年（1776）与淳耀通谥忠节。生平事迹见侯开国《文学黄先生传》。

书前有雍正五年（1727）邑后学秦立序，称康熙四十四年（1705）仲冬录于安亭张维垣家。（《续修四库全书》第1134册第133页）秦立《编辑绪言》称访廿余年，始得其手录稿本数册，编成此书，厘为八卷，悉遵各录小引之意。《荐诚录》三卷，皆平日读书穷理，深造自得，及父兄师友互相砥砺之言，随时札记者。《自怡草》一卷，为古今体诗，可见其性情之正、学养之纯。《鹤鸣集》二卷，皆先生所辑鸾言，发明六经四子之旨，可与宋五子书相会通。《拈花录》一卷、《玉版录》一卷，旧附《鹤鸣集》后，依次编列空空于释部，核元元于道流，各有具诠，同归正教，统《鹤鸣集》观之，三教圣人之蕴俱在其中。

崇祯癸未（1643）黄淳耀序称约同志诸子为直言社，凡十四人，每月一叙，叙则各出日记相质，自日用酬酢外，读书所得及所闻先儒格论、同侪法言，各随其所自得，书之显自事为微之至心术之闲，诚伪出入，互相纠绳，不少假，故谓之直言，而渊耀涤荡湔洗，日益进于光明，诸君子皆以畏友目之。此辑向日日记粹言录为一编，取《易》闲邪存诚之义，名曰《存诚录》。复录其粹者，厘为二卷，一曰《拈花录》，一曰《玉版录》，大旨悉与儒家相表里。学者观其会通，皆可有得，慎勿以谭空核元歧视之云云。

论曰："学人读书，先明其理。不明其理，有甚济事？"（《续修四库全书》第1134册第176页）曰："佛在何处？在人心中。心在何处？在人身中。身在何处？在天地中。中在何处？在无无中。无是何物？廓然洞然。"（《续修四库全书》第1134册第189页）曰："三教无二旨，归根属一家。佛氏明心见性，即玄门复命还丹之诀。"（《续修四库全书》第1134册第202页）于此三条可见其大旨。

此本据中国科学院图书馆藏清雍正五年（1727）刻本影印。

人文新论

学鉴

中华传统道德及其传承

◎杨 华

道德是一种社会意识，是调整社会关系的价值规范，也是个人在社会中立身处世的行为准则。人类各民族文化之间，存在着一些共同的道德标准；也有一些道德标准是一个民族文化的独特产物，它们与当时当地的生产生活规范密切相关。近五千年的文明发展历程，铸就了中华民族完备的道德体系和丰富的道德内涵，今天，如何传承这些道德内涵，如何将其转化为当今道德建设的有益资源，既是相当现实的研究课题，也是极为迫切的时代使命。

一、中国历来是尊崇道德的国家

中华民族是一个重视道德的民族。在近五千年的文明历史中，形成了自己独特的、完整的道德体系。“德”字已见于商代甲骨文，“道”字已见于西周金文。西周初年，开始告别商人的“敬天法祖”，转向“敬德保民”的政治理念。

甲骨文中已出现“德”字，但数量较少。金文中“德”字已相当常见，估计有上百条。金文中对“德”字的常见说法，有“政德”、“懿德”、“纯德”、“先王之德”等，周人常常把“秉明德”、“秉德恭纯”、

“克哲厥德”、“敬顺天德”作为贵族行为高尚的赞美之词。最有代表性的是近年公布的豳公盨(或读为豳即邠，或读为遂)，这件青铜器的年代据说是西周中期偏晚的孝王或夷王时期，其铭曰：

天命禹尃(敷)土，随(堕)山浚川，乃差地设征，降民监德，乃自作配飨民，成父母，生我王作臣。厥贵唯德，民好明德，寡(顾)在天下，用厥邵好，益吁懿德，康亡不楙(懋)。孝友，于明巠(经)齐，好祀无废。心好德，婚媾亦唯协。天厘用考，申复用福录(禄)，永孚(保)于宻(宁)。豳公曰：民唯克用兹德，亡诲。①

铭文先讲大禹治水的故事，随后讲到君主和官吏要有德于民，顾念天下，而百姓也要勤谨祭祀、孝顺父母、友善兄弟，通篇铭文中共有6处出现“德”字。这是西周德治观念的明证。这些说法，与《尚书》等文献中的记载大致相近。

如果把轩辕黄帝的“修德振兵”、唐尧的“公正无私”也算作信史的话，那么，中国人的道德实践可以上溯更远。可以说，中华民族是一个道德观念和道德建设早熟的民族。

中国历代统治者都主张以德立国、以德治国。相传大禹时就有“德惟善政，政在养民”的治国理念。② 孔子首先概括出“为政以

---

① 关于此青铜器的学术前史，可参见李学勤《论豳公盨及其重要意义》、裘锡圭《豳公盨及其铭文考释》、朱凤瀚《豳公盨铭文初释》、李零《论豳公盨发现的意义》，俱载《中国历史文物》2002年第6期。另，饶宗颐《豳公盨与夏书佚篇〈禹之总德〉》、周凤五《豳公盨铭初探》、罗琨《豳公盨铭与大禹治水的文献记载》、沈建华《读豳公盨铭文小札》、张永山《豳公盨铭“随山浚川”考》、江林昌《豳公盨铭文的学术价值综论》，俱载《华学》第六辑，北京：紫禁城出版社2003年6月版。还有其他相关论文，例如：李零《三代考古的历史断想——从最近发表的上博楚简〈容成氏〉、豳公盨和虞逑诸器想到的》，载《中国学术》第十四辑(2003年第2辑)，北京：商务印书馆2003年版；连劭名：《豳公盨铭文考述》，载《中国历史文物》2003年第4期。此处综合了诸家说法。

② 《伪古文尚书·大禹谟》。

德”四个字,① 他认为道德建设对于国家政治最为重要，它如同天空中的北极，其他治国之术只是拱卫北极的星辰而已。儒家认为，要取得天下四方的认同，强兵富国、穷兵黩武并非上策，而应当“修文德以来之”。② 这才是真正的“王道”。汉初的贾谊将它归纳为“怀柔附远”。③ 汉代以孝治天下，开始以“孝廉”的名目铨选人才，后代多有沿用。北周时，年仅十来岁的苏世长读《孝经》、《论语》，当周武帝问他这两部书的要义时，他总结说，《孝经》的关键词是“为国者不敢侮于鳏寡”，《论语》的关键词是“为政以德”。④ 他的回答得到了当政者的首肯，说明统治者的治国理念从来没有离开过道德建设。几千年来没有一个朝代公开否定或者反对以德立国的，正如董仲舒所说，“以德为国者，甘于饴蜜，固于胶漆”。⑤

历代对于官吏的铨选和考评，都以道德为先。中国的官吏选任制度，经过了世袭、察举、科举等几个阶段，但无论哪种方式，都把道德的美善作为选人的首要标准。西周选任时重视“六德”、“六行”和“六艺”,⑥ 德居其首。汉代以“四科取士”，这四科都要求有“孝悌廉公之行”，而“德行高妙”是其中的第一科。隋唐科举考试实行后，从身(体貌)、言(口才)、书(书写)、判(律法文理)四个方面来加以考核，四者通过后再考察其道德水准，“四事皆可取，则先以德行，德行均以才，才均以劳”。⑦ 由此看来，历朝选官用人时，所考察的大致都是德、行、才、劳几个方面，其中道德排在首位。曹操时讲“惟才是举”、南北朝时以门第取士，这并不是中国古代选官制度的常态。

不仅是官吏的选拔，官吏的考核也十分重视德行。唐代考核的内容和标准主要是“四善”和“二十七最”，“四善”指“德义有闻，清

---

① 《论语·为政》。

② 《论语·季氏》。

③ 《新书·无蓄》。

④ 《旧唐书》卷75《苏世长传》。

⑤ 《春秋繁露·立元神》。

⑥ 《周礼·大司徒》。

⑦ 《通典·选举》。

慎明著，公平可称，恪勤匪懈”，这都是道德指标。清朝考核官员采取“四格八法”，“四格”指守（操守品行）、才（执政能力）、政（政绩）、年（年资和健康）。道德品行端正与否，是能否续任或升迁的首要条件。历代的朝政官员和地方循吏，都以“德惠于民”作为执政的最高境界；那些被革职或弹劾的贪官恶吏，大多与其道德败坏有关。

中国历代的统治者在安定社会、统一人心时，都非常重视道德教化。孟子说：“君子之德风，小人之德草，草上之风必偃。”①统治者和上层社会若具有良好的道德素养，无疑会对下层民间社会形成道德示范作用。对官吏的道德教育和道德感化，可从中国古代的一种独特的文体“官箴”中得到反映。这类文字专门用来劝告官吏遵守官德，廉洁自律，其历史甚至可以上溯至秦朝。睡虎地秦墓出土有题为《为吏之道》的竹简文字，要求官吏行“五善”：“忠信敬上，清廉毋谤，举事审当，喜为善行，恭敬多让。”②类似的文献，在其他秦简中也有发现，例如，江陵王家台秦简和岳麓书院所藏秦简，前者自名为《政事之常》，后者则被整理者直接取名为《官箴》。③ 历代官吏喜欢总结一些简要、关键的为官要诀作为座右铭，来时时提醒自己，其中最常见的是“清、慎、勤”三个字，清朝各地的衙署讼堂都挂着写有这三个字的匾额。④ 这表明，历代王朝管理庞大的官僚队伍时，施以道德教化与法律惩戒并行共用的方法。

向平民百姓推行道德教化更是历代为政者的首要政务。实际上，儒家向来主张“德主刑辅”，反对“不教而诛”。⑤ 历代统治者也宣称，道德礼教是教化百姓的根本，刑罚威杀只是不得已而用之

---

① 《孟子·滕文公上》。

② 睡虎地秦墓竹简整理小组：《睡虎地秦墓竹简》，北京：文物出版社1990年版，第168～169页。

③ 王明钦：《王家台秦墓竹简概述》，转引自邢文、艾兰编：《新出简帛研究——新出简帛国际学术研讨会文集》，北京：文物出版社2004年版，第39～43页。陈松长：《岳麓书院所藏秦简概述》，载《文物》2009年第3期。

④ 赵翼：《陔余丛考》卷27《清慎勤匾》，北京：中华书局1963年版，第569页。

⑤ 《论语·尧曰》、《荀子·富国》。

的辅助工具。康熙皇帝就曾说过“以德化民，以刑弼教”的话。自秦汉建立“大一统”国家之后，历代朝廷都致力于“移风易俗”，即进行全国社会风尚的规整工作，所采用的手段就是礼乐教化。孔子说：“移风易俗，莫善于乐。”①相对于刚性的刑罚而言，礼更能深入人心，形成道德自律：“道(导)之以政，齐之以刑，民免而无耻；道(导)之以德，齐之以礼，有耻且格。”②用政治和刑罚来管理社会，人们会规避犯罪，巧诈苟免，但是心无愧耻，难以形成自律；相反，用礼制和道德来教化百姓、管理社会，将会收到事半功倍之效。可以说，这是对道德的社会功能的准确把握。历代正史都有为良吏、循吏立传的传统，读他们的传记会发现，教化百姓、规整风俗是他们上任伊始的头等大事。

道德观念深深地影响了古人的终极追求和日常生活。孔子开创私学，分为德行、政事、文学、言语四科，其中德行居于首位。他提出，“志于道，据于德”,③ 把道作为追求的目标，把德作为立身的依据。古人有所谓“三不朽”：“太上有立德，其次有立功，其次有立言。”④相对于建功立业、著书立说而言，修养人格、积德行善是更高的境界。《礼记·文王世子》谓，上古“取贤敛才”时，也是从此三方面来加以考论：“或以德进，或以事举，或以言扬。”德行、事功和言语三项，正是孔门四科的主干，如果抛开传授本学派经典的文学科不论，孔儒一派正是从这三个方面来塑造君子人格的。士大夫讲修身、齐家、治国、平天下，修身居首。将修身落实到个人的日常生活，就是遵礼。“非礼勿视，非礼勿听，非礼勿言，非礼勿动”,⑤ 这是颜回向孔子请教如何“为仁”时乃师的回答。可见，如果视听言动都按照礼的规范来进行，便是一个有仁德的人。这种尊礼为仁的修持功夫，贯穿于中国古代的家庭教育、学

① 《孝经·广要道章》。
② 《论语·为政》。
③ 《论语·述而》。
④ 《左传·襄公二十四年》。
⑤ 《论语·颜渊》。

校教育和社会约束中。中国古代具有大量的蒙学读物(如《三字经》《千字文》《幼学琼林》《弟子规》等)、家礼(如《司马温公书仪》《朱子家礼》等)、家训(如《诫外甥书》《颜氏家训》《袁氏世范》《朱子家训》《朱伯庐治家格言》等)、乡规民约(如《蓝田吕氏乡约》《南赣乡约》),这些文本都承载了道德训诫的功能。

宗教对于中国人的道德教化作用也不可忽视。古人相信,“德厚者流光,德薄者流卑”,① 道德修为之厚薄,直接影响到个人及其家族事业的流传长短。这种因果逻辑,在佛教传入、道教建立之后得到极大的强化,“诸恶莫作,诸善奉行”、“勿以恶小而为之,勿以善小而不为”之类的信条,② 成为人尽皆知的道德底线。在民间,明清时期流行过大量的“善书”,如《阴骘文》《太上感应篇》之类,它们主要宣扬因果报应、孝敬父母、和睦家庭、友善邻里、急公好义之举,其精义三教融合,已经分不出儒释道了。

由以上文化传统塑造出的中国民众,无疑是富于道德精神的国民;注重道德规范和道德建设的礼仪之邦,实际上就是一个道德国家。对此,诸多先贤都有论述,梁漱溟先生的中国“以道德代宗教”说、“以伦理组织社会”说,③ 极为典型。

二、中国古代具有丰富的道德资源

中华民族所重视的道德,是一个庞大的价值体系,它经过几千年的历史积淀和思想凝练,不断丰富,渐臻完备,其中一些道德条目的文化内涵随着历史的演进也在发生变化。

古人认为,“道德皆有分域,小大殊名”,④ 不同的德行分属于不同的领域。所以,古人在叙述时,常常用三德、四德、五德、六

① 《谷梁传·僖公十五年》。

② 《三国志》卷32《蜀书·先主传》,裴注。

③ 梁漱溟:《中国文化要义》第六章“以道德代宗教”,上海:学林出版社1987年版,第95~123页。

④ 《礼记·曲礼》,孔疏。

德、八德、九德等名目来概括他们心目中的道德。

三德。“三德”之说，见于《尚书》的《洪范》和《吕刑》两篇，① 根据孔传及其他注解，这“三德”指刚、柔、正直三种品行。东汉的陈宠、宋代的司马康在写政论时，都是用的这个概念。② 关于“三德”，还有其他的定义。《周礼·师氏》载，师氏之职是“以三德教国子”，他教育贵胄子弟的三种品德分别是：至德(中和中庸)、敏德(仁义顺时)、孝德(尊祖爱亲)。据《国语》所载，春秋早期的富辰在向周襄王进谏时，把仁、义、祥视为“三德”。③ 孔子说，君子应具备仁、智、勇“三道”：“仁者不忧，智者不惑，勇者不惧。”子贡认为这是他的“夫子自道”。④《中庸》认为这三者是“天下之达德”，即不因时代和族群而改变的通德。到了唐代，玄宗封禅泰山时在山顶刻有著名的《纪泰山铭》，辞谓：“朕惟宝行三德，曰慈、俭、谦。”可见他的“三德”是慈、俭、谦三种品性。此外，也有把“三才”作为三德的，新近公布的上海博物馆藏战国楚简有《三德》篇，首句就说：“天供时，地供材，民供力，明王无思，是谓三德。”⑤天地人三才的说法，多见于上古典籍，似与今人理解的道德观念无关。

四德。“四德”之说，见于《左传》，秦国饥荒，向晋人借粮，晋人不与，晋国大夫庆郑就批评其国君违背了亲、仁、祥、义四德。⑥ 然而，同一部文献中对“四德”又有多种说法，比如，以庸勋、亲亲、暱近、尊贤作为四德，⑦ 以固(置善)、顺(事长)、孝(立爱)、安(结旧)作为四德，⑧ 以仁、信、忠、敏作为四德。⑨ 而

① 《洪范》：“乂用三德。”《吕刑》：“惟敬五刑，以成三德。”

② 《后汉书》卷46《陈宠传》，《宋史》卷342《王岩叟传》。

③ 《国语·周语中》。

④ 《论语·宪问》。

⑤ 马承源主编：《上海博物馆藏战国楚竹书》，上海：上海古籍出版社2005年版，第1页。

⑥ 《左传·僖公十四年》：“背施无亲，幸灾不仁，贪爱不祥，怒邻不义。”

⑦ 《左传·僖公二十四年》。

⑧ 《左传·成公九年》。

⑨ 《左传·文公六年》。

据《国语》的记载，春秋早期又有把精、忠、礼、义视为“四德”的说法，① 也有把忠、仁、信、义视为“四德”的说法。②《周礼》中则把女子的妇德(贞顺)、妇言(辞令)、妇容(婉娩)、妇功(丝枲)作为四德。③ 以管子为代表的齐国政治家认为，“国有四维”，即礼、义、廉、耻，一个国家缺少了这四种道德，国家就会危亡覆灭。④孟子提出著名的“四端”说，把儒家的道德理论推向一个新高度，他认为人生来就必然具备四种本性，即恻隐之心、羞恶之心、恭敬之心和是非之心，这四者分别是仁、义、礼、智的起源。⑤ 而且，仁义礼智是“根于心”的，这与他的性善论直接相关。《管子》的“四维”和《孟子》的“四端”，对于后代构筑中国传统的道德体系，起到了关键作用。

五德。子贡曾说，孔子具备温、良、恭、俭、让五德，并借此五德而游历诸国，参与各国政治。⑥ 虽然孔子说过，能行恭、宽、信、敏、惠五德，可以算作“为仁”，⑦ 但在《论语》中找不到后世所谓“五常”的直接材料。“五常”之名，在《尚书》《礼记》《庄子》等文献中已有所见，但一般指的是五材或五行，即金、木、水、火、土。用“五常”指人之德性，当首见于汉初，陆贾说：“天道调四时，人道治五常。”⑧但此处的“五常”，是否就是后来所说的仁、义、礼、智、信，并没有确切证据，有学者就认为是指“父义、母慈、兄友、弟恭、子孝”。其后不久，贾谊说：“人有仁、义、礼、智、信之行。”⑨董仲舒在“天人三策”中首先说：“仁、义、礼、

① 《国语·周语上》。
② 《国语·周语上》。
③ 《周礼·九嫔》。
④ 《管子·牧民》。
⑤ 《孟子·告子上》。
⑥ 《论语·学而》。
⑦ 《论语·阳货》。
⑧ 《新语·术事》。
⑨ 《新书·六术》。

智、信五常之道，王者所当修饰也。”①汉武帝独尊儒术后，以“五常”来指代这五种德性，便成为主流话语。汉代经学的集成文献《白虎通义》明确解释道：“五常者，何谓？仁、义、礼、智、信也。”②可见在当时已是经学定论。值得注意的是，1970年代马王堆汉墓中出土了帛书《五行》篇，1990年代郭店战国楚墓出土了竹简《五行》篇，两篇文献都将仁、义、礼、智、圣谓之“五行”。③这两篇文献从战国到汉初，一脉相承，印证了荀子关于子思、孟子“案往旧造说，谓之五行”的批评，④ 说明战国时期的思孟学派已经开始将金木水火土的“五材”，与仁义礼智圣的“五德”结合起来。战国思孟学派的“五行”说，与董仲舒及其后的“五常”说，仅一字之差(一作圣，一作信)，二者之间是否有渊源关系，还需论证。

六德。西周的大司乐负责“以乐德教国子”，他教的“六德”是：中、和、祇、庸、孝、友，⑤ 这是西周贵族子弟的基本道德修养。而教化万民和选任官吏所用的“六德”又与之略有不同，分别是智、仁、圣、义、中、和。⑥ 汉代贾谊说德有“六理”“六美”，“六理”指道、德、性、神、明、命，“六美”指道、仁、义、忠、信、密。“道者德之本也，仁者德之出也，义者德之理也，忠者德之厚也，信者德之固也，密者德之高也。”⑦

八德。宋元时期，在《管子》“四维”的基础上，又增加一些德目，形成“八德”，即孝、悌、忠、信、礼、义、廉、耻，或谓之“旧八德”。进入近代，康有为、梁启超等维新派和孙中山、蔡元培等革命派都认为，面对东西方列强的文化压迫，中国人必须改变德性，重建新道德，于是提出以忠、孝、仁、爱、信、义、和、平

---

① 《汉书》卷56《董仲舒传》。

② 《白虎通义·情性》。

③ 庞朴：《帛书五行研究》，济南：齐鲁书社1980年版。魏启鹏：《简帛文献〈五行〉笺证》，北京：中华书局2005年版。

④ 《荀子·非十二子》。

⑤ 《周礼·大司乐》。

⑥ 《周礼·大司徒》。

⑦ 《新书·道德说》。

为主干的道德条目，或谓之“新八德”。据说，中华民国的青天白日满地红国旗上，其“白日”之外有十二道光芒，它的象征含义之一为“四维”加上“八德”：礼、义、廉、耻、忠、孝、仁、爱、信、义、和、平。

九德。《尚书·皋陶谟》中提到“行有九德”：“宽而栗，柔而立，愿而恭，乱而敬，扰而毅，直而温，简而廉，刚而塞，强而义。”文中又说“三德”和“六德”分别加以实行，可见“九德”是可以拆分的。据说孔子平时“温而厉，威而不猛，恭而安”，便是后人拿“九德”中的“三德”来衡量他的。①

现代学者也对传统道德进行了多种概括总结。如张岱年先生提出新“九德”说：公忠、仁爱、诚信、廉耻、礼让、孝慈、勤俭、勇敢、刚直。② 罗国杰先生把中国传统的道德规范分作20个德目：公忠、正义、仁爱、中和、孝慈、诚信、宽恕、谦敬、礼让、自强、持节、知耻、明智、勇毅、节制、廉洁、勤俭、爱物、敬业、礼仪。③ 类似的划分还有不少。

由以上简单梳理可知，中国古代关于德目的说法非常庞杂，有的甚至互相矛盾。究其原因，大致有三：

第一，中国古代学派林立，思想家众多，自然观点纷呈。加之，历代文献记载散乱，史料缺乏系统性，要进行理论复原十分困难。

第二，关于道德的学说，随“道”历史的演变而代有新义，往往造成不同时代之间的语义分歧，甚至混乱。

第三，更重要的原因是，古人叙述时界说不明，往往将“德性”与“德行”混用，今人理解时难于把握。所谓“德性”，指道德原则；④ 所谓“德行”，指道德行为。古人把前者简称为“德”，后者

---

① 《论语·述而》。

② 张岱年：《试论新时期的道德规范建设》，载《道德与文明》1992年第3期。

③ 罗国杰主编：《中国传统道德》，北京：中国人民大学出版社1995年版、2012年版。

④ 《中庸》：“君子尊德性而道问学。”郑注：“德性，谓性至诚者。”

简称为“行”，“在心为德，施之为行”。① 简本和帛书本《五行》都说：“行于内谓之德之行，不形于内谓之行。”可见，德与行是一内一外的对应关系。在周代，与“三德”对应的是“三行”，与“六德”对应的是“六行”。例如，大司徒除了向平民传授“六德”之外，还要传授“六行”（孝、友、睦、姻、任、恤）和“六艺”（礼、乐、射、御、书、数）。② 可以说，“六行”是实现“六德”的方式和途径，而“六艺”则是更加外在的手段了。再如，就在前述富辰视仁、义、祥为“三德”的同时，卫国的甯庄子却把礼宾、亲亲、善善视为“三德”，显然，前者是就德性而言，后者是就德行而言。③ 富辰还曾以“七德离叛”来劝谏周襄王，其“七德”指尊贵、明贤、庸勋、长老、爱亲、礼新、亲旧，④ 显然，这也是七种操作性的治国方略，即德行，而不是德性。总而言之，中国古代常说的“三纲五常”中，“五常”是德性，“三纲”是德行。

中国文化是伦理型文化，古人在论述德性和德行时，大多据于人伦而言。春秋时期的“五教”，揭示了这五种家庭人伦关系的道德定位：“父义、母慈、兄友、弟恭、子孝。”⑤这五种德性基本概括了所有的家庭伦理。然而，除了具有血缘关系的家庭人伦之外，还有其他一些社会关系也必须加以考虑，为此，中国古人发明了著名的“五伦”，即君臣、父子、兄弟、夫妇、朋友五种关系。孟子对五伦的总结是：“父子有亲，君臣有义，夫妇有别，长幼有序，朋友有信。”⑥《礼记》又对之加以扩充，成为五对十目：“父慈、子孝，兄良、弟悌，夫义、妇听，长惠、幼顺，君仁、臣忠。”⑦文献中把这十种谓之“人义”，可以说，它是人世间所有人际关系的全面概括，世界上任何民族的人际关系也无不如此。将“五伦十义”

---

① 《周礼·师氏》，郑注。
② 《周礼·大司徒》。
③ 《国语·晋语四》。
④ 《国语·周语中》。
⑤ 《左传·文公十八年》、《国语·郑语》。
⑥ 《孟子·滕文公上》。
⑦ 《礼记·礼运》。

学说视为中国对于世界文明的一大贡献，并不为过。

然而，道德的涵盖范围并不仅仅限于人际关系，人与社会、人与自然的关系也是道德所应当协调的。有一个词可以概括所有这些道德范畴，那就是“彝伦”。《尚书·洪范》载，周武王初得政权，向殷商遗臣箕子请教为什么“天阴骘下民”，使得天下“彝伦攸叙”。箕子的回答是，当天下和谐、万民认同时，就是“彝伦攸叙”，反之就是“彝伦攸斁”。为了实现“彝伦攸叙”，箕子建议周武王要注意五行、五事、八政、五纪、皇极、三德、稽疑、庶征、五福、六极。这十条原则包括如下几部分内容：

第一，掌握好个人的生命、德行和为人处事。包括：个人生命的特征，如五福（寿、富、康宁、好德、终命）、六极（凶短折、疾、忧、贫、恶、弱）；人际关系的原则，如三德（正直、刚、柔）；为人处事的原则，如五事（貌、言、视、听、思）。

第二，管理社会的方法，如八政（食、货、祀、司空、司徒、司寇、宾、师），皇极（君王统治的帝王术），稽疑（决疑占卜的顺序）。

第三，观察和顺应自然界的技巧，如五纪（岁、月、日、星辰、历数），五行（金、木、水、火、土），庶征（雨、旸、燠、寒、风等）。

正如顾炎武所说，彝伦不仅仅是孟子所说的“人伦”，它还包括社会、自然的种种规范，是“天、地、人之常道”，它“能尽人之性，尽物之性，可以赞天地之化育”。① 前人也常用“日用彝伦”（朱熹语）、“道德彝伦”（陈独秀语）来概括一切道德规范。

总之，中国传统的道德伦理既包括人伦关系，也包括人与社会、人与自然的关系。当谈到这三种关系时，儒家之外的释、道、法、名、墨、阴阳等九流百家，都有精深广博的思想内涵；而且，在精英文化之外，中国古代民间文化中也有丰富的道德传承和道德实践。将中国传统道德仅仅简化为儒家伦理，甚而仅仅简化为“三

① 顾炎武：《日知录》卷二《彝伦》，黄汝成集释，秦克诚点校，长沙：岳麓书社1994年版，第55页。

纲五常”“四维八德”这几个字，显然不够全面。

三、对传统道德应采取“三分法”

道德具有连续性和继承性，今天的道德建设离不开传统文化，离不开传统道德，不能割断历史，否则，就会陷入历史虚无主义。

然而，中国传统文化博大精深，古代的道德体系宏富驳杂，它们是否都能与当今中国的现实生活相适应？换言之，中国传统的道德观念能否与当今社会相协调？能否转化为当今社会的价值观？这需要采用历史主义的“三分法”，分层次、分类型加以梳理。

第一，传承和弘扬。某些超越时间和空间的传统美德，是中华文明的精华，能够适应当今中国国情，与人类共通的价值观也可以相互通约，应毫不犹豫地加以传承和弘扬。

中国历史上影响最大的道德规范，是仁、义、礼、智、信“五常”。它们是中华民族的优良道德传统，对其基本精神应当予以弘扬，并将其作为今天道德范畴的主干。“仁”讲大爱，强调“己所不欲，勿施于人”，这是为人处世的伦理底线。除了“仁民”之外，还要“爱物”，以及理学家的“民胞物与”，这是将爱的范围扩延至包括动植物在内的所有生态系统，是极其宝贵的精神资源。“义”讲公平正义，无论从政从商，都必须维护仁义、礼义、道义、信义，即尊崇全社会公认的普遍价值观，重义轻利，先义后利。“礼”讲规范，通过礼仪、礼典、礼法、礼辞等外在规范，把仁爱之心和谦恭之道具体化，让社会有秩序，让心灵有安顿。“智”讲明察，通过博学、审问、慎思、明辨、笃行等功夫，向善去恶，行是远非。“信”讲诚信，为人处世要弃诈绝伪，以诚待人，信以用事，交友、经商尤其要“谨而信”。

除了以上“五常”之外，还有一些道德内容在今天也值得继承，比如忠于职守、保持气节、孝敬父母、尊师重教、尊老爱幼、克己修身、廉洁自律、乐善好施、和而不同、勤俭节约、吃苦耐劳等德性或德行，都必须大力弘扬，使之成为当下价值观的组成部分。

这些优秀的传统美德，对于克服当今社会中的种种社会病，具有现实意义。例如，克己修身、廉洁自律、忠于职守的个人操守和职业道德，可以教育那些没有道德底线的贪官、庸官；慈敬孝悌等家庭伦理，可以警醒那些家庭不睦的父母和永远长不大的“啃老族”；重义轻利、诚信为本的道德观，可以针砭那些重利轻义、不择手段攫取财富的不良商人；吃苦耐劳、勤俭节约的道德品格，可以校正一夜暴富、好吃懒做的投机心理；谦逊礼让、甘为人梯的奉献精神，则有助于培养集体主义情怀，成就共同事业。

第二，否定和批判。中国传统文化和传统道德观念，毕竟根植于农业文明，它们与工业文明，与现代和后现代社会并不完全协调，部分内容也与人类共通的价值观背道而驰，成为当代社会发展的阻力，应当坚决予以批判和摒弃。

如果说“五常”的基本内涵具有合理性的话，那么“三纲”则必须加以批判。孔子提出“君君、臣臣、父父、子子”,① 并把它作为治国的要诀。但在早期儒学思想中，这种人伦关系都是双向互动的，君义与臣行、父慈与子孝、兄爱与弟敬，春秋时期谓之“六顺”。②《礼记·礼运》说，父慈与子孝、兄良与弟悌、夫义与妇听、长惠与幼顺、君仁与臣忠，互为前提，所以，孟子说：“君之视臣如手足，则臣视君如腹心。君之视臣如犬马，则臣视君如国人。君之视臣如土芥，则臣视君如寇仇。”③君主对臣不义，臣民有天然的理由推翻之。可是到了汉武帝、董仲舒“独尊儒术”后，“三纲”演化为单向的服从性道德：“君为臣纲，父为子纲，夫为妻纲。”④历代统治者和官方意识形态对这种单向度的服从性道德最为受用，曾大加提倡，宋明理学的“饿死事小，失节为大”更是以“礼教”的形式将其推向极致。对此，近代思想家早已指出其悖逆孔儒原义和荒谬不经，今天更应当摒弃。

第三，扬弃和转换。中国传统文化中有些道德观念，在古代曾

---

① 《论语·颜渊》。
② 《左传·隐公三年》。
③ 《孟子·离娄下》。
④ 《白虎通义·三纲六纪》。

经起过重大作用，但随着时代的变化，其内涵已然发生变化，在当今社会中只具有部分的合理性，对之，既不能全盘肯定，也不能全盘否定，必须采取辩证“扬弃”的态度，即首先进行分析和剥离，克服或抛弃其有害的部分内涵，然后再对其他有益的内涵加以保留和弘扬。还有些内涵则需要进行重新诠释和转换，赋予新内涵、新活力，才能与当下的价值观相协调。

“四维八德”在历代都被视为国之大维，“五四”新文化运动以来，学术界和思想界曾对这些道德信条进行批判，认为是束缚古代劳动人民的精神枷锁，今天看来，这些认识显然过于简单片面，必须重新审视。例如，忠、孝二目有其腐朽愚昧的内涵，“君要臣死臣不得不死，父要子亡子不得不亡”，把单向度的忠孝观念推向极致，“二十四孝”中有些“愚孝”（如“郭巨埋儿”、“卧冰求鲤”、“黄香暖席”）就是对儿童人权的不尊重，甚至是对儿童生命的戕害，鲁迅先生当年就曾作过激烈的批评。然而，如果根据现代社会的具体现实对其内涵进行重新诠释和转换，则可以成为新道德、新风尚。目前各地出现了不同版本的“新二十四孝”，包括赡养父母安度晚年、平时给父母打电话、过节回家看望父母、教会父母使用电脑等力所能及又不失温情的行为，就是有益的尝试。至于孝道在养老事业、刑犯改造等方面所起的作用，更是多多。又如“忠”道，如果摒弃古代对君主、对主人带有人身依附特点的“愚忠”，而转化为忠于个人信念、忠于爱情、忠于本职工作、忠于所属企业、严守行业机密等内涵，则对现代社会的建设意义是不言而喻的。

在摒弃必须批判的部分，剥离应当扬弃的部分之后，那些值得弘扬、可以转换并能赋予新义的内容，就是我们所谓的“中华传统美德”。

当今中国正处于社会转型时期，农业社会、现代和后现代社会的诸多元素交织在一起，经过几代人的努力，中国公民的道德水平正在提高，社会上涌现了大量“感动中国”的人物，他们的事迹一次次震荡着人们的心灵。然而，不可否认的是，当前全社会的道德现状仍然深堪忧虑。轻而言之，是出现了前所未有的多元、多样和多变的复杂情况；重而言之，则是出现了较大幅度的道德滑坡，贪污腐败、诚信缺失、玩忽职守、奢侈浪费、人情冷漠、拜金主义、物欲横流、假冒伪劣等道德顽疾，几乎达到了人神共愤的程度。

为此，在推行法制建设的同时，道德建设也迫在眉睫。建设和完善新时期的职业道德、社会公德、家庭伦理、个人修养、环保意识，既要发挥政府和社会的主导功能，也要激发每个公民的使命意识。传统文化是全民族的精神家园，更是滋养每个公民心灵的深厚土壤。当我们诵读中华传统美德的格言警句，重温历代大德圣贤的美德故事时，敬仰追慕之心、克己自律之意便会油然而生，这正是我们践行中华传统美德、提升个人道德水准、培养社会新风的起点。

“德不孤，必有邻”,① 人皆遵德守道，全社会必然形成一种正能量。

① 《论语·里仁》。

文化创造

学鉴

创新与创造
——中国传统文化现代化的思考

◎师　领

鸦片战争不但以武力征服了中国，而且更严重的是打垮了中国人的精神脊梁。一个没有文化所托的民族，就如一个因死了爹妈而无家可归的孤儿，命运是悲惨的。从那时起，一代又一代中国人前赴后继，寻找着中国人能够赖以安身立命的精神家园，也就是寻找着中国传统文化的现代化出路。

假如固守中国传统文化，并且完全拒绝接受任何外来先进文明，最终落后挨打、亡族亡国则是其必然结局，鸦片战争已经是血淋淋的明证。当一个古老的民族，面对着扑面而来的外来先进文明，面对着汹涌澎湃的世界大潮，面对着如此凶险的民族生存环境，不能以一种积极的、开放的心态来迎接挑战，而像一个被抛弃了的孤家寡人，抱残守缺，向隅而泣，离其亡族亡国也就不远了，这就是引发鸦片战争以及随后一系列撕心裂肺的民族灾难性事变的根本原因。

假如完全抛弃中国传统文化并且全盘接受西方文明，这就意味着中国传统文化的终结，同时也就意味着亡族亡国。一个民族的传统文化，是一个民族受之于祖先并传之于子孙的精神财富，是一个民族之所以称之为一个民族的本质规定，是一个民族赖以生存的精神资源，是一个民族的文化血脉和根。假如一个民族不能固守其传统文化并因此完全抛弃她，这也就意味着这个民族失去了在这个世界上生存的权利和资格。文化的征服是最大的征服，因为心灵的征服是真正的征服。一个失去了传统文化并且完全接受外来文化的民族，意味着完全为外来文化所彻底征服，也就意味着这个民族的命运完全为外族人所把握和操纵。

既不能完全固守，又不能全盘接受，这就意味着在这两极之间必须找到第三条道路。一个半世纪以来，中国人就徘徊于这两极之间，也承受着这种徘徊所造成的精神撕裂的痛苦和折磨。事实上，一个半世纪以来所有的斗争，或左或右，或内或外，或武或文，都是由于这种徘徊所引起并围绕着这种徘徊而进行的。经过长时间的探索和激烈的斗争，这两极之间的斗争终于找到了一个平衡点，其典型的表现就是“中体西用”。但是这种平衡是表面的，因而是暂时的，因为“中体西用”仅仅是中国传统文化和西方文明之间一种表面上的妥协和折中，并没有从根本上解决中国传统文化和西方文明之间的冲突，没有从根本上解决中国人面临的文化危机，没有从根本上完成中国传统文化的现代化转型，自然也就不能成为中国传统文化现代化的根本出路——这是由“中体西用”本身固有的缺陷决定的。

“中体西用”把西方文明当作一种高级文明来借鉴和学习——其实是膜拜。但任何文明的先进性都有其时限，西方文明能够给予人类的已经给予了人类，西方文明会衰落而且已经衰落，超越西方文明的时间会到来而且已经到来。此外，“中体西用”似乎表面上接受和容纳了西方文明，而在骨子里把西方文明视作中国传统文化的对立面。由于这种根本性的对立，因而不可能进行两种文化之间本质性的交流和融合，只能进行两种文化之间表面上的交流和融合。正是由于这种表面性的“体用”结合，决定了第三点，即结合结果的两歧性：亦中亦西，反过来就是不中不西的畸胎。中之“体”决定了中之“用”，西之“用”只能来源于西之“体”，岂有男体女用女体男用之理耶？在生物的无性生殖向两性有性生殖进化的过程中，有一种进化不完全的中间状态叫雌雄同体，这种雌雄同体就是现代人类两性畸形，曰阴阳人，俗称二尾子的先祖。“中体西用”发展的最终结局就是这种阴阳文化或二尾子文化。一个民族就是一个文化同一体，她只能有一个灵魂，就如一个作为整体的个人只能有一个人格一样。一个具有双重或多重人格的人是一个精神不健全的人，同样一个民族不能永久地处在这种双重或多重文化所造成的混乱和痛苦的挣扎中。

另外，“中体西用”把中国面临的文化危机表面化成“用”的问题。事实上中国的根本问题在于“体”。从心理学的角度来分析，假如一个民族的文化用C来代表，其行为——政治、经济、教育、科学等用B来代表，其所处的文化环境用E来代表，那么三者的函数关系则是B=f(C+E)。也就是说，一个民族的行为是这个民族的文化和其所处的环境相互作用的结果。换言之，行为的障碍是由于文化的变异所致，而文化的变异必定会通过行为的障碍表现出来。就中国的情形而言，其行为发生了偏差——中国之所以不能适应或不能很好地适应扑面而来的现代文明，是由于传统文化本身发生了变异，是其所处的文化环境发生了变化而传统文化本身又无力进行相应调整的结果。正是由于深层次的文化本体问题没有得到解决，“文化大革命”一度盛行“打砸抢”。从某种意义上讲，“文化大革命”是“中体西用”发展的必然结局。政治或行为意义上的“文化大革命”从开始到结束仅仅十年，但文化或心灵意义上的“文化大革命”从鸦片战争时就开始了，而且至今没有结束。“体”的问题一日得不到根本解决，“文化大革命”就一日不会结束；“文化大革命”一日不结束，中国就一日不得安宁。因为文化或心灵意义上的“文化大革命”一日不结束，它必然会以政治或行为意义上的“文化大革命”表现出来——以各种各样隐蔽的或公开的形式，而且会一次又一次地、一次比一次变本加厉地卷土重来。最后也是最为关键的一点，中国传统文化之所以绵延几千年不绝，那是因为中国传统文化在她结胎的时期就具有一种内在的生命力和创造力。“中体西用”在实践中往往走向其反面“西体中用”，或两者的折中“中西体用”。但无论是“中体西用”或是“西体中用”还是“中西体用”，仅仅是词藻上的变化，其根本则是把中国传统文化嫁接到西方文明上，而后把中国传统文化所内含的生命力和创造力以嫁接的方式无声无息地消耗掉。在这个内在的生命力和创造力消耗的过程中，也许会开出灿烂的花朵，结出丰硕的果实，但是当这个内在的生命力和创造力一旦消耗殆尽，整个传统文化将因此彻底僵死下去。这种以彻底消耗中国传统文化内在的生命力和创造力为代价来苟且偷生的做法，可谓杀鸡取卵、竭泽而渔，这等于绝了中国传统文化的根，把中国传统文化送上了绝路，最终仍然逃脱不了沦为西方文明附庸和傀儡的命运。

“中体西用”毕竟是一代人合乎一个时代的选择，有其历史的合理性。任何一种观点或理论，并不因为对它的反驳而销声匿迹，却往往淹没在沿着它的足迹向前迈进者的脚步声中。现在不是单纯地否定而是超越“中体西用”的时候了，那么，中国传统文化的出路究竟在哪呢？要回答这个问题还得回到问题本身。中国传统文化和西方文明之所以发生冲突，是由于它们有各自的本质规定性和合理性，但历史又要求具有这两种不同的规定性和合理性的文化必须统一成一个整体；之所以冲突得如此激烈和长久，至少部分原因是至今没有找到一种途径把这两种不同的文化整合为一个有机的整体。完成这个使命的途径有：首先，必须能够消解中西两种文化内在的两极对立，也就是必须超越中西两种文化；其次，汲取并保留中国传统文化的精华，抛弃其陈旧的外在形式，并赋以时代的和全新的形式，也即完成中国传统文化的现代化转型；再次，汲取西方文明的精华，完成中国化并进而超越西方文明：必须是建设性的而不是破坏性的，即在解决中西文化的冲突时，这种途径的结果是一种生成但对中国传统文化和西方文明本身不造成破坏；最后，必须形成一个内在的同一体，以免造成民族人格的分裂。这种途径可以用两个字来表达，那就是创造。具体来说，就是提取中国传统文化的精华，同时汲取西方文明的精华，将两者有机地融合成一个整体，也即形成一个崭新的文明。就如一个男子和一个女子结合生成一个孩子，这个孩子就是从男子身上提取的精子和女子身上提取的卵子结合成一个受精卵发育的结果。这个孩子不但保存了父母双方的遗传基因，而且更重要的是，他不是父母双方简单的结合，而是一个全新的个体，也即进行了创造。

以中国传统文化和西方文明为基础进行全新的创造，就必须站在中国传统文化和西方文明之上，也即站在人类和世界的高度来俯瞰中国传统文化和西方文明，也就是必须超越中国传统文化和西方文明。只有这样才能消解中、西文化之间的两极对立，为中、西文化的交流和融合奠定基础。不管中国传统文化和西方文明表面上的差距如何巨大，但从根本上讲，两者是相通的，是可以交融和结合的。因为无论是中国传统文化还是西方文明，都是人类文明的一个组成部分，都是人性活动的结果，而人性是相通的。这种创造由于是在文化基因水平上进行的，这样相对于中国传统文化而言，它才能保留其文化的精华而抛弃其不合时代要求的外在形式，并赋以时代的和全新的形式，也即完成了中国传统文化的现代化转型：相对于西方文明而言，它才能汲取其精华，但抛弃了一切不合中国的和时代的外在形式，并赋予民族的和时代的形式，也即完成了西方文明的中国化过程。

创造是一种建设，为了建设固然需要暂时的和局部的破坏，但从全局和最终结果而言，创造的过程不会对原来的母体构成破坏——因为被创造物和它的母体血脉相连。新文化的形成往往是从旧文化缓慢脱胎而来的，新文化从旧文化分离出来以前，需要一个长时间的发育过程，必须以旧文化为依托，必须从旧文化汲取营养。当新文化从旧文化分离之时，也许有分娩的阵痛，但不可能对旧文化产生致命的破坏——对旧文化的致命破坏意味着新文化要么胎死腹中，要么中途夭折。一种观点认为，不破不建，要建必破。但是假如破不以建为目的，就会只有破而无建和为了破而破，就会走向彻头彻尾的单纯的破坏。这种单纯的破坏，往往是以现有的一切来破坏旧有的一切，因此这种破坏不但不可能彻底，而且其结果是又回到破的原点。就文化而言，不破也能建，建的过程就是破的过程，建就是最彻底的破。创造，既承接了母体文化双方的遗传基因，同时又抛弃了母体文化双方原来外在的形式，并形成了一个全新的个体，它因此既是真正意义上的继承和建设，又是真正意义上的革命——它以形成一个全新个体的方式对母体文化的否定是彻底的，和它的决裂是决绝的。

创造是一种全新的生成，这种生成是在文化基因水平上进行的，它超越了原来母体文化双方的简单之和，而成为一个全新的个体，这个个体只能是一个内在和谐的有机统一体。虽然新文化必须以旧文化为依托，必须从旧文化汲取营养，但是这种新文化是不是创造的，最终取决于它是否为一个完全独立的个体。假如它仅仅是旧文化的一部分，是旧文化生命简单的延续而没有任何本质的区别，那就根本不存在创造的可能性；假如新文化的个体性不完全，就如“中体西用”一样，它将因为畸胎而流产。只有新文化本身从一开始就是一个完全独立的个体，它作为旧文化的一部分仅仅是为了从旧文化汲取营养，它才能最终发育成一个健全的个体，这种创造才能完成。

这种创造的首要和根本任务就是必须解决人的问题，即让人成为人，让我成为我——这是中国传统文化之所以发生危机的根本原因——也即以人为根本理念，重新塑造民族之性格，缔造民族之新精神，造就一代新中国人。只有成为人并且成为自我才能拯救自我，只有成为人并且成为自我才能解放自我，只有成为人并且成为自我才能创造自我。当自然赋予我肉体，上苍赋予我精神，并且在一定的时间、一定的地点和一定的条件下通过我的父亲和母亲把我创造出来的时候，我——就——是——我——了！让人成为人，就是让我成为我这样人的人，内在于我自身的肉体和精神决定了作为人的我的独特性，而根植于我本身的肉体和精神的冲突决定了作为我的人的生活的独特性。作为我这样人的人不是将人性的一切——它的肉体、它的精神以及它本身的毁灭完全继承，而是竭尽全力走向人性所是的一切，而后从人性的束缚中解放出来，也就是把恢宏的人性的一切通过我和我波澜壮阔的生活表现出来，我才能成为我的主宰，我才能获得内在的独立，我才能获得我的自由，我才能成为我这样人的人。也只有这样，作为我这样人的我的生命才获得了生存的价值和意义。

我的来源和出生首先决定了我是一个人，因此我必须首先成为人。所谓人，即我的一半来源于动物，一半来源于神，但不能因此把我等同于动物或神，因为我身上的动物性不是动物，神性不是神，更重要的是，我身上的动物性和神性交互作用，产生了一个本质既不同于动物性，也不同于神性，而且也不同于动物性神性之和的新的属性，这种新的属性以一种全新的品格和动物性、神性处于同等重要的级别和类别——它就是人性。一个人的人性，无论其种族、阶级、性别、职业、宗教等，并不因他贵为国家元首而多一份，也不因她是沦落风尘的女子而少一份——毕竟，每一个人吃的都是五谷杂粮；也毕竟，每一个人都逃脱不了生老病死的必然命运。所谓成为人，就是指我不能以动物为主体来生活，也不能以神为主体来生活，而必须以人为主体来生活，也就是我的生活应当而且必须充分展示人所具有的一切。我必须过人的生活，我不能过神的生活——我有人的自私自利，我有人的悲欢离合，我有人的苦闷哀乐——把人当作神，是对神的亵渎，更重要的是以神性来压人性，必将导致人性的扭曲。我也不能过动物的生活——我有人的感情，我有人的自由，我有人的人格，我有人的尊严，把人仅仅当作挣食的动物，不但是对人性的亵渎，更重要的是以动物性来压人性，同样会导致人性的变态。

我的来源和出生不但决定了我是人，而且我还是我，我是一个我这样的人。因此我不但必须成为人，而且必须成为我。人只是一个抽象的存在，而我是具体的个体，人的一切只有通过我才能具体地表达出来，因此若要成为人，归根结底是成为我，反之只有成为我，才能成为人，或者说才能完成成为人的一切。所谓自我，就是我的肉体，我的精神，我本身，以及我所处的空间、时间和其他一切生存环境的总和不同于任何其他人，我不能替代任何一个其他人，任何一个其他人也不能替代我。虽然作为人，我和任何其他人都具有人性的一切，但人性的一切表现在我身上是独一无二的，不可替换的，每一个个体都是一个本质上不同于另外一个个体的独立的存在——人性可以相通，但我绝不能互换。我首先不是作为人之父母儿女，人之兄弟姐妹，人的朋友夫妇，而是作为我而存在的，也就是说，我可以不是人之父母儿女，不是人之兄弟姐妹，也不是人之朋友夫妇，但有一种定位我不能不选择：我不能不是我！所谓成为自我，就是我必须过自己的生活，而不能模仿重复任何其他人的生活，就是过创造性的生活，或者更确切地说，创造属于自己的生活。我不但不能重复他人的生活，而且也不能重复我自己的生活。我一生的使命就是寻找一种恰好适合于我的生活方式，把蕴含于我之中的生命能量以一种最有价值的方式，最高效率地和最大可能地发挥出来，也就是以创造性的生活，消耗我的体力，我的精神，我的生命和我本身。

成为自我的另外一个含义是我为我活着，而不为任何他人活着——上不为父母，下不为儿女，前不为兄弟，后不为姐妹，左不为朋友，右不为妻子或丈夫——我是我唯一的目的，我是我最高的目标，我是我全部的追求。因为我深深地懂得，而且对此深信不疑：我只有为我活着，我才能为自己负责；我只有为自己负责，我才会为他人负责。我为我活着，并不是我仅仅只为我活着，更不是为了我活着就要损害他人，而是通过我为我活着，才能为他人活着，通过我为我负责，才能为他人负责。我假如不为我活着，我何以要为自己负责，我对自己都不能负责，何以会对他人负责。损人未必利己，利己也未必一定会损人。在某种特定的情况下，个人和他人的利益也许是对立的，但从长远和整体的视角而言，自利和利他是一致的，至少是互惠的。损人并不是利己的对立面，损人利己的对立面是损己利人。自我和他人关系的另外一种表现是个人和集体的关系——任何一个个体都是通过集体这个网发挥作用的。但是假如组成集体的网不是以个体为个体，即以人为原则来编织的，处在“集体”中的个体不能充分展示其个性，“集体”成了压抑个性和否定自我的借口，集体就不成其为集体，而是装在盘子里的一堆沙子——让沙子变成混凝土的凝固剂就是让人成为人，让我成为我。因此，自利和利人之间，个人和集体之间必须保持适度的张力。损人利己和损己利人、极端的自私和极端的大公、极端的个人主义和极端的集体主义，不但是对集体或他人的反叛，也是对自我的否定。

这种创造不但必须是以人为根本理念的，而且必须是民族的

(但不是民族主义的)——这种创造必须站在中国人的立场上，为本民族谋利益，而且必须解决中国目前面临的一切根本问题。一种文化是不是民族的，并不取决于文化创造者的良好愿望——没有一个文化创造者不为自己的民族着想，而是取决于这种文化本身在本质规定上是不是本民族的——没有一个仅仅依靠外来文化生存的认贼作父者而不卖国求荣的。中国近现代以来面临的一切危机其实质是传统文化的危机，中国现代化的根本是传统文化的现代化，而解决这个文化危机既不能以“中体西用”也不能以“文化大革命”的方式，只能以建设即文化建设的方式来进行，文化建设的实质就是文化创造——因为只有创造才能保证蕴含和激荡于中国传统文化之中的生命之火的延续和纯洁。蕴含和激荡于中国传统文化之中的生命之火结胎于春秋，成形于战国，而后以博大精深的两汉文明为表现熊熊燃烧起来。自魏晋以降，这生命之火和佛教文明交互作用，形成了大唐盛世。自唐以降，退守于宋明理学和心学，并最终被迫转入民间，以鲁迅先生所说的“死火”的形式传续着。近现代以来，这“死火”又受到西方文明致命的打击，那生命的能量不可遏止地像岩浆般在“地下”冲突激荡，这种令人窒息的压迫产生的令人无法忍受的愤怒迫使它从“地下”像火山爆发般地奔腾呼啸而出，变态地以“狂人”呐喊的方式表现为“文化大革命”那种摧毁和否定一切的力量。这生命的“死火”可以以“中体西用”般嫁接的方式无声无息地消耗掉，并因此彻底僵死下去；也可以以“文化大革命”般的方式爆发出来，毁灭世界也毁灭自己。这生命的“死火”应该有一条途径升华为伟大的文明，并把自己贡献给人类，这条途径就是创造。

千百年来，这生命“死火”的努力一次又一次地被践踏和蹂躏，伤痕累累，犹如一只被彻底激怒的狮子，舔着伤口喘息着，怒吼着，蓄势待发，随时准备着下一次出击。它只能前进，不能后退——身后是万劫不复的深渊；只许成功，不许失败——它比任何时候都清醒地意识到，它的生命危在旦夕，下一次的出击已是最后的搏斗了。在这生死攸关的时刻，这生命的“死火”为了永远永远、永永远远地摆脱内耗和内讧的深渊从而走向坚实和稳定的发展，它只有拿起创造这把开路的火剑，凭着祖先留下的胆略和魄力，拼死杀开一条血路来，为我华夏民族冲锋陷阵，攻城略地。一旦它掌握了创造这种锐利的武器，它就会如一位摇旗呐喊的战士，怀着必胜的信念，无所畏惧地向目标狂奔而去。这一次，它赢得了胜利，就意味着赢得了整个世界；这一次，它赢得了胜利，就意味着赢得了它的未来；而且它坚定不移地认为，时间也终究会证明，这一次，它——赢——定——了！

最后也是最终目的，这种创造不但是以人为根本理念的和是民族的，而且必须是全人类的——不但横跨西方文明和中国传统文化，而且从一切人类文明中汲取营养，更重要的是，站在人类文明的高度，把整个人类社会协调成一个统一体，解决人类现在面临的一切根本问题，进而把人类引向对宇宙的探索和征服。人类文明从发端经过千百万年漫长发展，今天已经到了这样一个阶段，人类已经而且必须连接为一个整体——这一点在它发端的那一刻就已经决定了，而且人类本身就是一个整体——这一点只是在今天才显现出来而已。人类文明在其漫长的发展过程中，曾经出现了诸如古希腊和中国战国等辉煌的文明，当西方文明登上人类历史舞台的时候，它负有而且完成了把较先进的西方文明推向全世界的历史使命。但是无论是古希腊还是中国战国文明，以及现在的西方文明，都仅仅是某一个时代、某一个民族或某一个区域的文明，而不是全人类的整体文明。这就意味着，任何一种带有局限性的文明，都不可能解决作为一个整体的人类面临的根本问题。在人类社会走向高度一体化的今天，为了人类的共同利益，人类必须作为一个整体协调统一，而不能像今天这样战争战乱不止，纷争内讧不已。因此，这种创造必须站在全人类的高度，把整个人类社会当成一个整体进行思考。此外，任何人类的活动都是人的活动，而任何人的活动都是对人本身进行诠释的结果。在人类文明发展历史上，无论是古希腊或中国的战国文明还是西方文明，它们对人的诠释仅仅是站在本文明的立场上，这一点决定了以任何某一个民族或某一个区域的文明造就的人类，都只能站在本民族或本区域的高度，而不可能站在全人类的高度来行事。因此，人类社会要走向一体化，首先必须站在全人类的高度，对人本身进行全新的诠释。

人类最终的命运取决于宇宙最终的命运，因此，人类未来的命运一定程度上取决于人类对宇宙的认识。人类为了生存，必须走出地球，走出太阳系，走向无限广袤的宇宙，不仅是为了寻求和拓展新的生存空间，更是为自身最终的归宿寻找答案。事实上，只有作为一个整体的人类，才能不再以人类中和地球上的问题为中心，而把自己看作是宇宙中的一员，才能把眼光投向宇宙，才能具有征服宇宙的信心和魄力。事实上，人类对宇宙的认识首先取决于对自身的认识：人类对自身的认识越深刻，就越能把人类自身的能力提高到前所未有的高度，人类对宇宙的探索才能越有成效。因此，人类对自身的认识和对宇宙的认识是完全统一的，从一定意义上讲，两者合二为一——对人类的认识就是对宇宙的探索，反之，对宇宙的探索就是对人类自身的认识。在人类探索宇宙的漫漫长路中，必须依靠一种全新的世界文明来汲取精神力量，这种世界文明必须对宇宙和人类自身重新进行完全不同的诠释。可以说，未来的世界文明是关于人的科学和宇宙的体系，人类有信心有能力揭开宇宙的奥秘，当那一天来临时，人类会为自己而骄傲和自豪，并因为这骄傲和自豪而仰天大笑。就让这笑声充满宇宙，并让整个宇宙在人类的笑声中颤抖吧！

创造作为中国传统文化的现代化出路，难免会引起各种不同的疑问。疑问一，解决中西文化冲突的一个基本点是必须把中国传统文化的基因或精华保留下来，而创造作为中国传统文化现代化的出路，一方面保留了中国传统文化的基因，但另一方面又创造出一个与传统文化有本质区别的新文化，如何理解创造所导致的这种双重性呢？就譬如一个中国人和一个西方人婚配生育的子女，虽然接受了一半中国的基因，但毕竟也接受了一半西方的基因，并且更重要的是他既不同于中国人也不同于西方人的创造，这个子女还能称为中国人吗？对于这个疑问可以从以下几个方面来回答，首先必须清楚的是，人类文明史上没有不衰亡的文明，就如没有不死亡的个体一样。事实上，人类文明史，就是人类不同的文明产生、发展、衰亡和融合的历史。当一种文明形态消亡时，它保留和延续自己文明之火的唯一方式就是把自己的文化基因传给下一个文明，就如一个个体生命终结时，他的遗传基因通过他的子女传续下去一样。从这个意义上讲，创造作为中国传统文化现代化的出路，也是一种无可奈何的选择。希求一种文明永远不会衰亡就如希求一个个体永生一样，是人类不可企及的奢望。顽固地抱残守缺，拒绝传统文化的任何变易，最终不但传统文化会消亡，而且很可能代表一个民族文化根本的文化基因也因此而失传。事实上，中国传统文化之所以几千年传续不断，除了其内在的生命力和创造力外，另外一个原因就是它在两千多年的过程中随时变异，已经有过多次重大的融合和变化。今天的中国文化包括今天的中国人，和两千年前的中国文化和中国人已经不能相提并论了。毕竟，今天中国人的血管里，不但流淌着黄帝和炎帝，也流淌着成吉思汗和爱新觉罗的血液。其次，宇宙间的运动形式，从最基本的机械运动，到较复杂的物理和化学运动，当生物运动出现时，已经有了质的飞跃，而当最高级的人类精神运动出现时，又有质的突破。这就意味着，人类的文化运动有其特有的不同于以往任何其他运动形式的本质规定。当两种不同的文化结合并创造出一种全新的文化时，并不像一个精子和一个卵子结合成一个受精卵时，父母基因的分配很可能是随机的和平均的，更可能的情况是以一种文化为主体，吸收和整合另外一种文化，两者可以说是整体和局部的关系。虽然创造出了一个全新的文化，主体的文化在创造的前后并没有质的不同，也可以理解为主体文化在另一种文化的参与下，从其原初出发又回归到了原初——已经是更高一个级别的原初了。至于中、西文化的本质规定是什么？当相互结合时哪一种文化会处于主体文化的地位，这要由时间和后来者来回答。最后，人类文化的创造始终是人的精神创造的结果，而且往往是以一个民族为创造主体来完成的。未来的中、西文化融合由哪一个民族为主体来完成，未来的新文化就更多地打上这个民族的烙印。因此，未来的新文化是否属中国的，中国的传统文化血脉能否延续下去，一定程度上取决于中国人今天的认识和明天的努力。

未来的文化创造不但必须从中国传统文化和西方文明中汲取

营养，还必须建立在坚实的科学基础之上，这样就产生了第二个疑问：现在是知识和信息爆炸的时代，不可能出现融贯中西并通晓科学的大师，这就意味着未来新文化的创造不可能完成。这种观点的错误之一是把学术大师和创造的衡量标准定为占有知识数量的多少而不是质量的突破。大学之大，在于大师之大；大师之大，在于学术之大；学术之大，在于创造之大；创造之大，不在于拥有知识数量之大，而在于质的突破。这种观点的错误之二是把文化创造理解为一个个体行为和一蹴而就的过程。新文化的创造是连续几代人前赴后继的结果，虽然最后的集大成者往往只能由一个人来完成。人的生命固然有限，但有限的生命也可以创造出卓绝的奇迹——只要他的生命没有消耗在许多无谓的和重复性的工作中。一个人知道了做什么和怎样做时，做本身已经不是太难的事。事实上，绝大部分的人之所以毫无建树，并不是他们没有做，也不是没有巨大的创造潜力，而是根本就不知道做什么，更不知道如何做。这样的人，无论他的创造潜力多么巨大，就如雨落荒漠，旋即就被蒸发掉了。

疑问三，当代中国的文化和学术正处于积累的过程中，还不具备创造的条件，因此也就无所谓创造。这种观点不但把创造理解为一蹴而就的突变，而且把创造和积累对立起来。创造固然需要积累，但积累未必会有创造。不以创造为目的的积累，永远只能是积累而不可能创造。构建知识的大厦固然需要一砖一瓦的积累，但是假如这种积累不以一定的蓝图来进行，其结果是破砖烂瓦组成的废墟。是否有条件创造和是否努力进行创造并不是一码事，一个以创造为目的的积累，积累的过程就是创造的过程，积累着就是创造着。一种文化是否属创造的和具有内在生命力的，在它开始结胎和积累的时期就必须是创造的；反之，一种文化开始积累的胚芽不是创造性的，以后再多的积累也长不出创造这棵大树来。就譬如一个人的心灵在他的孩童时代没有播下创造的种子，终其一生的积累也不会有创造。孔子自谦“述而不作”，事实上他是述中有作，既述也作。正是“作”这个胚芽，经过近五百年漫长的积累——其实是不断的创造，才长成了儒学这棵枝繁叶茂的大树。正是内在于这棵大树胚芽时期的“作”，这棵大树几千年来才能生生不息，一代又一代中国人从这个最开始的“作”中汲取智慧。在这民族传统文化转型的关键时刻，假如今天的中国人播下了一棵“述而不作”的胚芽，我华夏民族的子孙还能指望收获到什么呢？有的学者可能认为，就整个文化是创造的这个特征来说这并不妨碍某一个个体把自己定位在只“述而不作”的积累上。这种观点把积累看作是目的和以创造为目的但在某一阶段侧重于积累的工作混为一谈。因为文化的研读本质上就是诠释，这种诠释必定带有诠释者本人的理解，但是，仅仅以诠释为手段并把这种诠释吸收纳入自己的思想体系的积累，和仅仅依靠对他人的诠释来阐发自己的思想的“积累”是两件完全不同的事。一个人是否具有创造性，和他所从事的工作没有必然的联系，而取决于他的心灵是否具有创造性和他的生命本身是否为创造性的。毕竟，学术的生命力就在于创造。

第四种疑问似是而非地把佛教和西方文明相提并论。这种观点认为，佛教传入中国经过了至少半个世纪才完成中国化而为中国人所接受，由此类推，西方文明的中国化过程也需要几百年的时间，因此现在仅仅是引进和介绍阶段，根本谈不上创造。首先，佛教传入中国而为中国人所接受仅仅是中国化的过程，充其量是创造性的应用、结合、改造和发展，而不是创造本身。理学是儒学和佛学相互作用的产物，但理学的“创造”仅仅是就儒学内部作了符合时代要求的调整罢了。如果说两汉时代的儒学是一位身强体壮、仪态大方的壮年人，经过调整后的理学则是缩手缩脚的佝偻者了。心学是理学的继续和发展，已是一个十足的变态者，而现代所谓的新理学是理学和心学在西方文明进一步压迫下的产物，已是患有被迫害妄想症的害怕被人吃也要吃人的“狂人”了。佛学和儒学从一开始就处于对立和分道扬镳的状态而没有创造出一种全新的文明，从而导致了后来一系列恶劣的文化负面作用，这是今天中国人面对西方文明时应深以为戒和牢牢记住的教训。其次，西方文明和佛教文明是两种本质规定完全不同的文化，西方文明和中国的战国文明一样，不但具有内在的生命力和创造力，更具有内在的自为性和统摄力，而这恰恰是佛教文明缺少的。况且，佛教传入中国旷日持久不能成为西方文明为中国人所接受也必须费时耗日的理由。最后，今天的中国不是一千多年前的中国，今天的人类社会不是一千多年前的人类社会。一千多年前的中国接受外来文明费时耗日不能成为今天中国接受外来文明也必须旷日持久的理由。毕竟，人类仅仅在50年前还在步履蹒跚，而今天已经飞步向前了。这里需要指出的是，中国本土文明和中国文明是两码不同的事。中国本土文明是指发端于中国本土，真正是中国人的创造和形成中国人之所以为中国人本质规定性的东西。中国文明也可能包括发端于异族而为中国人所接受并进而成为中国文化一部分的文明，例如佛教文明。本文所说的以其为基础进行创造的中国传统文化，指的是中国本土文明，即战国两汉文明。

疑问五：日本和中国是同文同种的亚洲国家，何以日本并没有创造出一种全新的文明就实现了现代化而中国非得走创造的现代化之路呢？基于这样的认识，近现代以来的许多中国人把日本作为现代化的榜样来学习，甚至顶礼膜拜，但是中日两国的同文同种和文化表面上的相似性并不排除两国文化本质规定上的根本差异。中国传统文化的本质内核包含着一种内在的生命力、创造力和自为性，只要具有合适的途径，就可以升华为一种伟大的文明。就如一粒种子本身就含有生长的潜能一样，只要有合适的土壤和气候，就会成长为参天大树。日本文化的本质内核具有吸收、改造和包容一切外来先进文明的能力，但它本身却没有内在的生命力并创造出一种伟大的文明。日本文化就像一个只有土壤没有种子的空花盆，它本身不会生长出任何花木来，但它具有接受并且改造任何外来花木的能力。毋宁说，接受任何外来先进文明并改造为我所用，就是日本文明的本质和本身。综合就是创造，就是所谓的大和之魂——即使综合是一种创造，那也是最低级的创造，而不是真正全新生成意义上的创造。总而言之，日本文化有两个异于中国传统文化的显著特点，一是它虽然能够接受改造任何外来文化，但它本身不具有创造力，尤其是创造出一种新文明的能力，而中国传统文化本身就具有这种内在的生命力和创造力；二是日本文化的能量是借外来文明表现出来的，因此这种文化的表现形态及其命运则取决于这种被学习的外来文明的形态和命运，而这恰恰是中国传统文化的大忌。因此，日本文化和本身就与中国传统文化完全不同——这种发端于自身的文明本体对任何外来文明具有本能的敌视倾向。日本就像一对不能生育的夫妇，他们需要、有能力而且可以毫无顾虑地领养任何他人的孩子；而中国就像一对有生育能力并且有了孩子的夫妇，当他们决定领养别人的孩子时，必须顾及并且处理好和亲生子女的关系。正是这种内在差异，决定了中日两国迈向现代化的不同途径。中国可以借鉴学习但绝不可能重复日本或任何其他国家的现代化之路，中国的现代化只有一条道路，那就是中国之路，又曰创造之路。

在这个无始无终无边无际的宇宙里，注定有一颗蔚蓝色的星球，在这颗蔚蓝色的星球上，注定有一个古老的民族曰华夏。蕴含和激荡于她自身的生命之火，决定了她的古老，她的苦难，也因此决定了她未可限量的未来。曾子曰："士不可以不弘毅，任重而道远。仁以为己任，不亦重乎？死而后已，不亦远乎？"中国当代以至于未来的知识分子们，上对我华夏民族的列祖列宗，下对我华夏民族的万代子孙，扪着一个中国人的良心，上下求索，纵博横览，用鲜血解读民族，用生命感受时代，为我华夏民族鼓噪呐喊。在我华夏民族迈向现代化的途程中，有的人因失去信心而畏缩不前，并贪图安逸走向堕落了；有的人抱残守缺，冥顽不化，名为捍卫实为糟蹋中国传统文化，成了时代遗弃和可怜的对象；有的人为异质文明所俘虏而分道扬镳，并背叛成了民族的败类；只有那不惮于在风雨中前奔的猛士，怀着对民族深沉的热爱和对这块土地无限的敬畏，承受着民族的艰辛与苦难，紧紧扣住时代的脉搏，立足中华，俯瞰环宇，以经天纬地之伟略，再创华夏文明之辉煌。他们对于无论是中国传统文化还是西方文明或是其他任何人类文明，并不仅仅满足于有选择地吸收，而是鲸吞和全吞，并不仅仅满足于批判地继承，而是全新的生成。他们只听从于炎黄的召唤，只听从于时代的召唤，倾听发自自己心底最深层的声音，高举华夏的旗帜，坚定不移地立足于这块坚实的黄土地上，不但把眼光投向蔚蓝色的大海，更投向湛蓝色的天空。他们有这样的胆略和魄力，不但让那鲜红的太阳照遍全球，也要让那鲜红的太阳照遍全宇宙；他们有这样雄浑和博大的精神品格，敢于自豪地宣称以这样的使命为己任：为民族立人，为人类立命，为宇宙立心。这种创造完成之时，不但是我华夏民族新生之日，也是人类走出太阳系走向宇宙之日，此诚吾华夏之大幸，亦人类之大幸！

能子论——未来科学原理

◎师 领

现在开始讨论能子(Eneron)。

1. 能子是以原子和单子为基础，并且相对于原子和单子而言的。所谓相对，就是超越的意思。也可以说，能子是原子和单子的格式塔。

2. 宇宙的本原和本质是能量，能量的基本单元就是能子。

3. 能子是含有特定信息密码的最基本的功能单元。也就是说，能子是一种功能状态，而非一种实体。

4. 能子是功能—形态的存在体。所谓功能—形态，是以功能为基础建构的形态而表现或不表现为某种实体性。

5. 能子是能量和信息的统一体。也就是说，能量本身含有信息，信息本身就是能量。从这个意义上讲，也仅仅从这个意义上讲，能子虽然是构成能量的基本单元，但并不是最小单元。也可以说，能子是可分的，但这种可分对于能子没有任何意义。确切地说，能子不存在可分和不可分的问题，它是至大和至小、至内和至外的统一。

6. 能子是无也是有，是无和有的统一；是空间也是时间，是时间和空间的统一；是物质也是精神，是物质和精神的统一。

7. 能子有始又无始，是有始和无始的统一；有终又无终，是有终和无终的统一。

8. 能子是一也是多，是一和多的统一。能子是同质的，同构的，但能子含有宇宙内一切存在物的特质，因而又能生成宇宙万物。

9. 能子是正和负的统一，也就是它既可以正的形态存在，也可以负的形态存在。

10. 能子既不创造，也不被创造，它是创造和被创造的统一，能子是自为的。

11. 能子是生成和消失的统一，它生成又不生成，消失又不消失。无论生成还是消失，能子都是自为的。

12. 能子产生万物的方式是生化，不是创造，也不是转化。生化的方式是阴阳交互作用和变化，是能子中阴阳两种能量如风箱般反复鼓动而产生的。

13. 能子产生万物的过程就是实现自己内在本质的过程，其终极目的就是达到和的状态，生化万物的逻辑范式是组合变换，而其表现体系正是功能—形态的系统。

14. 能子生化万物，万物是能子存在的体现，而能子也存在于万物中。能子和万物是亦一亦二、不一不二的关系。

15. 相对于能子而言，万物存在于空间和时间中，并处于永恒的变化中。运动是能量的交换，时间是能量交换的过程，空间是能量交换的场所，物质是能量存在和表现的形式。

16. 宇宙万物存在都是有条件的，都有一个生、长、壮、衰、灭的变化过程。虽然万物生灭，但能量不灭。

17. 能子生成万物，也存在于万物，但能子本身并不变化，它还是原来的它。

18. 万物虽都由能子生化而来，但彼此之间有质的规定的区别。就物理存在、生命存在、精神存在和人的存在而言，各自存在的规定有质的不同。

19. 宇宙万物之间，物理存在、生命存在、精神存在和人的存在之间，可以相互转化和变化，虽存在生灭，但能量不灭。

20. 宇宙本身就是能量的功能—形态的存在体，而人的意识或纯粹的精神存在是能子的能量所能达到的最高、最纯和终极的表现。也就是说，人的意识或纯粹的精神存在是一种能量存在的21.纯粹的功能状态，所以才具有意识的一切能力和特质。

21. 人是物理存在、生命存在和精神存在的格式塔，是能子自我本质实现的最高和最完美的典范。人是精神体、物质体和能量体的统一，是功能—形态的能量存在体。

22. 自然界的生命存在是能子自我本质实现过程不同阶段、不同方式演化的产物。

23. 所有的人组成人类存在。人类文明发展的动力是能子能量的社会表现合乎文化存在的形式。人类文明是自为的、普遍的，这就决定了人类大同，地球大同，也决定了宇宙大同。

24. 人是生物性和神性的格式塔。科学虽然否定了天堂的存在，但并不能阻止人们对天堂的神往。生物性和神性的内在冲突，是人成长的内在动力。

25. 生命存在的终极目的，就是将生命的潜能最大程度且最高效能地表现出来。

26. 生命的意义就在于在生活中把控小我和大我的悖论。如果一个人只有小我，他的生命潜能不可能得到彻底开掘；如果一个人只有大我，他的生命潜能又无法得到开掘。只有一个人以小我为基础，并超越小我而投身于人类这个大我，他的生命潜能才能得到完全实现。

27. 一个没有实现全部生命潜能的人是非人，一个不能实现所有人潜能的社会是非社会，一个没有实现全部生命潜能的人类是非人类。

28. 就人和人类而言，能子所能达到和所要求达到的最高状态是健康。健康是人在身体上保持平衡，精神上达到宁静，并与社会保持和谐的完整、良好的生活状态，以便最大限度地发挥任何一个作为人的个体和无限度地拓展作为一个整体的人类的潜能，进而最大限度且最高效能地开发、利用和保护自然资源，最终达到和宇宙完全合一的境界，而不仅仅是免于身体的、心理的疾患和残弱，也不仅仅是物质生活极其丰富和完全满足。一句话，让人成为人，成为全人；让我成为我，成为全我；让人类成为人类，成为全人类。

29. 当上帝赋予我灵魂，自然赋予我肉体，并且在一定的时间、一定的地点、一定的因缘条件下通过我的父亲和母亲把我塑造出来的时候，我就是我了！我是我的肉体，我是我的灵魂，我是我的肉体和灵魂的结合体，我是我的生命，我是我的未来，我是我的一切，我是我的上帝，我是我的最高主宰。我过而且只能过我自己的生活，我创造了并且继续创造着我，我——为——我——负——责，我——为——我——活——着！

30. 相对于原子论和单子论，本论可以称为能子论（Eneronology）。

未来心理学原理
——基于中、西、印心理学的重建

◎师 领

前 言

生命心理学的孕育是一个长期的过程，至少也有15年的时间。这15年的时间，如果用一个词来形容，那就是幻灭。但是它的提出是在2008级心理学系本科生西方心理学史的课堂上，地点在1区教5楼的105教室，时间是2010年12月3日星期五9：50到12：15(大概是在第一节课)。当时的情况是，我笑着对学生们说，“外国人总在创立学派，我也创立一个学派，就叫生命心理学”，然后转身在黑板上写了“Vital Psychology”几个字。就在我转身的一刹那，发现一个以英文写成的纲要挂在黑板上，像一幕水帘成体系地呈现在我的眼前，我的心猛地一震，又暗暗叫绝！只是由于当时的课堂态势，我没有再说什么。回到家后，我又把那一幕水帘重现出来，而且诉诸文字，确信这就是一个完整的体系，就是一个学派。不过当时的体系只有十二三节，现在的格局是以后逐渐扩展的，而且可能会继续扩展下去。2010年12月17日给2008级本科生完整地讲了一遍生命心理学，石含笑同学问了一个问题，“生命心理学有没有问题”？其间我正处于创造的高峰体验期，压根就没有想到这个问题。因为石含笑的当头一问，特意加了一节“生命心理学存在的问题”。

顺便说一句，对于目前许多教师把上课视为负担且随意敷衍学生的做法，我深不以为然而且百思不得其解。教师上课就是最有效的学习，也是最有效的研究，教授的思想和学问正是在一门又一门、一节又一节课的讲授中一点一滴积累发展而来的。认真讲好一门课胜读十年书，这一说法并不夸张，而且教师和学生双赢。生命心理学在西方心理学史课堂上的提出，是我勤勤苦苦、扎扎实实、认认真真地用双语和全英语讲了十年至少20遍西方心理学史的回报。某也不敏，只有下笨工夫，而且是最笨的工夫，英文版的《西方心理学史》教科书抄了两遍，有的时候实在讲不出来，只好整段整段背下来。可以说整本书里的每一句话甚至每一个字都反复咀嚼过。这么多年来反复研读和讲授的结果，不但大幅度提高了英语水平，透彻地把握了西方心理学发展的前因后果和脉络，而且学到了严谨的思维方式，懂得了学术品格和做人的道理，正所谓教学相长。那个时候，每一次上课都是一次表演，都是一次生命的舞动，都是一次全身心的投射和创造。思想之流像源源不断的泉水，更像喷薄而出的火山爆发。弗洛伊德在《释梦》英文第三（修订）版序言中说：“本书以其对于心理学的新贡献，在其出版之时（1900）曾使全世界为之震惊，其内容至今基本保持不变。甚至依据我目前的眼光来判断，它也包括了我有幸能发现的全部内容中的最有价值的部分。一个人有运气碰到这一类领悟，一生中仅只有一次。”一个人有运气碰到这一类领悟一生中未必只有一次，但是一个人一生中火山式爆发的创造高潮，一生只有一次。

在创立生命心理学的过程中，将突破口放在什么地方始终困扰着我。最终选定从心理治疗突破，是受了武汉大学哲学院心理学系2007级本科生林瑶的毕业论文《近现代正念研究综述》的启发，这篇论文的指导老师正是我。在研究中我该做什么不该做什么、什么时候做什么都是从时代精神凝练出来的人生理念以及由这个理念为基础建立的认知框架来推定的。我不欣赏这样的研究态度：自己喜欢什么就研究什么，什么时髦就研究什么，什么得利就研究什么。学问就是学问，学者就是学者，谄媚官僚和迎合大众是中国文人历来的软骨病。任何一个现代学者，尤其是一个中国学者，在开始研究以前，必须严肃思考和回答：一、研究什么；二、以什么理念指导研究；三、以什么知识结构进行研究。研究不是野地里的苹果，喜欢什么就研究什么；研究不是路边的野花，碰到什么就研究什么；研究不是遗产，接受什么就研究什么；研究不是迎合，想投机什么就研究什么；研究不是工具，想怎么摆布就怎么研究；研究不是文人的骚情，想怎么感叹就怎么研究。所谓攻书如克名城，我在半年左右的时间里，盘马弯弓，反反复复从生命心理学的整个理论体系来推演未来可能的突破口，最终从几个备选方案中选择了心理治疗。生命心理学首先（而不仅仅）把临床治疗作为它实践和实证的手段，这既不同于从实验室里衍生出来的行为主义，也不同于先有临床实践再建立理论的精神分析。

一个心理学家也许没有必要完成一个体系的建构，甚至没有必要自己建构一个体系，但一个心理学家一定要进行具体的心理学问题研究，而这种具体的研究一定是以某个心理学体系为依据而进行的——无论他是否意识到。学问的研究，以小见大，但也必先以大贯小；只有以大贯小，才能以小见大。在当今中西印三种心理学或心理学思想纠缠不清的情况下，正需要一种整合和超越中西印心理学或心理学思想的新的心理学研究路径，否则心理学家在具体的心理学研究时将手足无措。生命心理学正是这样一种新的研究路径，它不仅仅是一种心理学，更是心理学研究的视角、理念和框架。我研究心理治疗是从生命心理学这个大的框架和体系推演出来的，而要进行心理治疗的研究，又必须依据生命心理学这个大的框架。没有生命心理学这个框架，心理治疗研究无法下手：不明白西方心理治疗为什么没有效果？是理念问题还是技术问题？或者压根就没有产生任何疑问，只是“跟着走”！

大和小是相对的，大并不排斥小，倒是小往往失之于大。退一万步讲，即使只研究心理治疗，不考虑任何心理学理论问题，也必须有生命心理学的框架。或者说不是为了生命心理学而创立生命心理学，而是为了解决现实问题而创立生命心理学。顺便说一句，许多学者担心我这一生是否能完成生命心理学的建立，这是杞人忧天了！我没有必要完成整个生命心理学的建构，也没有人强求我做到这一点。西方心理学的各流派创立者，面对的只是西方文明的心理学，而且没有必要处理所有的心理学问题。生命心理学的历史地位决定了它必须面对中西印三种心理学，而且必须处理所有的心理学问题。生命心理学不是一个人能完成的，也不是一代人能完成的，生命心理学必须和任何一个个体分开，这是它不同于西方心理学各个流派的地方。作为一个生命个体，能够提出生命心理学的理念和框架，并且在这个理念和框架下进行生命心理治疗的工作，而且也只是其中一部分工作，就聊以自慰了！

学者对生命心理学的反应，一是怀疑，二是嫉妒。这是一种可以理解的正常的心理防卫反应，对于今天仍处于负生存状态和深度文化焦虑和文化自卑的中国人而言，尤其如此。人们可以不同意我的观点，但不能怀疑我的水平，更不能侮辱我的人格。生命心理学当然有一个社会化的过程，但是生命心理学有没有生命和未来，是否能经受住实践和时间的检验，不是由某个人决定的，而是由其内在品格和时代精神决定的。当今中国学术界尤其是思想界和哲学界的一个绝症，就是没有思想，更没有体系的建构和创造。台湾著名哲学家林安梧先生说："忽略中国哲学之创作，而徒作中国哲学史，尤其古代学术史之概括，这是当前中国哲学界的大体状况，其所来亦数十年矣。"①学者不仅一味强调学术性，而且似乎轻视甚至鄙视体系的建构。"把历史思想传统看成绝对的思想坐标系，要求一切理论建构都必须一致于其历史源头，并把这种要求强化和提升为学术范式而作为学术批评的形式指标，简单僵化地否定一切缺乏继承形式者。……忽视具有个人心理色彩的创造智慧对原创的影响和为原创注入的偶然性，进而把思想史知识的机械积累作为原创唯

① 林安梧：《关于中国哲学研究方向与方法的一些省察——从"后新儒家"的观点而来的省思》，载（台）《元亨学刊》2010 年第 13 页。

一的希望，消极地认为应该‘耐心’等待拥有足够积累的那一时刻再来进行原创。显见的事实和诸多历史经验证明，原创是在个体精神内发生的智力活动，受到思维品质的个性特征的重要影响，在思想史积累的哪一点完成原创能力的塑造必然因人而异，并没有普遍的标准。同时，极限地看，即使走到思想史终点，也并不必然迎来照亮原创境域的光芒。历史上就有很多学富五车却一无建树的人。不错，有人可以举例说伽达默尔执教哲学讲台几十年才创立哲学解释学，但我也可以搬出胡塞尔，把现象学研究专家克劳斯·黑尔德在《世界现象》中的开篇一段话转送人们：‘了解胡塞尔的人通常都会认为，胡塞尔想要成为一个彻底的开启者，因此他对哲学史并不感兴趣，对之也鲜有涉猎。然而，我们在这里还应当有所区分：胡塞尔对传统的经典哲学家文字的认识可能的确单薄，尽管如此，对于思想史上那些至关重要的决定，他的感受要比一般所以为的更强烈。’这里，实际上又附带向人们提出了一个值得反思然而似乎从未引起中国学者注意的问题：原创要求的积累是否就是‘老先生’式积累？”①

生命心理学不仅仅是我15年严格正规的医学、神经科学和心理学的学术训练，不仅仅是勤勤苦苦、扎扎实实、认认真真地用双语和全英语讲了十年至少20遍西方心理学史课程的回报，也是我十多年来学习、研究和讲授中国的《说文解字》、《易》和《黄帝内经》，印度的《奥义书》、《阿含经》和《大乘百法明门论》，西方的《圣经》、心灵哲学（主要是笛卡儿的《第一哲学的沉思》）、生物学哲学（主要是达尔文的《物种起源》）和詹姆斯的《心理学原理》、弗洛伊德的《梦释》的结果。因此生命心理学仅仅靠西方心理学的知识是难以理解的。在我的终极理念和灵魂追求中，从来没有想过创宗立派，生命心理学是生命的苦难上下求索和苦难的生命纵博横览的自然回报，是用眼泪、鲜血和生命铸就的，是以灵为根以生命为营养用血液浇灌而成的。在一个喧嚣浮躁的社会，能够坚守心中的

---

① 崔平：《也谈原创——对学术研究中语境依附教条的逻辑批判》，载《光明日报·理论周刊》2006年4月11日第12版。

理想，那是灵魂伟大的标志！弗洛伊德说，精神分析是我的，而且仅仅是我的。生命心理学是我的，但不仅仅是我的，而且是你的和他的，是每一个人的，是属于全人类的。生命心理学不但是人类文明的时代精神在心理学的体现，而且生命心理学如此庞大的理论体系建构、全方位的社会生活实践和精深的实验室实证，需要全人类的共同努力才能完成。

如果说中国学者醉心于学问，那么西方学者则沉湎于过去。“不管怎样，我们可以得出一个可靠的结论。大部分西方心理学家至今还没有认识到阿特曼这一蕴涵于人之中的神性存在，他们自然也不会试着帮助病人臻达完美瑜伽的和谐。这些心理学家——现在他们的数量非常之多——对瑜伽怀有浓厚的兴趣，其中有许多人会坦然承认：‘我们能够在一定程度上帮助病人——能给他们的心理以适当的调整。但超出这一层面，我们还未做好走下去的准备。我们承认有可能达到一种更高层次的精神的融合，但我们并不会将之纳入自己的理论当中，因为我们相信这两者应当分离。如果一个病人想获得精神上的融合，我们只能将他交给瑜伽师或牧师。我们止步的地方，正是瑜伽起步的地方。’这样，问题暂时被束之高阁。”①

西方人是没有准备好，他们当然没有准备好！他们能准备好吗?！他们什么时候能准备好呢?！甚至他们可能压根就没有打算去准备！但是我们东方人和中国人准备好了。事实是我们时刻都在准备着，因为这是我们的传统，我们生于斯长于斯，因此我们毅然决然而又义不容辞地起程了！难道非要等到西方人准备好了中国人才能行动?！该是结束人云亦云、亦步亦趋的时候了，该是自己走路的时候了！

西方心理学虽然在学科建设即心理学成为一门独立的学科方面领先于中国传统文明和印度文明（含佛教文明），但这并不意味着西方文明对人类心灵和意识的研究领先于中国传统文明和印度文

① 斯瓦米·帕拉瓦南达、克里斯多夫·伊舍伍德著，王志成、杨柳译：《现在开始讲解瑜伽——〈瑜伽经〉权威阐释》，成都：四川人民出版社2006年版，第5~6页。

明，并不意味着西方心理学就是标准和真理，甚至并不意味着中国古代心理学和印度心理学尤其是佛教心理学不是科学。每一种文明即使没有形成独立的心理学学科，也必有系统的心理学思想；每一种文明的心理学或心理学思想既有其优点，也必有其缺点。不同文明的心理学或心理学思想由于起源于特定的文明预设和形而上学原理，在理念和认知结构上是相互内在冲突的，因而不同文明的心理学或心理学思想不可能无原则地合二为一。因此要破解西方心理学和人类心理学面临的困境，构建全人的和全人类的心理学，只能是以现存所有心理学或心理学思想为基础，入乎其内又出乎其外，也就是学习、批判、超越和重建，一言以蔽之，曰创造。西方心理学不可能被否定，也不可以被跨越，但可以被超越，也应该被超越，这是我之所以提出生命心理学的理由。

弗洛伊德说过："任何热爱心理学的人都必须任劳任怨，不辞艰苦。"①这种任劳任怨和不辞艰苦，并不仅仅表现在勤奋和刻苦上，更表现在敢于突破前人成见的眼光、胆略和魄力上，表现在敢为天下先的道德上的勇迈。对事物的认识，并不取决于事物本身，而是取决于认识者的心灵和认知结构。由于认知结构的局限，人们尤其是以西方心理学为真理的人们，对生命心理学必有心理阻抗，这是可以理解的。英国散文学家卡莱尔说过：每一种创见初创时，确实没有任何人支持，只是存在于一个人的头脑里，整个世界只有他一个人相信，一个人同所有的人对抗。物理学家普朗克说过："新的科学真理并不是因为说服它的反对者而使其改变信仰而胜利，而是因为它的反对者最终消亡而胜利。"②对此生命心理学家有充分的心理准备。套用德国哲学家伊曼努尔·康德的话：我的确巴望早受欢迎，但宁愿等待虽晚然而持久的称赞，这需要长远的眼光、坚韧的毅力和巨大的牺牲精神的。实话实说，生命心理学"注

---

① S. 弗洛伊德著、高觉敷译：《精神分析引论新编》，北京：商务印书馆1987年版，第2页。

② D. Schultz. *A History of Modern Psychology* (*third edition*). NY：Academic Press Inc.，1983：13.

定不是为了学生用的，而是为了未来教师用的。即使未来的教师也不应该指望用它来系统地阐述一门现成的科学，而应该纯粹用来挖掘这门科学本身”。①

由于限于“导论”，具体的思想和论述没有细致地展开，具体参考文献没有例举，只是在具体引用和非常重要的地方例举了参考文献，这是要向读者交代，也希望读者能原谅的。但作者想说的是，本文的思想，要么是作者深思熟虑的产物，要么是有切实出处和来源的。

第一部分　时代精神和研究路径

一、时代精神

时代精神是一个时代的文化氛围，是一个时代主导性思潮。它无形中引导着甚至规定着人们该做什么和不该做什么，能做什么和不能做什么。时代精神相当于中国传统文化的时势，也相当于佛教的缘。就个体相对于时代精神而言，根本不是心理学上的行为主义所谓的刺激—反应模式，而是占绝对优势力量的裹挟，所谓顺我者昌，逆我者亡。在秦末刘项对决中，刘邦之所以成功，项羽之所以失败，并非自古以来人们所认为的，项羽在鸿门宴上显得心慈手软和妇人之仁；也不是太史公所谓的“自矜功伐，奋其私智而不师古，谓霸王之业，欲以力征经营天下”，② 而是项羽“乃分天下，立诸将为侯王”，③ 违背了天下统一的时代精神（其实，在鸿门宴上，项羽于公于私确实不应该杀刘邦。项羽的问题并不在于没有杀刘邦，而是在于不明白为什么不杀刘邦。也就是说，项羽的不杀刘邦是因为妇人之仁，而不是出于清醒的局势判断和理性认识）。人类

---

① I. Kant，P. Carus（tran.）. *Prolegomena to Any Future Metaphysics That Can Qualify as a Science*. Chicago：Open Court，1902：1.

② 司马迁：《史记·项羽本纪》（第二版），第一册，北京：中华书局 1982 年版，第 339 页。

③ 司马迁：《史记·项羽本纪》（第二版），第一册，北京：中华书局 1982 年版，第 316 页。

文明是宇宙能量在人类社会的表现形式，可以称之为文化能量或社会势能，它的发生发展是由其内在逻辑决定的，历史是历史意志的结果，不是任何个人或群体创造的。人类历史上的一切事件，都是社会势能在某一发展阶段的表现；人类历史上的一切伟大人物，无论是伟大的政治家或科学家，还是伟大的宗教领袖或文学家，都是那个时代的时代精神的代言人。

时代精神是由文明特质及其发展过程决定的，也就是说，不同的文明有不同的时代精神，同一文明在不同的发展阶段也表现出不同的时代精神。美国政治学家亨廷顿说，现在是文明冲突的时代，新世界的冲突根源，“将不再侧重于意识形态或经济，而文化将是截然分隔人类和引起冲突的主要根源。在世界事务中，民族国家仍会举足轻重，但全球政治的主要冲突将发生在不同文化的族群之间。文明的冲突将左右全球政治，文明之间的断层将成为未来的战斗线”。① 杜维明先生则认为现在是文明对话的时代，其学术理据是“全球社群的出现”：“由于科学技术的发展，世界各地不论东西南北都已成为由信息、交通、贸易、电信和财经各种关系网络所编织而成的生命共同体。从生态环境及能量资源等超越国界的宏观视野来检视当今人类的存在条件，不同种族、地域、语言、文化、阶级和宗教的社群必须谋求共生之道，已成为知识界不言而喻的真理。如果我们把核战争的问题、生态系统遭到破坏、环境被污染、能源枯竭或人口膨胀而造成的社会脱序等种种祸害也列入考虑，人类必须同舟共济，一起来创建和平共存的生命形态，更是显而易见的道理。”②

两种观点其实各执一端，亨廷顿站在政治的立场强调的是文明的冲突而忽视了冲突的目的，杜维明先生站在文化的立场强调文明

---

① 参见吴根友：《亨廷顿“文明冲突论”与杜维明“文明对话论”的政治哲学检视》，载《明清哲学与中国现代化诸问题》，北京：中华书局 2008 年版，第 232 页。

② 参见吴根友：《亨廷顿“文明冲突论”与杜维明“文明对话论”的政治哲学检视》，载《明清哲学与中国现代化诸问题》，北京：中华书局 2008 年版，第 235 ~ 236 页。

的对话而忽视了文明内在的差异性所导致的不可调和性。应该说现在是人类一体化背景下的文明冲突的时代。这个时代精神有两个要素，一是文明的冲突，二是人类的一体化。如果说冲突是手段和过程，一体化则是目的和结果。没有文明的冲突，就不可能有人类的一体化，因为人类不可能无原则地一体化；反之，只有经过文明冲突的血与火的洗礼，人类才能真正实现一体化。应该指出的一点是，人类的一体化是一个漫长的过程，在这个漫长的过程中，既有冲突也必有对话(正因为有冲突才会有对话，其实冲突也是一种对话)，但是就今天而言，冲突往往是主导性的局面。

人类文明从发端经过千百万年漫长的发展，今天已经到了这样一个阶段——人类必须连接为一个整体——这一点在它发端的那一刻就已经决定了，而且人类本身就是一个整体——这一点只是到今天才显现出来而已。人类文明在其千百万年漫长的发展过程中，造就了古希腊、中国春秋战国和佛教等辉煌的文明，当西方文明登上人类历史舞台的时候，它负有而且完成了把较先进的西方文明推向全世界的历史使命。“在它的全球发展中，确实充满了殖民主义、帝国主义，充满了血腥和对人类价值的摧残。但这是它自己的错误。这一过程不只是殖民过程，它还有人类文明进步意义，它把它的文明，这个相对于古典期文明无疑是进步得多的文明推到还停留在古典文明期、前文明期和文明预备期的各个地区，正如法国人把英国的力学、数学和哲学变为全欧洲的文化一样。”①

人类会一体化而且必须一体化，人类一体化的过程已经开始——欧共体和伊拉克战争就是其历史性的标志——而且也一定能完成。“它将出现一种新的文明观念，它以西方文明范式为基础，用它将西方文明和新的文明的一切形式内在化在它之中。它将使科学一体化发展，达到互相内在的绝对程度，从而使人对自然和社会的知识成为一个整体并得到升华，使人的能力提高到现在无法想象的程度……它将使人类成为一个整体，从而具有地球统一和人类统一意识，并把目光转向宇宙。它不再以人类中、地球上的问题为重

① 郑刚：《中国人的命运》，广州：广东旅游出版社 1995 年版，第 546 页。

心，而更多地把自己考虑为宇宙的一员。它的精神状态将达到雄浑的程度，具有征服宇宙的信心和意识。它将使人类在制度、行业、职能上成为一个体系，而民族问题不再是问题。它需要的是一个作用于自身，使自身升华并内在化其它一切对象的文明形态和精神状态。”①

二、文明的比较

完成人类文化的创造，其基点只能是站在中、西、印文明之外的比较，而不是站在中、西、印文明之内的判教或卫道。文化是一个民族或人类生活的自诠释系统，是以文明预设为核心的由形而上学原理推演出来的科学体系及其生活方式。文化发生发展的过程就是文明。一个文明的特质是什么，或者确切地说，判断一个文明特质的标准是什么，是一个仁者见仁、智者见智的问题。判断文明特质的标准，应该站在文明之外，不应以文明自身的标准来判定文明自身，也不应该以一个文明为标准来判定另一个文明，这样才有可能是客观的，至少保证理论和程序上的客观。判断文明特质的标准，应该是内在的而不是外在的，所谓内在的是指文明发展的内在逻辑和本质，外在的是指文明发展的外在表现和结果。判断文明特质的标准，应该是动态的而不是静止的，所谓动态的，是指文明发生发展的整个过程，静止的是指文明发生发展的一个断面。判断文明特质的标准，本文的观点是：（一）文明预设，即一个文明的起点，整个文明都是从这个基点发展和演变而来，但是这个基点本身是公认的假设；（二）逻辑范式，即一个文明的思维方式；（三）自为性，即一个文明内在的生命力和整体的统摄力；（四）哲学原理，即一个文明形而上学的特质和表现方式；（五）知识诠释系统。“没有一个真实的人是全知全能的，而且能从全方位的角度把整个宇宙的问题看清楚。西方文化中的上帝，佛教文化中的如来佛，中国文化的圣人，都是这种理想化的人的观念形象。由这样有缺陷的人而组成的群体，进而国家、民族的文化也都是在漫长的历史过程中发

---

① 郑刚：《中国人的命运》，广州：广东旅游出版社 1995 年版，第 548 ~ 549 页。

展出了一种主流的看问题的系统方式。出于各种现实利益的驱使，这些有缺陷的看问题方式总想借助于一种现实的权力而成为一统天下的精神统治者。比较哲学与比较文化的研究工作则在于消除这种文化与精神王国里的文化专制神话，试图以文化联邦的形式形成世界哲学的视野。”①

要完成人类文化的创造，具体到某个学者，他必须具备的条件，一曰理念，二曰眼光，三曰气象，四曰天赋，五曰学术训练。学术训练不仅仅是指严格性量的方面，更重要的是指认知结构质的方面。在人类一体化背景下的文明冲突这一时代精神中，学术要具有人类的理念和世界的眼光及气象，所谓汇东西之学，通古今之变，究天人之际，成一家之言，求天下大同，就必须“从容涵化儒释道，汗漫通观印中西”（套用著名哲学史家萧萐父先生语）。认知结构的缺陷不是具体知识的缺乏，而是因为人的认知结构的缺失而导致的理念屏蔽和眼光的遮蔽，要具有无影认知，就必须纵观宗教、哲学和科学；横跨中、西、印，求索文、史、艺。

三、文明的投射

文化是人类生活的诠释系统，是以文明预设为核心的由形而上学原理推演出来的知识诠释系统及其生活方式，包括文明预设、形而上学和科学三个方面。如果文化是一棵树，那么文明预设是其根，作用在于生发；形而上学是其干枝，作用在于支撑；科学只是树叶，作用在于光合作用。就教育和学术研究而言，宗教及其相关的历史、文学和艺术的人文科学是其根，奠定的是人文底蕴，作用在于创造；哲学是其干，培养的是能力，作用在于整合创新；科学技术是枝叶，获得的是知识，作用在于知识的应用。一个受教育者如果没有人文底蕴和哲学思维，就如一棵没有根和干只有枝叶的树，是不可能成才的；一个没有人文底蕴和哲学思维的科学工作者，是没有创造力的。“中体西用”的结局是把科学技术这种“用”当成了“体”，这种本末倒置造成了当代中国人只能在枝叶层面的

① 吴根友：《比较哲学与比较文化论丛》（第一辑），武汉：武汉大学出版社2009年版，（序言）第5~6页。

知识应用上"创新"。顺便提一句，中国何以不出科学大师的"钱学森之问"的答案正在于此。

文明预设是一个文明最原始、最基本的假设——文明预设不但是整个文明生长的根，而且在一定程度上决定着文明的特质——它往往表现为宗教。宗教是人类的童话，是人类文明发展的母体。马克思说："人创造了宗教，而不是宗教创造了人……宗教是人的本质在幻想中的实现，因为人的本质不具有真正的现实性……宗教里的苦难既是现实的苦难的表现，又是对这种现实的苦难的抗议。宗教是被压迫生灵的叹息，是无情世界的心境，正像它是无精神活力的制度的精神一样。宗教是人民的鸦片。"

确切地说，宗教是由人创造的，而且从某种意义上讲，宗教也能创造人。人之所以需要宗教，或者说，人之所以创造宗教，是因为人的存在本身具有局限性，更重要的是，人意识到了自身的局限性而且努力超越其自身的局限性。人的自身的局限性正是心理学家埃里希·弗罗姆所谓的"生存的两歧"。"理性，既是人的福祉，也是人的祸根。它迫使人永无止境地应对无法解决的两歧。人的存在正是在这一点上和所有其他有机体的存在区别开来。人的生存处于一种永恒和不可避免的不平衡状态。人不可能通过重复他的种族的生活而'被生活'，他必须过自己的生活。人是唯一感到烦恼，感到不满，感到自己是从天国被驱逐出来的动物。人是唯一一个对其而言生存也成了问题的动物，这个问题他不得不解决而又无法解决。"①

人的生命是有限的，人注定要死亡，这是一个必须接受的残酷事实。正是有死才决定了生的意义，正是因为有死，人才渴望永生。人的生存的另一个两歧是人不可能是万能的。即使在最有利的环境，即使人的所有潜能都最大程度地发挥出来，人的能力仍然是有限度的。正因为人的能力是有限度的，才迫使人不断追求和探索知识，正因为人的能力是有限度的，人才渴望全知全能。人的生存两歧的又一表现是人是孤独的。动物虽然只能被动地适应自然，但

---

① E. Fromm. *Man For Himself*. Fawcett Publications, Inc. , 1947: 49.

和自然处于合一的和谐状态中。当理性把人和其他动物区别开来，也就意味着破坏了人和自然的和谐状态。人渴望回到和自然的和谐的史前状态，但拿着火剑的天神挡住了他的归路，他只能奋勇向前去开拓新的天地以求和自然达到更高层次的和谐甚至于和整个宇宙合二为一。对于个体而言，当一个婴儿发音说话时，也就意味着他和父母一体的天然纽带被切断了，他已经意识到自己的独立存在，意识到我是我了！人注定是孤独的，因为他的身心是一个完全独立的存在，但人在人生的漫漫寒夜里又害怕孤独，需要同类的光和热来照亮和温暖自己，渴望和所有的同类融为一体。

面对生存的两歧，弗罗姆说："直面真实，承认在一个对自己的命运漠不关心的宇宙里自己的根本孤独和寂寞，认识到没有一个超我的力量能够解决属于我的问题。人必须承担起对自己的责任，并且接受这样一个事实：只有通过运用自己的力量，他才能给自己的生活赋予意义。"①但事实是，正是由于生存的两歧，如果不借助外在的力量，人本身没有能力独自解决自身的生存困境。生活不是漫无目的的流浪，也不是毫无基点的凌空蹈虚，它应该而且必须有坚贞的信仰和坚实的阶梯。

人虽然只能自己赋予自己的生活以意义，但是生活意义本身并不决定于人自身。正如一个登山者只能自己登山，但是必须借助外在的山梯一样；一个人的生活要有意义，必须有高于自己的信仰来支撑。恩格斯说过一切宗教都不过是支配着人们日常生活的外部力量在人们头脑中幻想的反映，在这种反映中，人间的力量采取了超人间的力量的形式。在历史的初期，首先是自然力量获得了这样的反映，而在进一步的发展中，在不同的民族那里又经历了极为不同和极为复杂的人格化。宗教本质上是人性的自我投射。投射是由于心灵上的补偿作用，投射的对象必须高于自己，从而以这个高于自己的对象为坐标，赋予自己的生活以意义。只是由于各个民族禀赋和生活环境的不同，投射的对象不同，因而产生了不同的宗教。为了避免无谓的争论，本文以文明预设代替宗教。

---

① E. Fromm. *Man For Himself*. Fawcett Publications, Inc., 1947: 53.

心理学上的投射既是一种心理的防卫机制，也是一种心理疾患的诊断和治疗方法。本文的投射是文化和文明意义上的投射。人生即投射。我爱的真正含义就是爱我，即我爱他(她)是把我的情感通过他(她)投射出来，这就是爱的实质，可以称之为爱情投射论。事实上，人生的一切诸如事业、工作、人际交往、嗜好和生活方式等，都是人的心灵投射的结果，可以称之为人生投射论。但是人生的投射不是毫无规则地胡投乱射，从根本上讲是取决于他或她生活的文化。文化即投射。由于各个民族生活的环境的差异，导致各个民族不同的投射。西方人投射的是上帝，中国人投射的是圣人，佛教徒投射的是佛。由于投射的对象不同，决定了各个民族人格结构的差异。上帝是一个纯粹的精神实体，它是神的崇拜，而且是一神和最高神的崇拜；圣人对于神而言是人，但对于人而言又是神，所以圣人崇拜具有神人双重性(神人双重性源于中国传统文化尤其是儒家文化内在的冲突和根深蒂固的矛盾，其结果是精神偶像和政治统治者的同一，规则制定者和执行者的同一，裁判者和被裁判者的同一)；佛的崇拜不但是对人和神崇拜的否定，而且也是对佛的崇拜本身的否定。

人的生存的两歧，确切地说，人的心灵和肉体的冲突，不但是人类宗教的源泉，也是人类文明和社会发生发展的根本动力。心理学上的本能论、内驱力论和自我实现论仅仅论述了心灵或肉体的一个方面，没有揭示人类文明和社会发生发展的本质。马克思和恩格斯在《共产党宣言》中开宗明义地指出“至今一切社会的历史都是阶级斗争的历史”，但是恩格斯在1888年英文版上加了一个注释：“这是指有文字记载的全部历史。”应该说，阶级斗争是心灵和肉体的冲突在阶级社会的一种反映和表现。由于文明内在的差异性，心灵和肉体的冲突因不同的文化表现形式也不同。

在西方文明(指基督教文明)中，其发展内在冲突和矛盾是心身关系。在基督教，表现为灵与肉的关系，笛卡儿第一次以学术方式明确表达为心—身关系。心—身关系是西方文明发展的内在动力，整个西方文明也是围绕着心—身关系这一矛盾展开的。“无论好坏与否，笛卡儿构建了一个思考心—身的框架。在这个框架内，实际上所有的哲学家和心理学家都是从这个问题开始进行研究的，甚至当他们忙于对笛卡儿思想予以抨击时，仍然脱离不了笛卡儿制定的框架。”①恩格斯更是一针见血地指出：“全部哲学，特别是近代哲学的重大的基本问题，是思维和存在的关系问题。”

如果说整个西方文明是建构在物质、人和上帝三个基本概念上的（人的心—身关系是上帝这个精神实体和物质这个物质实体关系在人身上的体现），那么中国传统文化的基本概念是气、生命和和，中国传统文化追求的最高境界是生命达到气和之韵的化境（套用武汉大学哲学院范明华教授关于中国传统艺术精神语）。这种气和之化境在儒家则是仁爱。然而儒家的仁爱是建立在亲亲基础上的，这样心灵和肉体的冲突在儒家则转化为仁仁—亲亲这样一个内在的矛盾。没有仁仁—亲亲就无所谓儒家，正是仁仁—亲亲造就和成就了儒家，也正是仁仁—亲亲毁灭了儒家。中国传统社会周而复始的王朝更迭，其实是仁仁—亲亲这一矛盾反复作用的结果（关于中国传统文化尤其是儒家发展的内在矛盾，要感谢原武汉大学哲学院教授刘清平君的真知灼见。只不过他似乎没有意识到亲亲和仁仁的悖论正是儒家之所以为儒家的内在张力，而且过于强调了亲亲的社会弊端，从而和武汉大学哲学院教授郭齐勇教授发生了激烈争论，影响波及全球，请参见《儒家伦理争鸣集——以亲亲互隐为中心》，郭齐勇主编，湖北教育出版社2004 年版）。西方文化凸显的是人，而中国传统文化的核心是仁，因而中西文化的冲突的焦点就集中体现在人和仁的关系问题上。仁者何以爱人?! 仁者能爱人吗?! 中国传统文化现代化的核心问题就是解决人的问题，其核心是解决成圣和成人的内在冲突。如果一个人成为圣人，他是人还是神？如果是神，则位于神格；如果是人，则位于人格。如果一个圣人位于神格，他就在格位上高于人，他就拥有真理的诠释权，必然导致人治和腐败。如果一个圣人位于人格，终极信仰又将投射到哪

① T. H. 黧黑著、李维译：《心理学史》，杭州：浙江教育出版社 1998 年版，第 191 页。

里？社会秩序又以什么为基点来确立呢？

如果说印度婆罗门教的核心概念是精神（实体）、有情和梵，佛教则建立在空、有情和佛三个基本概念之上。佛家所追求的最高境界就是人的心灵通过艰苦卓绝的修炼达到无上正等正觉，也就是把人的心灵潜能最大程度地发挥出来，也可以称之为心灵的自我实现。要达到这种“空”的境界，就必须舍弃“有”，因此心灵和肉体的冲突在佛教则转化为空和有的关系，空和有的冲突就成了佛教发展的基本矛盾。有是空的前提，没有有何来空；有不是真有，有是有条件的，有又是空。空是有的空，不是绝对的空，空也是有条件的，空本身也是空。《心经》所谓“色不异空，空不异色；色即是空，空即是色”说的正是这个道理。如果说中国本土文化和佛教的冲突在社会生活中表现为成佛与成仁，那么佛教和西方文化的冲突在社会生活中则表现为成佛与成人。

四、研究路径

人类一体化背景下的文明冲突这一时代精神，决定了当今中国人面临的主要问题是中国传统文化的现代化，其核心则是中西文化的特质及其关系问题。西方文化既已完成现代化，其完成现代化的特质是什么？中国传统文化是否有内在的文化因子来完成其现代化？在中国传统文化现代化和人类一体化的过程中，中西文化两种本体又将如何相处？对于当今的中国人而言，传统文化的现代化和人类文化的一体化是一个问题。中国人能完成传统文化的现代化，就能完成人类文化的一体化；中国人不能完成传统文化的现代化，就只能被一体化。因此，对于当今的中国人而言，他不但是一个坚定不移的民族主义者，而且必须是一个坚定不移的人类主义者。

对于中国传统文化的现代化问题，出现了文化批判主义、文化保守主义和文化建设主义三种主要思潮。但是，无论是文化批判主义或是文化保守主义还是文化建设主义，既没有诠释清楚中西文化的特质，更没有解决中西文化的关系问题。所谓综合创新，其实质就是中体西用，只是由于强调的面不一样，“中体”表现为文化保守主义，“西用”表现为文化批判主义，“体用结合”则表现为文化建设主义。中体只能产生中用，西用只能来自西体，中体西用的结局是男体女用和女体男用的同性恋文化。现实的情况是，西用进来的同时，西体也来到了中国，体用结合的模式无法解决中体和西体之间内在的冲突，但是现实又把中体和西体纠缠在一个文化本体内，其结局只能是阴阳人文化。这种阴阳人文化表现出旺盛的生命力，但是这种表现出的旺盛生命力是以消耗母体（中国传统）文化内在的创造力为代价的。当母体（中国传统）文化内在的创造力被消耗殆尽时，母体（中国传统）文化本身也就走到了生命的尽头。对于中国传统文化而言，这是一条不归路。

人类文明的未来不在中、西、印文明之内，也不在中、西、印文明之间，而在中、西、印文明之外。一言以蔽之，人类文明的未来在基于中、西、印文明比较而又超越中、西、印文明的创造（姑且称之为文化创造论）中。创造是一种建设，虽然有破坏，但其本质是生成。这种生成不是体用结合式的生成，即所谓的创新，而是全新的生成，全新意味着从来没有，生成意味着从无到有。这种全新的生成是一种根本性的生成，而根本性的生成不仅仅是物的生成，而是人的生成。人的生成即人的创造，即让人成为人，让我成为我，并以此为基础重新塑造人类之性格，缔造人类之新精神，造就一代新人类。一体化的新人类从此走向人类大同的社会，即健康的社会。健康社会或健康人类的两个先决条件一是最大限度地发挥任何一个作为人的个体的潜能，二是保证任何一个作为人的个体的劳动的最大报酬。健康是人在身体上保持平衡，精神上达到宁静，并与社会保持和谐的完整、良好的生活状态，以便最大限度地发挥任何一个作为人的个体和无限度地拓展作为一个整体的人类的潜能，从而最大限度且最高效能地开发、利用和保护自然资源，最终达到和宇宙完全合一的境界，而不仅仅是免于身心疾患和残弱，也不仅仅是物质生活的极其丰富和完全满足。

五、科学本质和定义

这是一个近现代以来对中国人产生了巨大影响甚至决定性作用的概念，事实上中国人正是惊慕于西方的科学技术文明的成就才决定虚心向西方文明学习。科学一旦成了科学主义，科学一旦成为评判一切的最高权威，它就成了上帝的化身，科学变成了迷信，科学就走到了自己的反面成了反科学的。对于什么是科学，科学的本质是什么，这是一个争论不休的论题，甚至所谓的科学哲学也无法给出一个普遍的定义。但是对科学的理解对本研究太重要，所以本研究不得不重新定义科学。

需要特别指出的是，本研究的科学正是在这个意义上展开的，学者如果对本研究的结论有疑惑，要么就按着本研究的科学的定义来理解，要么就本研究的科学定义本身展开讨论。

科学是由导源于文明预设的形而上学原理推演出来的关于自然、人和社会的经验事实的知识诠释系统。① 关于科学的性质，②③ 有几点需要强调和申论。首先，科学的本质是知识，知识是经验上被证实的和逻辑上一致的对规律的陈述，也就是经验事实的诠释系统。经验事实并不是客观事实，而是对现实自然对象的感性知觉和对这种感性知觉的认定和语言描述。因此，科学也许有某种真理性，或更确切地说科学是对真理的一种追求，但科学本身不是真理。换句话说，科学是真的，但不是真理。真的是事实判断和有条件的，而真理是价值判断和无条件的。其次，科学是知识的诠释系统，但是这种诠释并不是个体随心所欲的解释，而是基于甚至决定于个体生活的社会及其文化环境。换言之，一种文化的科学是由这种文化的文明预设和形而上学所决定的。不同的文化则有不同的科

---

① 英国科学史家丹皮尔(W. C. Dampier. *A History of Science* (*Fourth Edition*). Cambridge：The University Press，1961，Introduction.)把科学定义为“自然现象有条理的知识和表达这些现象概念关系的理性研究”，虽然是自然现象知识，但不同文明有不同的条理，丹皮尔的这个科学定义显然没有意识到这一点。这是本文作者的理解。这里牵扯到一个问题，也就是所谓的李约瑟难题，即现代科学何以没有在中国发生。这是一个假问题。所谓现代科学，就是西方科学，西方科学只能来自西方文明。真正的问题是，何以西方科学能代表现代科学？另外，中国古代文明当然有自己的科学，真正的问题是，何以中国传统文化没有自己的科学理念(注意是科学理念而不是科学！)。所谓科学理念，就是把科学上升到理念高度来研究而不仅仅是作为一种技术来应用。

② 王贵友：《科学技术哲学导论》，北京：人民出版社2005年版。

③ 孙思：《理性之魂——当代科学哲学中心问题》，北京：人民出版社2005年版。

学形态，因此科学并不就只有一种表现形态。就现实而言，尤其要指出的是并非只有西方才有科学。最后，科学也许是有效的，但不是万能的。一方面，任何一门科学和作为一个整体的科学都是有限度的；另一方面，人类追求真理的途径也并非只有科学，哲学、艺术甚至宗教都可能是人类认识世界的方式。因此，科学不能解决人类和人生面临的所有问题。

第二部分　西方心理学的困境

一、西方心理学的宗教渊源

文明是人类生活和生存的诠释系统，其主体包括文明预设、哲学原理和知识的诠释系统。西方心理学是从基督教发展出来的关于人类心灵和意识的知识体系。《圣经·创世记》开宗明义指出："泰初，神创造了天和地，地空虚混沌，渊深幽暗，神的灵在渊面上巡行，神说应有光，于是就有了光。"一言以蔽之，上帝创造了宇宙，这是西方文明的第一个预设，也是最根本的一个预设。这个预设内含着：一、有一个创造者，有一个被创造者，构成了一个二元对立统一；二、创造者是精神的，被创造者是物质的，构成了精神和物质的对立统一；三、创造者和被创造者都是某种实体。上帝创造了宇宙这一神创论，它是西方文明的基石，是西方社会运转的基点，也是西方人格和心灵建构的坐标点，当然也是西方心理学发展的基础。

基督教文明是古希腊文明和犹太教文明交互作用的产物。如果说犹太教文明的核心理念是上帝，那么古希腊文明的核心理念则是人。这样基督教的核心理念就是上帝人，也就是说，其既是上帝，同时又必须和必然是人。其就是耶稣基督，按着基督教的教义，就是三位一体和道成肉身。"道"代表灵魂，"身"意味着肉体，这样犹太教中高高在上的上帝不但来到了人间，而且是以人的存在来到了人间。犹太教中的上帝和宇宙的关系就转化成了道和肉身的关系，精神和物质的二元对立就演变成了灵魂与肉体的二元对立，而其实体的理念则是一脉相承的。具体而言，人既有灵魂也有肉体，或者说人是灵魂和肉体的对立统一体，其中灵魂处于主导和支配地位，肉体则处于从属和被支配地位；灵魂和物质都是某种实体，灵魂和肉体是本质上两种不同的实体，灵魂是精神的，肉体是物质的。这是西方文明对人性的本质规定的预设，也是对人的心灵和意识本质规定的预设，西方心理学就是以这种本质规定的预设为基石发展起来的，它规定了西方心理学发展的原点、发展的框架、发展的方向和路径，也决定了西方心理学的命运。

二、西方心理学的形而上学原理

上帝既然创造了宇宙，也就是说宇宙来源于上帝，那么下一个必然的问题是，宇宙的本质是什么？宇宙是一个机器！机械意味着宇宙本身没有任何活力，它只能被动地运转；机械也意味着完美，宇宙像一个大钟，毫厘不差地按照某种秩序在广袤的苍穹中运转着；机械还意味着宇宙是有广延的物质，是一种实体。因为宇宙是上帝创造的，它就只能没有活力；如果宇宙本身具有活力，它就有可能自我创造和自我运转。宇宙是上帝创造的，它就只能是完美的，因为上帝是万能的；宇宙是上帝创造的，它就只能是物质的，因为上帝是精神的。

如果宇宙的本质是机器，那么作为宇宙中一个固有组成部分的人的本质又是什么？人也是机器！法国哲学家拉·梅特里说："人体是一架会自己发动自己的机器：一架永动机的活生生的模型。"①西方生理学创始人缪勒的四个弟子，也是四位著名的生理学家：路德维希、杜布克·莱蒙、布吕克和赫尔姆霍茨，为了反对活力论，庄严宣誓甚至歃血为盟，一定要确立并迫使人们接受这样一个真理："有机体内除了一般的物理化学力在起作用外别无他力。"②笛卡儿就以机械观点来解释人体的每一种生理功能，他把人的神经看

① 拉·梅特里著、顾寿观译：《人是机器》，北京：商务印书馆 1999 年版，第 20 页。

② E. G. Boring. *A History of Experimental Psychology* (*2nd edition*). New York: Appleton-Century-Crofts, Inc., 1950: 708.

作是机器的水管，不过其中流淌的不是水而是动物的精气而已；他把人体的肌肉和韧带比作是机器的引擎和弹簧，并且认为人体的运动不需要意识的控制也可以发生。沿着这种思路，笛卡儿提出了波样反射(undulatioreflexa)的观点，即不需要意识的控制的运动。波样反射是反射理论的前驱，而反射理论又是刺激—反射心理学的基础。①

如果人体是一架机器，那么人的心灵又是什么呢？笛卡儿首先区分了心和灵，“考虑到我们营养的原理完全不同于思考的原理，我认为用灵魂(soul)这个名称来意指两者是有歧义的。我认为，当灵魂被用来意指人的主要实体或本质时，它必须只能应用于我们思考的原理，为了避免混淆，我尽可能地把它叫做心(mind)，因为我认为心并不是能思考的灵的一部分，而是其全部”。② 笛卡儿不但提出了著名的身心二元交感论，而且把灵变成了心：灵只能进行形而上学的思考，而心则可以进行科学研究，这就为心理学的创立奠定了理论基础。③ 英国经验主义者洛克进一步把心变成了经验，而经验是可以以实证的方式研究的。从洛克到贝克莱再到修谟，最后到詹姆斯·密尔，密尔斩钉截铁地说：心灵也是一架机器！④ 心灵是一架机器就是整个现代西方心理学的理论基础。后来西方心理学发展的各个流派，从结构主义、功能主义、格式塔心理学、行为主义到今天的认知心理学，从精神分析到新精神分析再到人本主义心理学，无论其表现形态如何变化，但其心灵是一架机器的基本原则是不变的。一言以蔽之，西方心理学是建立在机械论、实体论和还原论之上的。

---

① D. Schultz. *A History of Modern Psychology* (*3rd edition*). Academic Press, 1981: 22.

② R. I. Watson. *Basic Writings in the History of Psychology*. Oxford University Press, 1979: 13.

③ R. I. Watson. *Basic Writings in the History of Psychology*. Oxford University Press, 1979: 13.

④ D. Schultz. *A History of Modern Psychology* (*3ed.*), Academic Press, 1981: 35.

三、西方心理学诠释原则

1. 身心二元原则。《圣经·创世记》中的神创论决定了精神和物质的二元对立。如果说犹太教的核心是上帝崇拜，古希腊文明的核心是人文主义，那么来自犹太教和古希腊文明交互作用的基督教文明则是上帝人。所以基督教的上帝一方面必须是神，因为只有神才值得信仰，另一方面又必须是人，因为只有是我们的同类人才有可能拯救人。所谓道成肉身，又所谓三位一体，他就是耶稣基督。这样上帝和宇宙的关系就转化成了人（基督）的灵与肉的关系。笛卡儿说身体和心理是两个不同的实体，其结果是生理学和心理学分属不同的诠释系统，在临床上则是身体治疗和心理治疗完全分家。

现代西医虽然声称其医疗模式从纯粹的生物医学模式转变成现代的生物—心理—社会医学模式，但是这种转变的演变本身既是身心二元对立的明证，也是身心二元对立的结果，而且转变成的所谓的生物—心理—社会医学模式，本身就内含了生物、心理和社会三个要素，意味着人体的生物、心理和社会属性是有本质区别的。事实上，现代临床医学即使不是纯粹的生物医学模式，其主体仍然是生物医学模式。临床上，一个临床医生很少有能力顾及患者的心理问题，而一个心理医生更不可能治疗患者的生理疾病。许多疾病是心理问题导致的生理疾患，或是生理问题导致的心理问题，患者不得不到分属两个系统的两家医院或一家医院的两个不同科室的两位医生就诊，其结果是每位医生只诊断和治疗了疾病的一半。

2. 机械唯物原则。宇宙是一架机器，人体是宇宙的一个组成部分，人体也是一架机器。机械的特点为：有实体结构，没有任何活力，只能被动地对外界刺激发生反应。需要说明的是，虽然西医认为人体是一架机器，但这并不意味着人体就是一架机器，也不意味着在西医的临床实践中完完全全地把人就当成一架机器，更不能说西医的人体机器观在临床实践中就没有任何治疗作用。

3. 分析还原原则。西方生理科学将人体分解为若干个系统，每一系统又分解成不同的器官，每一器官进一步分解成不同的组织，人体的组织是由细胞和细胞间质构成的，而细胞则是由细胞核、细胞质和细胞膜组成的，如此一路分析还原下去，直到目前的基因。可以说，西医的人体也是一个系统，其内部也是相互联系的，这个系统由于以具体的解剖—生理单位为基础，所以更重视具体的解剖—生理单位，因而由大到小逐渐分析还原下去，把人体分解再分解，最后还原成一个基本单位，也就是基因或其他更小的单位。

如果说西方生理科学以西方物理学为榜样，后者在寻找物质的基本单位，前者在寻求人体的基本单位，那么西方心理学也在寻求人的心理的基本单位。西方心理学史上第一个学派结构主义的目的就是把意识经验分解成基本元素，发现这些元素是如何连接的，并进而确定其规律。冯特发现的基本心理元素是感觉(sensation)和感受(feeling)，铁钦纳发现的心理元素是感觉(sensation)、意象(image)和情感(affection)。“几乎所有新的学派都是以反对冯特心理学这一或那一特征而建立的，我们可以欢迎这些学派但不能原谅其不满。在任何一个时代，一个科学仅仅是它的研究所产生的，而研究无非是有效的方法为其所创立的和时代准备好了的一些问题。”①功能主义的心理操作，行为主义的刺激—反应单位，精神分析的本我、自我和超我，人本主义心理学不同层次的需要，都是分析还原的产物。格式塔心理学虽然反对结构主义分析还原的思路，主张整体大于局部之和，但只不过是分析还原思路的一种反动，其本质仍然是分析还原的。

4. 物我分离原则，即我和他人、人和自然是分离的。无论是西方生理科学还是西方心理学，研究者和被研究者是分离的，而且被研究者和周围的社会环境和自然环境也是完全分离的。这个原则在临床上的表现则是医患的分离，即医生把患者当成是一个和自己毫无关系的客观对象来对待。西方的实验就是能重复的、可以孤立的和变化的观察，所以要求观察者和被观察者绝对分离。“心理可以观察所有的现象就是不能观察它自己的……观察者和被观察者在这里是同一个东西，它的行动就不可能是纯粹和

① E. G. Boring. *A History of Experimental Psychology* (*2nd edition*). New York: Appleton-Century-Crofts, Inc., 1950: 343.

自然的。为了观察，人的心理必须停止活动；而正是这个活动是人想观察的。如果你不能停止，你就不能观察；如果你真的停止了，又没有任何东西可观察。这个方法的结果是和它的荒谬性成正比的，经过了两千年的心理学研究，没有一个满足其追随者的假设得以建立。”①

5. 线性思维原则，即以线性的单向的思维来理解生命现象，其数学表达则是 $y=f(x)$。可以说西方生理学、心理学和医学的一切研究和实践都基本上是以这种原则为范式的，也就是寻求生理现象和心理现象两个或多个变量之间的线性函数关系。心理学家艾宾浩斯的遗忘曲线是遗忘和时间之间的函数关系，行为主义的刺激—反应模式是反应和刺激之间的函数关系。“西方文明的范式是什么？对这个问题各种观念的人一定有不同的说法，但是与其他文明（例如希腊、战国）相比，可以表现出现代科学的本质特征就是把要处理的对象看作变量，看作是性质、位置上有变化的东西，找到变量之间的变化关系，而由此推出其性质（如拉普拉斯方程）。即使不能使用微积分，其他科学也在使用这个范式，把自己的对象变量化，并把找到变量之间的函数式作为主要任务。”②

6. 辩证法。由于历史的原因，辩证法在现代中国人的意识里仿佛是真理的化身。辩证法无非是西方人认识世界的一种图式，它起源于古希腊，黑格尔集其大成，马克思又把它应用到社会和历史领域以解释人类社会发展的规律。西方人所谓的辩证法是其精神与物质、心灵与肉体二元对立假设的必然的认知图式，是精神与物质、心灵与肉体矛盾冲突的必然的逻辑过程。“辩证思维表现宇宙精神最深刻的本质，在这种思维中，宇宙精神认识自己的本质；在这种思维中，思维与存在、主体与客体、形式与内容是同一的。逻辑所展开的思维形式或范畴，和实在的形式是同一的：这种形式和

① D. Schultz. *A History of Modern Psychology* (3rd edition). Academic Press, 1981: 107.

② 郑刚：《中国人的命运》，广州：广东旅游出版社1995年版，第255页。

范畴既有逻辑涵义，又有本体论的或形而上学的涵义。”①至于辩证法能否把握生命现象和心灵现象的本质，生命现象和心灵现象是否按照“表现宇宙精神最深刻的本质”的辩证思维在运行，这是一个有待讨论的问题。

四、西方心理学诠释系统

科学是知识的诠释系统，这种诠释系统是由其文明预设和形而上学原理决定的。西方文明的实体性的形而上学原理和机械唯物的诠释原则决定了其实体科学的诠释系统，其在物理学上表现为物质—能量的诠释系统，也就是把宇宙看作是一个实体，研究这个实体的基本组成及其功能，牛顿定律 F=ma 就是这种物质—能量的诠释系统的典型表达。将这样的物质—能量的诠释系统应用到人的生命现象就是解剖—生理诠释系统，即西方生理科学是以某个实体的结构为基础来研究其生理功能的。实体的结构，可以是人体，也可以是人体的系统、器官和组织，也可以是细胞、亚细胞器，直到今天的基因。有了这种实体结构，例如基因，再来研究基因的功能，从而解释人体的病理机制，最后进行临床治疗。

将这样的物质—能量的诠释系统应用到人的心灵现象就是行为—心理诠释系统。西方心理学发展的主流从结构主义到机能主义再到行为主义，从新行为主义到今天的认知心理学，新行为主义大家斯金纳认为人的一切包括思维、情感，都是行为，格式塔心理学是从现象学，即总体行为来研究人的心理。精神分析和新精神分析研究的是人的临床行为和社会行为，人本主义心理学则是从症候群，即群体行为来研究人的心理的。不管西方心理学各流派如何千差万别，也无论其内部斗争多么激烈，都是行为—心理诠释系统的不同表现而已。“从伽利略和牛顿开始，经过英国的经验主义者，到冯特和华生这样一条悠长的思想之路在斯金纳所设计的社会和他关于人的本性是一架机器的基本假设中达到了顶峰。‘如果我们在人类的事务中应用科学的方法，我们必须认定行为是有规律的和确

---

① 梯利著、葛力译：《西方哲学史》（增补修订版），北京：商务印书馆1995年版，第514页。

定的——一个人所做的是各种条件的结果，一旦这种条件被发现，我们就能够预测而且在一定程度上决定他的行动。'被斯金纳的条件实验所强化的机械主义的、分析的和决定论的自然科学的方法，使行为主义者确信，人的行为通过正性强化的恰当应用是可以被控制，被引导，被改正，被塑造的。"①

五、西方心理学的困境及其可能的出路

西方心理学自创立以来，独步天下，舍我其谁，似乎没有它解决不了的心理问题。然而表面的喧闹和浮华终究掩盖不了落到实处的悲凉和无奈。在临床上，面对人类无数而又复杂的心理疾患和人格障碍，各式各样的西方心理疗法几乎束手无策，至多是心理安慰和症状的缓解。② 西方心理疗法是否和能否彻底根治哪怕是最轻的一种心理障碍，甚至是否和能否彻底根治哪怕是患最轻的一种心理障碍的最轻的一个患者，都是值得怀疑的。"保险和照管争论引发了一个问题，令精神病学家和临床心理学家感到为难，这个问题是：心理治疗有用吗？私人的和公众的健康方案不愿为庸医的医术支付费用，所以治疗必须是安全的和有效的。真正对心理治疗的成效进行调查的第一人是英国心理学家艾森克。他在1952年从事过一项调查，得出的结论是：接受治疗并不比在同一阶段内等待治疗好——自发性缓解的'治疗'速率和心理治疗一样好。这暗示着心理治疗是骗人的。从那时起，心理治疗者向艾森克的结论发起了挑战，数以百计的有关治疗成效的研究已被完成。当然，主流的临床心理学家急于宣称心理治疗（或至少他们所实施的心理治疗）成效不错，但证据即使再好也是毁誉参半。有一种共识认为，心理治疗可能要比'无为'更能解决一种心理问题，虽然效果不大。然而许多研究显示，由一个受过训练的治疗者实施的专业治疗并不比业余

① D. Schultz. *A History of Modern Psychology* (*3rd edition*). Academic Press, 1981: 266.

② B. E. Wampold. *The Basics of Psychotherapy*. Washington, DC: American Psychological Association, 2011.

的治疗或自行调适更有益。"①

西方心理学是从实验室里发展出来的，本质上是一种实验室的心理学，但是人生活在生活中而不是在实验室里，人的生活既不能被重复，更不可能在实验室里被重复，因而西方心理学面对人类无限社会生活中无限的心灵问题，不仅仅是无能为力，而是压根就熟视无睹和漠不关心。"一味强调雅致、完善，强调技术和设备，往往造成这样的后果，减弱一个问题和一般创造性的意义、生命力以及重要性。几乎每一个攻读心理学博士学位的学生都会懂得这在实践中意味着什么。无论一个实验实际上多么无足轻重，只要在方法上令人满意，它就很少受到批评。而一个大胆的、向理论基础挑战的问题，由于可能会遭到'失败'，常常尚未开始被检验就被批评所扼杀。的确，科学文献中的批评似乎通常只是对于方法、技术、逻辑性等的批评。在我熟悉的文献中，想不起曾看过哪一篇论文批评另一篇论文无关紧要、过分琐碎或者意义不大。因此，逐渐增强的倾向是，学术论文的主题本身无关紧要，只要表达得好就可以。一句话，论文无需再是对人类知识的新贡献，只要求博士研究生了解其研究领域的技术手段以及现成的积累资料，对于好的研究计划的重要性通常并不予以强调。结果，显然完全没有创造力的人也可能会成为'科学家'。"②马斯洛的批评切中要害，但他不明白的是，这虽然是人类学术和科学的通病，但喜好在实验室里折腾实验设备并以此代替真实的生活和生命却是西方科学和心理学固有的缺陷。

就学科发展而言，西方心理学的第一个流派结构主义随着铁钦拿的去世而坍塌了。在德国对它的反叛形成了格式塔心理学，结构主义移植到美国变成了机能主义。机能主义的进一步发展则是行为主义，行为主义的进一步发展就是认知心理学。这是西方心理学发展的主线，起于临床的精神分析，发展成新精神分析，一直难以被

---

① T. H. 黧黑著、李维译：《心理学史》，杭州：浙江教育出版社 1998 年版，第 810～811 页。

② A. 马斯洛著、许金声等译：《动机与人格》，北京：华夏出版社 1987 年版，第 14～15 页。

主流心理学所接受。人本主义者反对行为主义和精神分析，同时吸收格式塔心理学，形成人本主义心理学，这是西方心理学发展的整体框架。西方心理学一直没有形成统一的范式，也没有产生自己的“牛顿理论”，至今仍处于所谓的“前范式”阶段。① 学科内部分化成众多甚至无数几乎互不相关的分支，整个心理学呈现琐碎化和细碎化趋势，给人分崩离析的感觉。

西方心理学是由西方文明的文明预设和形而上学原理推演出来的关于人的心灵的知识诠释系统，因而西方心理学的困境是其文明预设和形而上学原理在心理学的表现，不仅仅是心理学本身的问题，而是心理学的理念和整体认知结构问题。西方心理学“强调研究对象的可观察性、笃信客观普适性真理、坚持以方法为中心、采取价值中立立场、固守人为机器的模型”所导致的“原子论、还原论、客观论、决定论和量化研究”②是其难以逾越的障碍。这种困境不可能靠修修补补的方式，即所谓后现代心理学思想的“整体论对原子论、建构论对还原论、去客观化对客观论、或然论对决定论、质化研究对量化研究”③④来解决。任何文明都是有阻抗和盲点的，文明的盲点是由其文明特质决定的，因而是文明本身无法意识到的，也是无法克服和超越的。西方心理学为了应对自身的危机左冲右突，虽然演变出了认知心理学、积极心理学、进化心理学和超个人心理学等流派，但始终无法跳出西方心理学固有的藩篱和局限性。⑤ 西方心理学已经完成了自己的历史使命，走到了自己生命

① T. H. 黧黑著、李维译：《心理学史》，杭州：浙江教育出版社 1998 年版，(序)第 6 ~ 7 页。

② 高峰强：《现代心理范式的困境和出路》，北京：人民出版社 2001 年版，第 46 ~ 75 页。

③ 高峰强：《现代心理范式的困境和出路》，北京：人民出版社 2001 年版，第 108 ~ 124 页。

④ 叶浩生：《超越现代主义与后现代主义：走向释义学的心理学》，载《心理学》2009 年第 8 期，第 3 ~ 9 页。

⑤ J. H. Bray. The Future of Psychology Practice and Science. *American Psychologist*, 2010(5): 355-369.

的终点，因此西方心理学只能进行理念和整体认知结构的转变，即重构和创造，而且这种理念和认知结构的转变只能借助于另一种文明的心理学才能实现。

第三部分　未来心理学导论

一、心理学的基本原则

科学仅仅是一种知识的诠释系统，而任何一个文化的科学都是决定于其文明预设和形而上学。西方心理学是由西方文明的文明预设和形而上学原理决定的对人的意识和心理的诠释系统，因此西方心理学必定是建立在某些基本原则上的，虽然学者们从来没有对这些原则认真探究过。西方心理学的基本原则一是机械原则，即人的心理是一架机器；二是分析原则，即人的心理可以也应该被还原为某些元素或神经事件；三是实体原则，即人的心理是一个实体，能够被直接实证。生命心理学的基本原则一是生命原则，即人的心灵是有生命力的；二是整体原则，即人的心灵是一个整体，不可能也不应该被还原为某些元素或神经事件；三是功能原则，即人的心灵是一种功能状态，不可能直接被实证。之所以特别提出并强调这三个基本原则，是因为生命心理学和西方心理学的根本区别就在这三个原则上。生命心理学和西方心理学的对决也在这三个基本原则上，一切有关生命心理学和西方心理学的争论的核心也是这三个基本原则。如果科学最终证明，人的心灵就是一架机器，就是可以被还原为神经事件，就是一个实体，生命心理学就自然失去了存在的理据和必要。

二、心理学的学科原理

心理学的定义：西方心理学不同流派对心理学有不同的理解，但现在西方心理学界普遍把心理学定义为心理过程和行为的科学，而生命心理学认为心理学是人的心灵的科学。这个定义强调了两点，其一它是以人为研究对象的，但不排斥对动物的研究；其二它不但研究心理过程及其行为，更研究灵。至于人是否有灵，灵的性质和内容是什么，能否以经验的方式研究灵，这正是生命心理学要回答的问题。

心理学的目的：西方心理学不同的流派对于心理学的目的有不同的答案。结构主义是意识的分析，功能主义是心理的功能，行为主义是行为的控制和预测，精神分析是精神疾病的治疗，而人本主义是自我实现。生命心理学认为心理学的目的是心灵健康，也就是解决人的生活中各种心理困惑和问题，把人的心和灵的潜能完完全全地拓展发挥出来。这其实就是禅宗的开悟和佛教的涅槃。

心理学的悖论：西方心理学的悖论是心身关系，“我们所了解的心理学是从笛卡儿开始的。无论好坏与否，笛卡儿构建了一个思考心—身的框架。在这个框架内，实际上所有的哲学家和心理学家都是从这个问题开始进行研究的，甚至当他们忙于对笛卡儿思想予以抨击时，仍然脱离不了笛卡儿制定的框架”。① 而生命心理学认为心理学的悖论是生活和心灵健康之间的关系。人必须生活，但只要生活就必然导致对心灵的污染，反过来心灵的污染又必然损坏人的生活。既要生活，又要保持心灵的纯洁，正是每个生命必须面对的难题。

心理学的研究方法：西方心理学的研究方法始于内省，但无论是在实验室、临床还是社会生活，最终落脚于行为观察和实验，而生命心理学认为，心理学的研究方法不仅仅是行为观察和实验，也是而且主要是心灵内省。所谓心灵内省，也就是佛教的以心观心。西方心理学的研究方法是实验者—被试模式，西方心理学认为，人的心不但不能自我观察，而且自我观察根本不可能保证客观性，只有这种二元对立才能保证客观性。

心灵内省就是心灵的自我观察。生命心理学认为，人的心不但能够自我观察，而且能够客观地自我观察。心灵内省虽然不能直接实证，但可以间接实证，因为心灵的改变，必然会有行为的相应变

---

① T. H. 黧黑著、李维译：《心理学史》，杭州：浙江教育出版社 1998 年版，第 191 页。

化。心灵内省是生命心理学独特的研究方法，而且生命心理学认为，心灵内省是心理学最基本和最根本的研究方法。但是心灵内省并不是心理学唯一的研究方法，西方心理学所发展和应用的一切研究方法，都会为生命心理学所接受。只不过生命心理学认为，就人的心灵研究而言，心灵内省最直接最根本，其他一切方法，只有在心灵内省这一方法的前提下，才有意义和价值。

心理学的研究内容：西方心理学的研究对象始于人的意识，最后落脚于人的行为和心理过程。生命心理学不仅仅研究人的行为和心理，也研究而且主要研究人的灵魂。西方心理学研究灵魂被屏蔽的原因，一是将灵归于纯粹的宗教问题，① 二是认为经验方法不可能认识灵。② 生命心理学研究的问题，并不仅仅是只能在实验室里重复的问题，也不仅仅是只能以量化才能研究的问题，而是一个生命个体、群体和整个人类在生存和生活中出现和遇到的任何问题。生命心理学的一个基本前提是，人的生命和生活是不能重复的，人类历史和文明也是不能重复的。

心理学实验和实验室：西方心理学以实验室的实验为基础，并将实验研究延展和引申到生活。结构主义、格式塔心理学、行为主义、认知心理学都有自己的实验基础，甚至精神分析也是以心理治疗室也即临床心理实验室为基础建立起来的。生命心理学认为，人的生命不可能重复，更不可能在实验室里重复。生活就是天然的实验室，研究人的心灵只能在大跨度的时空即生活中完成。但这不排斥对具体问题的实验室研究，实验室研究只是生活研究的一个部分，而不是生活研究的全部，也不是生活研究的标准。生活实践虽然不能在实验室里重复，但可以在实验室里检验。禅宗的开悟和佛教的涅槃，就是典型的生命心理学实验，它们可以经受住实验室的

---

① R. Swinburne. *Is There a God?* (*revised edition*). Oxford University Press, 2010.

② M. C. Baker, S. Goetz(ed.). *The Soul of Hypothesis——Investigations Into the Existence of the Soul*. NY: Continuum International Publishing Group, 2011.

任何检验。生命心理学当然坚持科学心理学的发展道路，但同时并不排斥和排除人文心理学的发展路径。因为生命心理学明白，人的心灵的某些层面可能可以被实证和量化，某些层面可能永远不能被实证和量化。真正的心理学是科学和人文完美结合的典范，这是由人心特质和心理学学科性质决定的。在生命心理学的框架内，科学心理学和人文心理学是合一的。

心理学的实验，一是知识的作用，二是操作的训练，三是理论的实证。即使西方心理学特别强调实验的重要性，但是西方心理学史上伟大的观念和学说，并不是单靠实验“做”出来的，而是而且首先是西方心理学家意识的跃变和突破，实验至多是基础条件而已。事实是，西方心理学中的结构主义和功能主义的创始人冯特和詹姆斯都是哲学家，都不做和几乎不做实验。格式塔心理学的创立，是因为魏特海默在旅途中的“顿悟”，而后在实验室验证的结果。生命心理学，既不像结构主义心理学和行为主义心理学，是冯特及其信徒、华生及其追随者在实验室里“创造”出来的；也不像功能主义心理学，是詹姆斯从纯粹知识中推演出来的；当然也不像精神分析，是弗洛伊德从临床病人身上总结出来的，而是自我活生生的生命在活生生的生活中实践的结果。一言以蔽之，生命心理学是实验的，但不是实验主义的。

生命心理学学科群及其和其他心理学的关系：生命心理学并不是西方心理学的一个分支，而是心理学的未来或未来的心理学。生命心理学并不仅仅涉及心理学的一个或几个学科，而是涉及心理学的所有学科和所有问题。生命心理学不仅仅是知识，也是一种视角，一种观点，一种哲学。现代西方心理学的一切分支学科，都可以站在生命心理学的视角和高度重新审视，而且可以审视出完全不同的意蕴和更加丰富的意义。生命心理学来自以往所有的心理学，但又超越了所有的心理学。它和以往所有的心理学，尤其是西方心理学，是批判、继承和超越的关系。西方心理学最大的优点是其客观性，最大的贡献是心理学因此成为一门独立的学科登上历史舞台，但其问题和悖论恰恰在这里：一个机械的心灵能对自己进行客观的研究吗?!生命心理学继承了西方心理学的客观性，借助佛教心理学和中国古代心理学抛弃了它的机械论，从而将心理学义无反顾地向前推进。从心理学的精神和使命而言，生命心理学无愧于西方心理学的真正传人。

生命心理学不但包含西方心理学一切学科、一切问题和一切学派，而且研究一切西方心理学忽视和无能为力的领域和问题。从原则上讲，生命心理学研究人类生活的一切方面和一切问题，生命心理学就是生活心理学。生命心理学之所以是全人的和全人类的心理学，就是因为它是而且首先是生活心理学。

三、心理学文明预设和形而上学原理

心理学的文明预设和本体论：生命心理学之所以重视宇宙的本原，是因为如果宇宙的本原真如牛顿力学—康德哲学所宣称的是没有任何生命的物质，生命心理学也就失去了存在的理据。生命心理学认为，宇宙本原是能量，宇宙是自为的，是有生命的功能—形态实体。相对于设计论和偶然论，这可以称为宇宙起源的自为论。运动是能量的交换，时间是能量交换的过程，空间是能量交换的场所，物质是能量存在和表现形式。物质的存在形式可以是物理的，也可以是生物的和心灵的，这样就分别形成了物理世界、生物世界和心灵世界。能量的三种物质存在形式，虽然都是能量的表现形式，但是其内在逻辑和机理存在本质差异。人是物理、生物和心灵的格式塔，因而形成了独特的人的世界，所有作为人的个体组成了人类世界。如果宇宙的本原是能量，那么能量存在的基本单位就是能子，从能量到物质转化的关键是能质子，由能质子形成物质存在的基本单位就是质子(不同于现代物理学的质子)。这种自为的功能—形态实体，可能是能量闭合箱中的风叶反复鼓动以阴阳交互作用的方式而产生的。相对于目前物理学界比较认同的宇宙起源的弦理论,① 即宇宙可能是一个能量的闭合圈(弦)所产生的振动而形成

---

① L. 斯莫林著、李新洲等译：《宇宙的本源——通向量子引力的三条途径》，上海：上海世纪出版集团2009年版。

的，这可以称作宇宙起源的风箱论。①

从牛顿定律 $F=ma$ 和爱因斯坦的质能公式 $E=mC^2$ 可以看出，西方文明是以质量 m 为自变量，而能量 E 为因变量(F 是宏观的能量或其表现)，这是由其文明预设和形而上学决定的，以至于现代物理学分析到最后找不到物质的基本单位时，许多学者不得不把能量当成一种特殊的物质。如果根据中国传统文化的观点反过来理解，问题就迎刃而解了。中国传统文化虽然演变并表现为道论和德论，但其根本是生命观，其逻辑范式是组合变换，② 其知识诠释系统是功能—形态的诠释系统。现代物理学所谓的暗能量和暗物质，就是中国传统文化的“气”，“气是物质、精神、能量和信息的统合”。③ 老子的“无”应该是暗能量和暗物质的哲学表达。西方文明(指基督教文明)演变并表现为科学和形而上学，但其根本是机械论，其逻辑范式是线性论，其诠释系统是实体—功能诠释系统。④ 有意思的是，西方文明从机械实体论出发，其终点却是生命功能观，这样中西两种文明似乎殊途同归了。

---

① 风箱论是我的太极拳老师杨洪安先生 2011 年 2 月在和我的一次谈话讨论中最先提到并由我加以概括的。生命心理学有三个来源，一是禅宗和佛教心理学，二是中医心理学，三是道教和太极拳。我的禅是跟四祖寺的上净下慧老和尚学的，中医理论是跟湖北中医学院的邱幸凡先生学的，太极拳则是跟杨洪安先生学的。杨先生不但打得一手上乘的好太极，而且为人敦厚，诲人不倦。经过长时间耐心细致的教授和勤苦的锻炼，我对太极拳才有了真切的体悟。说出来都可笑，长这么大了，走了几十年路，学了太极拳才知道怎么走路！原来即使是走路这样简单的动作，中西两种文化的诠释都可能不同，甚至完全相反。太极拳是中国传统文化在身体修炼上的表现，通过太极拳的修炼，我深切地体悟到中国传统文化的生命观和组合变换范式，因而对中国传统文化的认识达到了西方心理学所谓具身认知的程度。

② 郑刚:《中国人的命运》，广州：广东旅游出版社 1995 年版，第 248 ~ 258 页。

③ 郭齐勇:《中国哲学智慧的探索》，北京：中华书局 2008 年版，第 109 页。

④ 中国传统文化和西方文明的特质是一百多年来中西比较研究的一个核心问题，当然也是一个仁者见仁智者见智的问题。这是本文作者的理解。就作者的理解而言，郑刚先生的《中国人的命运》是一本对中西印和古希腊等人类文明的理解和把握最为详备、最为深刻、高屋建瓴而又气势磅礴的一部大作。

心理学的认识论：如果说本体论关注“是”本身的本质特性，那么认识论则阐明知识的性质和范围。认识论往往表现为诠释原则。为了明确起见，现将生命心理学和西方心理学的诠释原则对比如下。一、生命原则和机械原则：虽然都是动态的，但是生命心理学认为人的心灵是有生命的，而西方心理学认为人的心灵是一架机器；二、功能原则和实体原则：生命心理学的基础是功能状态，西方心理学的基点是实体；三、整体原则和还原原则：生命心理学认为人的心灵是一个整体，而西方心理学认为人的心灵可以分析还原为基本单位；四、一元原则和二元原则：生命心理学不但认为心身一体，而且认知者和认知对象相互作用和主客合一，西方心理学不但认为心身二元，而且认知者和认知对象主客对立；五、组合变换原则和线性原则：生命心理学认为人的心灵可以组合变换的范式发挥作用，而西方心理学是以线性范式处理心灵作用；六、阴阳原则和辩证法：生命心理学推崇阴阳原则，西方心理学遵循辩证法。大体上讲，生命心理学和西方心理学认识论的差异就是中国传统文化和西方文明认识论的差异。不过有一点必须强调，生命心理学的认识论并不完全就是中国传统文化的认识论，而是从中国传统文化和西方文明认识论中抽绎出来的，是中国传统文化和西方文明认识论的格式塔，它本身就包含着西方心理学的认识论。这一点的意义需要反复说明，并且希望读者尤其是那些捍卫西方心理学的人们牢记在心，生命心理学也许在某些观点上和西方心理学针锋相对，但总体而言，生命心理学和西方心理学并不是针尖对麦芒，生命心理学来自西方心理学但又超越了西方心理学。

心理学的范式：“在特定时间对特定专业仔细研究就会发现一套各种理论在其概念、观察和操作应用中反复出现、准标准的例式，这就是其共同体的范式，表现在其教科书、讲座和实验室操作中。通过学习它们和通过它们来实践，相应共同体成员就学会了这个专业的工作。”①美国科学哲学家托马斯·库恩如是说。心理学是

---

① T. S. Kuhn. *The Structure of Scientific Revolutions* (*Second Edition*). Chicago: The University of Chicago Press, 1970: 43.

否为一门科学和能否成为一门科学，心理学能否有自己的范式和具有什么样的范式，这是可以讨论的问题。但是认为西方心理学仍然处于前范式阶段，这是对历史的无知！西方心理学从创立到现今，所有的学派都已出现，所有的学科都已建立，所有的问题都已涉及，如果还处于前范式阶段，这不是个笑话吗?！还在为心理学有无范式和有一个或几个范式的问题争论不休，这除了说明西方心理学的无能，还能说明什么呢?！

西方心理学的范式问题，并非心理学本身的问题，而是西方心理学本身的问题，是西方心理学将物理学范式应用到心灵世界所产生的必然结果。生命心理学认为，人的心灵和意识是自然界存在的事物，和存在于自然中的原子一样，是可以科学方法来研究的。心理学可以成为一门科学，也有自己的范式。心理学的生命范式，也可以称为全人范式，其理论基础是人的心灵是有生命的，其研究方法是心灵内省，其诠释系统是心灵—行为群的诠释系统。人类文明史上，古希腊欧几里得的几何学范式，西方文明牛顿的物理学范式，印度文明佛陀的心灵科学范式，中国文化《黄帝内经》的医学范式，都是不同文明科学范式的典范。生命心理学不过是由整合几何学范式、物理学范式、心灵科学范式和医学范式而成的全新的生命科学范式在心理学上的一个应用和范例而已。

心理学的基本概念：西方心理学的基本概念是物质、心理和行为。物质是本体和基础，心理是物质(神经系统)的功能，目的是行为的控制。生命心理学的基本概念是能量、心灵和健康。能量是本体和本源，心灵是能量功能—形态的存在和体现，健康是生命的目的。

心理学诠释系统：西方心理学是行为—心理诠释系统，也就是根据人的行为来推测人的心理。生命心理学是心灵—行为群诠释系统，也就是根据人的心灵来解释人的行为，而且这种行为是作为一个整体来表现的。必须指出的是，这种心灵—行为群诠释系统强调的是心灵和行为之间自变量和因变量的关系，并不排除实际生活中以行为来推测心灵的做法。

心理学基本原理：生命心理学的提出，基于以下三个基本原理：一、生命原理：人的心灵是有生命的，人是身、心和灵的格式塔，其核心是灵；二、生活原理：人所追求的不仅仅是知识或能力，而是整个人身心的体验和变化，人必须面对和解决生活中的一切可能的问题；三、涅槃原理：人不但追求社会自我实现，也追求身体和心智自我实现，更追求灵的自我实现，并由此探寻生命的真谛和意义。

四、心理学的科学基础

人的意识状态：西方心理学认为人只有清醒和睡眠两种意识状态（白日梦是介于清醒和睡眠之间的一种意识状态），而生命心理学认为人有清醒、睡眠和禅定三种意识状态。在生命心理学看来，清醒和睡眠只是禅定的特殊表现形式而已，正如静止是一种速度为零的特殊运动一样。生命心理学认为，梦不仅仅是人的生理和心理活动，也不仅仅是如弗洛伊德所说的愿望的满足，而是人的灵在睡眠状态下有意识的生命活动，在一定的条件下可以超越时空。

人的心灵

阿赖耶识

末那识

感知觉—客体—意象—直接经验—直观活动

学习记忆—意象—联想—识知—科学活动

思维语言—联想—反省—概念—哲学活动

情感—意象—移情—美感—艺术活动

直觉—意象—止观—统觉—禅定活动

人类意识是宇宙最复杂最不可捉摸的现象，西方心理学除了弗洛伊德的意识结构外，基本上没有什么建设性的理论，生命心理学提出了自己的心灵结构模型，并以此为基础探讨心灵发生机制和作用机理。从纵的方面讲，结构模型为阿赖耶识—末那识—感知觉—学习记忆—思维语言—情感—直觉；从横的方面讲，结构模型则为认知活动—心理活动—意识活动—社会活动。由于将立体的模型转换成平面图形，再加上作者电脑绘图水平限制，读者不必计较这个图形的细节。整体上来理解可以分为三部分，一是阿赖耶识和末那识，相当于西方心理学的潜意识；二是感知觉、学习记忆和思维语言，相当于西方心理学的心理；三是情感和直觉。生命心理学的意识观不同于西方心理学意识观之处，一是认为人有灵，并把灵理解为阿赖耶识。西方文明只能对灵进行存在或不存在的形而上学思考，西方心理学对灵不但保持沉默，而且避之唯恐不及。似乎只有宗教心理学勇敢地直面了人的灵魂，但也只是涉及灵性(spirituality)而非灵。① 二是认为禅定活动是人类意识正常的活动，将禅定活动纳入心理学的研究范围。禅定既非超自然的神通，也非什么特异功能，而是每一个人与生俱来的心灵潜能。三是意识是一个整体，思维是而且仅仅是其中的一个部分，从原则上讲，它并不比其他任何一个组成部分具有任何优势。

心灵特质：如果肯定阿赖耶识为人的灵，并且认为可以心观心的方式认识灵，那么下一个问题就是灵的本质是什么，它具有什么特质。生命心理学认为，人的意识和心灵是人的大脑和神经系统作为一个整体的功能状态，是一种能量的表现形式，是一种心灵波(注意，这只是一个假设)；西方心灵哲学提出了意识的感受性、意向性和表征性；美国心理学家和哲学家威廉·詹姆斯把意识特质概括为自我性、连续性、变化性、选择性、目的性和累积性；格式塔心理学内含着整体性和恒定性；进化心理学意味着差异性和适应性；行为主义心理学指出了反应性、黑箱性、自发性和可塑性；变态心理学研究变异性；认知心理学表明认知性；宗教心理学内含着投射性；中国古代心理学尤其是中医心理学指出了生命性、心身合一性和功能性；佛教心理学指出了攀缘性、弹性、超越性、观照性、反观性、圆满性、转世性和投胎性。对人的心灵和意识这样一个宇宙中最不可思议的现象的特质，不同的文明，同一文明中不同的学科，甚至同一学科中不同的流派有不同的理解，这很正常。生命心理学希望站在现代神经科学和心理学的基础之上，纵贯宗教、哲学和科学，横跨中、西、印，进行详备深刻的研究。

心灵定律：正如物理学家发现了物理世界的普遍规律，心理学

---

① B. Spilka. *The Psychology of Religion——An Empirical Approach* (3rd). The Guilford Press, 2003.

家也孜孜以求心灵世界的普遍规律，这似乎成了西方心理学家梦寐以求的理想。休谟提出了相似联想律和时空相近联想律，费希纳提出了量化身心关系的费希纳公式：$S=K\log R$（其中R是刺激量，S是感觉量，K是常量），但似乎都没有经受住实践和时间的检验。这里有个问题需要澄清，心灵世界有无普遍规律是一回事，西方心理学家站在西方心理学立场能否发现又是一回事。虽然生命心理学一向反对心理学模仿物理学，但为了表述的方便，更为了比较物理世界和心灵世界本质差异，也以牛顿三大运动定律为原型提出生命心理学的三大定律。一、自因自果律：每一个心灵并不都始终维持其静息或平静的心灵状态，并不仅仅因受到外来刺激才改变这种状态，而且心灵自身就可以改变并且愿意改变这种状态；二、质性定律：心灵状态的改变和刺激的大小不存在量化关系，但存在质化关系：有因必有果，因灭则果灭；三、非对称律：[①] 心灵对刺激的反应，未必大小相等，也未必方向相反，并且刺激和反应之间存在着交互作用和往复作用。如果以牛顿第二运动定律的数学表达 $F=ma$ 来理解，则心灵世界和物理世界的最大区别是，物理世界有一个常量a，而心灵世界则不存在这样的常量：不但不同的人这个“常量”不同，而且即使同一个人在不同的时间和地点，这个“常量”也不同。这就意味着，物理世界的规律不适应于心灵世界，而西方心理学恰恰是物理世界的原则应用到心灵世界的产物，只不过将自变量质量（m）和因变量力（F）的函数关系转变成了自变量行为（behavior）和因变量心理（mind）的函数关系。这是西方心理学从一

---

① 武汉大学哲学院吴根友教授在和本文作者的多次讨论中都谈到心灵和刺激在量和方向的非对称性，和作者的观点不谋而合，并且多有启发。本世纪初，吴根友和历史学院的杨华分别从美国的哈佛和伊利诺伊大学访学归来，倡议成立了一个读书小组，就是后来的珞珈七子，予也有幸忝在其列。在每周一次长达数年对《说文解字注》的研读和讨论中，我似乎一下子参透了进去，触摸到了中国传统文化的底蕴，感受到了它那令人心颤和回肠荡气的神韵。显然，对于博大精深的中国传统文化，这只是一个初阶，但是对我而言已经足够了。从这个台阶出发，我有信心领略它的全部奥妙。尤其感谢程水金君和杨逢彬君，是他们把我带进了中国传统文化的大门，这是要永远铭记在心的。

开始就犯的一个原则性的致命错误，也是西方心理学所有困局的根本原因。

五、心理学的专科研究

生命的冲突与困惑：生命发展的动力，也就是心理学上的动机，西方心理学有弗洛伊德的本能论，尤其是性本能论，新行为主义的内驱力理论和人本主义的自我实现理论，而生命心理学认为生命发展内在动力是人的生物性和神性的冲突所决定的。每一个生命都是一个生物存在，而且更重要的是每一个生命都意识到了这个生物存在，正是生命的生物存在和生物存在的意识构成了生命生物性和神性的内在冲突，这种内在冲突可以具体表现为生命有限性和无限性、生与死、孤独与社会性和性与爱四种冲突。

心灵的发育和发展：西方心理学家例如弗洛伊德、皮亚杰、埃里克森以及行为主义者是从行为—现象学立场来理解人一生生命的发展过程，心灵的发展似乎是一个预定的程序，平稳地从头到尾的一个技术过程。生命心理学心灵发育发展的原则是自为、蜕变和投射。所谓自为，是指生命和心灵的发育发展是一个有意识和自我意识的、整体的和有生命的过程；所谓蜕变，是指生命和心灵的发育发展不仅仅是一个连续的量的变化，也是而且更是质的跃变和醒悟的过程；所谓投射，是指心灵只能投射于外在的客体或目标并以其为支撑才能发育发展。根据生命心理学心灵发育发展的原则，生命心理学心灵发育发展的分期是：一、自然期：受精——说话；二、启蒙期：说话——青春期；三、冲突期：青春期——自立；四、蜕变期：自立——知天命（退隐现象）；五、平和期：知天命——随心所欲；六、回归期：随心所欲——死亡。

性心理学和爱情心理学：西方主流派心理学家把性心理看成是和感知觉一样没有任何特质和重要性的心理，而且其研究只是停留在行为层面。行为主义者华生的性行为研究，以及其后马斯特斯和约翰森性学研究、金赛性学报告、霭理士的性心理学，都只是性行为的描述。西方性心理学大师当首推精神分析创立者弗洛伊德，他对人类性心理的把握可谓切中要害。但是由于受到文明视野和知识结构的局限，弗洛伊德对性心理的论述臆测和感想成分太多。生命心理学认为，性是生命能量的主要存在形式，性活动是生命能量的主要表现形式，人类一切活动，都是性能量直接或间接的表现：转化、投射、升华和泛化。人类性的根本不在生殖器官，而在人的灵。因此，一个人对性的态度和由这种态度决定的性行为，不但是一个人人格的表现，更是其道德是否高尚的根本标志。性能量的释放途径有：一、正常的性生活；二、变态性生活；三、事业、工作和生活的投射；四、升华：男女的心理特征及其成为人的精神气质，所谓男人，就是以“男”的形式将人表现出来，例如坚韧、深沉和大气；所谓女人，就是以“女”的形式将人表现出来，例如温柔、纯情和灵秀；五、内化：性能量升华超越男女心理特征进而达到生理和心灵最高健康。生命心理学认为，人类的性心理也并非如马斯洛所说的只是一种生理需要，而是决定人的生活、人格和健康的原动力，是人和人类文明创造的原动力。性心理不但是心理学的一个核心内容，而且从某种意义上讲，心理学就是性心理学。在这一点上，生命心理学是弗洛伊德精神分析的继承者和超越者。

性既不是卵子、阴道和卵巢，也不是精子、阴茎和睾丸，而是一种功能状态，是功能—形态的实体，包括神经系统、内分泌系统、生殖系统、运动系统和感觉系统。可以说人的全身都是性。性是生命的存在形式，是生命固有的特质，毋宁说是生命本身，而食物、水和空气只是生命存在的条件。弗洛伊德虽然强调性，但把性当成了一种本能，这样又和食物、水和空气处于同一范畴，而马斯洛完全将性与食物、水和空气等同。性是可以被超越的，而且可以完全彻底地被超越，而食物、水和空气则不可以。一个达到涅槃状态的人可以放下任何意义上的性，而无论如何放不下食物、水和空气。显然，爱情虽然源于性但又超越了性。弗洛伊德精神分析的爱情是由性决定的。生命生理学认为，人是性和爱的统一体和矛盾体。爱是一种投射，我爱就是爱我。这种投射是全方位的、整体的和动态的，其核心是灵的投射。爱意味着劳作，也意味着创造。爱意味着两个相爱的生命经过劳作而蜕变成全新的自我。

“真正的爱根植于创造，所以可以被恰当地称为‘创造性的爱’。无论是母亲对孩子的爱，人与人之间的爱，还是两个个体之间的性爱，其实质是一样的。虽然爱的对象不同，爱本身的强度和特质因而不同，但某些基本元素，可以说为所有形式的创造性的爱所共有，那就是：关怀、责任、尊重和知识。”①

自我心理学：生命心理学认为，人有社会自我、身体自我、认知自我、内省自我和灵魂自我五种自我，其中的核心是灵魂自我，其余四种自我，都是灵魂自我在不同方面和层面的投射和反映。西方心理学对自我的研究主要集中于心身关系的研究，相当于对认知自我和身体自我的研究。弗洛伊德提出了本我、自我和超我三种我，马斯洛的自我实现其实只是社会自我的自我实现。生命心理学认为，人的自我实现，不但有社会的自我实现，也有而且更有身体自我实现、心智(认知)自我实现和灵魂自我实现，其中灵魂自我实现是最根本的自我实现。

社会心理学：人的社会行为和社会关系是人的灵的投射，因此改变个人社会行为和社会关系的基础是改变人的灵，也就是净化人的灵。生命心理学认为，人的道德基础是人的心，尤其是人的灵。因此要改变人的行为，必须首先改变他或她的人格，而这只有通过改变他或她的灵才能完成。但是生命心理学并不否认社会公平和正义的作用，也不排斥和排除社会行为对人的心和灵的作用。

人格心理学：西方心理学的人格理论，无论是行为主义的学习理论，精神分析的人格理论，或是人本主义人格理论和特质论，其总的特点是没有以心尤其是灵为基础，因此是静态的和描述性的，也不能解决生活中的实际问题。虽然精神分析和人本主义心理学，以及当今的人格理论研究特别强调人格的动态性，但是因为没有将作为动态的心尤其是灵为基础，因此也只是强调而已，其实质仍然是静态的。生命心理学的人格，以人的活生生的灵即阿赖耶识为基础，因此生命心理学的人格，不但是整体的、动态的，更是生命的。生命心理学的人格具有自我改造、自我完善的能力，因而能够积极地应对和解决生活中出现的任何问题。

---

① E. Fromm. *Man for Himself*. Fawcett Publications，Inc.，1947：104.

进化心理学：达尔文的进化论虽然解释了人类起源的过程，但是并没有解释人类起源的实质和目的，没有解释人类何以和为什么起源。人起源于动物，并不能得出人就是动物的结论，因为进化就意味着人和动物之间已经发生了质的变化。达尔文的进化论，就是牛顿力学在生物学上的应用和表现，不过这里的 $F=ma$，a 变成了自然选择，m 变成了生物体，F 就成了生物进化。生命心理学认为，生命和心灵的进化是自为的，并不是外在自然选择的结果，虽然现象上表现为自然选择，但那只是外在的条件，相当于佛教所谓的缘，其因和内在条件是其自为性。生命的进化是跳跃的，是质的突破，虽然必有量的积累。人的进化和动物已有本质的差异，人类意识的出现和形成是生命进化质变的结果，进化心理学的核心任务就是解释这种突变和本质差异是如何形成的。意识的本原，连同生命的本原和宇宙的本原，是人类面临的而且必须回答的三个根本问题，因为对这三个问题的回答，决定着人类的命运。

宗教心理学。宗教的基础是人的心理，宗教归根结底是一种心理现象。任何一个文化或文明的宗教心理，都是一个民族及其文化生发的原点和基石。对人类宗教心理的研究，一种是评论性的，这主要是对信仰者因信仰及其实践而发生的心灵现象的描述和评论；一种是经验科学的，也就是以实证的方法研究宗教心理，这是西方宗教心理学的路径。宗教的心理学理论，有认知理论、情绪理论、意动理论和人性理论。① 生命心理学认为，宗教是人的心灵投射的结果，人之所以需要宗教，是因为人本身有局限性，而且人意识到了这种局限性，希望超越这种局限性。这可以称为宗教起源的超越说。生命心理学不排斥评论性和实证的研究途径，但是要真正探索人的宗教心灵，就必须进行心灵内省。

文化心理学：文化是人类生活的诠释系统，这种诠释系统包括文明预设、形而上学原理、逻辑范式和知识诠释系统。文明是自为

① M. J. 梅多、R. D. 卡霍著，陈麟书等译：《宗教心理学》，成都：四川人民出版社 1990 年版，第 6～13 页。

的，蕴含着巨大的能量，可以说是生命能量在文化的体现。文化心理学的任务就是研究不同文化和不同文明的心理特征，研究其文明预设、形而上学原理、逻辑范式和知识诠释系统，研究文化和文明孕育、发生、发展、成熟、衰落和转归的过程，这只有站在人类文明的高度，以广阔的空间和深远的历史为背景，将文化和文明看成是一种自为的生命过程，才有可能取得成功。迄今为止，人类文明史上有九大文化人格对人类文明产生了深远的影响，它们是中国的儒家人格和道家人格，古希腊的苏格拉底人格，犹太教的摩西人格和西方的基督人格，印度的婆罗门人格和佛陀人格，伊斯兰教的穆哈默德人格和马克思的共产主义人格。生命心理学主要以这九大文化人格为基础，建构全新的世界和人类人格。

创造心理学：西方心理学把创造定义为问题解决的过程，其特质为合适（appropriateness）、实用（usefulness）、新颖（ingenuity）、广阔（breadth）和独特（novelty），并把思维区分为发散性思维和汇聚性思维。这样创造变成了纯粹的思维活动。格式塔心理学把创造理解为知觉场的重建，是一个顿悟的过程。生命心理学认为，生命的本质在于创造，创造是生命自为性的体现和过程，真正的创造是在人的灵里进行的，也就是波兰尼在《个人知识》所说的默会知识（tacit knowledge）。真正的创造都是在黑暗中进行的，是自己的心意识不到的，当这种灵的活动在黑暗中的能量聚集到一定程度时，人的意识就会发生石破天惊的炸裂和突破，也就是禅宗所谓的“灵光独耀”，只有在这种情况下才会发生认知场的重建，其后才是思维层面的工作。只有在这个前提下行为主义的尝试错误的问题解决方法才是有道理的。因为人在生活中只有通过对各种刺激的反应，不断在尝试和错误中反复摸索，能量才能在灵里逐渐积累。所谓灵在黑暗中能量积累的过程，就是不断尝试错误和修正的过程。人类历史上，任何伟大的创造都是人类意识爆发和突破的结果，虽然需要生活一点一滴的积累，但积累本身并不一定导致伟大的创造。创造者内在心理要素为孤独性、闲散状态、幻想、自由思维、准备捕捉相似性的状态、易受欺骗性、对以往创伤的回忆和内心重现、内心冲突和自我表现的欲望、警觉和训练。① 顺便强调一句，西方心理学不同流派对于学习和创造的观点相互抵触，但在生命心理学的理念下完全相容和完整地统合了，事实上任何其他问题在西方心理学的体系内争论不休，但在生命心理学的理念下一以贯之，这就是生命心理学的魅力，也正是它的价值。如果说宇宙是在黑暗中创造的，生命，无论是个体生命还是种族的生命，也是在黑暗中孕育的，人类文明是在黑暗中孕育的，意识的创造也是在黑暗中发生的。②人类喜欢并追求光明，但不应该忘记，黑暗是光明之母。

变态心理学：西方文明对人的变态心理和行为的研究是沿着两条途径展开的：一是生理的，即精神病学，一是心理的，即变态心理学。总的来说，西方心理学对人的精神和心灵疾病机理的研究是从行为—生理层面展开了，也就是探讨变态行为的神经机制。人的精神和心灵疾病是否一定有神经基础，是神经病变导致心灵变异还是心灵变异导致神经病变，这都是有待讨论的问题。生命心理学认为，人所有的变态心理和行为，都是人的灵魂变异的表现，灵魂变异的原因可能是生命能量的功能状态发生了紊乱。至于是什么功能状态发生紊乱，什么原因导致紊乱，发生紊乱的机制是什么，这正是生命心理学未来研究的问题。

健康心理学：健康心理学探究的是生理疾病的心理原因和心理机制。西方医学的发病原因和机理是物理—生理的，西方健康心理学的病因病理的研究主要是思维和行为层面的。生命心理学认为，

① S. 阿瑞提著、钱岗南译：《创造的秘密》，沈阳：辽宁人民出版社1987年版，第478～487页。

② 2010年8月左右，武汉大学哲学院吴根友教授在和本文作者的一次谈话讨论中，提到秘仪学上的黑暗说，和作者的观点惊人相似。就作者的理解而言，宇宙、生物、人和人类文明，有几个共同点：一、都是在黑暗中孕育的，这可以称为黑暗论；二、都是自为的，这可以称作自为论；三、都是功能—形态的实体和表现，这可以称为功能论。所有这一切，都可以归结到一点，那就是能量！

人有灵魂—心理、功能—形态和解剖—生理三道防卫机制，但其根本是灵魂—心理的健康机制。万病从心起，治病须治心，只有依靠心才能治疗心。不但精神和心灵疾病，就是生理疾病，都是由自我心灵和人格问题所致。心灵的紊乱，导致神经系统和内分泌系统功能失调，进而导致免疫系统功能下降，最终表现为身心疾病状态。任何一种症状，无论是生理还是心理的，并不仅仅是一个症状，而是自我生理、心理和社会生活的综合反映，是人的身心对社会和自然的反应。

六、心理学的专题研究

心身关系：心身关系既是西方心理学发展的悖论，也是西方心理学发展的框架。西方心理学发展至今的任何一个流派，甚至是深受中国传统文化和印度传统文化影响形成的心理学流派，都在这个框架内挣扎和徘徊。心身关系之所以会成为西方心理学的核心问题，这是由其文明预设决定的。《旧约》认为上帝创造了宇宙，于是形成了一个精神和实体的二元对立，也决定了西方文明的人格结构。这种精神和实体二元对立的结构，在《新约》中统一在耶稣身上，转换成灵与肉的二元对立，笛卡儿则明确地表达为心身关系。中国传统文化，尤其是中医认为，心身一体。而佛教则认为心身关系是一个配置的假问题：心身是一、或二；心身非一、非二。现代第二代认知心理学提出了具身性，强调："一、人的身体的物理条件在认知中占据首要地位；二、认知是具体的、局域性的、情境依赖的；三、认知是嵌入社会的，是在富含人类文化和知识的技术和社会中产生的。"①

生命心理学不但认为心身一体，心身交互作用和相互作用，而且认为心身关系是阴阳关系，是以阴阳原则交互作用和相互作用的。

心理学中的永恒问题：美国心理学家赫根汉提出了几个心理学

① 刘晓力：《延展认知与延展心灵辨析》，载《中国社会科学》2010 年第 1 期，第 48～57 页。

中的永恒问题,① 这些问题生命心理学有的已经给了明确回答，有的答案已内含在相关问题的阐述中。为了系统和明确，现将赫根汉提出的和其他相关心理学问题简短回答如下。(一)人性的善与恶：人性是本善的，而且是纯善的，恶来自善的遮蔽和人性的潜能没有完全发挥出来。需要指出的是，人性本善并不意味着人是善的，更不能保证每一个人都是善的。自利并非自私，利己并不意味着损他。现象界的恶是人性不完善的表现，只有终极人性完全显现，生命善的本质才能得以表达。没有现象的恶，也就没有终极的善，只有克服了现象的恶，才能臻达终极的善。(二)人的意志自由：虽然人的存在是有条件的，但人的灵能够超越这些条件，至少在一定条件下和一定程度上可以超越，因此人是有意志自由的，至少有相对的意志自由。(三)心身关系：心身一体，心身交互作用和相互作用，而且心身关系是阴阳关系，是以阴阳原则交互作用和相互作用的。(四)机械论和生命论：人及其心灵不但是动态的，也是整体的更是有生命的，不可能还原为简单的物理化学事件或元素。生命和心灵有其独特的运行规律，这种运行规律和物理世界的机械定律有本质性差异。(五)理性和非理性：人是理性和非理性的统一体，但非理性起着决定性作用，理性无非是非理性的外在表现。非理性的并非情绪化的和无规则的，而是人的理性无法把握的巨大存在。(六)发育的量变和质变：生命和心灵的发育和成熟，虽然需要量的积累，但本质上是一个质变的过程。(七)自我：人不但有社会自我、身体自我、认知自我、内省自我，更有灵魂自我，而且灵魂自我才是真正自我。(八)先天论和后天论：生命和心灵的发育和发展，虽然是先天和后天相互作用的结果，但其中先天起着更为重要的作用，至少先天作用大于后天作用。需要指出的是，先天的并非本质的，也并非不能改变的。(九)灵魂问题：人不但有心，也有灵，灵就是阿赖耶识。灵魂是一种功能状态，是能量的存在形

---

① B. R. 赫根汉著、郭本禹等译：《心理学史导论》(第四版)(上册)，上海：华东师范大学出版社 2004 年版，第 24 ~ 32 页。

式。(十)人和动物关系：人是从动物进化来的，但人和动物之间有本质性的区别。

七、心理学的应用和实践

心灵的测量和人的评价：西方心理学对人的评价主要建立在智商(IQ)和情商(EQ)上，生命心理学认为，人还有灵商(spirit quotient，SQ)：表现为信仰、理念、胆略、气象、眼光，以及统商(apperception quotient，AQ)：生命的直觉能力和统摄能力。只有将智商、灵商和统商三者结合，才能对人作全面深刻的评价。每一个人都有自己的天赋，做每一件事都需要天赋。心理学上关于先天和后天的争论不断，但可以肯定的是，人的成长和成才，是先天和后天交互作用的产物，其中先天因素作用可能更为关键。情商只是情绪稳定与否的一个指标，但是它并没有包括直觉，也就没有包括禅修对人的情绪的积极主动的改造和提升能力。不过为了约定俗成的缘故，使用情商也未尝不可，只不过其概念的内涵要重新界定。

现代心理测量对人的评价主要是建立在IQ上的，少了一个变量SQ。就对人的评价而言，SQ不仅仅是一个变量，而且是比IQ更为关键的变量。一两的遗传胜过一顿的教育，大师固然需要培养，但大师不是培养出来的。人是有能级差别的，可以分为干才、将才和帅才。一个健康的社会，不但能够深刻意识到，只有成为人，才能成为才，越是成为人，越能成为才，是人就是才，而且有切实可行的社会机制把每一个人的生命潜能最大程度发挥出来，客观地甄别出不同能级不同特质的人和公正地保证其各适其位。这正是美国哲学家罗尔斯所谓正义的两个原则："其一，每一个人都享有最广泛的基本自由，而且这种自由必须和其他人同样的自由相容。其二，社会和经济的差异得以合理地安排，从而不但期望它们有益于每一个人，而且保证它们所系属的职位和工作对所有的人开放。"①

心理健康及其标准：西方心理学心理健康评判，一是标准不统

① W. Ebenstein，A. O. Ebenstein. *Great Political Thinkers Plato to the Present* (*fifth edition*). Fort Worth，TX：Harcourt Brace College Publishers，1991：934.

一；二是标准没法实行；三是只涉及心，没有涉及灵；四是身心分离。人本主义心理学家马斯洛认为自我实现的人的心理特质是："对现实客观的知觉；自己本性的完全接受；执着和献身于某种工作；行为的简单和自然；自主、隐私和独立的需要；高峰体验；对人类的同情和爱；对习俗的抵抗；民主的人格结构；创造的态度。"①这种标准什么都说了，又似乎什么也没有说。任何一个头脑健全的人，也许会为这种标准着迷和激动，但他难以领会这些标准的真正意义和内在关系，更不知道如何实践和实现。生命心理学希望在对人的心灵深刻研究的基础上，科学有效地界定心理健康及其标准。

心理治疗原则和方法：西方心理学不同的流派都有自己独特的心理疗法，但是总而言之，西方心理学所有的心理疗法，至少其主导性的心理疗法，都是一种行为疗法，至多是行为疗法的变种。对于行为治疗无能为力的患者，则只好进行药物控制。生命心理学心理治疗原则一是自为原则，任何一个心理患者，虽然需要心理治疗师的指导，但只能通过自我作为，即自我努力、自我行动和自我成就才能见效；二是生活原则，心理疾患是在生活中形成的，只能在生活中面对和解决，要求治疗过程和生活一体化；三是重建原则，治疗的核心不在行为和心理，而是灵魂的重塑和人格的重建，而且不只是从患者到正常人，而是到心灵潜能的完全实现。生命心理学的治疗方法有：一、止观疗法；二、太极拳疗法；三、中医心理学治疗；四、中药治疗；五、瑜伽疗法；六、道教养生法；七、行为疗法；八、西医药疗。

八、生命心理学的意义

生命心理学的心理学意义：生命心理学是心理学发展史上的里程碑。自冯特创立心理学以来，以分析还原的方法在实验室里研究人的心理，其后西方心理学各流派虽然以这样或那样的方式反对冯特的心理学，但都没有跳出冯特心理学的框架。

---

① D. Schultz. *A History of Modern Psychology* (*third edition*). NY: Academic Press Inc., 1983: 388.

生命心理学第一次站在西方心理学之外而超越了这个框架，促进了心理学的实质进步。心理学将结束其学科内纷争失控的局面，结束其对自然科学尤其是物理学的依赖和模仿，走上自己独立的发展之路，有自己独特的学科范式，整个心理学将被整合成一个有机的整体。同时，心理学将成为生活心理学，不但面向生活和生活中存在的一切问题，而且有能力承担和解决生活中存在的一切问题。

生命心理学是佛教和禅宗发展史上的一个突破。宗教本质上讲是一种心理现象，至少相对于任何一个其他学科来说，宗教更多的是心理学，或者说心理学是宗教研究的基石。这一点对于以人的意识和心灵为中心的佛教和禅宗尤其如此。佛教和禅宗的现代研究主要局限在哲学、思想和文献考据上，① 心理学的研究零散不成系统，即使是零散的研究，也以应用、感悟和材料收集为主，没有抽绎出佛教和禅宗的心理学特质，形成佛教和禅宗的心理学体系。② 此外，禅不仅能开发人的潜能，也能治疗人的心灵疾患和人格障碍。以禅治疗心灵疾患和人格障碍的报道，屡见于东西心理学期刊和论著，但是并没有形成稳定和有效的治疗的理论和实践。美国心理学家卡巴金将佛教和禅宗引入心理治疗，创立了正念心理疗法，③ 而且得到心理学界基本认同。④ 但是正念心理疗法只是将佛教和禅宗当成一种技术应用于心理治疗而忽略甚至抛弃了其理论内核，⑤ 结果导致治疗的不彻底，仍然徘徊于症状的控制和缓解上。生命心理学将禅作为人的生命潜能，第一次将佛教和禅宗原理以科学即心理学的方式阐述出来，以科学方式成体系地开发和利用人固有的生命潜能，并将其应用于生命和生活的方方面面，也应用于人

① 龚隽、陈继东：《中国禅学研究入门》，上海：复旦大学出版社2009年版。

② 陈兵：《佛教心理学》，广州：南方日报出版社2007年版。

③ J. Kabat-Zinn. Mindfulness-Based Intervention in Context：Past，Present，and Future. *Clinical Psychology*：*Science and Practice*，2003(10)：144–156.

④ R. A. Baer. Mindfulness Training as a Clinical Intervention：A Conceptual and Empirical Review. *Clinical Psychology*：*Science and Practice*，2003(10)：125-143.

⑤ 熊韦锐：《正念疗法产生与发展的历史根由及其理论缺失》，载《医学与哲学》2010年第10期，第49～50页。

的心理疾患和人格障碍的治疗。

生命心理学是精神病患者、心理疾病患者和人格障碍者的福音。千百年来，无数精神病患者、心理疾病患者和人格障碍者生活在水深火热之中。但现实情况是，一方面，以真理自居的西方精神病学和变态心理学蛮横地把持着人类精神和心理疾患的诠释权、治疗权和话语权，但是西方的精神病学疗法和心理治疗除了症状的缓解和控制外，其实没有任何实质疗效。至于西方的精神病学疗法和心理治疗所描绘的未来蓝图，那是天堂里的神话。另一方面，中国传统文化和印度文明（包括佛教）中许多行之有效的精神病学疗法和心理治疗，由于西方科学无法解释而被排斥，甚至污蔑为巫术和迷信。而生命心理学第一次打破了似乎坚不可摧的“科学”壁垒，以生命科学将人类一切行之有效的精神病学疗法和心理治疗整合为一个整体，拯救那在病痛中呻吟的心灵。人是生理和心灵的格式塔，如果说人类的生理疾患的治疗已经有了实质性的进步，生命心理学希望在人类心灵和精神疾患的治疗上也能取得实质性的突破。

人类意识是整个宇宙中最不可思议的现象，也是人类未来必须面对和解决的难题。西方心理学尤其是其主流学派，对人类意识的研究盘桓于心和行为层面，没有也不可能深入到深度意识。① 西方神经科学往往把人类意识还原为物理化学过程。② 生命心理学以生命观、整体观和功能观为基础，整合西方心理学和生理学、佛教和中国古代生理学和心理学，期望人类心灵和意识研究的突破，甚至可能是革命性的突破。

生命心理学意味着人的心灵和人格现实的改造途径。西方文化中道德和人格是分开的，对于道德的基础是什么，至今还是一个争论不休的问题。即使将道德和人格勉强结合在一起，静态的人格对于人的道德也无能为力。生命心理学认为，道德的基础就是人格，

---

① B. Beakley, P. Ludlow (ed.). *The Philosophy of Mind* (2nd). Cambridge: MIT Press, 2006.

② D. L. Hull, M. Ruse (ed.). *The Philosophy of Biology*. CambridgeUniversity Press, 2007.

而人格是有生命的，可以自我改造和自我完善。这就意味着，人能够通过心灵内省，改变自己的人格，从而提升自己的道德。这种道德改造和提升并非一般意义上的道德修养，而是人格和道德内在结构的改变和质的突破。所谓江山易改，本性难移，生命心理学“移”的就是这个难移的本性。

生命心理学的科学性和学术意义：现代西方科学是以牛顿力学为基础建立起来的，其哲学代表正是康德哲学。牛顿力学—康德哲学正是现代人类认识人自身、人类社会和自然的基本框架。这个认知图示在物理世界取得了令人满意的成就，但在生命世界和心灵世界则表现一般，甚至令人绝望。如果宇宙的本原真如牛顿力学所宣称的是没有生命的惰性物质，不但中医的十二经脉和佛教的涅槃成了胡言乱语，而且人类自身都成了无法理解的怪物：一个无生命的宇宙怎么可能演化出生命，尤其是人这样有意识和自我意识的高级生命呢?！这是一个机械论者和自然主义者不得不面对但又无法面对的难题。因此有必要重新审视人性，审视人类科学，审视人类对自然的理解。量子力学已经从根基上动摇了牛顿力学，个人知识论也一再挑战客观知识的权威。如果说量子力学和个人知识论是西方文明对内部的重新审视，那么生命心理学则是既包含了西方心理学又超越了西方心理学的审视，而且是第一次成体系的审视。这是第一次，但不是最后一次。

人类目前面临着三大任务，一是地球和环境的保护，也就是最大限度但同时必须最高效能地开发、利用，但同时又必须保护自然资源。毕竟，人类只有一个地球。二是人类的一体化。三是对人性的重新界定和诠释：人性从根本上讲是善还是恶？人到底有没有潜能和有多大潜能？人如何开掘自身的潜能？完成这三大任务的基础是对人性的重新界定和诠释。而这个问题的回答只能有赖于心理学而不可能是物理学。因此，可以断定，未来的科学范式是心理学。也就是说，心理学将取代物理学成为未来科学发展的典范。生命心理学正是这样一次大胆而勇敢的尝试。

生命心理学的文明意义：人类文明的历史格局，一是西方的神创论，演化为古希腊文明、犹太教文明、基督教文明（西方文明）和伊斯兰教文明；二是梵变论，由此形成了印度教文明和佛教文明；三是气生论，即中国传统文化，主要表现为儒家和道家。印度传统文化是欧洲雅利安人进入恒河流域和当地土著民族杂居之后形成的，而且印度文明和西方文明之间一直就有碰撞和交流。佛教文明传入中国并和中国传统文化相融后形成中国佛教，尤其是独具特质的禅宗。伊斯兰教文明传入中国后，只是被一小部分少数民族所接受。历史发展到它的拐点，人类历史上最伟大的两个文明，基督教文明和华夏文明终于历史性地碰面了，这也是地球上所有文明最后一次碰面了。这次碰面改变了中国的命运，也将决定人类的命运。

人类注定要一体化，人类一体化的前提是文化一体化，一体化的文化不可能是诸如西方文明、中国文明等任何一个区域性文化，而只能是基于现存所有人类文明基础之上再创造的全球性文明。生命心理学意味着西方文明第一次整体上被超越了，中国传统文化第一次整体上超越了西方文明，中西文明之间的双重超越才能破解人类目前所面临的困局。生命心理学是人类一体化背景下文明冲突这一时代精神中，中西文化冲突、整合的第一个体系性成果，是人类历史上第一个全球性的文明表现，意味着文明之间内在的冲突被彻底克服和超越了，意味着一种新的文明的可能性和趋势。一个崭新的新人类将因此登上历史舞台，人类也将因此完成真正的一体化，实现真正的天下大同。生命心理学就是那新文明的先行军，也是那新文明隆隆的礼炮声！

生命心理学宣告西方文明神话的破产（是西方文明的神话，不是西方文明），打破了西方文明近现代以来对人类文明的垄断。西方文明作为真理和标准无所不能的神话破灭了，西方文明只是人类文明的一种表现形态，是而且只是一种区域性文明，无力承担人类一体化的重任，必须回到其本来的地位。人类文明因此从判教和由这种判教导致的卫道走向真正的比较，由比较走向真正的创造而非判教和卫道体用式创新。生命心理学的创立，并不仅仅是一个学科的创立，更意味着一种新的理念、新的范式、新的人格和新的文明的肇始。中国和世界要解决目前面临的困境，生命心理学的逻辑是：不是单纯的政治、经济问题，不是简单的社会行为层面的民主和自由问题，而是文化和文明问题；不是革命，更不是破坏，而是建设；不是体用式创新，而是完全的创造。要言之，人类目前面临的困境，只有人类的一体化才能解决；人类一体化的基础是文化一体化；文化一体化的途径只能是创造。一言以蔽之，重新塑造人类之人格，缔造人类之新精神，造就一代新人类。

生命心理学的文化意义：中国心理学的发展，既不只是本土化的问题，即创造性的应用和结合，也不仅仅是国际化的问题，即创造性转化，而是一体化的问题，即创造。生命心理学不只是创造性的应用和发展，不只是创造性的转化，而是完全的创造。近现代以来，中国传统文化由于受到西方文明的血与火的猛烈冲击而产生了令人无法承受的文化震荡，中国人不但对自己的民族文化失去了信心，而且似乎丧失了创造力：迄今为止，在几乎人类文明所有的领域和学科，几乎没有创造性建树，至多是创新而已。生命心理学就是近现代以来中国人第一次完全独立创立的理论体系，而且是站在中国传统文化的立场创立的，是一百多年来中国人在苦难中反复探索、艰难地完成文化调整后的第一个合乎常理的反应。中国文化虽然演变并主要表现为道论和德论，但其根是生命观。① 生命心理学把自己的根稳稳地和牢牢地扎在了中国传统文化丰沃的土壤里，但又借助于西方心理学超越了传统文化内在的局限性。这意味着中国人将安然度过几千年未遇的深度文化认同危机和被西方文明肢解的文化危险，结束一百多年来亦步亦趋西方文明的文化屈辱，宣告中国人创造时代的全面到来：该是走自己路的时候了！华夏文明一千年来的黑暗和华夏民族一百多年来的苦难所蕴含的生命能量，终将

① 参见郭齐勇：《中国哲学智慧的探索》，北京：中华书局2008年版。这是本文作者的概括，“生命”二字，最准确地把握了中国传统文化的精髓，最传神地概括了中国传统文化的神韵。

升华为一种崭新而伟大的文明。伴随着中国经济高速增长，中国文化也将进入全新和全盛的创造期，文学、艺术、哲学、科学等一切人类文明的领域将有实质性的突破，重新寻回华夏民族久违了的文化自信，华夏文明将引领世界文明的新方向，为人类新生活开辟未来的道路。近现代以来，中国人对待西方异质文明的态度，从自高自大的盲目排斥，到城下之盟屈辱地接受；从亦步亦趋到综合创新，直到生命心理学的创造超越，华夏民族在其新生的道路上不知经历了多少苦难。生命心理学是几代中国人前仆后继奋斗的结果，是踏着前人的血迹向前迈进的。

中国传统文化的现代化，从本质上讲，不仅仅是文明的冲突，而是而且主要是文明的重建和新生。在当今所有的民族和国家中，之所以只有华夏文化和中国才有能力进行文明的重建，是因为其一，近现代以来只在中国形成了中西文明的对峙和比较，而这种比较格局正是未来新文明发轫的基点；其二，中国传统文化，主要是儒家文化所具有的民胞物与的济世情怀和天下大同的社会理想，而这正是时代精神所要求的。从太平天国，到康有为的大同社会；从孙中山的天下为公的“三民主义”到中国共产党人追求的共产主义，正是儒家修身、齐家、治国、平天下在现代社会的诠释和实践。“对于世界来说，中国所能够贡献的积极意义是成为一个新型大国，一个对世界负责任的大国，一个有别于世界历史上各种帝国的大国。对世界负责任，而不是仅仅对自己的国家负责任，这在理论上是一个中国哲学视野，在实践上则是全新的可能性，即以‘天下’作为关于政治/经济利益的优先分析单位。从天下去理解世界，也就是要以‘世界’作为思考单位去分析问题，超越西方的民族/国家思维方式，就是要以世界责任为己任，创造世界新理念和世界制度。世界理念和世界制度就是这个世界在历史上一直缺乏的价值观和秩序。曾经支配世界的英国和正在支配世界的美国从来都只有国家理念，从来都只考虑自己国家的利益，它们在管理世界方面从来都没有政治上的合法性，更没有哲学上的合法性，因为它们的‘世界思维’只不过是推广自己的特殊价值观，把自己的价值观给予普遍化……就从根本上失去了合法性。问题不在于西方国家不思考世界，事实上它们总是在思考世界，但是‘思考世界’和‘从世界去思考’是完全不同的思想境界。在关于世界政治的问题上，中国的世界观，即天下理论，是唯一考虑到世界秩序和世界制度的合法的理论，因为只有中国的世界观拥有‘天下’这个在级别上高于/大于‘国家’的分析角度。”①其三，文明能量的预备。中国传统文明孕育于东周，爆发于春秋，发展于战国，定型于秦始皇的统一，成熟于两汉，衰落于魏晋。正是因为佛教文明的传入，中国传统文明和佛教文明的交互作用才有了所谓的大唐盛世。但是自唐以后，中国传统文明的能量再也没有找到新的文明表达方式，始终处于一种负存在状态，也就是鲁迅先生所谓的死火：“这是死火，有炎炎的形，但毫不动摇，全体冰结，像珊瑚枝，尖端还有凝固的黑烟，疑这才从火宅中出，所以枯焦。”(《野草·死火》)宋的理学、明的心学和清的小学，只不过是大唐文明的苟延残喘和变态表达而已。“从明以来，甚至从宋以来，广大中国农民被政治上和文化上的专制制度束缚于土地之上，几百年甚至上千年没有改变。这确实是一种黑暗，但正是这种黑暗为战国、希腊和西方文明聚集了生命力。这种生命力以农民起义的形式被消耗掉，更以科举的形式被吸收进专制文化和专制制度中，但这个生命本身还存在于那里。政治权力、经济生活和文化教育的真正赤贫亏待了它们，也保证了生命力的蓄积与纯洁。”②

以上三个前提，是人类完成一体化的必要前提，而这三个条件，每一个只有华夏民族和中国具备，三个同时具备的也只有华夏民族和中国。就现在横行世界的美国而言，从来就没有比较的意识，比较哲学在美国仅仅是一种学术而非一种生活方式，而且就学术而言也不是主流学术。美国人的“比较”，其实只是站在西方文明立场的吸纳。美国人到处贩卖和推销，甚至强力推行美国式民主

---

① 赵汀阳：《天下体系——世界制度哲学导论》，北京：中国人民大学出版社2011年版，第2~3页。

② 郑刚：《中国人的命运》，广州：广东旅游出版社1995年版，第560页。

和自由，但是民主和自由仅仅是一种社会行为，如果一个民族的民主和自由没有文化理念和人格的现代化来支撑，就成了随用随丢的“避孕套”。美国式民主和自由既不是人类民主和自由的标准，更不是最高境界。更重要的是，民主和自由不是人类的终极目的，只是走向终极目的的手段和方法。显然，不同文化和国家走向现代化有不同的道路。由于没有一体化的文化支撑，美国式民主和自由演变成侵略和掠夺。美国人是不可能有天下的理念的。“七十年代以后被人惊叹为日新月异的现代科技在本质上是实验性、应用性、集约性技术和综合研究的科学，它们是唐代科学而不是战国、古典希腊科技。太空技术、计算机技术、生物工程、材料科学在方法上是科学技术的综合，在对象上是具体的，控制论、信息论把技术当作理论。洋洋自得的当代技术掩盖了理论上的危机。美国科技比日本的集约技术好一点，但也没有真正的理论认识，原子技术、天文学都是在理论上浅陋而在技术上优越。美国化就是技术化、具体化、外在化，而且沾沾自喜。美国文化也是大众的、装饰性的，本质上是商业化和大众化的电影业和波普艺术是迎合大众口味的装饰艺术，而大众口味都具有市民性。现代艺术是空虚、集约的艺术。”①美国之路注定不是人类一体化之路。

正因为如此，中国传统文化的现代化，既要完成自身文化理念的再造和文化人格的蜕变，又必须面对风云变幻的国际局势。内因外缘及其交互作用，必然导致中国传统文化现代化的步履格外艰难，几乎是一步一个血印。也正因为如此，近现代以来的中国革命，如一幅史诗般的画卷，那样波澜壮阔，又是那样惊心动魄，足以惊天地，泣鬼神。一代又一代华夏儿女，前赴后继，历经千难万险，虽赴汤蹈火，粉身碎骨而不辞！他们远涉重洋，蜷缩在哥伦比亚大学的图书馆里，满含泪水的双眼漫过一部又一部西方文明的圣典；他们投身洋务，维新改良，以求变法图强；他们希冀建立大同社会的太平天国，但又不得不与天国同尽；他们高举民主和科学的

① 郑刚：《中国人的命运》，广州：广东旅游出版社 1995 年版，第 549 ~ 550 页。

大旗以打倒孔家店；他们不惮于在风雨中奔跑，在黑夜里呐喊，横站着和黑暗势力进行搏杀战；他们投身于彻底的政治革命，毁家赴难，慷慨捐躯；他们面黄肌瘦，身单体薄，虽然身居斗室，却构思着华夏民族未来的蓝图。他们用尽了他们所能够用的一切方法和手段，付出了他们能够付出的一切，甚至不惜以"文化大革命"的方式彻底毁灭自身。

华夏民族经历了血与火的洗礼，经受了锥心泣血的苦难。这一份苦难是历史赐予华夏民族的大礼，华夏民族不得不领受，华夏民族也领受了！华夏民族今天面对的传统文化现代化的局势，其复杂性和危险性是以往历史上我们的先人从来没有经历过的，也是任何其他民族没有面对过的，而华夏民族在经历了长达一个半世纪的惨烈苦难后，还不得不面对。这是历史的命定，这一点华夏民族别无选择。华夏文明和人类文明的形势，从来没有像今天这样严峻过。

万涓溪水，终究汇成江河，像一首澎湃的歌。在这个无始无终、无边无际的宇宙里，命定有一个灿烂的星系曰太阳系；在这个灿烂的星系里，命定有一颗蔚蓝色的星球曰地球；在这个蔚蓝色的星球上，命定有一类灵性的生物曰人类；在这类灵性的生物中，命定有一个古老的民族曰华夏，她的古老连带着她的苦难，命定了她未可限量的未来。

四方上下曰宇，古往今来曰宙；推宇原宙曰人，同文同种曰族。越过漫漫历史烟尘，今天的中国人回应着五千年前炎黄的召唤，继续着他们的光荣与梦想，也继续着他们的奋斗与追求：为天地立心，为生民立命，为往圣继绝学，为万世开太平。

人类注定要一体化，而且人类一体化的过程已经开始。在当今的民族和国家中，总得有一个民族和国家勇敢地站出来以应天命。当历史需要一个民族和国家来完成人类的一体化时，就一定会造就出这个民族与国家，而历史也只选择有能力承担其使命的民族与国家！华夏民族能否完成人类的一体化，取决于她能否完成自身的现代化，能否浴火重生，凤凰涅槃，能否重新塑造人类之性格，缔造人类之新精神，造就一代新人类。

人——类——拜——托——了，华——夏——民——族！

九、生命心理学可能存在的问题

生命心理学的基本预设：第一，人的心是有生命的；第二，人不但有心也有灵；第三，人的灵是作为一个整体的神经系统的功能状态，是能量的纯粹和终极的存在和表现形式。生命心理学面临的问题，是能否经受住科学的检验，即人是否有灵，灵是否为能量的纯粹和终极的存在和表现形式。如果这两道防线被突破，斗争的焦点就会集中在人的心理是有生命的这一关键点上——这既是生命心理学的理论硬核，也是它的底线。如果最终确证，正如现代西方心理学所断言的，人的心理就是一架机器，生命心理学将因此没有任何意义。能量的纯粹和终极的存在和表现形式的经验证明，这需要两个条件，一是禅定的涅槃状态，二是精密灵敏的仪器设备。间接的检验，例如涅槃状态下的脑电图、脑血流图比较容易，但是直接的检验，科学技术只有达到非常高的程度才有可能实现。

后　语

感谢辅仁大学心理学系和心理学系的翁开诚教授的邀请，2011年10月我得以到祖国台湾进行为期三周的讲学和交流。不但分别在辅仁大学、慈济大学、法鼓大学(筹备处)和东吴大学讲授了生命心理学，而且在辅仁大学开了一门课“佛教心理学”，系统讲解了《大乘百法明门论》。这是学术界对生命心理学的第一个反映，也是一次肯定的反映。

感谢武汉大学哲学院心理学系2008级本科全体同学，他们不但见证了一个伟大生命呱呱坠地的全过程，谛听了一个新生儿落地时第一声嘹亮的啼哭，而且他们还真诚地参与了这个过程。这样的人生际遇，万难遭遇，即使遭遇了，一生中也许只有一次。感谢武汉大学哲学院十多年来对我的“无所事事”的理解和宽容，事实上也只有像武汉大学这样的大学，像哲学院这样的学院才能具有这样的理解和宽容。

无知是无知者的陷阱，有知是有知者的障碍，而且有知对于有知者的障碍远远大于无知对于无知者的陷阱。一个人完成或基本完成学校的教育以后，他的认知结构和图示基本定型。人最难超越的是自己，正是在这样的情况下，净慧老和尚提倡的生活禅走进了我的生活，引领着我一次又一次地超越过去。从净老身上，我真正懂得了什么是智慧和慈悲，什么是勇猛精进！懂得了中国古人为什么一再强调厚德载物以及如何才能厚德载物。古人云，经师易得，人师难求，我不得不承认，老和尚是我的人生导师——生活禅，那是我的浴火重生之路啊！生命心理学不仅仅直接来自禅宗心理学对西方心理学的超越，更是而且首先是个体生命在真实而又活生生的生活中践行的结果，这一点值得反复强调。

生命心理学是珞珈山孕育的。纵然母亲分娩的阵痛犹在，它身上仍滴着未净的母血，纵然它本身仍带着出生时的丑陋，但并不妨碍它无可限量的未来。虽然走向世界的路山重水复，但什么也阻挡不了它向前迈进的脚步——这是历史的命定！生命心理学即使失败，也是人类文明史上一次壮烈的失败，因为它所开创的事业，前无古人，后必有来者。然而无论成功还是失败，也无论走到哪里，它都会深情地回望那曾经孕育它的摇篮——珞珈山！

禅与健康

学鉴

重读《生活禅钥》——为纪念净慧大和尚圆寂而作

◎吴根友

中国化的佛教——六祖慧能开创的中国禅宗，被称为“教外别传，不立文字，直指人心，见性成佛”，但禅宗的修行者与普通世俗大众的生活还是有很大的区别，他们在寺院里过僧人的生活，在寺院里自度亦度他。近代以来，受国破家亡的现实苦难的影响，太虚法师进一步提出了“人间佛教”的观念，使禅佛教与普通大众的生活更进一步地靠近了。净慧大和尚则在此基础上又进一步提出“生活禅”的观念，使禅佛教与普通大众的日常生活联系起来，深化了禅佛教与众生的关系。

因好友师领兄之善缘，我与净慧大和尚结上一段佛法因缘。大和尚对我们珞珈七子的读书、写作活动给予了佛法善力的支持，从《学鉴》第一辑到第五辑均给予了经费支持，使得这本纯粹的学术辑刊得以更好地连续出版。2013 年春节期间，我与师领兄到黄梅探望大和尚，当时他还相当健康。在交谈中，我们谈到了如何发动武汉大学哲学院、国学院的力量，联合举办培训班，提高湖北省各主要寺院僧人的文化修养与佛教理论修养等问题。为此，我还动员哲学院里的年轻老师设置合理的课程。没想到别后几个月，大和尚竟然尘世功德已圆，魂归西天极乐净土。值第四届黄梅禅宗国际学术论坛召开之际，重读净慧大和尚生前馈赠的《生活禅钥》一书，似乎又有新的体会。故提笔写下新感受，表达对净慧大和尚的怀念之情，也想借此文字加固与四祖寺的佛法因缘。

一、"生活禅"对禅的六个方面的描述与规定

"禅"本是不可说的一种人生证悟境界。在这种境界里，人对佛教的终极价值有一种个人化的领会与理解，从而能够摆脱日常生活的种种烦恼。禅的不可说，也并不完全是一种神秘性的东西，只是不能够用逻辑的方式、定义的方式加以明确的规定而已，通过描述性的语言还是能够揭示禅的基本意蕴的。在《生活禅钥》一书中，净慧大和尚对"禅"的意蕴从六个方面给出了一个描述性的规定，这对于现代禅佛教的修行者来说，在对禅的理解方面还是有极大的帮助的。其具体内容如下：

其一，禅是一种境界，而这种境界是一种"觉者的生活境界"。① 觉什么，即是在众生差别的表相中觉悟到众生皆有佛性的"无差别之性"，从而把"二元对立的东西彻底放下，当下就是禅的境界"。② 可见禅的境界，其实就是一种对众生平等的思想境界的体会与认识，绝不是神秘性的不可说。

其二，这种觉悟的境界"是一种受用，一种体验"，不能用语言完全表达出这种觉悟后的感觉，所以这种境界要靠自己的修行、证悟："禅的受用和体验，唯行者有，唯证者得。"③这即是说，对禅的领会与理解不是停留在概念的认知层面上，而是要将这种领会落实在日常生活之中，以众生皆有佛性的眼光去看待任何人，既不自傲，也不自卑。

其三，禅是一种方法、一种手段，而这是从禅的方便法门角度来讲的。禅宗中的众多公案就是古代祖师在接引学人时使用的灵活

① 《生活禅钥》，第4页。
② 《生活禅钥》，第5页。
③ 《生活禅钥》，第5页。

方法。这是净慧大和尚就修禅过程中的“禅法”而言来解释何者为“禅”的问题。他将各种公案看作是具体的禅法，实乃是对公案的一种非常精妙的解释，这对于今人研究公案提供了一种新的思路。

其四，禅不是一种静止状态的结果与状态，而“是一条道路”，“是一条探索开发智慧之路”，“是一条挣脱桎梏之路”。① 就此点而言，禅就是追求智慧的动态过程，没有结局，但却是在向着美好的正路上追求的过程。就此点而言，我们也可以说，禅就是一种追求智慧的过程，只不过其是依托中国化的佛教教义来追求人生的智慧。

其五，“禅是一种生活的艺术、生活的方式”。② 这一点很重要，即禅宗不脱离生活，而是要转化生活中的烦恼，让人在生活中具有一种自在的状态。生活中处处、时时有烦恼，出家人也有“求学”的烦恼。如何正确地看待这些“烦恼”，不让这些烦恼把自己的生活搅乱，尤其是不把自己的好心情搅乱，这就需要一种面对烦恼、处理烦恼的技术。在一种真正觉悟的境界上，能够运用灵活的方法化解生活中的各种烦恼，即是一种禅化的生活艺术。

其六，“禅是永恒的幸福、真正的快乐”。这是针对禅的最终目标而言的，换句话说，这也是“禅”给人们提供的一种生活总目的。这种最终目标并非所有修禅者都能达到，但为所有修禅者提供了一个可以终生为之追求的方向。而这一终生追求的方向能引导人向着美好作不懈的努力。对此，净慧大和尚有一个描述性的规定：“禅最终的目标，就是要到永恒的幸福，得到真正的快乐。禅是清凉自在的享受，是超越一切对立的圆满，是脱离生死的大自在……禅能够把生命固有的一切活力释放出来。”③

应当说，上述净慧大和尚对“禅”的六个方面的描述性规定，既是对慧能以降中国禅佛教传统里禅的精神的概括、总结，也包含

---

① 《生活禅钥》，第 9 页。

② 《生活禅钥》，第 10 页。

③ 《生活禅钥》，第 13 页。

着他自己对禅的创造性解释，是慧能禅在当代中国社会里的新发展。他将所有具备正面价值的自然与人文现象都归结到“禅”的观念之下，很显然，这些对“禅”观念的描述性规定，是传统禅学思想中所没有的新内容，但与传统的禅佛教又有内在的精神联系。净慧大和尚对禅的理解与规定，更凸显了禅境界的生机勃勃，与中国哲学重视生生、生机的思想传统更加紧密。

二、“生活禅”的四重意蕴

对于“生活禅”，净慧大和尚有自己的基本规定，他说：“所谓生活禅，即将禅的精神、禅的智慧普遍地融入生活，在生活中实现禅的超越，体现禅的意境、禅的精神、禅的风采。”①而“生活禅”的目的是此世的幸福，运用“禅宗精神”，“还其灵动活泼的天机，在人间的现实生活中运用禅的方法，解除现代人生活中存在的各种困惑、烦恼和心理障碍，使我们的精神生活更充实，物质生活更高雅，道德生活更圆满，感情生活更纯洁，人际关系更和谐，社会生活更祥和，从而使我们趋向智慧的人生，圆满的人生”。② 很显然，“生活禅”更加明确地突出了重视现实生活、此世人生幸福的现世性，是人间佛教的此世化、当世化。

具体而言，“生活禅”有四个根本要素，第一是菩提心，第二是般若见，第三是息道观，第四是生活禅。③ 这四个根本要素其实可化约为两个方面内容，“菩提心”与“般若见”是认识层面的问题，即一个人在佛教修养方面的理论智慧。“息道观”与“生活禅”是实践层面如何去做的问题，即中国传统哲学讲的“功夫”层面的问题。用中国传统哲学的术语来说，“菩提心”与“般若见”属知，“息道观”与“生活禅”属行，“知行合一”是生活禅的根本要求。

作为“生活禅”的“知”而言，其不是一种科学的对象之知，而是一种价值之知，即关于什么是好的与生活的真相是什么之类的智

---

① 《生活禅钥》，第164页。
② 《生活禅钥》，第164页。
③ 《生活禅钥》，第175页。

慧。其一，就“菩提心”而言，它是指人为自己所设定的根本目的，而这一根本目的也是释迦牟尼佛为人类中所有向善的大德所设置的根本要求。具体表现在“四弘愿”上：“众生无边誓愿度，烦恼无尽誓愿断，法门无量誓愿学，佛道无上誓愿成。”①这“四弘愿”表达的意思是：每个修行者要将自己有限的生命投入到无限的拯救他人、造福人间的无限活动之中，将成佛与自我人生意义的实现融为一体。能发此菩提心，则会将每个修行者自我的完善与社会上与自己同类的众生解脱联系起来，从而可以真正实现在生活中修行的目标，避免离群索居式的苦修与独修。

其二，“般若见”虽也属“知”，但与“菩提心”的内容不一样，它是有关整个宇宙与人生真相的知识。缺乏“般若见”，人们就极有可能执著于各种假相与表相，因而也就不能在实际的生活中做出正确的决定。“般若见”可以说是佛教哲学中最复杂的知识论内容，也使佛教成为内容丰富、思想深刻的一种宗教。净慧大和尚将“般若见”形象地比喻为“眼目”，就戒定慧三学而言，“戒是我们的两条腿，定是我们的身躯，慧就是我们的眼目。有戒有定没有眼目，你往哪个方向走啊”?② 由此可见“般若见”在“生活禅”中的重要性。

其三，“息道观”是一比较复杂、具体的调息，进而调心，更进而能获得某种神通的具体修行方法。从释迦牟尼到历代祖师再到现在，这都是佛教内部一种基本的修行法门。这一方法带有相当大的价值中立性，几乎不带任何宗教色彩，可以广泛地推广到现代人的具体修行过程之中，其要旨是“使我们的意念与呼吸紧密地结合起来”。③ 对于呼吸过程，其中间的转折点是“息”所住的那一刻，因此，人的呼吸过程就可以分为出息、入息、住息三个阶段。“要

① 《生活禅钥》，第176页。
② 《生活禅钥》，第177页。
③ 《生活禅钥》，第179页。

在住息上做功夫，心才能安定下来。”①而“要使我们的意念和呼吸保持一致、保持同步，就必须要非常清楚地知道入息、出息、住息”。② 但净慧大和尚建议常人关注“出息”比较好，理由是：“我们每个人身体里面有许多浊气，这些浊气应该让它呼出来。你把意念放在出息上，就能有意识地把五脏六腑的浊气吐出来。”③

净慧大和尚认为，调呼吸的方法对于所有修佛教的人都有作用，不光是针对禅宗或修禅的人，“念阿弥陀佛也要调息，调息调得不好，念阿弥陀佛就很吃力，心就定不来”。④

调息表面看起来仅仅是一种调整呼吸的生理活动，但加入了意念的内容，而且要求人把自己的精神性意念集中到“出息”的生理过程方面，由此可逐渐达到对人的精神意念的调整。这是佛教的宗教生活给人类的自我调整的心理与精神活动提供的一种独特方法。净慧大和尚在此具体的方法上提出他个人的改进意见，既是他个人长期宗教生活实践的理论总结，也是他自己提出的“生活禅”在修行方法上的具体特征，值得信奉“生活禅”的广大信众的关注。

其四，“生活禅”要求学禅的人们把信仰落实在生活之中，并与日常生活结合在一起，在生活中落实信仰。“如果是一个真正把信仰落实于生活的人，那他一天二十四小时分分秒秒都在修禅。”⑤当然，这是极其形象、夸张的说法，意思是把信仰作为一种有意识的活动贯彻到人生的方方面面，这样即使在梦中也不会出现各种不好的梦象。梦往往是日有所思的结果。真正的学禅者就应该用禅法将自己的显意识与禅的精神紧密地结合在一起，用显意识控制潜意识，这样就可以达到“一天二十四小时分分秒秒都在修禅”的高妙境界了。

“生活禅”是净慧大和尚的心得，对此他有四句极其凝练的格

---

① 《生活禅钥》，第 180 页。
② 《生活禅钥》，第 180 页。
③ 《生活禅钥》，第 180 页。
④ 《生活禅钥》，第 182 页。
⑤ 《生活禅钥》，第 183 页。

言概述了“生活禅”的内容：将信仰落实于生活。将修行落实于当下。将佛法融化于世间。将个人融化于大众。第一句话是知行合一。此处知非一般性的知识，而是对什么是最好的最高价值的认知，这种价值之知即是价值的最高真理，值得我们用一生去为之奋斗、精进，因此要在具体的日常生活中将这种最高的价值真理贯彻到生活的方方面面。

第二句话是“生活禅”的关键，即我们不能把修行活动与日常生活的具体事件分开，而恰恰要在日常的事件中贯彻修行。六祖慧能开创的禅农合一方式，是在劳动生活中贯彻修行。净慧大和尚则将修禅活动进一步与日常生活的方方面面结合起来，无论是劳动还是休息，都要用禅的精神贯穿起来，这样人与禅就真正的合一了。

第三句话强调修行者要把佛法融入世间的生活之中，消除佛法与世俗世界的隔阂。但这里要注意，不是要把佛法取消掉，而是要用佛法净化世间的行为，超越世间行为的种种局限，这样佛法既在世间中，又不被世间的种种行为所掩盖。

第四句话很要紧，这涉及每个个体生命与普通大众的关系。每个个人都离不开其他的人，正如一滴水离不开大海一样。因此，修行并不仅仅是为了自己的解脱，还要服务众生。如何服务？净慧大和尚提出“淡出三毒，净化三业”的具体要求，在语言上保持“清净语、慈爱语、柔软语”，从而达到“口业清净”。在行动上以慈悲为怀，助人为乐，与人为善，从而达至“身业的清净”。在内心里保持灵明不昧，照破三毒，养成慈悲喜舍的心态，成就觉悟人生、奉献人生的精神，养成“意业的清净”。①

要而言之，“生活禅”就是要将禅宗的一整套人生哲学道理与具体规范要求化为自己的人生行动的内在准则，让个人在生活中自觉地成为一个具有禅宗智慧与德行的“居士”。这样理想化的居士与在寺院内修行的高僧大德的唯一区别是：一个是在世俗之家修禅宗之道，一个是在寺院修行禅宗之道。只有修行时定居的场所区

① 《生活禅钥》，第185页。

别，没有其他内容与生活行为的区别。

三、作为一种可能的生活①——“生活禅”与禅化的生活

对于“什么是生活”？或者说，如何给生活下一个定义？这是一件看起来容易，做起来却十分困难的事情。我们都在生活着，或者都在生活之中，却无法给生活下一个哲学的定义。对于个人而言，生活其实就是每个人的具体活法。对于人类来说，就是每个人的活法的总和。每个人活法的总和在语言上可以简明地说出来，但仔细分析一下，其实并非是每个人活法的简单相加，而是包含着各种软的与硬的制度在其背后规范着人的行为与思想意识。我们每个人、每一代人都生活在给定的传统之中，同时又在改变传统、创造新的传统。生活就是众多人在有机、无机的联系之中，为维持肉体生命，同时又是为着某种信念的持续活动。人们在生活之中既消费物质产品、精神产品，同时又创造新的物质产品、精神产品。人们既在劳动，又在休闲。这种生产、消费，劳动、休闲，传承、创造的生生不息之流就是生活。形象地说，生活就是海洋，语言上可以抽象地概括，实际上是谁也没有办法准确把握、准确计算的生生不息、死死不已、悲欢离合的大海洋。每个人既被限定在固定的轨道上，又具备着理论上与实践上改变自己与选择新的生活的可能性。可能的生活，就是人在既定的时代条件下，每个人可以选择的一种自以为是幸福的，值得过下去的一种活着的样态。而且，这种生活不能让其他人的生活变得更糟，至少是不影响他人的生活。因此，可能的生活并不是逻辑上的可能，也不是纯粹的智力上的游戏的可能，而是人按照自己对幸福的理解在内心里真正想要的那种至少不引起他人生活质量下降的那种生活样态。就此意义而言，可能的生活即是每个人可欲的，且能够获得他人认可、社会认可的生活。

---

① “可能的生活”观念，是从赵汀阳《论可能的生活——一种关于幸福和公正的理论》一书中引用过来的。不过，赵的著作对佛教及各种宗教提供的生活样态是持否定态度的。但就“可能的生活”观念来看，宗教生活其实也是一种“可能的生活”的样态，特别是像中国化的禅宗，尤其是“生活禅”这种打通世俗生活与宗教生活的禅佛教，其所提供的生活观念，应当可以作为一种“可能的生活”样态。

前面已经简单地介绍了“生活禅”的基本内容与要义。“生活禅”作为一种用禅宗的观点与方法来指导生活的现代佛教生活，是否也可以作为一种可能的生活呢？这种可能的生活是仅仅作为出家僧的一种生活方式，还是作为普通大众也可以选择的一种生活样态呢？

就出家僧来说，“生活禅”理所当然地可以成为一种可能的生活方式。但作为众生，虽然未必都要选择禅佛教的生活，比如在信仰方面礼佛敬僧，遵守佛教的基本规范，但如果仅仅作为在家“居士”，则既可以选择“生活禅”的形式，也可以同时选择其他的生活方式。要而言之，凡是有利于幸福的生活观念与行为，其并不与“生活禅”的目标相抵触。因此，一种禅化的日常生活样态是不排斥其他众多有利于增进生活幸福的观念与行为的。从“生活禅”的基本精神与根底来看，“生活禅”不排斥其他任何宗教与非宗教中有利于个人、人类幸福的观念和行为。而作为禅化的生活，必然要与生机勃勃，积极向上，自利利他的生活状态、为人处世的方法紧密地联系在一起。“生活禅”有自己的禅佛教立场，然而这一立场不排斥其他宗教与非宗教的立场(不是反宗教的立场)。

作为一种可能的生活，“生活禅”提供的一种禅化的生活样态是以追求现世人生幸福为目标的生活样态，因而它不仅是一种可欲的不引起他人生活下降的生活样态，而且还有可能促进人们的生活变得更加祥和、幸福的生活样态。这种生活样态有一种不同于其他宗教与非宗教的世界观，但同时又不反对其他宗教与非宗教的世界观。这种生活样态有自己的坚持与信仰，有自己的不为与禁止，在反对任意、妄为的过程中保持着一种精神、心灵与行动的自由，自利利他，和谐社会。作为无法定义的生活的一种样态，生活禅与禅化的生活，应当也是一种可能的生活。至少，生活禅与禅化的生活能够成为我们可能生活的某一方面的内容。

仅以此短文纪念净慧大和尚。

(2013 年 9 月 30 日上午初稿，2013 年 10 月 6 日下午第二稿。)

健康新概念

◎师　领

一、健康的概念

健康是什么？如何衡量一个人是否健康。要回答这些问题，首先必须对健康有一个明确而科学的定义。人们广泛认同和接受的健康定义，是世界卫生组织（World Health Organization，WHO）于1948年在其宪章中所提出的：Health is a state of completely physical，mental，and social well-being，and not merely the absence of disease and infirmity。

关于这一定义的中文翻译，不同的人由于不同的理解，因而有不同的表达。就笔者所见，有以下几种：

1. 健康不仅没有身体疾患，而且还要有完整的生理、心理状态，及良好的社会适应能力。①

2. 身体无疾病不虚弱、心理无障碍、良好的人际关系和适应社会生活能力，只有当这三方面的状态都达到良好时，才是完全意

① 聂振伟：《健康心理学——维护健康的新领域》，载《人大复印资料·心理学》1998年第10期，第86～88页。

义上的健康。①

3. 健康不仅是免于疾病和衰弱，而且保持体格方面、精神方面和社会方面的完美状态。②

4. 健康不但没有身体的缺陷和疾病，还要有生理、心理和社会适应能力的完满状态。③

以上四种中文翻译，可以说都一定程度上表达了英文的原意，并且各有千秋。但是仔细分析起来，不但每个译文和原文不是十分吻合，而且这四种译文之间还有许多细微的差异甚至不同，给人以WHO有许多个健康定义的印象。对于一个看不到原文或不懂英文的读者而言，不免感到疑虑和困惑。为了科学地理解健康，并且有效地实施健康教育，应该对WHO的健康定义有一个全面、准确而又传神的中文翻译。

若要准确地把握和翻译原文，应注意以下几个方面：

1. 对well-being的理解。这是翻译这个定义的关键。well-being的中文含义在英汉词典中给的解释是幸福、安宁、健康欢乐和福利等。假如把健康理解成一种“幸福状态”或“安宁状态”，虽然没有错，但总觉得不是十分恰当，似乎给人一种不太科学的感觉。因为至少健康和幸福或安宁没有必然的联系；况且“幸福”或“安宁”在日常生活中很常用，歧义很多，假如用在健康这个严格科学的定义里，往往容易导致人们的误解。笔者以为把well-being分解成其原来的含义，即being well就好理解了。由于being有生存、存在的意义，所以being well就是“良好的存在”。可人的存在形式，在一般意义上讲就是生活，所以well-being的确切含义应是“良好的生活”。事实上，*Webster's Dictionary* 对well-being的解释恰恰是the state of being well，happy，or prosperous。

---

① 张晖：《心理健康：一个重要的健康领域》，载《人大复印资料·心理学》，1998年第6期，第22~24页。

② 贾伟廉主编：《健康教育学》，北京：人民卫生出版社1998年版，第2页。

③ 王登峰、张伯源主编：《大学生心理卫生与咨询》，北京：北京大学出版社1992年版，第1页。

2. 对 completely 的理解。completely 是英语中一个十分常用的单词，含义很多，而且各个含义之间的区别也很细微，所以把握这个词只能从原文的上下文来理解。仔细阅读和分析原文，completely 在这里实则含有完全、整体的意思，因此译为"完整的"应该最合原意。completely 在这里不仅指 physical、mental 和 social 三方面作为一个整体存在，也应指 well-being 作为一个完全的整体存在。

3. 对 infirmity 的理解。*Webster's Dictionary* 对 infirmity 的解释是 physical weak-ness or defect，因此译为"残弱"较合适。因为残弱含有残缺和衰弱两方面的意思，至少较仅仅译成"缺陷"或"衰弱"更合原意。

另外，原文 disease 和 infirmity 前面没有"physical"（身体的），但一则在英语中，disease 和 infirmity 一般指的是身体方面的，二则 WHO 的健康定义在这里实则强调的也是身体方面的疾患和残弱，因为普遍的观点认为健康就是没有身体方面的疾患和残弱，因此译成中文时应加上"身体的"三个字。

4. 对 physical 和 mental 的理解。physical 有人译成"生理的"，有人译为"体格方面"的，但笔者以为译为"身体的"最合原意，也符合中国人的习惯。这样，mental 最好译为"心理的"而不是"精神的"，以和"身体的"对应。

5. 从整个句子结构看，上述四种译文都把后一句话提前了。事实上，WHO 把"and not merely the absence of disease and infirmity"放在后面不是无意的，恰恰是为了强调，因而译成中文时最好不要提前。

综上所述，对 WHO 健康定义全面、准确而又传神的中文翻译应该是：健康是在身体、心理和社会三方面保持一种完整、良好的生活状态，而不仅仅是免于身体的疾患和残弱。

二、健康概念的诠释

健康是什么？世界卫生组织对健康的定义是：健康是在身体、心理和社会三方面保持一种完整、良好的生活状态，而不仅仅是免于身体的疾患和残弱。通过对 WHO 这一健康定义系统的理解和阐述，可以对健康有一个全面和深刻的新的理解与把握。

1. 健康不仅仅是指身体方面的，也包括心理和社会两个方面。也就是说，一个个体的健康应该包括身体健康、心理健康和社会健康三个方面。

身体健康是指组成个体的细胞、组织、器官、系统和整个机体在生理功能、解剖结构等各方面的良好状态。可是问题在于，由于不同的种族、不同的生活地域、不同的个体等因素影响，难以制定出一个公认的具体标准来衡量一个人的身体是否健康。医学上给定的身体健康的正常值，一是有其特定的人群，二则只是大量测量结果的平均值，因而只能作为参考。笔者认为，虽然没有科学的、普遍适用的身体健康的指标，却不妨碍日常生活中有一个经验的判断标准：能吃、能喝、能拉、能尿、能睡和能动，可以称之为身体健康的“六能”标准。

心理健康是指人的心理的各个组成部分，例如感知觉、学习记忆、思维语言和情绪等，以及这些组成部分作为一个整体的良好状态。可是对于心理健康的标准，不同的心理学流派，甚至不同的心理学家有不同的答案。心理学家麦灵格认为：“心理健康是指人们对于环境及相互间具有最高效率及快乐的适应情况。不仅是要有效率，也不仅是要能有满足之感，或是能尽快地接受生活的规范，而是需要三者均具备。心理健康的人应能保持平静的情绪，敏锐的智能，适于社会环境的行为和愉快的气质。”①人本主义心理学家马斯洛等提出的心理健康的标准是：①有充分的安全感；②充分了解自己，并能对自己的能力作恰当的估计；③生活目标、理想切合实际；④与现实环境保持接触；⑤能保持个性的完整和谐；⑥具有从经验中学习的能力；⑦能保持良好的人际关系；⑧适度的情绪发泄与控制；⑨在不违背集体意志的前提下有限度地发挥个性；⑩在不违背社会道德规范的情况下能适当满足个人基本需要。笔者认为，一个心理健康的人应该具有：①对自然，尤其是生物界的热爱与和

---

① 贾伟廉主编：《健康教育学》，北京：人民卫生出版社1998年版，第321页。

谐精神；②丰富的人生阅历；③系统而且广博的科学知识；④独立思考的能力；⑤健全的人格；⑥自我控制情绪的能力；⑦胆略、魄力和眼光；⑧坚定不移的信仰，以及由此而引发的非功利主义的奋斗和献身精神。

健康的社会性或社会健康，意味着"在生活中能愉快地扮演好你自己作为一个朋友、邻居、公民，或许情人或配偶，或许父、母亲的角色，而对其他人不造成伤害"。① 社会健康应该包括相辅相成的两个方面：一方面，个体能够愉快地接受他人和社会；另一方面，个体又能愉快地被他人和社会所接受。心理学家波孟说："心理健康就是合乎某一水准的社会行为，一方面能为社会所接受，另一方面能为本身带来快乐。"②

值得指出的是，现在健康的定义又在 WHO 所给定义的基础了作了扩充，包括身体(physical)、情绪(emotional)、社会(social)、智力(intellectual)和心灵(spiritual)五个方面。但笔者认为，情绪、智力和心灵可以包括在心理之内，而且心理的内涵也比这三个方面丰富得多，因此，还是采用 WHO 的健康定义所建议的三个方面较为合适。

2. 健康不仅仅包含身体健康、心理健康和社会健康，而是大于身体健康、心理健康和社会健康之和。真正的健康只有一个，那就是人的健康或健康的人。健康是一个有机的整体，是就整个人而言的。可以说，身体健康、心理健康和社会健康三个方面相互作用，相互影响，并且构成了一个大于三者之和的有机整体。从严格意义上讲，不存在单个的身体健康、心理健康或社会健康，所谓身体健康、心理健康和社会健康不过是健康在身体、心理和社会方面的表现而已。

3. 没有疾病——无论是身体上的还是心理上的——未必就是

---

① M. R. Levy, M. Dignan, J. H. Shirreffs. *Life and Health*(*4th edition*). Tandom House, 1984: 7.

② 参见马祥林：《心理健康标准应注重社会性》，载《人大复印资料·心理学》1998 年版第 10 期，第 40 ~ 41 页。

健康。没有疾病仅仅是健康的下限，而真正的健康是一种完整、良好的生活状态。这种良好的状态，可以看成是为了过令人鼓舞的、创造性的和使自我更加完美的生活所必需的持续不断的自我更新过程。这种良好的健康状态，表现在身体方面可以是体力充沛、肌肉强健有力等；表现在心理方面可以是思维敏捷、想象力丰富等；而表现在社会方面则如乐于助人、有高度的社会责任感等。

4. 健康也不是一种十全十美的状态，而仅仅是一种良好的状态，而且这种良好的状态允许有一定范围内的起伏波动。这个观点可以从以下几个方面来理解：第一，世界上没有十全十美的健康，每一个个体都或多或少带有身体或心理等方面的缺陷或疾病。只要这种缺陷或疾病被限制在一定的范围之内，不影响生活的良好状态，就是健康。第二，一个健康的人也可以生病。从一定意义上讲，生病恰恰是健康的标志。可以说，生病是一种保护反应——虽然这种保护反应的能力是有限度的。这里有必要指出，“生病”和“疾病”是两个完全不同的概念，生病是指机体对各种病害具有提示作用，而疾病则是指病害对机体所造成的损害。第三，即使在有病或缺陷的情况下，一个人也可以是健康的。这是因为，作为一个整体的健康，即使有某一局部的缺陷，甚至严重的缺陷，但是由于健康的各个部分之间可以相互补偿，尤其是人的心理具有无限的伸缩性，作为一个整体的健康也可以达到保证人的一种良好的生活状态。

5. 健康是一个连续状态，健康和疾病之间没有绝对的界限。可以把人的健康看作是一个连续体，其一极是早死，而另一极则是自我实现，其中点则是既没有疾病也不是非常健康的状态。这样，每一个人的健康都处于这个连续状态的某一点上。从这一视角就很容易理解，健康既不是没有疾病，也不是十全十美，而仅仅是一种良好状态。在现实生活中，真正完全健康或全身是病的人并不多见，大多数人处于一种亚健康的第三状态上。这种亚健康状态在身体方面可以表现为头痛头晕、疲乏无力、失眠健忘、胃肠不适等；在心理方面则可以表现为情绪低落、自卑绝望、放任冲动等。可以说，亚健康状态既是有机体对病害的一种反应，也是受到危害的有机体对人本身发出的一种警告。

6. 健康是一种生活方式，而且是一种积极的生活方式。人的健康部分地取决于遗传和身体状态，部分地取决于社会和自然环境，但在所有的因素中，生活方式是最有影响力的。研究表明，在现代人类头号十大致死疾病的原因中，卫生保健所占平均份额是10%，遗传因素是20%，环境因素是10%，而生活方式所占的份额是51%。对健康极为不利的生活方式，最常见的包括吸烟、酗酒、暴饮暴食或过分节俭、无所事事或过度劳累和长期处于高度紧张状态而得不到休息、睡眠不足或贪睡、运动量不足或过量运动等。

7. 健康是一种个体行为，也是一种群体行为。撇开社会环境因素而言，健康是一种个体行为。个体必须做自己健康的主人，而且为自己的健康负有全部责任。这种责任表现在两个方面：一是个体必须调整自己的生活，以最大可能地远离有害于健康的社会环境和自然环境；二是个体必须随时接受来自自己内部发出的反馈信息，例如需要休整、锻炼，不断调整自身的身体或心理状态，以便把疾患消灭在其发作的前期状态。健康是一种个体行为的另一个含义是，每个个体的健康是不同的，各个个体的健康之间存在极大的差异，不能以某一个人或某一群人的健康为标准来衡量另一个人或另一群人的健康。

所谓健康的群体性，一是针对这个群体的总体健康水平而言的；二是指这个群体健康的统计指标，可以作为衡量一个个体健康的尺度，至少是参考。因为一个群体的总体健康水平的高低，也就在一定程度上决定了其中每一个个体健康的上、下限，而且个体的各种健康指标是在和其所处群体健康指标的对比中才有现实意义。

健康的个体行为和群体行为是相互作用的。事实上，一个个体的生病这一行为——无论是身体方面的，例如心脏病和癌症，还是心理方面的，例如性变态和人格障碍，都可以看作是社会的疾患——人文的或自然的——在个体身上的反映和表现。从这个意义上讲，生病是个体对自我、群体，乃至整个社会的一种反叛和反动。

8. 健康是一种关系，而且是一种和谐的关系。这种和谐可以表现在社会生活的人与人的关系上，也可以表现在人和自然的关系上。人与人的关系的实质是利益，但决定利益的却不在利益本身而在于文化。只有在人与人关系和谐的文化中，社会才能将所有个体协调起来，才能最大限度地发挥社会的潜能，以迎接来自内外两方面的生存压力和挑战。人类文明发展史上充满了战争和杀戮，但从长远和总体而言，人类文明是和谐的。可以说斗争仅仅是一种手段，而和谐才是人与人关系的最高原则。反之，一个将人与人的关系定义为斗争的社会，必将导致这个社会内部各种力量无端的损耗，也会严重地损害社会成员的身心健康。

就人与自然的关系而言，自然界虽然有狂风暴雨、山崩地裂，但从更高层次来看，人与自然界都处于一种和谐的关系之中，因为人类是自然的产物，是自然中的一个链环，恰恰是自然造就了人类。如果说地球是人类的母亲，那么太阳就是人类的父亲。正是太阳把自己的阳光射入大地母亲，才孕育了人类这个婴儿。假如把人与自然的关系理解为战胜与被战胜，假如人类破坏了人与自然界的和谐，最终受到无情惩罚的只能是人类自己。

9. 健康不但是一种外显行为，也是一种内部状态。健康不但会以外显的方式表现出来，例如体力充沛、精神饱满等，健康更是一种不可言说的内部体验，这种体验可以是“生活有意义和值得的一种感觉，也可能是对自然的美和庄严的一种敬畏，也可能仅仅是自己独坐沉思时一种深深的宁静感”。①

10. 健康是一个过程，而且是一个动态的过程。健康是时间的函数，不但个体的健康就其一生而言处于不同的变化阶段，而且就一年四季，一周七天，甚至一天二十四小时而言，健康都处于不同的状态。昨天的健康已成过去，明天的健康无法得到保证，唯一可以肯定的是，个体今天所做的一切，将决定你明天的健康。健康是一个动态过程的另外一个含义是，个体的健康是受多种因素影响

---

① M. R. Levy, M. Dignan, J. H. Shirreffs. *Life and Health* (*4th edition*). Random House, 1984: 7.

的，但是各种因素对健康的作用，往往要经过很长的一个动态过程才能显示出来。因此，健康更应该被理解为一个动态的过程，而不仅仅是一个静态的目标。

11. 健康是一种财富，而且是人生的第一财富。这种财富和其他财富的相同点是，要积累，就必须投资，而且必须节俭使用。这种财富的独特之处在于，它是你生命的一部分，生而带来，死而带去，而且每时每刻都伴随着个体的生命；这种财富无法买卖、转借或囤积，只能为生命此时此刻所独自拥有。

12. 健康是一种能力。这种能力可以表现在身体方面，也可以表现在心理或社会方面。这种能力，不仅仅是保护个体免于身体上的疾患和残弱，更重要的在于保持个体一种完整、良好的生活状态。

健康究竟是什么呢？美国健康教育学家鲍尔(W. W. Bauer)和霍尔(H. G. Hull)说："健康是人们在身体、心情和精神方面都自觉良好，活力充沛的一种状态。其基础在于机体一切器官组织机能正常，并掌握和实行适应物质、精神环境和健康生活的科学规律。另外，还形成这样一种态度，也就是不把健康看作是生活的最终目的，而看作是争取使生命更高尚、更丰富所具备的必要的物质条件，而这种生活是以有益于人群的建设性服务为特征的。"①可以说，健康的最高成就就是自我实现，就是最大限度地、最高效率地，并且以最合理和最有价值的方式，消耗自己的体力和精神，消耗自己的生命。健康，是生命的艺术，就是成为你自己，就是成为真正意义上的人。一句话，健康就是在真正人的意义上庄严地活着。

三、健康新概念及其孕育的过程

就一般的医学教育而言，所谓健康就是没有疾病，在一般人的意识里，疾病主要是指身体疾病。我第一次接触健康的定义是在大三上病理生理学课程时，上课的老师叫许可，其实该课的内容是不

---

① 贾伟廉主编：《健康教育学》，北京：人民卫生出版社 1998 年版，第 2 页。

要求也不需要讲健康的，大概是许老师觉得纯粹的医学知识太枯燥，让学生昏昏欲睡，也许是他觉得应该告诉学生什么才是真正的健康，总之一次上课时，他用柔软且有质感的南方口音抑扬顿挫背诵出世界卫生组织的健康定义："健康不但是没有疾病和衰弱，还要有生理、心理和社会适应能力的完满状态。"他的发音不但抑扬顿挫，而且有力、清晰、沉稳、悠长！当时的我一下子给震慑住了：原来健康可以这样理解！我的心里霎时腾起一种崇高和神往，一阵激动和战栗，一种难以名状的心理感受和情绪体验。现在我终于懂得，那就是美了，也就是心理学上的高峰体验，也就是佛教的轻安和心灵感应。只不过当时我无法知道的是：（一）后来我的身体也出了问题，生命中至少有10年时间在和疾病作生死搏杀，我也因此走上了健康的研究之路；（二）我的一生献给了健康的研究；（三）健康是我的学术思想的核心和最高概念。这已然是一种天命了！许先生后来调回他的家乡，他不太可能记得学生了，不过直到今天他的音容笑貌依然栩栩如生地浮现在我的眼前。但愿他能看到这段文字，并接受一个学生对老师的崇高敬意和谢意，因为那正是我的健康研究的起点。

大学毕业后，从新疆来到四川当研究生，再到广州工作，再到加拿大留学。促使我回国的原因主要有两个：一是西方心理学没有解答我对生命和生活的困惑，而且似乎西方心理学无法也不打算解答人生的困惑，所以想回过头来再从中国传统文化中寻求答案。二是我的身体每况愈下，虽然西医的检验都合乎指标，但我就是觉得身体出了问题，而且是大问题，就是不知道哪里出了问题——而这是最可怕的。回到武汉大学哲学院后，我冥冥之中又想起了许老师所讲的健康定义，想好好欣赏一下这么多年来让我回味不已但又没有时间品味的健康定义。但令人吃惊而且出乎我的意料的是，居然有几个健康的定义，而且各个定义之间意思并不完全一样。我立刻意识到，一定是翻译出了问题。一看到英文的健康定义时，我遗憾地发现，所有的中文翻译都没有真正表达出其原意，所以下定决心自己重新翻译。这个定义翻译的关键也是其难点在well-being上。这个词的中文翻译是"幸福、福利、健康欢乐"，显然这不是英文要表达的意思，而且也不适合将健康定义为“幸福、福利”。北京医科大学公共卫生教研室的一位研究生曾告诉我，他们动用了整个教研室的力量，而且用了整整一周的时间，也没有将健康的定义重新翻译出来，主要就卡在 well-being 的理解上。其实所有的中文翻译的问题也是出在 well-being 的理解上。我对健康定义的翻译也用了一周时间，主要也难在 well-being 的理解上。一周的反复琢磨，这个时候以往的哲学研读起了决定性作用，原来 well-being 其实就是 being well！而 being 的意思为“存在”，所以 well-being 准确无误的翻译应是“良好的生存”。西方意义上的生存就是中国人理解的生活，所以世界卫生组织的健康定义 Health is a state of completely physical, mental, and social well-being, and not merely the absence of disease and infirmity 的准确翻译就是“健康是在身体、心理和社会三方面保持完整、良好的生活状态，而不仅仅是免于身体的疾患和残弱”。可以自豪地说，这个翻译不能加一个字，也不能减一个字。顺便说一句，这个准确无误的翻译始终没有传播开并为大众所接受。以此为契机，我对健康进行了较全面的梳理和诠释，结果就是形成《21 世纪健康新概念》一文，参加了一次学术会议，并发表在会议论文集《大学生心理健康教育与心理咨询研究》上。这是我回国后撰写的第一篇学术论文，如果除开以前发表的医学论文，这也是我撰写的第一篇纯理论研究的文章。

对于世界卫生组织的这个定义，我总感到不满意，但又不知道不满意在什么地方。也见过西方学者对这个定义的修订，但其理念和框架是一样的，没有根本性突破。也知道世界卫生组织又有一个新定义，但只见到中文翻译而无缘见其英文原文。但是这个问题有意无意地扎在了我的心里。问题的突破已是五六年以后的事情了。而就在这几年里，我的生活已是沧海桑田了。

那是2007 年的春末夏初，时间是 5 月 23 日——没错，就是 5 月 23 日！正是春暖花开、春意盎然的时节。我坐在阳台上研读《阿含经》，当疲累的时候，抬头望一眼满山的嫩绿，风在树梢上盘旋着，裹卷着树梢来回摇荡着，成群的鸟儿在树林中鸣叫着，不时成群地飞来，又成群地飞去，像是号令整齐的军队在空中反反复复操练着。我心底里是多么羡慕它们无忧无虑的生活和自由自在的飞翔啊！想起过去的生活，我微微摇摇头，又轻轻叹口气。突然，我的心里，不！准确地说是灵里一动，灵感直从我的心底喷薄而出。我迅速抓起笔在白纸上写起来。写的过程中，似乎有一种东西直捣我的心窝，重重地撞击着我的灵魂，我感到灵魂的战栗不已和微微的疼痛，但是我不能停下来细究那个东西到底是什么，因为生怕写不出来了。等将喷涌的灵感写完，回过头来细细品味究竟是什么东西令人战栗不已时，却发现一张白纸上除了健康的定义，什么也没有！我努力回忆着，拼命想抓住它，纠结得心都疼得难受，就是想不出什么来。就如遥远的天边一声闷雷炸得令人心慌，但当追望出去，除了沉闷的余声，什么也没有。我不得不安慰和说服自己，那可能是一个错觉和幻象吧！幸运的是，当时将健康的定义完整地重现了出来：健康是人在身体上保持平衡，心灵上达到宁静，并与社会保持和谐与自然保持合一的良好、完整的生活状态，以便最大限度地发挥任何一个作为人的个体和无限度地拓展作为一个整体的人类的潜能，而不仅仅是免于身体的疾患和残弱，也不仅仅是物质生活的匮乏和缺失。

又过了三四年，又是一番幻灭和沧海桑田，2010 年底提出了生命心理学。这样必须回答一个问题，生命心理学的最高目的是什么？正是对这个问题的思考，揭开了几年前的那个谜底。那是 2011 年元月在河南登封参加一次学术会议。当时在中岳庙里，我轻轻地走在五千年前华夏民族的祖先繁衍生息的土地上，生怕惊扰了他们的英灵，想起五千年前这块土地的丰饶美丽，华夏民族的祖先在这里奔跑和呐喊，创造了灿烂的华夏文明。他们怀抱着一个什么样的理念呢?！蓦然间一束灵光掠过脑海：天下大同！是的，是的，天下大同！健康的定义表达了一个华夏民族一以贯之的理念：天下大同！

细细品味起来，这个概念还有一个令人心颤的地方，那就是“人”！儒家的天下大同落脚在亲亲，而健康所表达的人类一体化的基础是人！如果说天下大同是中国传统文化的最高社会理想，那么人就是西方文明的精髓所在。而中西这样两个如此不同的文明的两个关键概念竟能在健康的定义里结合得那样天衣无缝，又是那样相辅相成，合二为一，应该说这是第一次，但肯定不是最后一次。有一个问题必须回答，为什么这个谜底萦绕了三四年才揭开，而且是硬逼出来的。就我个人经验，一个念头如果一时想不起来，最好是放下。最多等个把周，它就会自动浮出水面。可是这个谜底足足等了三四年，以至于我都没有信心了！原来这也是一个集体无意识：虽然天下大同是中国人梦寐以求的理想，但当把它落实到现实社会，却经历了太多的苦难和血泪。就如一头受伤的小鹿，纵身一跃，头也不回地离我决绝而去，但是不能因为在实现理想的道路上有流血和失败，就否定理想本身。

又过了三四年，也是一番沧海桑田，当我完成了生命心理学体系性建构和认知的结构性调整，2014 年元月，我又对健康的定义进行了一次大的修订，应该是最后一次修订了：健康是人在身体上保持平衡，精神上达到宁静，并与社会保持和谐的完整、良好的生活状态，以便最大限度地发挥任何一个作为人的个体和无限度地拓展作为一个整体的人类的潜能，从而最大限度且最高效能地开发、利用和保护自然资源，最终达到和宇宙完全合一的境界，而不仅仅是免于身心疾患和残弱，也不仅仅是物质生活的极其丰富和完全满足。如果从大三那年即 1984 年算起，这个概念的完成整整耗费了我 30 年的时间和精力。

这个定义可谓人类历史上基于中、西、印三大文明但又超越了中、西、印三大文明的第一个概念，也可以说是第一个具有世界意义的概念。这个定义铺陈得可谓完全甚至完美了。一个人包含了身体、精神和社会三个方面，而且是身体而非生理，是精神而非心理，因为身体是一个整体而非许多生理指标的集合，精神则是心理和灵魂的格式塔。以人为基础，也就是将一个人的身、心和灵的潜能最大程度发挥出来并在社会生活中保持和谐、完整和良好的生活状态，构建全体人类的健康和幸福，也就是无限度地拓展作为一个整体的人类的潜能。这个时候也只有到了这个时候，才能最大限度且最高效能地开发、利用和保护自然资源，以地球为基础，人类将眼光投向宇宙，走向广袤的宇宙，走向无限的未来。

中国古代生理学和心理学的哲学思考

◎师 领

现代西方生理学和心理学建立在这样一个基本假设之上，人的身体是一架机器，人的心理是一架机器。总而言之，整个现代西方医学的理论基础就是：人是一架机器。这种观点的哲学基础是物质，即世界的本原是物质，宇宙是一架运转的机器，而它的宗教学渊源则是《圣经》创世论。

相比较而言，中国古代医学，包括中国古代生理学和心理学的基本观点是，人(包括人的身体和人的心灵)是一个有机体。这种观点的哲学基础是气，其宗教学渊源则是生成说。《素问·天元纪大论》曰："太虚寥寥，肇基化元，万物资始，五运终天，布气真灵，总统坤元，九星悬朗，七曜周旋，曰阴曰阳，曰柔曰刚，幽显既位，寒暑弛张，生生化化，品物咸章。"

既然气是宇宙的始基，世界的本原，构成万物的元素，那么气又是什么呢？换句话说，气又有什么样的本质特征呢？一种观点把气比之于西方的物质，因而得出这是唯物主义，而且是朴素的唯物主义的观点。然而气和物质是中西两种不同的宇宙生成论的反映，宇宙是由上帝创造的，这就意味着物质中没有精神元素，物质的运动也是上帝被动安排的结果。而气则是道的表现，而且还能够化生万物。

人虽为万物之灵，但也是自然的一部分，因此气也是构成人体最基本的物质。《素问·宝命全形论》曰："天覆地载，万物悉备，莫贵于人。人以天地之气生，四时之法成。"又曰："夫人生于地，悬命于天，天地合气，命之曰人。……人生有形，不离阴阳，天地合气，别为九野，分为四时，月有大小，日有短长，万物并至，不可胜量。"正是人体生命的这种气成论决定了中国古代生理学、心理学和医学的特征。

一、西方医学是解剖—生理学的，而中医则是功能—形态学的

西医的生理功能是以解剖结构为基础的，而中医的形态结构是以功能为基础的。换句话讲，西医在解剖和生理两者之间更重解剖，而中医在功能和形态之间更重功能。更重要的是，中医的功能—形态观完全不同于西医的解剖—生理观。以肾为例，在西医中，它是泌尿系统的一个器官，它有特定的位置、形态和组成结构，所有这些决定了肾的功能。但是在中医中，首先强调肾的功能，即藏精，主生长、发育和生殖；主水和主纳气，以这些功能为基础，才能决定肾的形态，即中医的肾并不是西医的Kidney，而是包括肾、肾上腺和内生殖器官的内在的整个区域。

二、西医是分析—还原论的，而中医则是整体—系统的

西医把人体分成若干个系统，每个系统是由许多器官组成的，而每个器官又由几种组织构成，组织再分成单个的细胞，细胞再进一步分成细胞膜、细胞质和细胞核，如此一路分析还原下去。而中医则是以整体的观念，把整个宇宙看成是一个巨大的系统，而人只是其中的一个子系统。就人这个子系统而言，又将人体看成是由若干个系统交互作用组成的一个整体。

中医藏象理论是以五脏为中心组成五个功能系统，通过经络，将六腑、五体、五官、九窍和四肢、百骸等全身组织器官联系成一个整体（见表1）。

表1

系统	五脏	六腑	五体	官窍	经脉
心系统	心	小肠	脉	舌	手少阴心经，手太阳小肠经
肝系统	肝	胆	筋	目	足厥阴肝经，足少阳胆经
脾系统	脾	胃	肉	口	足太阴脾经，足阳明胃经
肺系统	肺	大肠	皮	鼻	手太阴肺经，手阳明大肠经
肾系统	肾	膀胱	骨	耳及二阴	足少阴肾经，足太阳膀胱经

而这五大系统又以心为主，所谓“心者，五脏六腑之大主也”(《灵枢·邪客》)。而每一大系统中，本身又组成一个子系统，以心系统为例，“心者，生之本，神之变也，其华在面，其充在血脉”《素问·六节藏象论》，其在液为汗，在窍为舌，并与小肠相为表里(见表2)。

表2

心系统	心	小肠	血脉	舌	面
肝系统	肝	胆	筋	目	爪
脾系统	脾	胃	肉	口	唇
肺系统	肺	大肠	皮	鼻	毛
肾系统	肾	膀胱	骨	耳	发

三、西医是身心二元对立的，中医则是心身一体的

中医的生理、心理思想的核心，是五脏藏五神生五志。心藏神，肺藏魄，肝藏魂，脾藏意，肾藏志。心在志为喜，肝在志为怒，脾在志为思，肺在志为忧，肾在志为恐。

西医现在虽然强调从单纯的生物学模式转变成生物—心理—社会医学模式，但是这种转变本身就是建立在身心二元对立的假设之上的，而中医不需要这种转变，因为身心问题在中医本身就不是一个问题。

四、西医是机械—唯物的，而中医则是生命—心灵的

西医把人体看成是一个机械，因此任何治疗都必须借助外力才能实施，而且这种实施主要是以物质手段来完成的。也因为其方法是分析的，所以其治疗是局部的。而中医认为，人禀受天地之气的精而成人，所谓“天地合气，命之曰人”（《素问·宝命全形论》），也所谓“天之在我者德也，地之在我者气也，德流气薄而生者也，故生之来谓之精，而精相搏谓之神”（《灵枢·本神》），这种先天之精主要贮藏于肾，化而成气，升降出入，周流并滋养全身，也滋养神，而神反过来又护精。精、气、神为人身三宝，精为基础，气为动力，神为主宰，形成“形与神俱”的有机整体。

五、西医是物我对立的，而中医则是天人合一的

中医不但是身心一体的，而且和整个自然也是一体的。人处在天地气之中，人的生命现象也是自然现象的一部分，因此自然变化的某些法则与人体生理活动的原理是一致的。《灵枢·岁露论》中说“人与天地相参也，与日月相应也”（见表3）。

表3

自然界											五行	人体						
五谷	五畜	五音	五时	五臭	五味	五色	五化	五气	五方	五季		五脏	六腑	官窍	形体	情志	五声	变动
麦	鸡	角	平坦	臊	酸	青	生	风	东	春	木	肝	胆	目	筋	怒	呼	握
禾	羊	徵	日中	焦	苦	赤	长	暑	南	夏	火	心	小肠	舌	脉	喜	笑	忧
稷	牛	宫	日西	香	甘	黄	化	湿	中	长夏	土	脾	胃	口	肉	思	歌	哕

续表

自然界											五行	人体						
五谷	五畜	五音	五时	五臭	五味	五色	五化	五气	五方	五季		五脏	六腑	官窍	形体	情志	五声	变动
稻	马	商	日入	腥	辛	白	收	燥	西	秋	金	肺	大肠	鼻	皮	悲	哭	咳
豆	彘	羽	夜半	腐	咸	黑	藏	寒	北	冬	水	肾	膀胱	耳	骨	恐	呻	栗

由此表可以看出，中医藏象学说以五行原理为基本框架，将自然界的五方、五时、五气等，与人体五大功能系统密切联系，勾画了一个内外相应的整体模式。以肾为例，肾属水，主冬季，应北方，通于寒气，与藏相应，在色为黑，在味为咸，在时为夜半等。如此，人和整个自然界不但完全融为一体，而且相互作用。

中国古代生理学和心理学，一如西方生理学和心理学，是一个博大精深的科学体系，其哲学研究更是一个艰巨的任务。本文只是一个概论性的思考，其目的是说明，不独西方有科学，中国也有严格意义上的科学。科学本身不是真理，而是对真理的追求。任何一个文明体系中的科学，都是母体文明的反映，而任何一个文明体系，都既有其优点也必有其缺陷。这就决定了任何一种科学体系都有其难以克服的弱点，都仅仅是对现实的一种诠释而非绝对真理。

要而言之，西方科学以物理世界为基础，中国科学以生命世界为基础，而印度科学（尤其佛教）以心灵世界为基础。换而言之，西方文明是物质科学，中国是生命科学，印度则是心灵科学。当然这并不是说，西方文明只是研究物质而不研究生命和心灵，而是说西方科学是以物理世界为基础而得出原则，并把这个物质世界的原则推演到生命和心灵的领域。当然，这里又涉及几个根本问题，一是世界的本原是什么，是物质、心灵还是生命；二是物理世界、生命世界和心灵世界是否有区别，以及有什么样的区别；三是人类是否有能力回答这些问题。现在可以肯定的是，不同的文明对这些问题的理解是完全不相同的。

本文的第二个目的——更确切地说是愿望，是为了造福人类，具体而言就是把中国医学推向全人类为其健康服务。病有三不治，一是医生不治，这是由于医生个体因素所致的；二是医学不治，这是某一种医学体系所导致的；三是鬼神不治，也即任何医学都无能为力。对于现在西医无能为力的疾病，一种普通的解释是科学不发达，换言之，如果将来医学发达了就能治愈。然而医学什么时候发达了是一个问题，医学——即使西方的医学发达了能否治愈则是另外一个问题。即使西方生理学将人体的所有基因都研究出来——其实这一点本身未必是可能的，也不可能保证能治愈所有的疾病，甚至某几类疾病。原因很简单，人体不是一架机器，也不是基因简单的组合。可以说西医研究再怎么进步，也不过是给中医做个注脚罢了。从这个意义上讲，作为理念的西医必须也应该退出历史舞台，而中医则应成为人类治疗的主力军。

最后，愿借此机会表达我本人的健康理念，健康是人在生理上保持平衡，在心灵上保持宁静，并与社会保持和谐与自然保持合一的良好、完整的生活状态，以便最大限度地发挥任何一个作为人的个体和无限度地扩展作为一个整体的人类的潜能，而不仅是免于身体的疾患和残弱，也不仅仅是物质缺失和匮乏。

性心理和性健康

◎师 领

一、什么是性

人是一种性动物，性是人生命和生活固有的组成部分。可以说，人的浑身都是性。那么，什么是性呢？性是为了高质量的生殖和高质量的生活，涉及男女两种性别关系的一种本能冲动。这个定义提出了以下三个问题：(1)性是一种本能冲动；(2)性必然涉及男、女两个性别；(3)性是为了高质量的生殖和高质量的生活。

性是不是一种本能冲动？心理学上，本能(instinct)是指不需要后天学习的、建立在生物学基础上的、固定不变的行为方式。相对于种族的全部特征而言，本能是相对稳定的，即本能是某一种族的全部特征，而且本能往往是为了一个生物学目的服务的。这里有两点值得指出，其一，本能不但是先天的，也是遗传的。因为生物和人类的许多特征，也许是先天的，但未必一定是遗传的。其二，本能虽然是先天的和遗传的，但其实际特征未必一出生就表现出来，可能拖延到生物个体发育成熟的某一点上，例如男女第二性特征就是一种本能，这个第二性特征一般要到男女的青春期才能表现出来，而不是一出生就表现出来的。

人类之所以有冲动(drive)是因为有需要，因此可以说冲动就是需要。心理学上把人类的冲动分为两大类，一是初级冲动，即天生的、生物本性的和人类生存所必需的需要，例如因食物需要而引起的饥饿就是一种初级冲动；二是次级冲动，即通过后天学习获得的，并非人的生存所必需的，例如权力欲就是一种次级冲动。

如此一来，性是不是一种本能冲动，就转化成了性是不是初级冲动，或更确切地说，性是初级冲动还是次级冲动？根据初级冲动和次级冲动的定义，这个问题其实又包含了以下两个问题：(1)性是不是天生的和生物本性的；(2)性是不是个体生长发育所必需的。

生物学和遗传学的研究表明，人的性别是由性染色体 XX 和 XY 决定的，而且这种决定是先天的、遗传的和生物本性的。那么性是不是个体生长发育所必需的？要回答这一问题，有必要首先区分性(sex)和性活动(sexuality)两个概念。性是指由男、女两性内外生殖器官差异，以及由此而引起的男女两性在生理和心理上的差异。性活动是性的表现，它又可以分为两类，一是直接的性活动(direct sexuality)，即男、女两性直接的身体接触，尤其是男女性关系的发生；二是间接性活动(indirect sexuality)，即男、女两性不需要身体直接接触的性活动，例如手淫等。现实生活中的人，绝大多数不但有间接性活动，也有直接性活动。任何一个人，可以拒绝直接的性活动，甚至于可以拒绝间接的性活动——严格意义上讲这是不可能的，但他或她绝不能拒绝性本身，因为这一点是天生的，不由人自身来选择，例如男、女内外生殖器官的差异，男女第二性特征的差异。也就是说，性是个体生长发育所必需的，因此性是一种本能冲动。性是一种本能冲动，包含了两方面的含义，性是个体生长发育所必需的，性是人类种族延续所必要的。

性是否一定涉及男、女两种性别？回答了性是不是一种本能冲动这一问题，就很容易回答性是否一定涉及男、女两种性别这个问题。答案是肯定的：性一定会涉及男、女两种性别。其理由是：(1)任何个体都是男、女两性的产物，种族的延续必须要两性的合作；(2)绝大多数个体的性生活必然涉及男、女两性，即有直接的性活动；(3)即使某些个体一生从不涉及男、女两性，即没有直接性活动，但任何一个个体正常的生理发育和心理发育，不可能不间接地涉及男、女两性；(4)任何一个个体，从生理和心理方面讲，都既有男性成分，又有女性成分。男、女两性的差异是由于男性成分、女性成分所占的比例不同造成的。因此可以进一步地说，性是涉及男、女两种性别关系的一种本能冲动。

性何以是为了高质量的生殖和高质量的生活？生物的生殖进化大体上可以分为无性生殖、有性同体生殖和有性异体生殖。有性生殖相对于无性生殖而言，其优点是：(1)遗传基因来自两个个体，个体获得的遗传信息的种类增多，不仅仅是数量上的增多，而是质量上的变化：来自父母双方的遗传物质产生杂交优势，淘汰劣质基因。(2)变异成为可能，至少变异的可能性加大。(3)新生的个体不是简单的复制，而是全新的创造，因而提高了应对环境变化和生存的能力。异体有性生殖，相对于同体有性生殖而言，其优点是：(1)自主和自我选择成为可能。(2)选择的自由度无限增长——至少理论上讲是如此。因此，有性异体生殖的物种，相对于无性生殖和有性同体生殖的物种而言，其生殖的质量得到极大的提高。正因为如此，有性异体生殖对于每一个个体而言，提出了高质量的生活要求。任何个体假如不能适应高质量的生活，在生存的竞争中必将被淘汰。

综上所述，可以得出结论，性是为了高质量的生殖和高质量的生活，涉及男、女两种性别关系的一种本能冲动。性就是性，它既不是崇高的，也不是下流的；既不是正性的，也不是负性的，它只是一种自然存在。从某种意义上可以说，性是人的生命力和创造力生生不息的源泉。

人是一种性动物，但这并不仅仅意味着人沉溺于性活动中，也意味着性对于人的生活的许多方面都能发挥强烈的作用。虽然性冲动的非条件刺激是身体的接触，但通过条件反射，几乎能够想象到的任何刺激都能成为引起性冲动的条件刺激，例如香水、所穿的衣服、所看的书和电影、所听的音乐等。

较低等的动物，无论是雄性还是雌性，其性活动更多地受生理条件的限制。性激素的水平决定着性行为的适宜性，而性激素水平的高低是由发情周期决定的。但是随着生物的进化，性激素的水平和性行为的相关关系逐渐减弱。人类的性行为已几乎不受性激素的直接控制，也即人类可以在性成熟的任何时间发生性行为。其结果，一方面，这因此而密切了男、女两性的关系，或者说和其他所有的动物相比较，性在人类两性的联系中起了更大的作用，人类两性也因性变得更加密不可分；另一方面，还没有任何一种其他动物像人类这样沉溺于性，对性津津乐道，孜孜以求，甚至发展到对人自身有害的程度。

人类的性活动，生理条件只是作为背景因素而起作用，主要是受社会文化因素和心理因素所调控。可以说，人类最重要的性器官是人的大脑。人们对性的态度主要是受文化决定的，或者更确切地说，人类的性行为是由生理、心理、社会和文化诸因素相互作用的结果。最近半个世纪以来，人类对待性行为的态度也因对性的科学研究发生了巨大的变化。

20世纪50年代，金赛（A. Kinsey）领导的一组美国科学家调查了近1.1万个美国人的性行为，其结果出乎意料。调查发现，就大多数认为自己的性行为不是太正常的人们而言，事实并不如他们想象的那样糟糕。婚前性行为相当普遍，男性占被调查对象的66%，女性占50%。性梦达到性高潮的男性为95%，女性为35%。95%的男性和65%的女性都有过手淫。可以说，金赛的研究对于破除人类对性的迷信和偏见起了不可估量的作用。

又过了一二十年，马斯特斯和姜森在实验室里对性行为的过程进行了具体的研究。他们把人的性过程分为四个时期。第一时期为兴奋期，其特征是心跳迅速加快，外生殖器充血。男性阴茎勃起，女性阴蒂肿胀，阴道变得湿润，乳头变硬。第二时期为平台期，其冲动不像兴奋期那样迅速上升，而是维持在一个相当高的水平。男性的阴茎有点缩软，女性阴蒂有点回缩，身体出现不由自主的律动。进入第三时期即高潮期后，男、女兴奋程度开始增加，当高潮来临时，也就意味着走上了“不归之路”，男性开始射精，而且当精液排出时阴茎有节律地进行抽动。女性则是阴道、子宫和腹部肌肉进行一系列的收缩，以释放积累的紧张。最后一时期是回复期，男、女两性的心率、呼吸都能较快地返回到兴奋期前的状态。男性还有一个不应期，即在他刚完成一次性周期后的一段时间，不能勃起和射精，只是不应期时间长短因不同个体而不同。

值得指出的是，人类的性行为有极大的个体性差异，绝不仅仅就只是这四个时期的性行为模式，毋宁说，每一个人的性行为和另外一个人都不是完全相同的，因而绝不能把这四个时期的性行为模式作为僵化的标准来硬套。例如，有的个体没有平台期，而有的个体高潮期是由一系列不太强烈的高潮期组成而被误认为没有高潮期，甚至于有的个体可以有几个高潮期。

马斯特斯和姜森的研究进一步驱散了围绕在人类性行为周围的迷雾。他们的研究发现，阴茎的大小不是决定女性快感的重要因素，因为女性阴道可以调整以适应不同大小的阴茎；性交、手淫和同性恋的性反应周期是一样的；性行为中究竟什么是“正常的”最终要取决于具体的个体认为什么是对自己合适的；人们可以利用一般的性知识，但更重要的是和性伴侣之间的交流；北美一半的家庭存在性功能障碍，其中绝大多数是心理因素引起的；相当大一部分家庭破裂是由夫妻间的性不和谐引起的。马斯特斯和姜森的研究得出结论，性冲动和性行为是正常的，可以在完全没有负罪感和焦虑的状态下获得；性伴侣之间坦诚布公的交流非常重要；社会的性行为模式和规范可以影响个体性行为的充分表达；性快感是相互的而不是单方面的。

如果说，马斯特斯和姜森对性行为的研究是严格意义上的科学，那么，人本主义心理学家对人类性行为的描述则更具现象学的特征。人本主义心理学家马斯洛说，① 在健康的爱情关系中，爱者的性生活具有了许多不同寻常的特别意义。在健康的爱情关系中，性生活并不像某些严肃的思想家认为的是一种努力，而基本上是一

---

① 参见马斯洛著、许金声等译：《动机与人格》，北京：华夏出版社 1987 年版，第 12 章《自我实现者的爱情》。本文凡提及马斯洛的观点，均来源于此章，以后不再注明，因为有的观点作者本人进行了提炼，所以难以确定具体页码，希望读者见谅。

种享受和乐事。因为使两性倾心的原因并不是人种的利益、生殖的任务或人类未来发展的需要，因而在这种关系中的性生活是一种愉快的、幽默的嬉戏和娱乐。在这里，两性双方的天性得到了自由自在的展现，仿佛又回到了童年时代的木偶游戏，那么兴高采烈，那么无拘无束。

(1)在健康的爱情关系中，性和爱倾向于完美的融合。处在这种关系中的男人和女人，往往并不是为了性而寻求性活动，而且性生活在没有感情或感情相伴的情况下往往被拒绝或放弃了。

(2)性快感达到了最强烈、最令人心醉神迷的完美。如果说爱情是对完美事物的渴求，是对完全的融合的渴求，那么健康爱情中的性高潮就成为对这种渴求的满足。

(3)在健康爱情关系中存在着一个深刻的悖论，即性高潮既比在普通人身上更加重要，同时又不如在普遍人身上那么重要。处在这种关系中的爱者，一方面比普通人远为强烈地享受性活动，另一方面又认为性活动在整个生活体系中远远不是那么重要。他们的性快感，可以十分强烈，同样也可以毫不强烈。他们的性快感可以是十分微妙的，并非时时刻刻都是如此强烈。这种可以是一种轻松愉快、溢而不虐的体验，不必每时每刻都是如此严肃、深刻，更不必成为每个人都必须承担的责任。这些人并不总是生活在高峰之中，他们也可以处在一个比较一般的水平上，轻松愉快地享受性活动，把它当作一种令人心旷神怡、妙趣横生的体验。处在这种关系中的爱者对待性的态度和对待食物的态度很相似。他们一方面津津有味地享受食物，另一方面又认为食物在生活的整个格局中并不重要。当他们津津有味地享受食物的时候，他们是在一心一意地享用食物，对动物性和人的性本能并不采取嗤之以鼻的态度。可以说，他们并不需要美酒佳肴，只是在美酒佳肴自然到来之际才去尽情享用它。

(4)由于健康的爱情建立在对自己和他人的健康的接受之上，因此处在这种关系的爱者比较容易接受各种性爱的事实。他们倾向于与异性保持一种十分随便的关系，坦率承认自己为异性所吸引，他们谈论起性行为来也比常人更自由、随便，但是他们的婚外风流韵事相对少见。此外，他们对于同妻子或丈夫以外的人发生性关系也没有进行刻意压抑。

(5)处于健康爱情关系中的爱者，两极对应得到了解决。个人变得既是主动的又是被动的，既是自私的又是无私的，既具有男子气又具有女子气，既以自我为中心又设法逃避自我。这一点最为明显地表现在性行为和性交中，亲吻和接受亲吻，挑逗或接受挑逗，在性行为中处于上面位置或下面位置，主动或被动，在两性双方中均可以看到。

(6)健康的爱情关系中，不仅仅是性欲的满足，还包括一种理想化、一种温柔和一种特殊的认同形式。

二、什么是爱

人类的性生活中加入了精神和感情因素，这一点集中表现在爱情上。有些人以为爱是性的升华，性是爱的原动力。如果是这样，何以动物没有从性中升华出爱呢？如果不是这样，两性之间的爱又从何而来？男、女两性为什么非要相爱呢？一句话，爱究竟是什么？

从生活和实用的层面讲，两性的爱情是一场显示实力的交易，这场交易的基础是物，而物的核心是性。但是决定这场交易的恰恰不是物，而是人的精神，尤其是人的感情。

性是快乐的，性之所以是快乐的那是为了保持种族的延续。但是没有感情和精神因素加入的性的快乐是有限度的，其质量不可能高。假如性行为中加入了感情和精神因素，这种性的快乐更持久，更强烈，更令人心醉神迷，更让人荡气回肠，简直妙不可言。由于爱，性升华到了艺术的境界，超越了空间和时间。由于爱的性，给人以宁静、充实，给人一种欲仙欲死、羽化而成仙的感觉。就如喝了一杯陈年老酒，沁人心脾，直透人的骨髓，弥漫到整个身心。从这一点出发，可以对妓女、淑女和仙女作一个象征性的理解。妓女是100%的肉体交易，没有任何感情可言；仙女是100%的精神投入，没有掺杂一丝世俗的东西；而淑女则是50%的肉体加上50%的精神。

爱是性的补白和调节剂。由于人类超越了动物生殖的本能，也由于人类精神的缘故，人类为自己的性和性行为感到“害羞”了。人类必须在生殖以外为人类的性行为寻求理由，这就是爱。这一点在个体的求爱过程中表现得最为明显。一方面，任何一个男子追求一个女子时，都说“我爱你”而不能说“我想和你发生性关系”。事实上，“我爱你”的潜台词和最终归结点就是“我想和你发生性关系”。另一方面，从理论上讲一个个体可以选择任何一个异性的个体作为配偶，但是由于人类性资源是有限的，一般情况下，他或她只能选择异性中的一个，而且只能是一个，也就是说，人类的婚配是有高度的选择性，而爱就是做出这种选择的一个最有力的调节剂。

由于爱，对异性和配偶的选择又多了一个视角和支点，更重要的是，这种选择的视角和支点由于感情和精神因素的参与能够超越时空，因而这个支点也就更为有力和可靠，这个视角更加宽广和高远。一个人的素养越高，越是为了感情的追求，越是为了爱而爱，他就越能把握现实，越能看穿生活中的幻象，也就越能把握爱情和自己的命运，因而也就越幸福。反之，一个人越是为外在的表象例如漂亮的外表、金钱和权力所迷惑，在爱的过程中投入的感情因素越少，就越容易被生活中的假象所欺骗，就越不可能看穿现实中潜在的危险，因而也就可能越不幸福。孔子曰：人无远虑，必有近忧。一个追求鼻子底下利益的人，终究为鼻子底下的利益所累所害。在爱情选择和角逐中，一个不能运用自己的理性和感情来把握自己命运的人，所谓鸡鸣狗盗之辈，鼠目寸光之流，除了悲剧，还能指望收获什么呢?

从精神和较高级的层面讲，爱情，就是两颗跳动的心之间无声无息的强烈的共鸣。假如人与人的关系是一种彼此之间的碰撞和交流，那么爱情就是两个个体之间全方位、最持久和最强烈的身心交流和碰撞，以至于达到这样一种境界：你中有我，我中有你，两个人形成了一个牢不可破的精神链，永远不可分离，最终完全融为一体，毋宁说就是一个东西了。这个东西既不是“他”，也不是“她”，而是高于“他”和“她”及其之和的；这个东西既不是男人，也不是女人，而是高于男人和女人及其之和的；这个东西既不是物质，也不是精神，而是高于物质和精神及其之和的。这个东西不可名，强名之则曰“创造”，又则曰“和谐”，而形成这个东西的纽带就是爱情。这就是为什么将两个相爱的人强行拆开，就如把两个连体婴儿撕开一样，那是要流血的；反之，将两个不相爱的人硬性捆绑在一起，就如把一个活生生的人硬性塞进一个过小的套子里，那也是痛苦不堪的啊！性心理学家霭理士说，爱是生命中无所不能与无往而不能改造的一股伟大的力量，也是一切生命的最终极的德操。可以说，爱是生命的最高表现之一。

爱是人性，即人的精神和肉体冲突的产物。人类的生存有三重局限性：个体的、历史的和人性的。人性的局限是人类共同具有的，由人性本身决定的，例如死亡；历史的局限是在某一特定的历史条件下造成的局限，而个体的局限是由于个体差异而形成的局限。人类的苦恼恰恰在于人类意识到了自身的局限性。新精神分析学家弗罗姆说:① 自我意识、理性和想象力破坏了动物和外界环境的和谐，使人变得与众不同，成了地球上的流浪者。人是唯一感到苦恼、感到不满、感到被逐出乐园的动物。人是唯一意识到自己的生存都成了问题的动物。人不可能摆脱躯体的束缚，只要他活着——他的躯体使他渴望活着；人也不可能摆脱精神的纠缠——尽管他想超脱出来。

如何克服这种生存的二律背反呢？弗罗姆说：“唯一的出路是：正视现实，认识到自己生存的孤独，以及世界对人的命运的漠不关心，认识到没有任何外在于人自身的力量能解决人自己的问题。人必须发挥自己的理性，使自己成为自然和自身的主人，从而创造一个属于他自己的世界。人必须对自己负责，必须承认，只有靠自己的力量才能使自己的生存有意义。只有拓展人自己的力量，过创造性的生活，人才能使自己的生存富有意义。”一句话，通过

---

① 参见弗罗姆著、陈学明译：《寻找自我》，北京：工人出版社 1988 年版，第三章《人性与性格》。本文凡提及弗罗姆的观点，均来源于此章，以后不再注明，因为有的观点作者本人进行了提炼，所以难以确定具体页码，希望读者见谅。

理性和爱，成为自我；创造性劳作以充分发挥人的潜能，实现自我。两性的爱情，就是人解决生存的困惑，成为自我和实现自我的一条途径。

生物的生殖进化，从无性生殖的细胞，到有性生殖的“精子+卵子”形成合子，最终到“男性+女性”成为人，个体被分割了，也就是说任何一个个体都是不完全的，都只是完整“人”的一半。为了成为完整的“人”，他或她必须寻找另一半，并与之有机地结合成一个整体。正因为如此，人类和其他一切生物相比，其爱情就具有了独特的特征和意义。

爱就是寻找自我，实现自我。被自我所爱的人是“我”在他人身上的投射，爱“他”或“她”其实质是爱我，爱我是我爱的根和本，因此我爱即爱我！一个人只有真正发展自我、寻找自我、成为自我，才能真正懂得爱和把握爱——归根结底，人是为自己活着的。人是为自己活着的，这并不是说人只为自己活着，更不是说为自己就必须损人害公。恰恰相反，一个人越是为自己活着，越是成为自我，就越能为别人和社会谋福利！一个人连自我都找不到，何以能找到他或她所爱的人？一个人连自己都不爱，何以爱他人和社会呢？人是为自己活着的，其根本就是人必须为自己负责。

爱是一种和谐。马斯洛说，在健康的爱情关系中，竭力突出自己优点的倾向要微弱得多。爱者无须掩饰自己的假牙、背带、腰带，没有必要掩饰自己身体和心理上的缺陷，没有必要保持距离和神秘感，没有必要自我克制，也没有必要将自己的心曲隐藏不露。

可以肯定地说，在健康的爱情关系中，爱者倾向于愈来愈完全的自发性，倾向于防卫、作用、尝试和努力的解除。随着这种关系的进一步发展，他们的亲密、坦率和自我表现与日俱增。与被爱者相处能够使人真正成为自己的主宰，能够使人感到自由自在，可以不拘礼数。这种坦率还包括让伴侣自由地看到自己的缺陷、弱点、生理和心理上的缺点。

健康爱情中的两性关系是和那种认为两性之间具有内在敌对倾向的通俗观点相抵触的。另外一点不同的是，虽然性爱伴侣身上那些新奇的东西显然也十分令人兴奋，但在健康的爱情生活中，爱和性的满足随着爱情关系的成熟而日益得到改进。

可以得出结论，健康的爱情关系所产生的最深刻的满足之一就是它允许最大限度的自发性，最大限度的自由自在，最大限度地解除防卫和最大限度地使人免遭威胁。在这样一种关系中，一个人完全没有必要警戒、隐瞒、感到紧张、言行谨慎、压抑或抑制，而是意味着自发性和诚实的增强，倾向于使双方的言谈举止完全出于自发，使两人相互了解，永远相爱。被爱的最深刻和最普遍的含义，就是被深刻地理解和被由衷地接受。

马斯洛最后说："我们的那种自己未得到正确评价的感觉对爱的损害比恐惧对爱的损害要小一些。我们每个人都或多或少模糊地感到这种恐惧，唯恐别人看穿我们的面纱，看穿那些由传统和文化强加在我们身上的压抑的面纱。正是这一点导致我们回避亲近关系，只在一个表面的水平上与他人保持友谊，低估别人从而不能恰如其分地评价别人，唯恐别人也无法恰如其分地评价我们自己。而在健康的爱情关系中，由于自我真实的展现，这个面纱形成的隔障被击穿了，或这层面纱根本没有必要存在了。"

爱是一种创造。正如一个精子和一个卵子结合形成一个合子，而这个合子是既不同于精子也不同于卵子的独特的创造一样，一个男人和一个女人由于爱而结合在一起，这也是一种创造。所谓创造，就是不同于以往的建设和生成。爱不但使男人成为真正的男人，女人成为真正的女人，寻找和实现了自我，也就是把每个人内在的潜能全部调动发挥出来，而且还超越了原来的自我，即进行了创造：创造生命，创造自我，创造生活。把人性的一切通过爱和创造，进而升华出一种强大的力量，投射到两人以外的社会和人类，爱也因此具有庄严和深沉的意义了。

爱是理解、关怀、责任和劳作。马斯洛说："良好的爱情关系中的一个重要方面就是需要的认同，或者说将两个人的基本需要的诸多层次融合为一个单一的层次。其结果就是，一个人可以感觉到另一个人的需要，就如同是他自己的需要一样，同时他也感到自己的需要在某种程度上从属于另一个人，从而自我得到了扩大，同时包括了两个人。为了某种心理的目的，这两个人在一定程度上似乎也属于另一个单一的单位，一个单一的人，一个单一的自我。这种需要的认同往往是通过责任的承担，通过关心，通过对另一个人的关怀而表现出来的。”弗罗姆说：“爱一个人就是指关怀他，对他的生命负有责任；不仅对他的肉体存在负有责任感，而且对他的全部人性的力量的成长和发展负有责任。爱就是劳作，关心对象的成长，对其负有责任。”

马斯洛说：“爱情是这样一种自发性的最重要的组成部分：我们所说的并非那种把自己消融于另一个人中去的爱情，而是那种自我肯定他人的爱情，那种在保存个人基础之上将个人与另一个人结合起来的爱情。对一个人的爱意味着对那个人的肯定而不是占有，意味着愉快地授予他一种充分表达自己独一无二的人性的权利。

这种对他人的尊重可以通过各种途径表达出来：(1)一个人对他妻子的成就感到由衷的自豪，即使这些成就超过了他自己的成就。另一个例子就是嫉妒的消失。(2)承认他是一个独立的存在，是一个独立自主的个体。不会随便地利用他人，控制他人，忽视别人的愿望。这不但适于成人之间的关系，也适于成人和小孩的关系。(3)两性之间的这种尊重关系往往是以一种正好相反的方式来解释的，即被解释为缺乏尊重。

自我实现的男人真正地并且从根本上说倾向于把女人看作伴侣，是与自己相同的完完全全的人，而不是把她们看作人类有弱点的成员，并在此基础上尊重和喜欢她们，因而他们从传统意义上看要从容得多，随便得多，不那么拘泥于礼节、客套。

健康的爱情并不寻求超越自身的原因，也不寻求限度。爱情是其自身的果实，是其自身的乐趣。因为我爱，所以我爱。我爱，为的是我可以爱。

这种爱不是由于匮乏性动机所驱使，而是成长性动机和人的本性的自然流露。这种爱不要求回报，本身也无益于任何目的，或者说爱本身就是目的。

这种爱就如为伟大的音乐所激动而产生的激情，也如欣赏一幅优美的画时所产生的内心的神圣体验。他用天真烂漫的眼光注视着，凝视着，如同一个小孩，既不表示同意也不表示反对。有时我们任凭海浪将我们冲倒，不为别的，正是为好玩；有时我们注目那落日，并不能给落日注入任何东西，仅仅就是为了注目！

用哲学语言来讲，健康的爱情一方面既是存在，另一方面又是生成。

健康的爱情关系中虽然有强烈的融为一体的倾向，但同时又有张扬个性和超然的独立，这是一个深刻的悖论，但是事实。他们可以极其亲近，但又十分容易分开。他们之间不是相互粘连在一起的，虽然他们愿意形影不离，但也愿意接受长期的分离。经过最令人心醉、最强烈的爱情生活，这些人仍保持着原来的自我，仍旧是他们自己的主宰，仍旧按照他们自己的标准来生活。

可以说，在健康的爱情关系中，一个人既是最有个性的，又是最富有牺牲精神的。在这里有一种健康的自私和伟大的自尊。”

爱是一种回归。这种回归既是对自然的回归，即回归到人类的原初状态，也是对童年的回归。就童年回归而言，随着年龄的增长和青春期的到来，由于自我意识和性意识的出现，破坏了自我和周围环境关系的和谐和单纯，破坏了儿童时代的物我浑然一体、无忧无虑的原初状态，我不仅仅是父母的儿女、兄弟姐妹中的一员、小伙伴的一员，我更多的是作为“我”出现在生活的舞台上，我不是任何人，我是“我”了！但是人的本性和作为社会关系中的一员又决定了“我”不能仅仅是“我”，必须和周围保持一种原来的和谐状态，遗憾的是带着火箭的天神挡住了“我”的退路，“我”只能前进，别无选择。这样，爱情就为“恢复”这种和谐关系提供了一种途径。在良好的爱情关系中，丈夫不仅仅作为男人出现，也扮演父亲、哥哥和儿子的角色；妻子不仅仅作为女人出现，也扮演母亲、妹妹和女儿的角色。回归童年是人性永恒的梦想。同样，在生物进化链上，由于具有自我意识的人的出现，破坏了人这一“动物”和自然的和谐状态，使人变得无家可归。回归自然只能是人类一个永远不可企及的奢望了。为了避躲人性中的二律背反带来的焦虑和困惑，上帝赐予人类爱这样一个精神家园。

两性之间的爱情究竟有一些什么样的情感构成呢？由于任何语言都不能将爱情体验准确而又细致地传达给一个未曾有过爱情体验

的人，因此人本主义心理学家马斯洛对爱情作了如下主观性的描述：

(1)爱情体验主要是由一种温柔、挚爱的情感所构成，一个人在体验这种感情时还可以感到愉悦、幸福、满足、洋洋自得甚至欣喜若狂。爱者总想与被爱者更加接近，关系更加亲密，总想触摸他(她)、拥抱他(她)，总是思念着他(她)。而且爱者感到自己所爱的人要么是美丽的，要么是善良的，要么是富有魅力的，总而言之，是称心如意的。在任何情况下，只要看见对方或与对方相处，爱者就感到愉快，而一旦同对方分开，就感到痛苦。

(2)由于将注意力专注于对方，由此产生了淡忘周围其他人的倾向，产生了感觉范围狭窄从而忽略身边许多事物的倾向，好像对方本身就是富有魅力的。彼此相处的愉快情绪也表现在想要在尽可能多的情况下——在工作中，在嬉游中，在审美和智力消遣中——尽量与所爱的人相处。爱者还表现出一种想要与被爱者分享幸福或分担忧愁的愿望，以至于幸福由于心上人的分享而增多了，忧愁由于心上人的分担而减少了。

(3)无疑，被爱者在爱者身上能够唤起一种特殊的性冲动，这尤其表现在生殖器官的直接变化上。被爱者仿佛散发出一股神秘的力量，能够使爱者的生殖器勃起，或者从体内分泌出液体来，能够唤起有意识的性欲，能够产生常常伴随着性冲动的激动，爱者似乎沉浸在一种难以名状的性的亢奋和快乐之中。

(4)恋爱中的情侣最大嗜好就是幽会，并伴着绵绵情话，而且男女双方逐渐有了一套秘密语言，一些旁人不懂的有关性爱的语词，甚至于一个不经意的微笑、眉眼或手势在恋人中都能获得特别的含义。

(5)恋爱中的情侣往往沉湎于想象和幻想之中，表现出一种如痴如呆的精神状态。幻想的内容，除了两人的欢娱外，男性往往想象自己是个英雄，赴汤蹈火，为心上人做出巨大的牺牲；女性往往想象自己被心上人抛弃，而后自己是如何伤心和悲痛。

(6)恋爱中的情侣的另外一个表现是慷慨。爱者竭尽全力而且无怨无悔地为被爱者效劳，向他(她)馈赠礼品，并且从中感受到一种特殊的愉快。而且此时的情侣对于周围的人也显得大方，很少斤斤计较。不妨这样说：人的一生在两种情况下是最舍得花钱的，一是在热恋中，二是在生病时。

三、大学生活中面临的性与爱的困惑

大学生处于青春期后期，正是生理成熟但心理还没有成熟的年龄，外加特殊的生活和学习环境，因而大学生活中会存在一系列性和爱的问题。探讨大学生活中存在的所有性和爱的问题，并不是一篇文章所能承担的，因此这里仅就最常见的两个问题提出看法。

如何排遣大学生活中的性饥饿或性焦虑？由于人类文明的进步，个体的性成熟包括生理和心理两个方面，和个体的婚姻生活主要是性生活发生了时间上的错位。就中国的情形而言，在古代甚至就在新中国成立前，个体青春期的开始，也就意味着个体婚姻生活和性生活的开始。但是处在青春期的当代大学生，性生理和心理已经逐步成熟或正在趋向成熟，但是社会环境却不允许有任何性生活——至少没有提供进行任何正常性生活的途径，由此自然会引起性的渴望和社会环境的冲突，这种冲突必然引起性焦虑或性饥饿，因此如何正确疏导性焦虑是每一个大学生面临的问题。

从心理学的角度讲，最常见的性疏导渠道有：(1)自娱，主要是手淫；(2)正常的性生活；(3)变态的性生活；(4)升华，即把性冲动转化到对社会有益的工作中去，就大学生而言就是转移到学习中去，转移到对事业的奋斗中去。

美国性心理学家金赛的性学调查报告发现，男性中的95%和女性中的65%都有过手淫。调查还发现，即使结婚以后也会发生手淫，而且并不导致婚姻的不和谐或性问题。金赛性学调查报告认为，手淫是人类性表现的一种正常的途径，而且是健康的性活动。手淫的问题并不在手淫本身，而在于由于手淫而引起的心理紧张和道德负罪感。假如能够正确认识并坚定不移地确信，手淫就是人类正常性表现的途径，是健康的性活动，是每一个处于青春期的男女应该发生的事情，这种心理紧张和道德负罪感自然会消失。手淫的另外一个问题是过度，由于手淫是个体自娱行为，甚至不像正常的性生活那样牵涉到两个人，外加青春期的旺盛精力和学习紧张造成的心理压力，大学生们不但以手淫的方式来疏导自己的性焦虑，而且往往容易过度。任何事物过度都是有害的，手淫也不例外，这就要求有克制力。

变态的性生活不但是大学生，也是任何其他人都应该避免的，这里就不再多费笔墨。唯一要指出的一点是，经过相当激烈的争论，美国精神病学会经过投票表决，认为同性恋不是变态行为，仅仅是性偏好表达的一种方式。其理由是同性恋者在其他所有方面和异性恋者一样，都有很好的调控能力，因此很难认为同性恋就是一种变态行为。

正常的性生活，包括婚姻，也可以包括恋人之间的性关系，假如撇开社会环境而单从心理学的角度而言，这两者应该没有什么不同。大学生活中不允许结婚，因而所剩的最大可能就是恋人间发生性关系。如何认识大学生活中可能发生的性行为，是一个令人难堪和难以回答但又不得不面对和正视的问题。首先是讲不讲这个问题。假如不提这个问题，其实回避了一个敏感、非常现实也是学生极为关注的一个问题，学生不买账；假如提这个问题，就自然会引起第二个问题，即如何讲和如何把握的问题。假如说大学生活期间的性行为是应该的和正常的，担心会引起误导；假如说大学生活期间的性行为是不应该的或不正常的，理由又何在呢？一个大而化之的说教不但不能成为理由，也容易引起学生的敌对和厌恶情绪。

在讨论和解决问题时，带着先入为主的偏见和情绪化，不但不能解决问题，反而使问题变得更糟糕和更复杂——在性问题上，中国人已经太情绪化了，已经做了太多的“文章”。中国人所谓的性道德，就是性不道德，把原本属于科学范围内的问题，往往和道德甚至政治生拉硬扯在一起。现在该是争论的各方静下心来，心平气和地、冷静地、客观地和具体地分析这个问题的时候了，该是正本清源的时候了。从生理学和心理学的角度讲，也从法律的角度讲，一个年满18 岁的个体是应该过正常的性生活的，而且从一般意义上讲，这对于一个个体的生理和心理的健康发育，不但是有益的，也是必须的。至于一个个体是否有性生活，这完全取决于他或她个人，完全是个体的隐私，是受法律保护的，别人根本无权干涉！但这仅仅是问题的一个方面。任何一个个体，他或她并不仅仅是生理和心理意义上的人，其更是社会的人，其行为必须受这个民族、这个时代和这个社会的约束。“人的两性行为对社会绵续和稳定具有两重性。人们都容易理解人的寿命有限，不通过生殖作用和世代继替，社会不可能绵续下去。生殖作用是社会绵续的生物基础。人类是男女分体的动物，生殖作用必须通过男女的两性关系。因之，两性关系是社会得以生存的大事。这是一方面。另一方面是两性关系也存在着破坏社会结构的潜在力量。食色性也，色是从生物基础上生长出来的一种男女之间感情上的吸引力。如果容许这种吸引力任意冲击已经建立起来的社会中人与人的关系，那就会引起社会结构的混乱和破坏，以致社会的分工体系无从稳定地运行。所以自从人类形成了社会，没有不运用社会的力量对人的两性行为加以严格的控制的。就是说没有一个社会不立下种种规定，以限制一个人只能在一定时期、一定场合、一定范围里，对一定对象发生性行为。而且一般说来，为了维持这类社会规定对越规行为总是运用了很强烈的社会制裁。这也是社会生活里的一桩大事。

人类必须依赖两性行为的生物和心理机能来得到种族的绵续、社会结构的正常运行，以及社会的发展，但是又害怕两性行为在男女心理上所发生的吸引力破坏已形成了的人际关系的社会结构，于是不得不对个人的性行为加以限制。这就是社会对男女关系态度的两重性。”①

事实上，人类研究性的历史，就是一部苦难的挣扎史。《性心理学》作者、人类性心理研究的先驱霭理士在《我的生平》的序言里说：“我的一生有时是用流血的双脚走向基督受难的圣地。凡是我的双脚踏过的地方都盛开了芬芳的玫瑰。我已在任何一个方面都尝到了天堂里的愉快。……青年时所打算的一生事业在半个世纪里能

---

① ［英］霭理士著、潘光旦译：《性心理学》，北京：商务印书馆1997年版，第779～780页。

够得到完成，和它所给我的安慰，不能不说是超过了我的梦寐所求。”①

回到现实中来，具体到大学生所面临的性问题上，首先整个社会意识和文化对于年轻人的“性行为”不能容忍，持强烈的反感、排斥、压抑和否定的态度，其次更加严厉的是，几乎每个大学都有明确规定，大学期间任何个人一旦发现有男女性关系，立即勒令退学——这也许是残酷的，但是真实的。这个规定合不合理，不是本文讨论的目的，也不是本文能承担的责任，但有一点可以肯定：这个规定必须被遵守，存在的就是合理的——世界上不合理的事多了，再说，没有规矩何以成方圆！虽然人们也期盼着在性问题上社会应具备更多的宽容，毕竟，每一个人都生活得很苦，谁也不是神仙。大学生青春的冲动和社会规范的冲突是激烈的，解决这个冲突只能取决于个体，不是他人所能取代的，外加仓促的性行为会给双方带来巨大的生理和心理损害，因而虽然不能提出解决的办法，提出建议并忠告还是可以的：勿涉性河，并且学会保护自己。

性的疏导渠道中最后一条途径，也是大学生最应该采取的，就是升华，就是把自己的性冲动和心理能量，以一个更高的社会目标为指导，转化到工作和学习中去。这种疏导，不但对于生理、心理健康极为有益，也是人之所以为人，人的生命之所以有价值的原因所在。性心理学家霭理士说：“恋爱也可以说是一个生发力量的源泉，而在恋爱中的男女是生发这种力量的机构，假如双方所发出的力量都完全消磨在彼此的身上，这不是白白耗费了么？恋爱原是一种可以提高生命价值的很华贵的东西，但若恋爱的授受只限于两人之间，那范围就不免过于狭小，有志的人，想提高生活水准的人，就觉得它不配做生活的中心理想了。于两人之外，恋爱一定要有更远大的目的，要照顾到两人以外的世界，要想象到数十年生命以后的未来，要超脱到现实以外的理想的境界。也许这理想永无完全实现的一日，但我们笃信，爱的力量加一分，这理想的现实化也就近

---

① ［英］霭理士著、潘光旦译：《性心理学》，北京：商务印书馆1997年版，第778页。

一分。一定要把恋爱和这一类无穷极的远大目的联系起来，它才可以充分表现它可能有的最大的庄严与最深的意义。”①

综上所述，大学生活中疏导性冲动和心理紧张或性焦虑的途径中，自娱，可以采取自然而然的态度，变态的性生活应该坚决禁绝，正常的性生活应竭力避免，而升华则要全副身心地投入。值得指出的一点是，生活是现实的，生活在现实中的个体的差异性极大。换言之，并不是每一个人都能达到这样的境界，这就要求社会和学校对大学生的性行为采取宽容的态度——这种宽容是以是否引起法律纠纷为底线的。所谓宽容，就是非情绪化的、理性的和科学的态度。事实上，对他人的宽容就是对自己的宽容；反之，和他人过不去，就是和自己过不去。“在人类社会发展到一定阶段，社会分工形成了较复杂的结构，人际关系更需要稳定和巩固，人类性行为的两重性的比重就出现了倾侧，就是着重强调人们生活所依赖的社会结构的稳定性而把人类两性行为封闭在狭小的范围之内，甚至把两性关系只视作生殖作用，而抹杀了男女感情的心理机能在社会生活中和社会发展上的重要性。事实上，这样的倾侧是不可能彻底做到的。两性关系根本上是有生物基础的所谓‘人之大欲’。社会要把它封锁在‘正规渠道’里，如果这渠道不能满足这种‘大欲’，溢出渠道的行为还是不断会发生。但是更严重的是社会对这种‘大欲’所采取的遏制，在强大的社会制裁之下，常使在这种社会里长成的人，在心理的正常发育上，受到了种种挫伤。”②

大学生活中恋爱和学习的关系。这个问题的另外一种问法是，大学生活中恋爱会不会影响学习？可以肯定地讲：会影响，唯一的不同是影响的大小和方式。根据精神分析学家弗洛伊德的理论，人的心理能量是一个常数，假如把相当一部分心理能量投入到恋爱生活中去，学习所剩的心理能量必然会减少。即便从日常生活的角度

---

① ［英］霭理士著、潘光旦译：《性心理学》，北京：商务印书馆1997年版，第455～456页。

② ［英］霭理士著、潘光旦译：《性心理学》，北京：商务印书馆1997年版，第780页。

来思考，人的精力和时间有限，假如贡献给了一个神明，又何以顾及第二个偶像呢？事实上，恋爱对学习的影响主要不在于对学习精力和时间的侵蚀和占有，而是恋爱中两颗骚动的心和两团燃烧的野火，可能把两个人的身心搅得像沸腾的火山，不要说学习，甚至连正常的生活都得不到保证。性心理学家霭理士说："性冲动是有周期性的一种东西，所谓恋爱，就是我们借了想象的力量，把它从周期性里解放出来，而成为一种有绵延性的东西。性冲动是一股力量，在某种程度上还可以说是一股无可限量的力量，一个寻常的人，甚至一个超出寻常的人，要不断挣扎着来控制驾驭这股力量本来就不容易，加上驾驭的人与被驾驭的人又都在不断变化，而双方所处的境遇也是不断在那里转移变化，其间危难的发生与不可避免，当然更是意料中的事了。"

但问题并不这么简单，一个处在青春期的男女又怎么会不自然而然地产生爱恋之情呢？事实上，恋爱对于人的心理和生理的发育和健康，不但是有益的，而且是必需的，毋宁说恋爱是疏导性冲动和性焦虑的又一途径。这样，有没有一种可能，把学习和恋爱有机地结合起来，并且相互促进呢？换句话说，为什么一定要把学习和恋爱对立起来呢？可以说学习和事业是人理性的追求，恋爱是人感情的表现，事业和爱情是人生的两大交响曲，假如能彼此和谐，一定能奏出人生最为美妙和灿烂的华章。可以说，学习和恋爱的冲突与和谐，就如事业和家庭的关系，将会伴随人的一生，并非仅仅存在于大学生活时期。事实上，从根本上讲，恋爱和学习不是对立的而是相互促进的。从理论上讲，这种观点不但是绝对正确的，而且这种做法也是可能的。但遗憾的是，理论上正确的东西实际生活中不一定行得通。要做到学习恋爱两不误，并且相互促进，必须具备驾驭感情的能力，必须有一种内在的道德上的跨越，用一句话来说，就是成为真正意义上的人，真正成为自我。生活的经验告诉人们，中国的大学生，说得极端一点是少有，说得保守一点是仅有一小部分人能做到这一点，这可能一则由于年龄和生活经验不丰富，二则缘于中国人格结构的一个缺陷：好走极端。

虽然学习和恋爱都是人生不可缺少的，但事业是人生命的全部和支点，而爱情只是生命的一部分和点缀。没有爱情的生命是残缺的，但没有事业的生命会完全坍塌。况且，爱情假如得不到事业的滋润，就像那一现的昙花，很快就凋败了。如果说事业是一棵大树，爱情就是缠绕在大树上的藤蔓，大树长得越高大和挺拔，藤蔓也就显得越妩媚。况且，事业有时间性，而爱情可以缓拖；对于事业人的一生原则上只能有一次，爱情则未必只有一次。事业的成功也许表现在中年，但事业的功底只能奠基在青年时代，就如一座高楼大厦，它的基础打到什么样的深度，它以后的高度也只能起到这个深度所能支撑的高度。两全其美的事也许会有，但现实生活中更真实的现象是有得必有失，必须学会选择，学会失去——那毕竟是为了更大的得到啊！英国哲学家培根说，即使心中有了爱，也要约束它，这样才能不至于妨碍你坚定不移地奔向既定的目标。

大学生是一个巨大的群体，由于个体差异的存在，大学生之间存在的性与爱的问题也是千差万别的。即使就某一个大学生所面临的性与爱的问题而言，也是多方位的和变化的。世界上也不存在什么灵丹妙药能解决所有大学生的一切性与爱的问题，假如硬要寻求这样万能的灵药，那就是成为人，成为你自己，并把“我”从现实生活中展现出来，这就是本文最后也是最坚决的结论。

健康禅研究导论

◎师 领 易 莉

一、健康禅的健康概念

世界卫生组织将健康定义为人在生理、心理和社会三方面保持完整良好的生活状态，而不仅仅是免于身体的疾患和残弱。这个定义虽然包括了生理、心理和社会三个方面的健康，但是“忽略”了一个对人而言最为重要的也最不应该忽略的方面，就是灵性健康，这一点健康禅提了出来，而且放在了和身体健康、心理健康一样重要的地位。① 灵性健康虽然早就有学者提出，但是作为一个理念提出，这是第一次。世界卫生组织的健康定义是根据西方文明而下的，它“忽略”灵性健康其实不是忽略，而是必然的。健康概念的不同，并非仅仅是概念的相异，而是整个文明理念和文化诠释系统在概念上的表现。这主要取决于对三个根本问题的回答，一是宇宙是自生的还是神创的，二是宇宙是自为的还是机器的，三是宇宙的本原是能量还是物质。就基督教而言，灵是上帝的化身，或者确切

---

① 释大愿：《禅与身心灵健康》，载《听大愿说禅》，北京：宗教文化出版社 2011 年版。

地说，灵是上帝在人身上的体现，因此灵始终作为一个宗教问题而被排斥在科学研究范围之外。当然，人是否有灵，灵的本质是什么，这是一个可以讨论的问题。生命心理学认为，第一，人不但有心而且有灵；第二，灵就是佛教所称的真如或如来藏；第三，灵的本质是能量。① 但是无论从哪一个意义上讲，将灵性健康列为人类健康的一个方面，不但是必要的，也是一个突破和进步。

健康禅不但指出了灵性健康，而且指出了“得解脱”。“解脱”虽然是一个宗教概念，却指出了人类健康的一个根本目的，用科学术语来说，就是人的心、身、灵潜能全面彻底开掘。在人类现代化和一体化的过程中，人类必须面对而且一定要解决的三个问题：一是人的潜能的全面彻底开掘，二是文明的冲突，三是环境和地球的保护，因为这直接关涉到人类的生存和命运。三者之中，基础是人的潜能的全面彻底开掘，无论是人类的一体化还是环境的保护，都是以个人潜能的全面彻底实现为条件的。西方的神创论，其优点一是普遍性，因为是最高神上帝的投射，因而保证了社会的公平和正义；二是客观性，这在自然方面表现为科学和技术，在社会方面表现为民主和自由；三是外向性，表现为对自然和宇宙的探索，尤其是对宇宙的探索，显示了人心的博大和勇迈。但是这种神创论又具有其内在的局限性，一是身心分离，二是身心机械观，三是性恶论。如果人是机器，他就没有能力开掘自己的潜能；如果人性本恶，人的潜能就不能开掘。显然，人的身心是否为机器，人性本善还是本恶，是一个从古到今争论不休的问题，甚至在基督教内部也存在不同观点。但是根据佛教、禅宗和生命心理学理论，人性是本善的，而且是纯善的，《坛经》云：菩提自性，本来清静，但用此心，直了成佛。

健康可以分为负性健康和正性健康，负性健康是指从有病状态

① 师领：《生命心理学导论》，载司马朝军主编《学鉴》，武汉：武汉大学出版社 2012 年版，第 277 ~ 321 页。

到正常生活状态，相当于世界卫生组织所谓的“良好的生活状态”，也相当于健康禅的“身体健康无痛苦，心理健康无烦恼”。正性健康是从正常的生活状态到生命潜能的完全彻底开掘和实现，这就是健康禅的“得解脱”。基督教文明发展出了“大写的人”，健康禅提出了“大心的人”，① 如果加上中国传统文化“大能的人”，一个人只有成为大写的人、大能的人和大心的人，他才能成为真正的人。也就是说，一个人只有社会的公平和正义保证了他的人格和尊严而成为大写的人，只有把生命潜能完全拓展出来成为大能的人，最后把心灵潜能完全实现成为大心的人，这个时候也只有等到这个时候他才是健康的人。

二、健康禅的现代意义

人类文明是宇宙能量在人类社会的表现形式，可以称之为文化能量或社会势能，它的发生发展是由其内在逻辑决定的，历史是历史意志的结果，不是任何个人或群体创造的。时代精神是一个时代的文化氛围，是一个时代主导性思潮。它无形中引导着甚至规定着人们该做什么和不该做什么，能做什么和不能做什么。时代精神是由文明特质及其发展过程决定的，也就是说，不同的文明有不同的时代精神，同一文明在不同的发展阶段也表现出不同的时代精神。

美国政治学家亨廷顿说，现在是文明冲突的时代，杜维明先生则认为现在是文明对话的时代，两种观点其实各执一端，亨廷顿站在政治的立场强调的是文明的冲突而忽视了冲突的目的，杜维明先生站在文化的立场强调文明的对话而忽视了文明内在的差异性所导致的不可调和性。应该说现在是人类一体化背景下的文明冲突的时代。② 这个时代精神有两个要素，一是文明的冲突，二是人类的一

---

① 释大愿：《信心铭学记》，四会：广东四会市六祖寺 2013 年版，第 11 页。

② 师领：《生命心理学导论》，载司马朝军主编《学鉴》，武汉：武汉大学出版社 2012 年版，第 277 ~321 页。

体化。如果说冲突是手段和过程，一体化则是目的和结果。没有文明的冲突，就不可能有人类的一体化，因为人类不可能无原则地一体化；反之，只有经过文明冲突的血与火的洗礼，人类才能真正实现一体化。应该指出的一点是，人类的一体化是一个漫长的过程，在这个漫长的过程中，既有冲突也必有对话（正因为有冲突才会有对话，其实冲突也是一种对话），但是就今天而言，冲突往往是主导性的局面。

正是这种时代精神，人类和人类的生活，无论群体还是个人，均处在巨大的前所未有的转变之中。不但个体的生理和心理产生了分裂，人与人之间产生了隔离，而且人与自然也产生了分离。其结果是，不但滋生了前所未有的生理疾病和心理疾患，导致了巨大的社会问题，而且造成了环境的巨大破坏。这并不是说，在传统的社会里没有生理疾病和心理疾患，不存在社会问题，环境也不曾遭到破坏，而是说，在人类现代化和一体化的过程中，产生的心身疾病、社会问题和环境破坏无论是质还是量，都是传统社会难以望其项背的。更为重要的是，在传统社会中，人们赖以生存的文化和文明的体系没有遭到破坏，而现代化和一体化几乎摧毁了人们赖以生存的文化传统，人们的心身创伤无法得到缓解和治疗。即使是现代占主导地位的西方文化，虽然其文化体系仍保持着完整性，但是面对着因现代化和一体化而产生的一系列人类问题，也束手无策。可以说，健康是当今人类面临的最大问题。

西医是由西方文化孕育出来的治疗体系，是西方文化对人的生理现象的知识诠释系统及其在医学上的应用。它以人体机械论为预设，以实体和物质哲学为形而上学原理，以解剖—生理诠释系统为诠释系统，以实验诊断为诊断方法，以辨病论治为治疗原则，以药物和手术等直接对抗为治疗方法。

西医的实验诊断（广义的），其特点之一是不但客观，而且能客观地呈现出来，其缺点除了假阳性和假阴性外，最大的问题是疾病在其发展过程中的确定时间。对于实验诊断而言，疾病发展不但要等到有器质性病变，而且这种器质性病变要以实验诊断的方法诊断出来才能确诊。但就病程本身而言，即使身体器官上长个很小的东西就能确诊，甚至组织细胞病变只有在显微镜下才能确诊，但病程已经不可逆转，可以说已是晚期了。西医临床治疗的第二个特点是药物治疗，尤其是抗生素的治疗有两个与生俱来的几乎不可克服的缺陷，其一是副作用往往很大，其二是耐药性，这一点在抗生素的表现上尤其明显。西医临床治疗另一主要手段是手术治疗。任何手术都是以破坏人体健康为代价的，手术治疗除了手术本身对机体的巨大创伤和一系列手术风险和手术并发症外，最大的而且是不可克服的障碍是高复发率。手术的延伸就是替代疗法，也就是所谓的器官移植。相对于个体手术治疗，器官移植不但是一个更大的手术，而且是一个极为复杂的手术。它除了具有手术治疗可能具有的一切弊端外，最大的而且同样是不可克服的障碍是被移植器官和受者之间难于、事实上是不可能调和的排斥反应和由此而引起的一系列难于、事实上是不可能控制的极其严重的并发症。患者由于这种难于忍受的排斥反应和严重的并发症不得不承受巨大的几乎让人崩溃的心理压力和精神折磨。西医的疾病分类和诊断系统可谓完备而又明晰，遗憾的是许多疾病，尤其是疑难杂症，西医完全无能为力。因为这类疾病，例如类风湿和系统性红斑狼疮，药物治疗几乎无效，既不能手术又不能进行器官移植。

人类的精神疾病和心理障碍治疗，就西方文化而言，分属于精神病治疗和心理治疗。精神病治疗的方法是电击治疗、手术治疗和药物治疗三种方法，其中电击治疗和手术治疗危险性过大，几乎弃之不用，主要是药物治疗。药物治疗精神疾病和药物治疗生理疾病的问题一样，仍然是副作用、耐药性和临床治愈率低。

这种人体是一架机器的机械医学在临床上遇到了不可克服的困境，那么机械心理学在心理治疗上同样遇到了不可克服的困境。机械医学面对的是实体的身体，虽然不能根治但可以进行药物治疗、手术和器官移植，而心理治疗面临的是一个看不见摸不着的心灵，这就显得更加窘迫了。当代西方心理学的疗法五花八门而又层出不穷，行为主义疗法、格式塔疗法、认知疗法、人本主义疗法、积极心理疗法等，对于人类面临的一系列心理疾患和精神疾病，除了对一些轻度的心理反应障碍例如神经症最多能够缓解症状外，几乎束手无策，只能求助药物治疗，而这又会引起药物的副作用和耐药性，其结局是疾病加重，最后完全崩溃。西方心理治疗到底有没有作用，是一个可以讨论的问题，也是一个引起无数次争论的问题，一种观点认为根本就没有任何作用，另一种观点认为非常有作用，现在达成的共识是，心理治疗可能要比“无为”更能有助于心理问题的解决，虽然效果不大。①

临床心理学家和精神分析治疗师，设计出了各种实验证明心理治疗是有效的。但是对于“有效”究竟意味着什么，一直甚至有意语焉不详。一个受过专业心理训练的心理治疗师的治疗对于求助者而言肯定是有效的，这是一个多余的废话！因为一个未受过任何专业心理训练的街坊老太太对心理障碍求助者的关爱也同样肯定是有效的。问题的关键不是“有效”，而是一个受过专业心理训练的心理治疗师的治疗对于求助者而言是否有实质性的，并且是一个未受过任何专业心理训练的街坊老太太对心理障碍求助者的关爱无法取代的有效！更为重要的是，西方心理治疗能否根治心理疾患?！如果西方心理治疗不能根治心理疾患，是事的不能根治还是理的不能根治？所谓事的不能根治，是指虽然现在不能根治，将来总有一天能根治；所谓理的不能根治，是指现在不能根治，将来永远不能根治。

一言以蔽之，人类的健康问题从来没有像今天这样严峻过，健康是当今人类面临的最大问题。独辟蹊径解决人类的健康问题已是当务之急，这正是健康禅的时代意义。人类今天面临的健康问题，

---

① T. H. 黎黑著、李维译：《心理学史》，杭州：浙江教育出版社 1998 年版，第 810 ~ 811 页。

是由人类现代化和一体化导致的，而人类现代化和一体化的主导思想来自西方文明。因此，人类今天面临的健康问题其实是由西方文明导致的，至少西方文明要负主要责任。所谓西方文明导致的，是指由西方文明内在特质决定的，也就是说，今天的健康问题西方文明已经无力解决，不但西方医学和心理治疗其内在特质决定了其内在的无能为力，而且就人类整体健康而言，西方文明更无能为力。健康禅不但提出了全新的健康概念，将健康和禅合二为一，点出了禅的本质即健康(注意，是禅的本质，不是禅宗的本质)，将健康置于生命的本真禅之上，而且重建汉传佛教的养生体系和治疗体系，这就不但为人类的健康找到了真正的基石和源头，而且也将以这个真正的基石和源头为基础，建构新的健康体系。

三、健康禅的历史使命

佛教自创立发展至今，大致可以分为三个阶段：一是印度发展期，包括原始佛教、部派佛教、大乘佛教和密教等过程，这一阶段的主要特质是成型，也就是说佛教作为一种文明和文化形态，包括它的理论和实践，得到了完满的展现和发展。二是中国发展期，这一阶段的主要特征是佛教的生活化，形成了独具特色的佛教修学体系——禅宗。三是世界发展期，其主要任务是佛教的现代化。在当今的汉传佛教、藏传佛教和南传佛教三大佛教修行体系中，唯独汉传佛教遇到了前所未有的困局。

汉传佛教目前的困局是时代造成的，是中国传统文化被西方文明肢解后，汉传佛教赖以生存的基础和母体被破坏，因而汉传佛教的修学体系被彻底瓦解，汉传佛教作为一个整体的信念完全丧失。汉传佛教是现存世界三大佛教体系中唯一一个作为整体遭到西方文明彻底破坏的佛教修学体系，南传佛教和藏传佛教的修学体系由于空间和时间等原因作为一个整体基本得到保存。

汉传佛教能否渡过目前的危局，从根本上取决于中国传统文化是否有能力重建其文化系统。中国传统文化是有自为性的文明，也就是说中国传统文化是具有自我更新和创造力的文明，这就意味着中国传统文化有能力完成其文化系统的重建。就佛教本身的修学体系而言，汉传佛教是佛教世界发展过程中唯一进行了自我创造的修学体系，产生了禅宗这种独一无二的佛教修学体系，产生了唯一一部印度佛教以外的佛教经典《坛经》，这当然说明了中国传统文化的创造力，也意味着汉传佛教本身内在的生命力。也就是说，汉传佛教本身具有内在的文化资源和有能力重建其修学体系，渡过目前的危局。

相对于南传佛教和藏传佛教，汉传佛教处于被彻底肢解的生死存亡的巨大危险中，但也意味着新生的希望和无可限量的未来。危险意味着机遇，破坏意味着重建，死亡意味着新生。汉传佛教目前处于新生的阵痛之中，处于转型、调整、重建之中，处于黎明前的黑暗之中。正因为如此，汉传佛教是现存三大佛教修学体系中唯一有能力完成佛教现代化的修学体系。

汉传佛教的修学体系既然遭到破坏和肢解，汉传佛教已不可能回到传统的修学之路。汉传佛教也不可能走南传佛教和藏传佛教之路，虽然可以学习南传佛教和藏传佛教。因为汉传佛教徒及其修学者是中国人，不是斯里兰卡人，是汉人不是藏人，有其独特的根植于灵魂深处的集体无意识和文化人格特质。基于同样的理由，汉传佛教更不可能走西方佛教发展的道路。

汉传佛教既回不过去，也跟不过去，只有闯过去！汉传佛教既要保存汉传佛教的特质和精髓，又要适应现代社会，为此必须走太虚大师提倡的现代化之途。在太虚大师提出的教理、教制和教产三大革命中，核心是教理革命和现代化。只有完成了教理的现代化，才能完成教制和教产的现代化。完成教理革命和现代化，就是进行汉传佛教修学体系的重建，也就是建立汉传佛教的现代修学体系。

在佛教发展历史上，无论是佛教的创立发展期，还是生活化期，不但产生了不同的流派和宗门，也出现了星汉灿烂的一代大师。在佛教的现代化期，也将造就一个又一个大师，也会产生新的流派。太虚大师可谓佛教现代化的第一个人物，提出了佛教的现代化，提出了教理、教制和教产三大革命，为佛教的发展指明了方向。下一步关键就是汉传佛教修学体系的重建。历史把机会均等地摆在了每一位佛家弟子面前，但历史只选择有能力承担其使命的人物。有一点可以肯定，时代需要这样一位人物，就一定会造就出这样一位人物。

四、健康禅学术建构

一、健康的概念

二、禅宗的基本精神

三、健康禅的理念和特质

四、时代精神和研究理念

五、研究路径和方法

六、健康禅的学术基础

（一）宗教学原理

（二）形而上学原理

（三）生理学

（四）心理学

（五）伦理学

（六）教育学

（七）管理学

七、健康禅的养生体系

八、健康禅的修学体系

九、健康禅的治疗体系

十、健康禅的社会应用

十一、健康的人类

五、健康禅的历史定位

“现代人总抱怨禅宗甚至佛教没有修行的方法和次第，但其实现代人学佛修禅的最大障碍和主要困难并不是方法和次第，而是知见。所谓知见，包括知识和见地两个方面。也就是说，现代人不但见地上不来，而且在知识层面也存在问题，而且这两个方面又互为因果。西方科学变成了科学主义，其表现一是科学万能论，科学能解决人类所有的问题；二是唯有西方才有科学，其他文明的科学都不是科学或是伪科学；三是科学真理论，科学就是真理，是评判一切的标准；四是唯有物理科学才是真正的科学，物理科学的原理不但能解释物理世界的现象，也能解释生物世界、人的世界、心灵世界和人类世界，其结果是佛教的理论诠释系统和实践体系被肢解、扭曲，甚至彻底破坏，佛教甚至成了迷信的同义词。一个文化的知识体系被肢解破坏，信念建立不起来，还谈什么见地呢?！佛教的当务之急就是知识体系的重建，这可能是佛教现代化的核心任务。"①释大愿说："建设完整、系统的、普适大众的、可操作性强的佛法修学体系，是当今佛教界最为迫切的任务。"②太虚大师提出了佛教现代化，发展出了人生佛教和人间佛教，也发展出了生活禅和健康禅。健康禅不但是禅宗的，也是整个汉传佛教的；不但是修学的，也是治疗的；不但是传统的，也是现代的：重建汉传佛教现代修学体系和建立汉传佛教医明体系(释大愿语)。③

我们不妨大胆地问三个问题？健康禅能兴旺并传下去吗？健康禅为什么能兴旺并传下去？健康禅如何才能兴旺并传下去？纵观历史，创教立宗的人本来就不多，但是兴旺并传下来的教和宗就更少。一个教门或宗门的兴亡有其内因和外缘。内因是：(1)是否体现和反映了时代精神；(2)是否解决了时代提出的问题；(3)是否为未来发展指出了方向。外缘是：(1)教门或宗门发展的社会、政治和经济条件；(2)教门或宗门发展的组织形式；(3)教门或宗门发展的人才储备。其中最关键的就是内因，即是否体现和反映了时代精神，是否解决了时代提出的问题，是否为未来发展指出了方

---

① 师领：《生活禅的修行体系》，待发表。

② 释大愿：《构建当代佛教修学体系》，佛日山印经功德会，第3页。

③ 参看释大愿于2012年12月19日在"药师佛文化与健康禅学术研讨会"闭幕式上的讲话。

向。健康禅的理念和特质，不仅仅在于它是人生佛教在新的历史条件下的发展和应用，也不仅仅在于将健康和治疗纳入禅的体系，而在于重建汉传佛教的修学体系，同时建立汉传佛教医明体系。这就是说，健康禅既要保存传统汉传佛教尤其是禅宗的特质和精髓，又要突破传统汉传佛教尤其是禅宗的内在局限性，这就为汉传佛教的现代化，主要是教理现代化开辟了道路，为汉传佛教的新生提供了可能性，为一种新佛教奠定了坚实的基础。在这一点上，也正是在这一点上，健康禅和以往所有的宗门和教门，和南传佛教与藏传佛教，拉开了实质性的差距，迈出了实质性的一步。完成了汉传佛教修学体系的重建，就意味着完成了汉传佛教的现代化了；完成了汉传佛教的现代化，也就意味着完成了佛教的现代化，这就是健康禅的历史功绩。

后记

学鉴

切磋学问　探讨人生
——不是后记的后记和不是终结的终结

中国近现代以来的革命和斗争史，正如一位外国著名评论家所言，如一幅史诗般的画卷，是那样波澜壮阔，又是那样惊心动魄，可谓惊天地，又可谓泣鬼神。然而所有这一切不过是中国传统文化现代化的开端和社会—政治表现而已。“五四”新文化运动最大的历史贡献，是中国人因此从整体上接受了西方文明——这一点至今还没有被国人真正意识到。正是这种整体的接受，形成了中国传统文化和西方文明之间的内在冲突，而这种内在冲突形成的比较态势正是未来人类新文明发轫和创造的基点。一百多年来，一代又一代中国人揪心于这个文化情结，而这个文化情结至今也没有得到解决。但是这个文化情结必须解决，也一定能得到解决，而且只可能由中国人来解决——在世界所有的民族和国家中，只有华夏民族和中国形成了这个情结和态势。这是华夏民族和中国将完成人类一体化的一个准确无误和绝对的理论判据——其余两个一是自宋以来一千多年文明能量在黑暗中的预备，二是中国文化特有的民胞物与的济世情怀和天下大同的社会理想。无论个人还是民族，其成就一定是以血泪为先导，以苦难铺就的。原来华夏民族一百多年来的苦难是历史的命定！这是历史赐予华夏民族的礼物，也只有华夏民族才有资格接受这种礼物，华夏民族领受了。这是为了完成一个伟大的天命，华夏民族会承担，也一定能承担。

人类文明的历史格局，一是西方的神创论，演化为古希腊文明、犹太教文明、基督教文明（西方文明）和伊斯兰教文明；二是梵变论，由此形成了印度教文明和佛教文明；三是气生论，即中国传统文化，主要表现为儒家和道家。印度传统文化是欧洲雅利安人进入恒河流域和当地土著民族杂合后形成的，而且印度文明和西方文明之间一直就有过碰撞和交流。佛教文明传入中国和中国传统文化结合后形成中国佛教，尤其是独具特质的禅宗。伊斯兰教文明传入中国后，只是被一小部分少数民族所接受。历史发展到它的拐点，人类历史上最伟大的两个文明，基督教文明和华夏文明，终于历史性地碰面了，这也是地球上所有文明最后一次碰面了。这次碰面改变了中国的命运，也将决定人类的命运。

正是在这样的文明格局和大的时代背景下，珞珈山下，东湖之滨，武汉大学时有七位中青年学者，秉承"五四"思想自由的精神和兼容并蓄的气概，每周进行一次读书研讨会，时间大约从1999年至2009年。先后研讨的经典计有《说文解字注》、《周礼正义》、《知识考古学》、《A History of Philosophy》和《Bible》等。研讨的方式为预定某一人主读主讲，其他人补充，然后讨论，不能得出结论或难以取得一致观点的问题，只好付诸存疑。七位学者虽然专业背景不同，但有一点相同，那就是相聚为了切磋学问，探讨人生。有的人为了职称而学问，有的人为了学问而学问，但总有人为了生命而学问。让历史记住他们的名字吧：中国哲学吴根友君、文学程水金君、语言学杨逢彬君、历史学杨华君、文献学司马朝军君、国学丁四新君和心理学师领君。

为了更好地和学界交流，七位学者共同编辑出版了同仁刊物《学鉴》，"学"者乃切磋学问，"鉴"者乃探讨人生。第一到第六辑执行主编分别是程水金、吴根友、杨华、丁四新、司马朝军和杨逢彬，第七辑也就是最后一辑由我来完成。在最初的规划中，这是我们一生的事业，而且研读的范围也是横跨中西印，纵贯宗哲科，上下文史艺，但是风云际会，因尽缘散，有开始就有终结，该过去的就让它过去，因为未来的一定会走向未来。

鲁迅先生说过："所谓回忆者，虽说可以使人欢欣，有时也不免使人寂寞，使精神的丝缕还牵挂着已逝的寂寞的时光，又有什么意味呢，而我偏苦于不能全忘却，这不能全忘却的一部分，到现在便成了《呐喊》的来由。"而我是为了完全的忘却和彻底的终结，这就是这篇后记的来由，并以此表达对当时共同学习的其他六位同仁的最高敬意！

师　领

2014 年 8 月